U0477117

本书为国家社会科学基金项目（项目号：05BDJ006）

中国的对日战略与中日关系研究（1949—）

史桂芳◎著

中国社会科学出版社

图书在版编目（CIP）数据

中国的对日战略与中日关系研究（1949— ）/史桂芳著.
—北京：中国社会科学出版社，2014.3
ISBN 978-7-5161-3430-6

Ⅰ.①中… Ⅱ.①史… Ⅲ.①中日关系—国家战略—研究
Ⅳ.①D822.331.3

中国版本图书馆 CIP 数据核字（2013）第 247407 号

出 版 人	赵剑英
责任编辑	李炳青
责任校对	韩天炜
责任印制	王　超

出　　版	中国社会科学出版社
社　　址	北京鼓楼西大街甲 158 号（邮编 100720）
网　　址	http://www.csspw.cn
	中文域名：中国社科网　010－64070619
发 行 部	010－84083685
门 市 部	010－84029450
经　　销	新华书店及其他书店
印　　刷	北京君升印刷有限公司
装　　订	廊坊市广阳区广增装订厂
版　　次	2014 年 3 月第 1 版
印　　次	2014 年 3 月第 1 次印刷

开　　本	710×1000　1/16
印　　张	22
插　　页	2
字　　数	372 千字
定　　价	62.00 元

凡购买中国社会科学出版社图书，如有质量问题请与本社联系调换
电话：010－64009791
版权所有　侵权必究

目 录

绪论 ……………………………………………………………（1）
 一 中国对外战略的内涵 ……………………………………（1）
 二 中国对外战略的制定与发展 ……………………………（4）
 三 中国对外战略与对日战略 ………………………………（8）

第一章 中国对日战略的制定 ………………………………（15）
 第一节 中国的对外战略与对日战略 ………………………（15）
  一 新中国成立后面临的国内外形势 ……………………（15）
  二 中国的对外战略与对外政策 …………………………（19）
  三 中国的对日战略与对日政策 …………………………（25）
 第二节 中国制定对日战略的原则和依据 …………………（30）
  一 独立自主是制定对日战略的基本原则 ………………（30）
  二 维护国家主权和地区安全是制定对日战略的基点 …（33）
  三 准确判断国际形势是制定对日战略的客观依据 ……（35）
  四 客观评价日本政治走向是制定对日战略的前提 ……（37）
  五 创造良好的周边环境是制定对日战略的内在要求 …（38）
 第三节 中国对日战略的演进 …………………………………（42）
  一 以实现中日邦交正常化为目标时期 …………………（42）
  二 发展中日长期友好合作关系阶段 ……………………（44）
  三 构筑全面战略互惠关系的新阶段 ……………………（46）

第二章 中日"民间外交"方针的确立与实施 ……………（49）
 第一节 克服美国对中日关系的不利影响 …………………（49）
  一 关注美国在战后日本国家发展中的作用 ……………（50）

二　认识美国占领政策对中日关系的影响……………………（55）
　　三　应对日美同盟下日本的对华政策……………………（60）
　　四　反对《日台和约》的斗争……………………（69）
第二节　"民间先行,以民促官"方针的形成与实施……………（73）
　　一　"民间先行,以民促官"方针的制定……………………（74）
　　二　推动中日"民间外交"起步……………………（79）
　　三　创造有利于民间经济交流的环境……………………（84）
　　四　促进"民间外交"深入发展……………………（87）
　　五　派遣民间使团访日,增进相互了解……………………（92）
　　六　成功改造日本战犯,实现化敌为友……………………（96）
第三节　寻求和扩大中日的共同利益……………………（98）
　　一　尊重日本的社会制度和发展道路……………………（98）
　　二　亚非会议上支持日本代表团……………………（102）
　　三　"民间协议,官方挂钩"政策的提出……………………（105）
　　四　重视商业交流在民间贸易中的作用……………………（107）

第三章　循序渐进发展中日关系的原则……………………（109）
第一节　反对岸信介政府倒退中日关系……………………（109）
　　一　中国对外战略的调整与对日政策……………………（109）
　　二　反对岸信介制造"两个中国"倒退中日关系……………（115）
　　三　围绕第四次贸易协定的斗争……………………（121）
　　四　抗议日本政府包庇长崎国旗事件肇事者……………（124）
　　五　反对日美借《新安保条约》干涉中国内政……………（127）
第二节　发展中日关系的策略原则……………………（129）
　　一　"政治三原则"的提出……………………（129）
　　二　"政治经济不可分原则"的内涵……………………（131）
　　三　在"贸易三原则"下发展经贸关系……………………（132）
第三节　推进中日关系发展的新举措……………………（134）
　　一　邀请日本知名人士访华为"复交"创造条件……………（134）
　　二　加强与日本共产党的党际交流……………………（136）
　　三　发挥日本在野党的"补充外交"作用……………………（138）
　　四　以"向前看"的态度发展中日关系……………………（143）

五　在"政治三原则"基础上扩大往来 …………………………（147）
　第四节　以"积累渐进"方式推进半官方关系 ……………………（152）
　　一　"LT贸易",中日关系从民间到半官方 ……………………（152）
　　二　"积累渐进"促进中日关系"质"的飞跃 ……………………（156）
　　三　"友好当先,抵抗在后" ………………………………………（159）
　　四　中日友好协会的成立 …………………………………………（161）

第四章　推动中日实现邦交正常化 ………………………………（163）
　第一节　"中间地带"理论下的对日政策 …………………………（163）
　　一　重视位于"中间地带"的日本 ………………………………（163）
　　二　反对佐藤内阁"两个中国"政策 ……………………………（167）
　　三　应对日美联手制华的策略 ……………………………………（173）
　　四　促成备忘录贸易新形式 ………………………………………（177）
　　五　发挥日本民间团体的积极作用 ………………………………（179）
　第二节　抓住恢复邦交正常化的新契机 ……………………………（184）
　　一　调整对外方针,谋求与美国改善关系 ………………………（184）
　　二　名古屋世乒赛成就"乒乓外交" ……………………………（189）
　　三　20世纪70年代中国国际环境和地位的变化 ………………（192）
　　四　重视"越顶外交"的影响 ……………………………………（194）
　　五　"复交三原则"的提出及意义 ………………………………（198）
　　六　发挥在野党"补充外交"的作用 ……………………………（200）
　第三节　在"求同存异"原则下恢复中日邦交 ……………………（205）
　　一　关注日本新内阁的对华政策 …………………………………（205）
　　二　邀请田中角荣访华 ……………………………………………（208）
　　三　"复交"谈判中的"求同存异" ……………………………（210）
　　四　中日邦交正常化战略目标的实现 ……………………………（216）
　　五　中日邦交正常化的意义 ………………………………………（218）
　　六　推动邦交正常化后的合作与交流 ……………………………（221）
　第四节　在"反霸"旗帜下实现中日长期和平友好 ………………（225）
　　一　"三个世界"划分理论的提出 ………………………………（226）
　　二　促成和平友好条约的举措 ……………………………………（228）
　　三　在和平友好条约谈判中坚持"反霸"立场 …………………（230）

四　《中日和平友好条约》的签订 …………………………… (233)

第五章　推动中日长期友好合作的新方针 …………………… (241)
第一节　中国对日战略的调整 …………………………………… (241)
　　一　中国对外战略的调整 …………………………………… (242)
　　二　坚持中日长期友好合作不动摇 ………………………… (246)
　　三　对外开放战略下推动中日交流与合作 ………………… (248)
　　四　促进中日互利共赢关系的新发展 ……………………… (253)
第二节　建立中日友好合作新机制 ……………………………… (257)
　　一　中国共产党总书记首次访问日本 ……………………… (257)
　　二　倡导建立友好21世纪委员会致力世代友好 …………… (259)
　　三　克服影响中日关系的消极因素 ………………………… (262)
　　四　加强两国高层互访与磋商 ……………………………… (270)
第三节　在复杂多变的形势下发展中日关系 …………………… (272)
　　一　国际风云变幻中的对日新策略 ………………………… (272)
　　二　推动中日关系的全面恢复与发展 ……………………… (276)
　　三　中共中央总书记再度访日 ……………………………… (278)
　　四　邀请日本天皇访华深化两国交流 ……………………… (279)
　　五　谋求建立后冷战时代的新型中日关系 ………………… (282)
第四节　以史为鉴发展中日友好合作伙伴关系 ………………… (285)
　　一　以史为鉴,发展面向未来的中日关系 ………………… (285)
　　二　重视历史问题对两国关系的消极影响 ………………… (287)
　　三　反对日美借防卫合作指针干涉中国内政 ……………… (291)
　　四　关于发展中日关系的五项基本原则 …………………… (295)
　　五　建立面向21世纪中日关系的战略策略 ………………… (297)

第六章　推动建立中日战略互惠关系 …………………………… (300)
第一节　21世纪中国的对外政策与对日政策 …………………… (300)
　　一　中国对21世纪国际形势的判断 ………………………… (300)
　　二　21世纪中国的对日方针与政策 ………………………… (304)
　　三　全面推动中日关系的发展 ……………………………… (306)
　　四　关于中日关系的五点主张 ……………………………… (309)

五　敦促日方以实际行动改善两国关系 …………………（311）
第二节　关于建设中日互惠关系的战略 ……………………（313）
　　一　全面建设中日战略互惠关系的依据 …………………（313）
　　二　推进中日战略互惠关系的基本方针 …………………（315）
　　三　加强民间往来夯实战略互惠关系的基础 ……………（321）
第三节　中国的对日战略与未来中日关系展望 ……………（322）
　　一　在全面战略互惠的框架下发展中日关系 ……………（322）
　　二　客观评价中日关系发展中的有利与不利因素 ………（325）
　　三　发挥传统友谊在全面战略互惠关系中的作用 ………（327）
　　四　重视核心利益，妥善处理分歧 ………………………（330）

结语 ……………………………………………………………（333）

主要参考文献 …………………………………………………（339）

后记 ……………………………………………………………（345）

绪 论

1949年中华人民共和国成立，中国人实现了梦寐以求的国家独立、人民解放之理想，走进了为实现国家富强、经济发展、社会文明进步而努力的新阶段。在新的历史条件下，中国必须准确判断国内外形势，制定有利于国内经济社会发展、有利于人类和平与发展的对内和对外战略。一个国家的对外战略是对内战略的延伸，对内战略决定着对外战略，对外战略又影响对内战略目标的实施，二者既相互联系又相互区别，是不可分割的有机整体。

一　中国对外战略的内涵

中华人民共和国成立后面临着十分复杂的内外形势。在国内，大陆尚未完全统一，蒋介石的百余万残余部队仍然盘踞在西南、东南沿海的广大地区；国家财政经济形势严峻，新解放区没有进行土地改革，封建生产关系依然存在，农村生产力水平低下，城市存在着众多的失业人口，通货膨胀严重；社会秩序很不稳定。在全国各地潜伏下来的国民党特务不断进行暗杀、爆炸等破坏活动，扰乱社会秩序，威胁着各级人民政权的安全。新生的共和国需继续完成民主革命的任务，在大陆建立各级人民民主政权，没收官僚资本，稳定社会经济秩序，实现国家财政经济状况的根本好转，恢复国民经济，为向社会主义社会过渡创造条件。

国际上，第二次世界大战结束后，国际格局和国际形势发生了深刻变化。社会主义已经超出了一国的范围，东欧、亚洲先后建立起了多个共产党领导的国家，民主主义、社会主义成为强大的、不可抗拒的历史潮流。中华人民共和国成立是20世纪人类历史上最伟大的事件之一，为第二次世界大战后民主主义、社会主义发展增添了新的力量。经过第二次世界大战，发动战争的德、意、日三个法西斯国家的力量受到极大削弱，英、法等主要资本主义国家也受到严重的战争创伤，其基本国力、国际政治影响力严重下降。在资本主义世界中只有美国一枝独秀。在给人类造成巨大灾难的第二次世界大战中，美国本土并没有直接受到战争破坏，其经济发展也没有受到战争的影响，且军事工业在战争中得到长足发展，国力和国际影响力较第二次世界大战前有了很大的提高。第二次世界大战结束时，美国的黄金储备占世界总量的2/3，船舶总吨位占世界的一半，且为世界上唯一拥有核武器的国家。美国凭借其强大的国力，成为名副其实的资本主义世界的领袖。经过第二次世界大战，主要的法西斯国家被打败，美国这个曾经与苏联共同抗击法西斯侵略的国家，将社会主义、共产主义视为洪水猛兽。出于对社会主义与共产主义的敌视与恐惧，在对外关系上，美国对社会主义国家实行遏制政策，并企图在全世界推行美国的价值观，建立世界霸权。

新中国成立之初，正值两个阵营形成、冷战阴云笼罩在世界的国际环境中。中国不得不在两大阵营中做出抉择，制定符合国家利益、有利于人类和平的对外战略，为百废待兴的国家建设提供有利的国际环境。

"战略"一词是随着军事历史的发展而产生的，无论中国还是外国，最初关于战略的概念都是指军事意义上的。古代战略曾经专指"军事战略"，战略被理解为军事领导艺术，古希腊文中"战略家"就是军队领导者。"最初的战争只是单纯的斗力，但很快，在斗力之外又加上斗智。到双方都知道斗智时，战略的观念遂开始产生。"[1]孙武称得上中国历史上第一位战略家，其战略思想至今仍为学者津津乐道。中国古代曾有关于战略的专门著述。据考证，中国西晋著名史学家司马彪曾经有以《战略》为名的著作。只可惜该著作后来散失。直到20世纪，"战略"概念才在普遍意义上使用。《辞海》对"战略"的解释有两个：一是指"军事名词，是对战争全局的筹划和指导"[2]；二是"泛指重大的、全局性和决定全局的谋划"，"是指政党、国家规定的一定历史时期内的全局性的方针任务"，"战略在一定历史时期内具有相对稳定性"[3]。本书研究的对外战

---

[1] 钮先钟：《国家战略论丛》，台北幼狮文化事业公司1984年版，第32页。
[2] 《辞海》缩印本，上海辞书出版社1980年版，第1352页。
[3] 同上。

略属后一种意义上的，是指关系到中国国家发展、国家主权和利益的带有全局性的、长期的、相对稳定的对外谋划，包括政治、经济、文化、军事、外交等综合因素。江泽民指出："国家战略能力，涉及经济社会发展、国防和军队建设的各个方面，包括经济实力、国防实力、民族凝聚力构成的全部综合国力。"[①] 战略包含政治、经济、文化、科技、军事、外交等方面的综合因素，这实际上就是一种"大战略"的概念。

在研究作为中国对外战略的"大战略"时，必然会涉及与战略相关的概念，须厘清它们与战略之间的关系。相关概念主要有：方针、政策、策略等。所谓方针是指"国家、政党在一定历史时期内，为达到一定目标而确定的指导原则，有总方针和具体方针"[②]；政策则是指"国家、政党为实现一定历史时期内的路线和任务而规定的行动准则"[③]；策略是"为实现战略任务而采取的手段。战略与策略的关系反映全局与局部、长远利益和当前利益之间的辩证关系，它们既是有区别的，又是一致的"[④]。通过对以上概念的界定，可见"战略"及其相近概念的特征、内涵。其中，方针与战略都具有全局性的、指导意义的含义，它们的内涵与外延是相互交叉的，不能截然分开；战略要通过具体的方针、政策、策略来实现，政策和策略是在战略和总方针指导下制定的，是为实现总目标服务的。战略与方针、政策、策略是相互区别又相互联系的有机体，既不能截然分开，也不能混为一谈。作为指导全局的战略，相对于政策、策略来讲，更加具有稳定性、长期性的特征，但是，战略并非一成不变的。在实践中，中国的对内对外战略都曾经随着形势的变化而有所调整，这种调整就是发展和创新，也可以理解为一种战略。

中国的对外战略是在中国共产党直接领导下制定的，通过具体的外交政策、策略，通过各个有关部门来实现。中国的外交工作与其他工作相比，更加具有集中、统一、高效等特征。从已经公开的中共中央文献、外交部档案等权威资料看，中国参与制定对外战略的人数很有限，特别是在恢复中日邦交正常化这一战略目标和具体步骤上，毛泽东的思考、决策是

---

① 《江泽民文选》第3卷，人民出版社2006年版，第356页。
② 《辞海》，第1544页。
③ 同上书，第1465页。
④ 同上书，第1352页。

起主导作用的。中国共产党十一届三中全会后，中国更加注重对外战略方针的科学性、民主性，坚持对外方针的统一、集中等优势，"我国外交是总体外交，外交是高度集中统一的。在中央外交方针政策指引下，无论哪个部门，包括各个外事部门，一定要处理好局部和全局的关系"[①]。

任何主权国家，都要制定自己的对内与对外战略，筹划国家的长远发展，维护国家主权与安全。邓小平指出："考虑国与国之间的关系主要应该从国家自身的战略利益出发。着眼于自身长远的战略利益，同时也尊重对方的利益，而不去计较历史的恩怨，不去计较社会制度和意识形态的差别，并且国家不分大小强弱都相互尊重，平等相待。这样，什么问题都可以妥善解决。用这样的思想来处理国际关系，没有战略勇气是不行的。"[②] 中国根据国家总体目标、国家对外政策目标和国际形势来制定我国的对外战略。对外战略与对内战略是有机联系、相互影响的整体，在制定对外战略时，既要考虑到国家总体发展目标、国内社会发展，又要考虑到国际形势、国际格局、国家利益等因素，保证对外战略的科学性、可行性。中国的对外战略是在判断国际形势和本国发展的基础上制定的，是带有根本性、全局性的发展谋划。中国的对外战略通过具体方针、政策和策略来实现，通过中共中央对外联络部、中华人民共和国外交部、相关机构以及人民团体来具体贯彻实施。

二　中国对外战略的制定与发展

中国的对外战略是关于国家发展、国家主权和利益的带有全局性的、长期的、相对稳定的对外谋划，可以表述为：在独立自主的原则基础上发展对外关系，谋求世界的和平，反对战争，维护中国的独立和国家主权，为中国经济建设和社会发展提供良好的国际环境。对外战略是长期的、稳定的，指导着中国对外关系的发展。当然，稳定不代表停滞和僵化，中国的对外战略是不断演进和发展的，根据不同时期形势的变化和国内战略重点的调整，中国对外战略目标、战略重点也要做适当的调整。

[①]《江泽民文选》第1卷，人民出版社2006年版，第315页。
[②]《邓小平文选》第3卷，人民出版社1993年版，第330页。

中国的对外战略与国内发展战略相互关联、相互影响。对内战略决定着对外战略，对外战略又影响着对内战略的实施，对内对外战略共同指导着中国国内政治、经济与社会发展和对外政策。中国新民主主义革命的一条重要经验就是：中国革命要取得胜利，主要靠中国人民自力更生、艰苦奋斗，但也不排斥需要同情中国革命国际力量的帮助与支持。中国从不拒绝国际援助，"任何国家的真正的人民革命，如果没有国际革命力量在各种不同方式上的援助，要取得自己的胜利是不可能的"①。新中国建立后，在未来的经济建设中同样需要国际的支持、支援和合作，中国要在可能的条件下，争取广泛的国际同情和支持。新中国的对外战略就是："联合一切爱好和平自由的国家、民族和人民，首先是联合苏联和各新民主国家，以为自己的盟友，共同反对帝国主义者挑拨战争的阴谋，争取世界的持久和平。"②显然，中国对外战略目标以维护世界和平、促进人类共同进步为基本内容。随着国内外形势的发展，中国的对外战略内涵不断充实和完善，而基本的指导思想始终没有改变。

中华人民共和国成立之初，根据当时的国际形势，在维护世界和平、反对帝国主义战争的战略目标下，制定了外交方针，这个方针一般形象地表述为："另起炉灶"、"一边倒"、"打扫干净屋子再请客"，其中，"一边倒"是核心。随着国际形势的变化和国内战略重点的调整，中国的对外战略虽然经历了相应的调整和改变，但是，维护世界和平、反对战争、促进人类发展的基本目标始终如一。1956年，中国完成了社会主义改造，进入了社会主义时代，中国人民以前所未有的热情投入到国家的现代化建设之中。苏联作为世界上第一个社会主义国家，曾经对中国的社会主义建设提供了巨大的支持与援助，中国"一五计划"的制定与实施，离不开苏联的技术支持和物质援助。苏联在几十年社会主义建设中取得了巨大成就，当然，也存在着偏差与失误。中国为避免犯同样的错误，在学习苏联的同时，开始独立自主地探索适合中国的社会主义建设道路。中国独立自主的探索，引发了苏联"老大哥"的不满。20世纪50年代后期，中苏两党在如何建设社会主义、如何看待马克思主义等问题上产生了分歧，发生

---

① 《毛泽东选集》第4卷，人民出版社1991年版，第1473—1474页。
② 中共中央文献研究室编：《毛泽东年谱（1893—1949）》下卷，人民出版社1994年版，第580页。

了激烈的论争。两党分歧和论战，直接导致了中苏国家关系的紧张和恶化。中国的对外战略重点随之做了调整。

20世纪60年代起，中国在争取社会主义阵营团结的前提下，改变了"一边倒"的对外方针，对外战略的重点为反对大党主义、大国主义，维护世界和平。20世纪70年代形成了"一条线、一大片"的方针，进而提出了"三个世界"划分的理论。毛泽东指出："美国、苏联是第一世界。中间派，日本、欧洲、澳大利亚、加拿大是第二世界。亚洲除了日本都是第三世界。"① 中国要在世界上联合第三世界、第二世界的广大国家，共同反对霸权主义、维护世界和平。"三个世界"划分理论强调联合世界大多数国家、发展国家与包括资本主义国家在内的各国关系，反对霸权主义、强权政治，矛头主要指向苏联。当然，不可否认，在"文化大革命"的特殊时期，由于中国共产党的指导思想犯了"左"倾错误，对外战略与策略上也出现过"僵化"、"绝对化"的偏差，如：对战争的危险做了过高的估计，认为"永恒的和平共处是不可想象的"②，要准备打仗，提出"深挖洞，广积粮，不称霸"，为了准备打仗，大搞"三线"建设，影响了人民生活水平的提高，这种严重脱离实际的估计，影响了国内经济建设，也使外交工作出现失误，影响了中国与一些国家的关系。

1978年12月，中国共产党召开十一届三中全会，停止了"以阶级斗争为纲"的基本路线，党的工作重心开始转移到社会主义现代化建设上来。中国实行以经济建设为中心，是基于对国际形势的新判断而做出的，中国领导人认为，世界的主题已经从"战争与革命"变为"和平与发展"，国际形势的发展总的来说是好的，战争是可以推迟的，争取较长的国际和平环境是可能的，中国应该抓住机遇，加快经济建设的步伐，提高综合国力，对世界和平做出更大的贡献。为此，中国果断实行对外开放政策，邓小平多次指出："现在的问题是要注意争取时间，该上的要上，大仗打不起来，不要怕，不存在什么冒险的问题。以前总是说要打仗，每年总要说一次，现在看，担心过分了，我看至少十年打不起来。"③ 他认为中国应该抓住难得的机遇，加快国内的经济建设，提高科学技术水平，提

---

① 《毛泽东外交文选》，中央文献出版社、世界知识出版社1994年版，第600—601页。
② 《外国首脑论中国》（上），红旗出版社1998年版，第204页。
③ 《邓小平文选》第3卷，第25页。

高综合国力，更好地维护中国的国家利益，维护世界的稳定与和平。中国强调继续实行和平的外交政策，坚定地站在和平力量一边，反对霸权主义，新时期的对外战略为中国国内经济建设提供了良好的条件，在以经济建设为核心的对内发展目标指导下，中国经济获得了连续30多年的高速发展，综合国力和国际影响力不断提高，为更好地维护国家主权和安全，更有效地发挥负责任大国的作用创造了有利条件。

进入21世纪，中国特别强调："和平与发展仍是当今时代的主题。维护和平，促进发展，事关各国人民的福祉，是各国人民的共同愿望，也是不可阻挡的历史潮流。世界多极化和经济全球化趋势的发展，给世界的和平与发展带来了机遇和有利条件。新的世界大战在可预见的时期内打不起来。争取较长时期的和平国际环境和良好周边环境是可以实现的。"[1]中国始终不渝走和平发展道路、始终不渝奉行互利共赢的开放战略、坚持在和平共处五项原则的基础上同所有国家发展友好合作，不与任何国家或者国家集团结盟，开展全方位外交。中国的对外战略更加理性、科学、全面，在这个对外战略的指导下，中国的国际环境进一步改善，对世界和平与发展的贡献越来越大。

总之，中国的对外战略始终坚持维护世界和平、反对霸权主义、推动人类的共同发展这一主线。在不同的历史阶段，中国的战略重点也有所调整，但是，基本的目标始终没有改变。即使在"文化大革命"特殊的历史时期，中国维护和平、反对战争、反对霸权主义的大方向也没有改变。正是在对外战略总目标指导下，"文化大革命"时期，虽然中国外交受到"左"倾错误的干扰，但是仍然取得了巨大成果。中华人民共和国在联合国的合法席位得到恢复，中国与日本实现了邦交正常化，改善了与美国的关系，与多数发达国家建立了外交关系，中国的国际地位空前提高。实践证明，中国的对外战略是有利于人类和平和共同进步的，而不同时期对外战略重点的调整，正体现了中国把握国内外形势的能力不断加强，领导外交能力和水平逐步提高，中国在世界和平与发展中发挥的作用越来越大。

---

[1] 《江泽民文选》第3卷，第566页。

三　中国对外战略与对日战略

对日战略是中国总体对外战略的有机组成部分。新中国成立后，中国的对日战略可以概括为：在准确判断国际形势和日本战后政治走向的基础上，根据中国的总体内外战略的需要，以维护地区和世界和平为宗旨、以维持稳定周边环境为目标，实现中日两个社会制度不同国家的长期和平友好、互利互惠的对日谋划。探讨中国对日战略以及如何实现对日战略，对于全面了解中国对外战略、客观认识中日关系的历史与现状、克服两国关系中的不利因素、推动两国关系不断向前发展，具有重要的学术价值和现实意义。中国制定对日战略与中国国内经济社会发展的总目标、总任务、国际格局演变、日本政局变化、日本对外政策与对华政策、中日两国民众的态度等有密切关系。

中国周边国家众多、环境复杂，与中国领土接壤和不接壤的国家有几十个。拥有稳定的周边环境，对中国的经济发展、社会稳定，具有重要作用。睦邻友好是中国对外战略的组成部分，在中国对外战略中具有重要地位。中国与日本是一衣带水的近邻，两国有着两千多年的交往历史，近代日本军国主义发动侵华战争，给中国人民带来了巨大灾难。中国取得抗日战争胜利，彻底结束了中国被侵略的历史，为中日两国在平等互利基础上建立国家关系奠定了基础。日本作为发动侵略战争的国家，不仅给亚洲邻国造成了灾难，本国也遭受到巨大损失。尽管如此，日本仍然是亚洲唯一的发达国家，其工业基础、科技水平仍高于亚洲其他国家，是中国发展对外关系的重点之一。新中国政府从战略的高度关注中日关系，着眼于两国关系的长远发展。中国提出，在对日问题上，要严格区分少数军国主义分子和广大日本人民，发动战争的是日本政府，日本人民也是战争的受害者，日本人民与中国人民一样都是爱好和平的，中日和平友好符合两国人民的根本利益。从这一基本立场出发，中国对日战略的目标就是要在促进中日两国人民交流的基础上，力争早日实现两国关系正常化，实现两国长期和平友好、互利合作，为维护地区和平与稳定做贡献，为中国的经济建设提供良好的外部环境。中国的对日战略随着国内中心任务、国际形势的变化以及日本国内情势的发展而有所调整，但是，基本的战略目标是一贯的。

随着国内外形势的发展，中国对日战略重点、对日方针和政策有所调整，这种调整本身就是一种战略。纵观中国对日战略和中日关系的历程，经历了以下几个时期：

第一个时期，从中华人民共和国建立到1972年，以实现中日邦交正常化为对日战略的重点。中国严格区分少数军国主义分子和广大日本人民，认为日本人民也是战争受害者，日本人民是热爱和平的，在对日本军国主义复活保持警惕的同时，认为战后日本国内的主流是要求和平、民主，这是中日两个社会制度不同的国家可以和平相处的重要条件，中国制定了实现邦交正常化的战略目标。日本属于资本主义阵营，在日美同盟框架下，日本在外交上追随美国，适应美国远东战略的需要，对新中国采取敌视政策，与中国台湾发展官方关系，阻碍着中日关系正常化。冷战形势下，中国作为社会主义阵营一员，并不完全以意识形态划分敌友。为了促使日本政府改变敌视中国政策，实现两国关系正常化，中国制定了"民间先行，以民促官"的对日方针，并在这个方针的指导下，积极推动"民间外交"的发展，中日两国间形成了经济、贸易、文化、体育、科技等方面的交流与合作。20世纪五六十年代，中日两国先后签订了三次民间贸易协议（定），开启了民间友好交往的大门。中日民间贸易协定后来发展成为具有半官方性质的"LT（廖高）贸易协定"，为两国关系向官方发展起到了先导作用。在中日"民间外交"发展过程中，中国根据"民间外交"的不同阶段和特点，先后提出了"官民并举"、"政治三原则"、"贸易三原则"、"政经不可分原则"、采取"积累渐进"方式推进两国贸易等一系列发展中日关系的策略原则，推进两国"民间外交"向更高层次发展。

20世纪70年代初，两极格局下的世界形势发生了深刻变化，苏、美两国在世界范围内争夺霸权的斗争愈演愈烈，其对华政策也发生了微妙的变化，这些变化不仅影响着中国与美国、苏联的关系，而且制约着中日两国关系的发展。中华人民共和国成立后，中国人民经过20多年的艰苦奋斗，主要依靠自己的力量，把贫穷落后的半殖民地半封建中国，建设成为具有崭新面貌的社会主义国家。中国社会主义建设虽历经艰难曲折，但成就巨大，国际地位不断上升，赢得了广泛的国际赞誉。20世纪70年代初，中华人民共和国与包括法国、英国、加拿大、意大利等西方国家在内的几十个国家建立了外交关系。1971年第26届联合国大会通过恢复中华人民共和国在联合国合法席位的决议。这是具有里程碑意义的事件，标志着1949年以来美国对新中国的封锁政策破产。

中国成为有影响力的政治大国，在国际舞台上发挥着越来越重要的作用。但是，中国面临的国际形势仍然严峻。20世纪60年代，中苏两党关系破裂，两国关系严重恶化，甚至发展到两个领土接壤的社会主义国家，在边界珍宝岛局部热战的严重事件。为了捍卫国家主权，保证领土安全，20世纪70年代起，中国将反对苏联霸权主义作为外交的最主要任务，准备实行联美制苏。中国调整了对苏、对美政策。中国对外战略调整，必然影响紧随美国的日本，引发日本对华政策的调整与转变，进而影响中日关系的发展。

20世纪70年代初，一直奉行敌视、封锁中华人民共和国政策的美国，从全球战略出发，开始重新审视其对华政策，出现了与中国缓和关系的迹象。中国关注美国对华政策的微妙变化，开始主动求变。毛泽东指示四位老帅研究中苏、中美关系。老帅们得出中苏矛盾大于中美矛盾的结论。中国开始将"两个拳头打人"变为以联美抗苏为重点，寻求与美国改善关系。1971年4月，中国乒乓球代表团邀请美国乒乓球代表团访问中国，打开了中美两国人民交往的大门，成就了轰动全球的"乒乓外交"。1972年2月，美国总统尼克松访问中国，中美关系进入新的发展时期。由于美日两国在改善对华关系上曾达成采取一致行动的默契，而尼克松访华事先没有与盟国日本商量，日本人把尼克松访问中国称为"越顶外交"。"越顶外交"对日本朝野的影响是深刻的，很多人认为这是美国对华政策转变的标志，也表明美国以往封锁中国政策的破产，是日本在亚太地区外交瓦解的前奏。美国对华政策的转变，使日本政府不得不重新审视其对华政策。日本国内也出现了空前的要求与中国恢复邦交正常化热潮。1972年7月，日本新一届内阁将恢复与中华人民共和国正常邦交作为最主要的任务。中国抓住中、美、日共同防御苏联的有利战略态势，认为迅速恢复中日邦交正常化有利于中国的国家利益，有利于亚太地区的和平，对田中内阁的对华态度予以积极回应，并通过日本在野党转达中国对邦交正常化的原则、立场，加快与日本恢复邦交的步伐。9月，日本首相田中角荣访问中国，中日两国政府首脑签署了《联合声明》。中国的对日战略经过一步步的策略推进，终于结下中日邦交正常化的硕果。

第二个时期，从邦交正常化到20世纪90年代，以实现中日长期和平友好、互利合作为重点，不断推进中日关系向纵深发展。中日两个社会制度不同的国家，实现邦交正常化以后，中国采取一系列积极推动两国友好合作关系发展的政策、措施，不仅将中日"友好"视为手段，更是作为发展两国关系的目标。中日邦交正常化后，两国将一系列民间合作协定上升为政府间协定，并在1978年签订了《中日和平友好条约》。条约规定双方在和平共处五项原则基础上，发展两国间持久的和平关系，用和平手段解决一切争端，而不诉诸武力和武力威胁；双方将本着睦邻友好的精神，按照平等互利和互不干涉内政的原则，为进一步发展两国之间的经济关系和文化关系，促进两国人民的往来而努力。中日两国和平友好关系用法律的形式固定下来，两国邦交正常化以后的"蜜月时期"发展到新水平。当然，中日邦交正常化并不意味着两国没有矛盾、摩擦和问题，但是，两国领导人本着"求同存异"的原则，对于暂时不能解决的问题采取"搁置争议"、待未来时机成熟再解决的方式，推动两国关系继续向前发展。

1978年12月，中国共产党召开十一届三中全会，实现了国家发展战略的根本转变，中国开始以经济建设为中心，实行对外开放政策。中国积极学习、引进和利用包括日本在内的发达国家先进的科技、管理经验，中日合作进入互利互惠阶段。1983年11月，中国共产党中央委员会总书记胡耀邦作为中国共产党的最高领导人访问日本，使对日友好合作的战略发展到一个新的阶段。中日两国确立了和平友好、平等互利、相互信赖、长期稳定发展中日两国友好合作关系的原则，为开创中日友好的新世纪创造了条件。中日两国成立了"中日友好21世纪委员会"，形成了发展中日友好的新机制，两国要世世代代友好下去。

当然，中日关系发展并不是一帆风顺的。20世纪80年代以后，随着日本经济迅速发展，日本不甘心做经济大国、"政治侏儒"，要加强在国际上的发言权和影响力，确立了"政治大国"的战略目标。日本认为要做"政治大国"，就要改变国际形象，不能再搞"谢罪"外交。日本国内出现了极端民族主义情绪，否定近代以来侵略战争的性质，严重地伤害了中国人民的感情，影响了中日关系的发展。中国正视中日两国之间的困难和问题，理性看待中日之间的不利因素，回击日本国内否定侵略战争的翻案逆流，同时，努力加强中日战略对话与民间交流，增进相互了解、扩大友谊，克服了两国关系发展中的困难。1992年4月，中共中央总书记江泽民访问日本，重申发展中日长期友好合作是对日的基本方针，主张中日两国本着相互尊重、平等协商、求同存异的精神解决两国分歧。1992年10月，日本天皇和皇后对中国进行正式访问，中日全面友好合作关系进入了一个崭新的阶段。

中日邦交正常化到20世纪90年代，中日关系虽有过矛盾、摩擦，经历了艰难曲折，但是，总的来看两国关系是不断向前发展的。

第三个时期，20世纪90年代末到现在，以构筑中日战略互惠关系为核心。1998年，中国国家主席江泽民访问日本，中日两国签署了《关于致力于和平与发展的友好合作伙伴关系的联合宣言》，中日两国面向21世纪，建立致力于和平与发展的友好合作伙伴关系，中日两国关系首次以"伙伴"形式出现，标志着中日关系发展的新阶段，也为21世纪中日关系的继续发展创造了条件。

进入21世纪以来，经济全球化、世界多极化的趋势不断发展，各种矛盾错综复杂。如何准确把握国际形势，制定符合实际的对外战略，是中国面临的重大问题，它不仅决定中国对外战略，也关系到中国国内工作重心，关系到中国改革开放政策的发展。中国冷静观察21世纪以来世界格局的新变化，认为尽管世界范围内出现了许多新的问题、矛盾，甚至是局部热战，但是，"和平与发展"仍然是世界的主题，在可以预见的时期，世界大战打不起来，中国将继续抓住难得的发展机遇，实行以经济建设为中心的政策。中国的发展离不开世界，"中国越发展、越开放，与世界的联系越紧密，就越需要一个长期和平稳定的国际环境。促进世界与地区的和平与发展，符合中国的根本利益"①，中国要为维护世界和平、促进不同文明的和谐相处做出贡献。中国更加关注中国周边的安全，重视发展与周边国家的友好关系，睦邻友好是中国独立自主外交政策的重要组成部分。

21世纪，中日关系也面临着从未有过的机遇和挑战。中国准确把握国际形势的变化，提出中日"双赢"、"战略互惠"的战略目标，真正开始了用"战略"表述未来中日关系的发展目标。2001年，中国正式加入WTO，为中日两国经贸关系的进一步发展，提供了良好的条件。日本曾经连续11年为中国最大的贸易伙伴，中日政治、经济、文化、体育、军

---

① 《江泽民文选》第3卷，第522页。

事等各个领域的交流不断发展。中日两国领导人确立了高层互访机制，两国关系的广度和深度超过了历史任何时期。2006年，中日两国领导人达成了共同推进战略互惠关系的共识，将友好互利合作关系推向了新的阶段。

中国认识到中日关系向前发展的大趋势的同时，也不回避矛盾和问题。当前，中日两国在如何认识侵略战争历史问题上，在关系到中国核心利益的台湾问题、钓鱼岛问题、东海油气田等问题上，存在着很大的分歧。在东海油气田、钓鱼岛争端等问题上，中国主张"搁置争议，共同开发"，两国有关部门研究共同开发切实可行的方案，遵循互谅互让、公平合理、友好协商的方针，通过平等对话和谈判，力争和平解决争端，不让它影响两国关系的大局。应该说，这是具有远见、切实可行、富有诚意的决策。

21世纪之初，因日本首相连续参拜靖国神社，中日关系遭遇邦交正常化以来从未有过的"冰冻"时期。尽管如此，中国仍然坚信中日两国共同战略利益是主要的，和平友好、互利合作是大势所趋，应客观看待中日关系中的困难和问题，两国政府、媒体都要负起责任，引导民众理性爱国，坚持发展全方位的中日友好往来。在中日关系遇到严重困难的形势下，中国重视夯实两国关系的基础，坚持官民并举，以民促官，通过与日本各个在野党的往来、交流，促使日本执政党正视历史、妥善处理分歧。在中日官方关系遭遇严重困难时，积极推动民间交流，期待"民间外交"继续发挥促进政府关系回暖的作用。2006年10月，中日关系终于走出低谷，日本新任首相访问中国，开始"破冰之旅"，中日两国确立了建设战略互惠关系的共识，两国将携手在地区安全、区域合作和维护世界和平方面做贡献。2008年5月，中国国家主席胡锦涛访问日本的"暖春之旅"，把中日关系推向新的高度。胡锦涛访问日本期间，中日两国领导人签订了《推进中日战略互惠关系的声明》，"双方决心正视历史、面向未来，不断开创中日战略互惠关系新局面。双方将不断增进相互理解和相互信任，扩大互利合作，使中日关系的发展方向与世界发展潮流相一致，共同开创亚太地区和世界的美好未来"[1]，确立了未来发展两国战略互惠关系的指导原则。中国始终认为，正视历史是推动中日关系向前发展的政治基础。中

---

[1] 《人民日报》2008年5月7日。

日两国同为亚太地区的重要国家，中日两国关系的发展，关系到亚洲太平洋地区乃至世界的和平与稳定，中日两国应本着求大同、存小异的原则，克服影响两国关系发展的不利因素，共同促进亚太地区的和平与发展。

　　2009年9月，日本民主党上台执政，2012年12月，日本自民党重新执掌政权，日本政治正处于调整期。中国关注日本国内政治的变化，关注不同政党执政对华政策的微妙变化。自2010年9月，钓鱼岛撞船事件发生以来，中日关系出现新的波折。2012年9月日本政府的购岛闹剧，使正在好转的中日关系重新走入低谷，中日关系"修复"更加困难。在新的形势下，冷静、理智地看待中日关系中的分歧和问题，加强两国各个层次的对话，增进互信是解决分歧的唯一选择。

第一章

中国对日战略的制定

第一节　中国的对外战略与对日战略

中华人民共和国成立后面临的主要任务是：恢复和发展国民经济，完成新民主主义向社会主义的过渡，并进行社会主义建设，实现国家富强、人民富裕的目标。为此，中国要紧紧围绕经济、社会发展的总体目标，制定符合国情、符合历史发展的内外战略。对外战略必须要准确把握国内外形势的变化，科学地预见世界潮流发展的趋势，为中国经济社会发展提供稳定的国际环境、为维护世界的和平稳定做出应有的贡献。

中华人民共和国成立，标志着半殖民地半封建社会的结束，中国取得近百年来无数志士仁人为之奋斗的民族独立、人民解放的目标。新中国成立后，对外战略的目标是：维护民族独立、国家主权，推进人类的和平与发展。根据国际形势的变化，中国在不同的历史阶段，对外战略重点、具体目标有所调整，这种调整本身就具有战略意义。对日战略是中国总体的对外战略目标的有机组成部分，中国的对日战略与对一般资本主义国家有很大的不同，在实现中日两国的正常关系、推动中日长期和平友好合作、构筑战略互惠关系的进程中，起着指导性的作用。

一　新中国成立后面临的国内外形势

准确地判断国内外形势、顺应历史发展潮流、维护国家独立主权领土完整是中国制定对外战略的基本依据。中华人民共和国成立，是中国近代历史的转折点，中国人民由此彻底摆脱了帝国主义、封建主义的压迫，成为国家的主人，中国人受压迫、被侵略的历史一去不复返，这是中国历史的大事件，也影响了20世纪世界历史的发展进程。

中华人民共和国成立之初，面临着极其复杂的国内和国际形势。中国大陆尚未完全统一，帝国主义、封建主义的残余势力和影响依然存在，新生的人民政权还不巩固；因为长期内外战争，国民经济严重衰退和全面萎缩；农业减产，工厂倒闭，交通梗阻，物资奇缺，物价飞涨，城市失业严重。据统计："1949年的全国生产，同历史上最高生产水平相比，工业总产值下降了一半，其中重工业下降了70%，轻工业下降30%，农业大约下降25%，粮食总产量仅为2250多亿斤。人均国民收入只有27美元，相当于亚洲国家平均值的三分之二。"① 新中国面临着恢复和发展国民经济、巩固人民政权、稳定社会秩序的艰巨任务。中国立足自力更生，主要依靠自己的力量，恢复和发展国民经济。共和国领导人也深深懂得在现代世界上，任何国家的发展都不是孤立的，都离不开国际社会的支持和影响，不能关起门来搞建设。中国要在维护国家主权的基础上，尽力争取外部支持，尽可能地与世界各国建立贸易联系。为促进国民经济的恢复与发展，中国不仅要与社会主义国家开展贸易往来，实行经济技术合作，还应与资本主义国家进行交流合作，学习它们的先进技术和管理经验，为中国的经济建设服务。中国共产党夺取全国胜利，成为领导拥有数亿人口大国的执政党，仅仅是"万里长征的第一步"，今后的路更长，工作更伟大、更艰苦。中国要恢复和发展经济，需要良好的国际环境、国际支持与合作。

第二次世界大战结束后，国际形势发生了深刻变化。在资本主义世界中，发动战争的德、意、日法西斯国家被彻底打败，德国、日本领土被占领，其国力受到极大削弱。英、法等主要反法西斯国家，遭受了严重的战争创伤，其综合国力和国际影响力大幅度下降。资本主义国家中只有美国一枝独秀，美国本土没有直接受到战争破坏，军事工业在战争中获得长足发展，且为世界上唯一拥有核武器的国家，"当之无愧"地成为资本主义世界的领袖。第二次世界大战后，世界范围内的民主主义、社会主义成为一股不可抗拒的历史潮流，东欧出现了一系列社会主义国家，亚洲、非洲、拉丁美洲国家人民争取民族解放、国家独立的运动风起云涌，形成与资本主义世界抗衡的力量。美国和苏联是战后世界上的两个强国，分别代表着资本主义和社会主义两大力量。当然，世界经济中资本主义生产方式仍然占据着优势地位。

美国在第二次世界大战期间，曾经与社会主义国家苏联共同抗击法西

---

① 《毛泽东文集》第6卷，人民出版社1999年版，第35页。

斯，共同为反法西斯战争的胜利做出了贡献。由于意识形态的对立，美国在第二次世界大战结束后将社会主义、共产主义视为洪水猛兽，对以苏联为首的社会主义国家实行遏制政策。美国凭借其强大的实力，为自己制定了充当世界领袖的构想，企图在世界各地建立其霸权。美国从其称霸世界的全球战略出发，早在第二次世界大战刚刚结束时，就向当时的国民党政府表示：希望中美两国作为战争时期的盟国能够继续保持同盟关系，罗斯福强调："一个稳定的中国，对苏俄在远东的野心将形成一道屏障，也可以当作一种最有价值的向心力，以限制压制革命暴动的影响。"① 美国希望战后执掌中国命脉的是一个亲美政权，为在世界范围内遏制苏联和共产主义势力蔓延发挥作用。因此，抗战胜利后美国全力支持中国国民党垄断对日受降权，帮助国民党把其远在大后方的军队源源不断地运到受降前线，旨在让国民党独占抗战胜利的果实。中国内战爆发后，美国又在经济、政治、军事等方面给蒋介石以巨大的支持。

第二次世界大战后美苏两个大国在世界范围内进行着激烈的竞争。1949年4月，美国等12个西方国家在华盛顿签订了《北大西洋公约》，北大西洋公约组织正式形成。北约是军事同盟性质的组织，参加"北约"的国家实行集体防御，以防止共产主义"入侵"，从欧洲、大西洋实现对社会主义国家的包围。

1949年中华人民共和国成立后，以美国为首的西方资本主义国家，政治上对中国采取敌视态度，拒不承认新中国；在经济上，对新中国实行封锁、禁运政策；在国际上，阻挠恢复新中国在联合国及其所属机构中的合法席位，在中国周边国家建立军事基地，甚至直接参与蒋介石集团对大陆的骚扰和轰炸。1949年10月3日，美国总统杜鲁门表示："我们不要匆匆忙忙承认这个政府，我们在承认苏联的共产党政权之前曾等待了12年。"② 杜鲁门所指的是俄国十月革命后，欧洲各国政府曾经一度对苏俄实行孤立、敌视政策，但是，随着苏联政府的巩固，欧洲各主要国家政府基本上都承认了苏联，并与之建立了外交关系。而美国却出于对共产主义

---

① 中共中央台湾工作办公室与国务院台湾事务办公室编：《中国台湾问题（干部读本）》，九州出版社1998年版，第44页。

② 陶文钊主编：《美国对华政策文件集》第1卷（上），世界知识出版社2003年版，第154页。

的敌视，坚持认为布尔什维克是可怕的，拒不承认苏联，直到罗斯福任总统时期，美国才与苏联建立了外交关系。可见，美国对共产主义的敌视是由来已久且根深蒂固的。20世纪40年代末，美国对亚洲各共产党领导的国家，同样采取敌视、封锁、不承认的政策。1949年11月，以美国为首的15个西方国家组建"巴黎统筹委员会"，相约禁止向社会主义国家出口"战略物资"，中国也被列入禁运国家中。美国甚至公开干涉中国内政，鼓吹台湾对于美国的战略意义，认为台湾如果被中国共产党占领，美国的太平洋生命线就会受到威胁。美国驻日战领军总司令麦克阿瑟甚至鼓吹军事援台，台湾如同一艘不沉的航空母舰和潜艇供给船，不能落到共产党手中。1950年6月，朝鲜战争爆发。美国认为这是苏联全球战略的一部分，如果韩国政府被推翻，苏联将把亚洲一块一块地吃掉，随后吃掉中东和欧洲，引发第三次世界大战。美国决定援助韩国军队，把第七舰队开进台湾海峡，阻止从中国大陆对台湾和从台湾对中国大陆的一切海空行动，实行台湾海峡的所谓"中立化"，鼓吹"台湾地位未定论"，阻挠中国的统一。

以苏联为代表的社会主义国家对西方的封锁包围，采取了积极应对措施。1949年1月，苏联等社会主义国家成立"经济互助委员会"，力图冲破资本主义国家的经济封锁。1949年5月，苏联成功爆炸原子弹，打破了美国的核垄断，国力大大提升。1955年5月，苏联等八个欧洲社会主义国家签订了《友好互助条约》，即《华沙条约》，组成了社会主义国家的政治军事同盟。欧洲社会主义国家与亚洲人民民主国家保持密切联系与合作，社会主义阵营形成。世界逐渐形成了以美苏对立为特征的两极格局。

以苏联为首的社会主义国家对新中国采取了友好政策，在政治、经济等各方面给予新中国支持和援助。1949年10月2日，中华人民共和国成立翌日，苏联就致电中国政府，宣布苏联与国民党政府断绝一切外交关系。10月3日，中苏正式建立外交关系。随后，保加利亚、罗马尼亚、朝鲜、阿尔巴尼亚、匈牙利、捷克斯洛伐克、波兰、蒙古、民主德国等社会主义国家相继承认了中华人民共和国。中国的亚洲邻国：印度、缅甸、巴基斯坦、锡兰（斯里兰卡）、阿富汗、印度尼西亚等国，在1949年底到1950年初相继承认了中华人民共和国。欧洲的英国、挪威、丹麦、芬兰、瑞典等国家也在20世纪50年代初承认了新中国。

中国政府分析了国际形势的特点，认为世界范围内社会主义与资本主义对立状况不可能短时间消失，以苏联为首的社会主义阵营和以美国为首的西方资本主义阵营在国际舞台上的矛盾、对立和斗争将长期影响国际格局的变化、发展，在制定对外战略时要充分考虑两个阵营并存的实际，利用有利因素，努力打破以美国为首的西方国家对中国的封锁，争取为国民经济恢复和发展提供比较好的国际环境。对新生的人民政权来说，打破美国的包围、封锁，已不仅仅是外交问题，而是关系到新生的人民政权是否能够巩固、中国的国民经济能否迅速恢复、社会能否稳定的根本性问题。在纷繁复杂的国际形势下，中国开始制定自己的对外战略。

二　中国的对外战略与对外政策

中华人民共和国建立是 20 世纪人类历史上最重要的事件之一，也揭开了中国对外关系的新篇章。新中国政府对于近代以来中国人民面临的实现民族独立、国家富强、人民富裕的历史任务有着深刻的认识，在国家、民族独立目标即将实现的时候，中国共产党人就开始筹划未来国家的建设和发展，初步提出了新生的人民政权对外战略的基本构想，将维护民族独立、国家主权和世界和平作为对外战略的基点。

1949 年 9 月 30 日，在中国人民政治协商会议第一届全体会议上，毛泽东起草的《中国人民政治协商会议宣言》明确指出新中国将"联合一切爱好和平自由的国家、民族和人民，首先是联合苏联和各新民主国家，以为自己的盟友，共同反对帝国主义者挑拨战争的阴谋，争取世界的持久和平"[1]，由此可见，中国对外战略的总目标和总任务是要利用一切积极因素，为巩固民族独立、建设富强民主的新中国创造稳定的国际环境，争取人类的永久和平。中国在总的对外战略目标的指导下，制定了不同时期的对外方针、对外政策和策略，而且随着形势的发展，中国对外战略重点也不断进行着调整。无论形势如何变化，中国独立自主的和平的对外战略是始终如一的。

在整体对外战略目标的指导下，中国的外交方针被形象地表述为："另起炉灶"、"一边倒"、"打扫干净屋子再请客"。所谓"另起炉灶"，就是不承认旧政府包括国民党政府同各国建立的旧的外交关系，而要在新

---

[1] 中共中央文献研究室编:《毛泽东年谱（1893—1949）》下卷，人民出版社 1994 年版，第 580 页。

的基础上同各国另行建立新的外交关系。中国认为过去旧政府与外国政府的外交关系都是在不平等的基础上建立的，必须推倒重来，其目的是改变中国半殖民地的地位；"一边倒"，即站在以苏联为首的和平民主阵营一边，新中国在社会主义阵营和帝国主义阵营之间，没有第三条道路可走；"打扫干净屋子再请客"，即帝国主义总想保留一些在中国的特权，对于帝国主义同中国建交的问题，我们宁愿等一等，把帝国主义在中国的残余势力清除一下，在同它们建交前，把屋子打扫干净。毛泽东在论述"一边倒"外交方针时指出："积四十年和二十八年的经验，中国人不是倒向帝国主义一边，就是倒向社会主义一边，决无例外。骑墙是不行的，第三条道路是没有的。""我们在国际上是属于以苏联为首的反帝国主义战线一方面的，真正的友谊的援助只能向这一方面去找，而不能向帝国主义战线一方面去找。"[①] 中国根据新民主主义革命的经验和对当时国际形势的判断，认为在以美国为首的帝国主义阵营和以苏联为首的社会主义阵营之间，中国没有中间道路可走，必须要归属于某一方，共产党领导的新中国理所当然地应倒向社会主义一边。毛泽东主张中国要主动地倒，免得被动地倒。站在社会主义阵营一边，就是为中国选择的外交方向。中国旗帜鲜明地提出"一边倒"，主要是针对当时国内有一部分人对美国式的"民主"、"自由"抱有不切实际的幻想，公开声明中国倒向社会主义阵营一边，有利于消除一部分人的幻想，消除一部分人的"恐美病"，坚定他们跟中国共产党走的信心。今天在分析"一边倒"对外政策时，也许会发现其中存在"绝对"、"简单"的成分，但是，我们研究历史，必须考虑到当时中国面临的复杂国际形势，不能苛求前人。

　　中国制定"一边倒"的外交方针，并不意味着中国在外交上以意识形态为唯一标准，实行完全僵化的对外政策，拒绝与一切资本主义国家来往，更不意味着把资本主义国家看成没有差别的铁板一块，而是在实行"一边倒"的同时，区别对待不同的资本主义国家，保持外交的灵活性，保留与各个资本主义国家建立和发展关系的余地。根据具体问题具体分析的原则，中国具体分析世界上各主要资本主义国家的国情，认为资本主义阵营的各个国家之间其实是存在着很大差异的，由于各自的利益不同，他们对待新中国的态度是不同的。因此，中国在对待资本主义国家的政策

[①] 《毛泽东选集》第4卷，人民出版社1995年版，第1473页。

上，应该分清敌友，区别对待。对那些可能承认新中国、成为我们朋友的国家，要采取有别于美国的政策，不能把它们挤到敌对的阵营中去。早在新中国建立前夕，毛泽东就代表中国向世界申明："任何外国政府，只要它愿意断绝对于中国反动派的关系，不再勾结或援助中国的反对派，并向人民的中国采取真正的而不是虚伪的友好态度，我们就愿意同它在平等、互利和互相尊重领土主权的原则的基础之上，谈判建立外交关系的问题。中国人民愿意同世界各国人民实行友好合作，恢复和发展国际间的通商事业，以利发展生产和繁荣经济。"① 这表明，在筹划未来政府的外交时，即将诞生的新生政权领导者就已经表现出了宽阔的视野，对国家的内外方针大计进行了长远的规划。

1949 年 10 月 1 日，毛泽东向全世界宣告：中华人民共和国中央人民政府"为代表中华人民共和国全国人民的唯一合法政府。凡愿意遵守平等、互利及互相尊重领土主权等项原则的任何外国政府，本政府均愿与之建立外交关系"②。明确表示无论哪个国家，只要承认新中国政府，尊重中国领土主权，中国就愿意与它建立外交关系，这其中当然包括资本主义国家，表明中国在外交上实行"一边倒"的同时，不完全以意识形态划分敌友，而是以维护中华人民共和国的国家安全与主权为目标，表现了在复杂国际形势下，灵活处理对外关系的能力。1949 年 11 月 8 日，中华人民共和国外交部成立。政务院总理周恩来兼任外交部长，他发表了《新中国的外交》的讲话，指出中国外交的具体任务："我们现在的外交任务，是分成两方面的。一方面，是同苏联和人民民主国家建立兄弟的友谊。我们在斗争营垒上属于一个体系，目标是一致的，都为持久和平、人民民主和社会主义的前途而奋斗。另一方面，是反对帝国主义。帝国主义是敌视我们的，我们同样也要敌视帝国主义，反对帝国主义。""外交工作有两方面：一面是联合，一面是斗争。"③ 对帝国主义国家战略上是反对的，但战术上有时在个别问题上是可以联合的，详细地阐明了新中国外交工作的方法。

---

① 《毛泽东外交文选》，中央文献出版社、世界知识出版社 1994 年版，第 91 页。
② 中共中央文献研究室编：《建国以来毛泽东文稿》第 1 册，中央文献出版社 1987 年版，第 15 页。
③ 田桓主编：《战后中日关系文献集（1945—1970）》，中国社会科学出版社 1996 年版，第 68 页。

中国区分对待资本主义的在华特权，坚持原则性与灵活性的统一，尽可能地扩展中国发展对外关系的空间，来赢得有利的国际环境。"在原则上，帝国主义在华的特权必须取消，中华民族的独立解放必须实现，这种立场是坚定不移的。但是，在执行的步骤上，则应按问题的性质及情况分别处理。凡问题对于中国人民有利而有可能解决者，应提出解决，其尚不可能解决者，则应暂缓解决。凡问题对于中国人民无害或无大害者，即使易于解决，也不必忙于解决。凡问题尚未研究清楚或解决的时机尚未成熟者，更不可急于去解决"，"对于原则性与灵活性应掌握得很恰当，方能站稳立场，灵活机动"[①]。

对外关系主要是国与国的关系，国家的主体是人民。在发展对外关系中，中国非常重视民间人士、民间团体和各国在野党的作用。中国政府在制定外交政策、方针时，注意争取和影响各国民众，发挥世界各国民间力量在维护和平、发展对华关系中的作用。周恩来认为，中国要建立外交战线，"我们要团结世界各国的人民，不仅兄弟国家的人民，就是原殖民地半殖民地国家和资本主义国家的人民，我们也都要争取。但就外交工作来说，则是以国家和国家的关系为对象的。外交是通过国家和国家的关系这个形式来进行的，但落脚点还是在影响和争取人民，这是辩证的"[②]。中国一直重视"人民外交"，尤其是在冷战环境下，重视资本主义国家中民间孕育着的和平友好力量，重视各国人民在推动世界和平中的作用，把开展人民外交作为与资本主义国家开展外交的重要原则，注意团结资本主义国家的人民，把帝国主义政府和这些国家的人民区别开来，认为资本主义国家的人民对中国人民是友好的，应该与资本主义国家的人民进行友好往来，促进中国人民与世界各国人民的友谊。通过中外民间交流，增进相互间的了解和友谊，促使其政府改变对社会主义中国的态度，推动不同社会制度国家建立和平友好关系。

冷战下的国际格局在不断发展和变化着，中国外交必须正确估计和认识客观形势的演变，适当调整外交战略目标、重点，做出以更好地维护国家利益的决策。1952年，中国在"另起炉灶"、"一边倒"、"打扫干净屋

[①] 中央档案馆编：《中共中央文件选集》第18册，中共中央党校出版社1992年版，第44页。

[②] 《周恩来选集》下卷，人民出版社1984年版，第88页。

子再请客"的基础上，又提出对资本主义国家要"礼尚往来"，就是"资本主义国家，你对我好，我也对你好，你对我不好，我也对你不好"[①]，采取后发制人的办法，同时要与各国实行"互通有无"，与苏联和人民民主国家、资本主义国家开展贸易往来，使中国外交处于战略上的主动地位。在正确的外交战略和方针的指引下，新中国很快打开了外交局面，打破了封锁，迅速恢复和发展国民经济。

1953年斯大林去世后，中苏两党在如何建设社会主义、如何对待马克思主义等问题上产生了严重分歧。中苏两党的分歧和矛盾影响到两国关系。苏联领导人不满意中国独立自主地探索社会主义建设道路，不断对中国施加压力，中苏分歧和矛盾加深。中国逐渐开始将反对苏联大党主义、大国主义和霸权主义作为对外战略重点，实行既反美又反苏、"两个拳头打人"的方针。在与苏联大党主义、大国主义斗争的同时，中国更加重视联合世界上更广泛的力量，发挥资本主义国家的人民在维护和平中的作用，积极与资本主义国家改善和建立外交关系。中国特别注重与周边国家改善关系，希望中国能有长期的国际和平环境特别是周边和平环境。毛泽东在1954年10月指出："我们现在需要几十年的和平，至少几十年的和平，以便开发国内的生产，改善人民的生活。我们不愿打仗，假如能创造这样一个环境，那就很好。凡是赞成这个目标的，我们都能同它合作。"[②]表明了中国愿意抛弃意识形态的分歧，与一切和平力量联合，发展与各国的友好关系。1955年4月，中国参加第一次亚非国家会议，在会上周恩来代表中国政府正式提出了和平共处五项基本原则，赢得了与会国家和世界其他国家的广泛赞誉。从此，和平共处五项原则就被很多国家承认为处理国与国关系的准则。

20世纪70年代初，国际形势发生了深刻变化。美苏两个超级大国在世界各地的争夺愈演愈烈，霸权主义成为世界和平的主要威胁。新中国成立二十多年来，经济建设、社会发展取得巨大成就，所倡导的和平共处五项原则得到了越来越多国家的赞同，中国的国际地位不断提高，中国与很多国家包括主要资本主义国家建立了外交关系，出现了中华人民共和国成立以来的第二个建交高峰。1971年，联合国大会通过了恢复中华人民共

---

① 《周恩来选集》下卷，人民出版社1984年版，第87页。
② 《毛泽东外交文选》，中央文献出版社、世界知识出版社1994年版，第168页。

和国合法席位的决议，中国成为名副其实的政治大国。为更好地拓展外交空间，团结更广泛的国际力量反对霸权主义和强权政治，中国提出了"一条线"、"一大片"和"三个世界"划分的战略理论，在反对美苏两霸中，以反对苏联霸权主义为主，致力于与美国改善关系。中美两个大国关系缓和，在世界范围内产生了深刻影响，成为中日邦交正常化的重要国际因素。

1978年12月，中国共产党召开十一届三中全会。三中全会上，中国共产党重新确立了实事求是的思想路线，并在实事求是思想的指导下，对国际形势做了新的分析和判断，认为世界范围内的霸权主义、强权政治依然存在，霸权主义是世界和平的主要威胁，中国继续坚持反霸立场。从国际形势的特点来看，战争的危险依然存在，但是，世界和平力量也在不断增长，且超过了战争力量的增长，认为战争是可以避免的。世界的主题已经从"战争与革命"转变为"和平与发展"，中国可以争取一个相对和平的国际环境，集中力量进行国内经济建设，党的工作重心转移到社会主义现代化建设上来，中国进入了改革、开放的新时期。随着国内工作重心的转移，国际战略也做了适当调整，中国改变了"一条线"、"一大片"的方针，将对外关系的重点放在维护世界和平、为国内经济建设顺利发展提供稳定的国际环境上，只有大力发展生产力，才能提高综合国力、改变国家经济落后的面貌。在充满竞争的世界上，只有增强中国的综合国力，才能维护国家的独立与发展，才能更好地维护地区和世界和平。邓小平指出："科学技术水平不提高，社会生产力不发达，国家的实力得不到加强，人民的物质文化生活得不到改善，那么，我们的社会主义政治制度和经济制度就不能充分巩固，我们国家的安全就没有可靠的保障。"[①] 中国实行改革开放后，经济迅速发展，综合国力不断提高，国际影响力增强。中国强调将继续坚持独立自主的和平外交政策，把维护世界和平、促进共同发展作为长期的对外战略目标，为人类的共同进步和发展做出应有的贡献。

21世纪以来，国际形势出现了新的特点，国际合作、区域合作不断加强，同时也出现了新的矛盾和问题，甚至局部热战。如何认识世界形势和发展趋势，关系到中国总体目标和发展战略。在复杂的国际形势

[①] 《邓小平文选》第2卷，人民出版社1994年版，第86页。

下，中国依然认为和平与发展仍然是世界的主题。在可以预见的将来，世界大战打不起来，争取较长时期的国际和平环境是可能的。中国将继续坚持以经济建设为中心，坚持改革开放政策，集中精力进行现代化建设；继续坚持维护世界和平与促进共同发展的对外战略，在坚持和平共处基本原则的基础上，努力处理好与世界各个大国的关系，推进世界多极化趋势的发展，实行睦邻友好政策，处理好与周边国家的关系，加强与发展中国家的合作，积极参与多边外交活动，维护世界和平，推动建立公正合理的国际政治经济新秩序，建设和谐世界，维护世界和平。

总之，中国的对外战略是在冷静观察国际形势变化的基础上制定的，对外战略随着国际形势的发展、国内战略目标调整而变化，中国的对外战略维护了中国的国家主权和民族独立，为中国社会主义建设提供了良好的国际环境，对实现国家和社会发展的总目标起了巨大作用。

三 中国的对日战略与对日政策

中国的对日战略与总体对外战略目标是一致的，中国的对日战略以及在这个战略方针指导下的对日政策和策略，就是要为中国的经济建设提供良好的周边环境，促进亚太地区的和平与稳定，促进中日关系不断向前发展。

中华人民共和国成立后，世界处于东西方冷战的国际大环境中。中日两国分属于不同的阵营，其外交必然受到国际环境的影响。中日两国分别实行对苏"一边倒"和"依赖美国"的外交方针，这就决定了中日两国要结束战争状态、建立正常的官方关系，必然经历艰苦的过程。中国的对日战略不仅与国内形势、发展目标有密切关系，而且冷战格局、中美关系也是不可忽视的因素。中国确立对日战略，就要准确判断国际形势，了解日本基本国情，客观分析战后日本的政治走向，了解日本在世界格局发展变化中的地位。近代以来日本不断发动侵略中国的战争，给中国人民带来了巨大灾难。由于战争结束不久，中国人民对日本军国主义发动侵略战争所造成的灾难记忆犹新，不能不对战后日本的政治走向、军国主义复活、日本是否会成为亚洲和平的最大危险，保持高度的警惕。1949年12月6日，毛泽东主席率代表团访问苏联。毛泽东访问苏联的目的"是巩固以苏联为首的世界和平阵线，反对战争挑拨者，巩固中苏两大国家的邦交，和发展中苏人民的友谊"①。在莫斯科，毛泽东与苏联领导人斯大林进行了会谈，苏联表示支持中华人民共和国，帮助新中国恢复国民经济。中华人民共和国成立后，中国唯一与外国签订的具有军事同盟性质的条约《中苏友好同盟互助条约》中，明确指出："加强中华人民共和国与苏维埃社会主义共和国联盟之间的友好与合作，共同防止日本帝国主义之再起及日本或其他用任何形式在侵略行为上与日本相勾结的国家之重新侵略；亟愿依据联合国组织的目标和原则，巩固远东和世界的持久和平与普遍安全。"条约第一条就申明："缔约国双方保证共同尽力采取一切必要的措施，以期制止日本或其他直接间接在侵略行为上与日本相勾结的任何国家之重新侵略与破坏和平。一旦缔约国任何一方受到日本或与日本同盟的国家之侵袭因而处于战争状态，缔约国另一方即尽其全力给予军事及其他援助。"②对日本军国主义可能威胁远东和平保持高度警惕，中苏要防止日本成为远东的反共基地和和平威胁。

1950年，朝鲜战争爆发，美国认为这是社会主义阵营向西方世界挑战的序幕，美国不仅直接出兵朝鲜，还改变了对日占领政策，加紧扶植日本，与日本签订旧金山媾和条约和《日美安全保障条约》，把日本作为远东反共的前哨阵地。中国对重新武装日本、军国主义复活保持着高度的警惕，不承认旧金山媾和条约，谴责美国垄断对日媾和行动。中国也冷静客观地分析日本国内形势和日本人民的要求，认为：日本少数军国主义分子和广大的日本人民是有区别的，日本人民与中国人民一样，都是热爱和平的。周恩来指出："中国人民是愿意与日本人民友好往来的，日本人民也是愿意与中国人民友好的。这两者就是中日友好关系的基本条件。"③中国要充分发挥"人民外交"的作用，实现中日长期和平友好。

中华人民共和国的成立，为彻底改变经济发展落后的面貌，实现国家繁荣富强，巩固民族独立创造了条件。中国迅速恢复和发展经济、稳定国内社会秩序，实现了国民经济的初步好转。中国经济社会要获得进一步的发展，不仅要努力挖掘国内资源，动员国内一切积极因素，开拓国内市

---

① 中共中央文献研究室编：《建国以来毛泽东文稿》第1册，中央文献出版社1987年版，第189页。

② 《中华人民共和国对外关系文件集》第1集，世界知识出版社1957年版，第130页。

③ 转引自裴坚章主编《研究周恩来——外交思想与实践》，世界知识出版社1989年版，第226页。

场，还要尽可能地借鉴资本主义国家的先进技术和管理经验，加快国内生产力水平的提高。日本经济虽然遭受战争的严重破坏，但是其工业化水准、管理水平远在中国之上，是亚洲生产力水平最高的国家。中国经济社会发展，需要学习、借鉴日本的科学技术。日本是一个资源匮乏的国家，加之侵略战争期间，日本疯狂地发展军事工业，工业比例失调，国民生活水平下降。战争期间日本东京等许多大城市遭美军多次轰炸，多座城市化为废墟。日本面临着战后恢复经济、重新发展的任务。中国的矿产原料、农副产品、轻工业品对日本经济和社会发展，具有重要意义。中日两国都有开展经贸往来的需求。日本是一个务实的国家，虽然身为西方阵营中的一员，但是日本并不想放弃中国大陆巨大的资源和市场，要争取在美国允许的范围内，与中国开展贸易往来，为战后经济恢复注入能源和动力。

中日两国间蕴藏着发展经济合作的条件，中国要将这些有利条件转化为发展两国关系的基础，制定符合两国人民愿望、有利于中国经济社会发展的对日战略。中国对日战略的总体思路是：在准确判断国际形势和日本战后政治走向的基础上，根据中国总体内外战略的需要，以维护地区和世界和平为宗旨、以实现中日两国社会制度不同国家间的长期互利、互惠为目标。要调动一切因素，促使日本政府改变敌视中国的立场，实现中日邦交正常化，实现中日两国的长期和平友好，为中国经济建设和社会发展提供良好的周边环境，为维护亚太地区乃至世界的和平与稳定做贡献。在这个总的对日战略指导下，中国根据国际形势和日本政治的变化，调整了不同时期对日战略重点，制定了实现战略目标的相应政策和策略，推动着中日关系不断向前发展。

鉴于日本发动侵略战争给中国及世界人民带来的巨大灾难，中国对20世纪50年代初美国改变对日政策、重新武装日本，是否会导致复活日本军国主义、日本是否会再度威胁亚洲和平保持着高度警惕。中国批判美国重新武装日本，认为美国垄断的旧金山对日媾和是非法和无效的。旧金山和约及《日美安全条约》、《日美行政协定》的签订，标志着日美同盟关系的确立。旧金山会议后，日本在美国的压力下发表了《吉田书简》，与台湾当局签订了《日台和约》，公然制造"两个中国"或者"一中一台"。中国对日本屈从美国压力，与台湾建立官方关系、敌视中国的做法进行了坚决的批判，同时，中国也看到，日本军国主义发动的对外侵略战争不仅给中国人民，也给日本人民带来了巨大灾难，日本人民希望国家能够走独立、中立、民主的道路，希望中日两国能够实现和平友好，对日本政府追随美国、敌视中国的政策是不满意的。因此，战争结束后，尽快实现中日邦交正常化不仅是中国政府和人民的愿望，也符合广大日本人民的利益，有利于亚洲和太平洋地区的和平。正是基于以上判断，周恩来在谈到中日关系的发展趋势时指出："不但人民要往来，人民还要影响政府，改变政府的态度，两国才能友好。"[①] 中国希望开展中日两国的"人民外交"，来促使日本政府改变对华态度，使日本政府早日承认中华人民共和国，在和平、平等的基础上，中国与日本恢复和发展友好关系。

日本政府追随美国敌视中国的政策，拒不承认中华人民共和国，与中国台湾方面建立了官方关系，在这种情况下，中国以长期的战略眼光看待中日关系，坚信中日两国人民有着建立和发展友好关系的强烈愿望，中日人民通过相互往来、建立友谊，会促使日本政府认清形势，改变其敌视中国的政策，中日两国终究能建立起正常的外交关系。中国在复杂、困难的条件下，着眼未来，在总体对日战略指导下，制定了"民间先行，以民促官"的对日方针，从下到上地推动中日关系的发展。中日民间外交开展后，中国根据民间外交的水平和不同阶段的特点，先后提出了"官民并举"、"政治三原则"、"贸易三原则"、"政经不可分原则"等策略原则，循序渐进地推进中日两国关系向前迈进。中日邦交正常化前，中日两国的经济、贸易、文化、体育、科技、政党等各个领域、不同层次的交流与合作都有长足的发展，两国民间往来在20世纪60年代发展到具有半官方性质的长期贸易协定。中国尊重日本社会制度和人民选择，中国共产党作为执政党，与日本共产党、社会党、民社党、公明党等日本主要在野政党保持着友好的党际关系，把与日本在野党的"补充外交"作为与对日民间外交的重要内容，发挥在野党在恢复邦交正常化中的桥梁和纽带作用。在中国的对外双边关系发展中，中日民间外交的作用是最为突出的，所谓中日邦交正常化"水到渠成"，指的就是民间外交对官方关系的推进作用。

中日邦交正常化的实现是中国在对日战略指导下循序渐进发展两国关

---

① 中华人民共和国外交部、中共中央文献研究室编：《周恩来外交文选》，中央文献出版社1990年版，第146页。

系的硕果,也是两国人民共同努力的结果,符合中日两国人民的利益。中日邦交正常化后,中国把推进中日长期和平友好、全面合作作为新的战略目标,不断推进中日关系向纵深发展。1978年10月,《中日和平友好条约》生效,中日和平友好不仅以法律形式呈现出来,也是中国对日的基本战略。《中日和平友好条约》签订后,中日两国在经济、科技、文化、贸易等方面的关系突飞猛进,形成了两国关系史上令人难忘的"蜜月时期"。这期间,中日关系虽有过矛盾、摩擦,经历了艰难曲折,但是,总的来看两国关系是不断向前发展的。1983年,中国共产党总书记第一次访问日本,标志着中日关系发展到一个崭新的阶段,而20世纪80年代"中日友好21世纪委员会"的成立,形成了发展中日友好的新机制。20世纪90年代初,中国共产党最高领导人第二次访问日本,表明中国对发展同日本的长期稳定的睦邻友好合作关系的高度重视,表明中日全面友好合作关系进入了一个崭新的阶段。1998年,中国国家主席江泽民访问日本,中日两国领导人签署了《关于致力于和平与发展的友好合作伙伴关系的联合宣言》,成为指导中日关系发展的又一个重要文件,中日关系提高到前所未有的友好合作伙伴关系高度,必将推动即将到来的21世纪中日关系发展,标志着中日关系进入了一个崭新的发展阶段。

21世纪以来,国际形势出现了新的特点,中日面临着新的机遇和挑战,中国准确把握国际形势的变化,把改善和发展与发达国家的关系,加强睦邻友好,坚持与邻为善、与邻为伴作为未来外交的重点。中国充分认识到日本作为发达国家和中国近邻在维护地区和平稳定以及在中国现代化建设中的地位和作用,提出中日"双赢"、"战略互惠"的战略目标。2008年5月,中国国家主席胡锦涛访问日本,中日两国领导人签署的《中日关于全面推进战略互惠关系的联合声明》,规定了战略互惠的内涵,将全面推进中日战略互惠关系,实现中日两国和平共处、世代友好、互利合作、共同发展作为未来中日关系的总目标,是指导中日关系发展的第四个重要文件。中国认为,日本是中国最重要的邻国之一,在和平与发展的时代主题下,中日两国人民有着共同维护地区和平与稳定的愿望,经济互补性不断加强,两国间的共同利益是广泛的、主要的,中日关系向前发展的趋势不可逆转。中日关系首次以"战略"表述出来,表明中国对未来中日关系的新的定位,当然,这并不是说以前就没有对日战略,"对日战略"与推进"战略互惠关系"是两个不同的概念。

总之，中国对日战略是中国总体对外战略的重要组成部分，与中国国家发展战略和国内外形势密切关联，并随着国际形势、国内工作重心的调整而有所发展变化。中国的对日战略为中国赢得了稳定的周边环境，推进了中国经济社会的发展，促进中日关系不断发展，从民间外交上升到官方关系，从全面合作到友好合作伙伴关系，进而达到建设战略互惠关系。

第二节　中国制定对日战略的原则和依据

一　独立自主是制定对日战略的基本原则

独立自主是中国新民主主义革命胜利的基本经验。早在新民主主义革命时期，毛泽东就提出："中国革命斗争的胜利要靠中国同志了解中国情况。"① 必须到中国革命的实践中去了解中国的情况，才能制定"正确而不动摇的斗争策略"②，中国革命取得胜利是独立自主决定自己命运的结果，同样，中国共产党要领导中国社会主义革命和社会主义建设，也必须不断在实践中了解中国和世界的形势，独立自主地制定符合实际的对内战略和对外战略。

在半殖民地半封建的中国，丧失领土主权的重要原因，就是没有外交上的自主，无论是清政府、北洋政府，还是后来的国民党政府，都在不同程度上实行依赖列强、软弱屈辱的对外政策，谈不上什么长远的对外战略。新中国总结中国近代以来的历史经验，将独立自主、维护国家主权、反对任何国家以任何名义干涉中国内政作为制定对外战略的基点，把"国家的主权，国家的安全要始终放在第一位"③。为此，中国首先要肃清帝国主义在中国的一切特权，反对帝国主义战争，维护国家的主权与安全，维护世界和平。中华人民共和国成立后，中国根据总体的对外战略，制定了"一边倒"的对外方针，"一边倒"绝不意味着中国像某些东欧国家那样，完全失去自己的原则立场，无条件地听苏联指挥，而是在"一边倒"中始终坚持独立自主，坚持自己的立场，既与苏联等社会主义国家搞好关系，也不完全听命于任何大国、大党，以维护中国国家主权为原则。

---

① 《毛泽东选集》第1卷，人民出版社1991年版，第115页。
② 同上。
③ 《邓小平文选》第3卷，第348页。

独立自主还表现在不屈服于任何大国的压力,不惧怕大国的威胁与讹诈。朝鲜战争爆发后,美国发表声明出兵朝鲜、干涉中国台湾问题,毛泽东立即指出:"杜鲁门在今年1月5日还声明说美国不干涉台湾,现在他自己证明了那是假的,并且同时撕毁了美国关于不干涉中国内政的一切国际协议。"① 中国对美国公然干涉中国内政、破坏中国主权的行为,给予了坚决的反击。周恩来发表声明,指出杜鲁门的声明和美国海军第七舰队进入台湾海峡,是对中国领土的侵略,是对联合国宪章的破坏,"我国全体人民,必将万众一心,为从美国侵略者手中解放台湾而奋斗到底"②,表明了捍卫国家主权和领土完整的决心。在朝鲜战争前后,中国政府多次发表声明,强调解放台湾是中国的内政,不允许他国干涉。

1950年2月,中苏两国签订了《中苏友好同盟互助条约》,标志着中华人民共和国正式加入了以苏联为首的社会主义阵营。毛泽东说:"这次缔结的中苏条约和协定,使中苏两大国家的友谊用法律形式固定下来,使得我们有了一个可靠的同盟军,这样就便利我们放手进行国内的建设工作和共同对付可能的帝国主义侵略,争取世界和平。"③ 中国认为签订这样一个条约,有利于中国的国内建设,有利于阻止战争。因为第二次世界大战结束不久,中苏两个曾经直接对日作战的国家对日本帝国主义的侵略及战后新形势下日本帝国主义复活的可能性,表示了极大的担忧。中苏双方表示要加强友好合作,共同防止日本帝国主义东山再起,以及其他国家用任何形式在侵略行为上与日本勾结,保卫远东和世界和平。双方约定:"一旦缔约国任何一方受到日本或其他与日本相勾结的任何国家之侵略因而被卷入军事行动时,经中华人民共和国政府提议及苏联政府同意,中苏两国可共同使用旅顺口海军根据地,以利共同对侵略者作战。"④ 双方同意与第二次世界大战时期其他同盟国于尽可能短时期内共同取得对日和约的缔结。这是中华人民共和国成立后与外国签订的唯一军事同盟条约。这个条约中,中苏两党、两国对日本可能威胁世界和平与安全保持着高度警惕。但是,中国并没有因为对日本军国主义的警惕而拒绝与日本往来,而

---

① 《毛泽东外交文选》,中央文献出版社、世界知识出版社1994年版,第137页。
② 《中华人民共和国对外关系文件集》第1集,世界知识出版社1957年版,第134—135页。
③ 薄一波:《若干重大决策与事件的回顾》上卷,中央党校出版社1991年版,第42页。
④ 《人民日报》1950年2月25日。

是从维护中国利益及东亚和平着眼，制定了建立中日正常国家关系的对日战略。

中国与苏联签订《中苏友好同盟互助条约》后，关注苏联的对日态度和政策，认为苏联对日政策必然影响到中日关系。1956年10月19日，日苏发表《日本国和苏维埃社会主义共和国联盟的宣言》，日苏关系实现了正常化。中国认为日苏关系正常化，将对中日关系的发展产生积极的影响。当然，中国关注苏联对日政策，并不意味着在制定对日战略、策略问题上始终完全与苏联保持一致，而是根据形势的变化，自主地制定对日战略和策略。

战后日本政府实行依赖美国的外交，在美国压力下，日本与台湾当局建立所谓的官方关系。在这种形势下，中国以长远的、战略的眼光看待中日关系，将实现中日邦交正常化作为战略重点，并采取实际的对策，促进中日关系向前发展，制定了"民间先行，以民促官"的对日方针，使中日关系从"民间"到半官方，再向官方关系发展。中国重视"人民外交"的作用，中国领导人多次对来访的日本友人表达中国人民的友好感情，认为多数日本人对中国怀有友好感情，认为日本客人在中日没有官方关系的情况下，不去访问台湾，而是到中国来访问，应该算是中间派。对中间派要团结、要争取，先要交朋友，然后才能做思想工作。认为先期定性，非此即彼，不是朋友就是敌人，不是革命派就是反动派的逻辑是行不通的，[①] 中国独立自主判断日本国情、制定对日战略和策略。20世纪70年代初，实现了中日两国邦交正常化的战略目标。1978年《中日和平友好条约》的签订，更是显示了中国在对外关系中反对霸权主义的决心，是中国独立自主制定对日战略的又一范例。进入改革开放新时期以来，中国调整了对内、对外战略，制定了一系列巩固、发展中日关系的方针、政策，将中日长期友好合作关系提高到友好合作伙伴关系、战略互惠关系的新阶段。中华人民共和国成立以来的一系列对日战略、方针政策，都是中国独立自主判断国际形势、判断中日两国发展道路的结果，体现了独立自主处理国际关系的能力。

---

① 参见裴坚章主编《研究周恩来——外交思想和实践》，世界知识出版社1989年版，第26页。

二 维护国家主权和地区安全是制定对日战略的基点

中华人民共和国成立以来,世界形势发生了巨大而深刻的变化,经历了第二次世界大战后东西方对立两大阵营形成、美苏两个超级大国争夺世界霸权到东西方关系缓和、冷战格局终结、世界向多极化发展几个重要阶段。国际形势与国际格局的变化,影响着中国的对外战略。中国在复杂多变的国际环境中,始终以维护国家主权、维护世界的和平与稳定作为对外战略的出发点。

1949年制定的《共同纲领》就明确指出,中国要站在国际和平民主阵营方面,共同反对帝国主义侵略,以保障世界持久和平的总的对外战略目标。中国坚定地站在国际和平阵营一边,反对帝国主义阵营,认为国际和平民主阵营的成员相互之间都是朋友。同时,中国政府要求外交工作人员,要尊重不同国家的发展道路、文化传统和语言习惯等,不仅中国与资本主义国家存在着很大差别,即使是与社会主义国家之间也是存在差异的,要注意"就兄弟国家来说,我们是联合的,战略是一致的,大家都要走社会主义的道路。但国与国之间在政治上不能没有差别,在民族、宗教、语言、风俗习惯上是有所不同的"[①],彼此尊重才能实现和平。中国是周边邻国众多的国家,创造一个稳定、安全的周边环境,对于中国将要实现社会主义革命和社会主义建设具有特别重要的意义。

东西方冷战开始后,美国与中国周边的一些国家,如:日本、韩国、菲律宾以及东南亚各国签订防御条约,1954年美国与台湾签订所谓《共同防御条约》,对中国实行军事包围。以苏联为首的社会主义、民主主义国家则给中国以必要的物质支援。中国为了维护国家的安全,选择了对苏联的"一边倒",与苏联结盟的方针,"必须组成以苏联为首的反对帝国主义的统一战线"[②],中国与苏联、朝鲜、越南、蒙古人民共和国等周边社会主义、民主主义国家很快就建立了外交关系。中国努力与周边不同社会制度的国家建立和发展友好关系,20世纪50年代,中国与缅甸、印度、巴基斯坦、锡兰、阿富汗、尼泊尔、印度尼西亚等国建立了外交关系,使周边环境得到了很好的改善。从国家经济社会发展和地区和平

[①] 《周恩来外交文选》,中央文献出版社1990年版,第6页。
[②] 《毛泽东选集》第4卷,人民出版社1991年版,第1358页。

稳定出发，中国致力于与近邻日本早日结束战争状态，建立正常的外交关系。

冷战时期，中国曾经对日本军国主义复活表示了极大的关注，无论是《中苏友好同盟互助条约》关于"一旦缔约国任何一方受到日本或其他与日本相勾结的任何国家之侵略因而被卷入军事行动时，中苏两国可共同使用旅顺口海军根据地，以利共同对侵略者作战"，还是对日本政府镇压国内和平民主力量的批判，都表明中国对日本军国主义可能再次对亚洲安全造成威胁的担忧。中国认为与苏联结盟为维护中国的国家主权提供了可靠保证，《中苏友好同盟互助条约》的签订，"使中苏两大国家的友谊用法律形式固定下来，使得我们有了一个可靠的同盟国，这样就便利我们放手进行国内的建设和共同对付可能的帝国主义侵略，争取世界和平"①。

朝鲜战争爆发后，美国大力扶植日本，镇压日本国内和平民主力量。1950年，日本政府按照驻日盟军总司令麦克阿瑟的指令，对日本共产党实行"整肃"，逮捕一批日本共产党领导人，查封日本共产党的机关报《赤旗》。中国认为，美国指使日本政府镇压国内和平民主力量，是企图将日本变成新的侵略战争基地。中国共产党中央委员会发表了《关于日本情势的声明》，毛泽东在审定声明时特别指出："自有共产主义运动以来的历史，特别是第二次世界大战以来的历史，都是和历来的反动派，和各国帝国主义，和现在的美国帝国主义的一切妄想背道而驰。反动派的历史都是失败的历史，革命人民的历史都是胜利的历史。反动派有时也显得很猖獗，取得一些镇压人民的'胜利'，但最后无不失败。革命人民有时也会遭受一些挫折，但最后无不胜利。全世界的历史都是这样写的，无一例外。"② 从精神上支持日本共产党和平民主的斗争。中国对日本军国主义复活的担忧，表明对周边环境的关注，在警惕日本可能再度威胁亚洲和平时，将更多的力量放在如何维护地区和平与稳定上。中国制定的恢复中日邦交正常化、致力于全面发展中日关系的各项政策，就是为了实现和平与稳定这一战略目标。中国认为，日本人民希望国家能够走独立、中立、民主的道路，中国人民应该与日本人民进行友好往

---

① 《人民日报》1950年2月25日。
② 《建国以来毛泽东文稿》第1册，第404页。

来，发展与日本人民的友谊，这样就能使日本政府改变态度，中日实现邦交正常化和长期和平友好。中国区别日本广大人民和少数军国主义分子，承认日本政府是代表日本利益的，与日本政府进行恢复邦交正常化的谈判。

中日邦交正常化战略目标实现以后，中国更加重视与日本发展和平友好合作关系，认为日本是亚洲地区和平发展的重要力量，肯定日本战后走的是和平发展道路，在维护国际社会的和平中发挥了重要作用。尽管日本不同时期、不同政党的对华政策有很大变化，但是，日本希望和平、反对战争的人占绝大多数，中日两国应遵循《中日联合声明》、《中日和平友好条约》、《中日联合宣言》以及《推进中日战略互惠关系的声明》的基本精神，将开创亚太地区和世界和平友好的未来作为发展中日关系的立足点。

三　准确判断国际形势是制定对日战略的客观依据

中日两国长期处于世界冷战、亚洲冷战的环境中，冷战下的世界有一个重要特点就是东西方意识形态的对立。即使在冷战的国际格局下，中国也不以意识形态划分敌友，更不以意识形态作为制定对外战略的依据，努力寻求与不同社会制度、意识形态的国家建立和发展友好关系。20世纪50年代，国际形势纷繁复杂，毛泽东对于国内普遍关心的第三次世界大战是否会爆发问题，做了明确的阐述："帝国主义阵营的战争威胁依然存在，第三次世界大战的可能性依然存在。但是，制止战争危险，使第三次世界大战避免爆发的斗争力量发展得很快，全世界大多数人民的觉悟程度正在提高。只要全世界共产党能够继续团结一切可能的和平民主力量，并使之获得更大的发展，新的世界战争是能够制止的。"[①] 中国在制止战争维护和平的同时，要继续完成民主革命的任务，调整工商业，大量节减国家机构经费，加快国家财政经济状况的好转，为向社会主义过渡创造条件。

中华人民共和国成立后，中国为了实现和平发展的战略目标，制定了"另起炉灶"、"一边倒"、"打扫干净屋子再请客"的对外方针；而第二次世界大战后日本确定了以"日美同盟"为基轴的对外政策。美国的对

---

① 《建国以来毛泽东文稿》第1册，第390—391页。

日政策、美苏关系、中苏关系、中美关系、日苏关系的变化，都会影响到中日两国的对外政策，中国制定对日战略也要考虑国际格局的影响，特别是两个超级大国的影响，在冷战大的国际格局下，寻求与不同社会制度的日本建立和发展关系。

中华人民共和国成立后，中国面临着世界上两大阵营的对立，帝国主义阵营、社会主义阵营和广大亚非拉地区民族独立国家三种力量并存的世界格局。美国对中国采取敌视态度，这种敌视又直接影响了美国对日占领政策。众所周知，第二次世界大战结束后，美国凭借其巨大的实力，垄断对日占领，又主导了日本战后的社会改革，美国的对日政策关系到日本的政治走向，影响着日本的亚洲政策。美国加大在亚洲对共产主义蔓延的防范力度，将日本视为在远东阻止共产主义扩散的"防波堤"。日本从其战后重建和国家未来的发展考虑，一直重视中国大陆这个广阔的市场，希望与中国大陆继续贸易往来。由于日本战后处于"无外交"的特殊时期，日本在选择与北京还是台北"媾和"的问题上面临着两难。美国从敌视社会主义、共产主义的目标出发，不允许日本与中国建立和发展外交关系。1951年9月4—8日，由美国主导的旧金山对日媾和会议召开，1951年9月8日，日本与美国等参加旧金山会议的48个国家签订了《旧金山对日和约》，日本与签约国家结束了战争状态，获得了法律上的独立。同日，日、美在旧金山签订了《日本国与美利坚合众国间的安全保障条约》（即《日美安保条约》）。通过这个条约，美国取得了在日本国内及附近的驻军权，担负着日本的防务，日本成为美国在远东的基地，实际处于被美国半占领的状态。1952年4月，日本在美国的压力下，与台湾当局签署了《日华和平条约》（即《日台和约》），这就阻碍了中华人民共和国与日本建立正常的外交关系。在这种情况下，中国为实现中日邦交正常化为目标的战略目标，采取了"民间先行，以民促官"等对日政策，通过"民间外交"推动官方关系的建立。中国制定这样的对日方针，就是看到战后日本国内存在着要求政府承认中华人民共和国、断绝与台湾方面官方关系的呼声。

中国重视美国因素对中日关系、对中国参与国际事务等方面的影响，朝鲜战争结束后，中国与美国保持接触，并希望这种接触能对中日关系的改善产生良好的影响。1954年4月到7月的日内瓦会议，是中国参与国际事务的一个好机会。周恩来提出："我们应该采取积极参加日内瓦会议的方针，并加强外交和国际活动。"① 打破美国的封锁、禁运政策，促进国际紧张局势的缓和。1955年8月，中美开始了日内瓦大使级谈判，虽然由于各种原因，日内瓦谈判曾经一度中断，但是，中美都十分珍惜这个保持联系的通道，直到20世纪70年代初，日内瓦谈判为增加中美两国的了解起了积极作用。在与美国保持接触的同时，中国客观地分析冷战格局下日本所处的国际地位，为新中国开展对日外交打下基础。中国认为，日本虽然是资本主义国家，但是它与美国不同，是处于美苏之间的"中间地带"，它不满意美国的压迫政策，中国和日本在反对美国、反对霸权主义方面是有共同利益的，日本是维护亚洲和平的一支重要力量。因此，中国制定了以实现中日邦交正常化为目标的对日战略。鉴于日本外交上完全听命于美国，制定了"民间先行，以民促官"的对日方针，有重点、分阶段地实现对日目标。20世纪70年代初，中美接近，日本政府对华态度急剧变化，中国看到这种变化，适时地与日本新任政府领导人谈判，实现了战后两国人民恢复邦交正常化的愿望。

在中日邦交正常化后，中国将反对霸权主义、实现中日和平友好作为新的目标，而在《中日和平友好条约》的谈判过程中，日本迫于苏联的压力，一直不敢将"反霸"条款作为条约的内容。中国坚持在友好条约中写进"反霸"条款，并密切观察围绕苏联、日本国际形势发生的变化，终于在《中日和平友好条约》中，将反对霸权主义、和平友好写进了条约。

冷战结束后，世界向多极化发展。中国的对外战略和对日战略都做了重大调整。另外，日美同盟关系没有改变，日本最重要的外交关系仍然是日美关系。中国制定对日战略和对日政策时，既要考虑日美之间的特殊关系，也要考虑日本力求外交自主的要求，在调整对日策略时充分注意国际形势变化对日本外交政策的影响。

四　客观评价日本政治走向是制定对日战略的前提

20世纪50年代，中国对日本军国主义的复活保持着高度的警惕，同时，也承认日本广大人民是热爱和平的，他们同样是侵略战争的受害者，正如周恩来总理所指出的："中国人民是愿意与日本人民友好往来的，日

---

① 《周恩来年谱（1949—1976）》上卷，中央文献出版社1998年版，第356页。

本人民也是愿意与中国人民友好的。这两者就是中日友好关系的基本条件。"① 在日美同盟关系确立的情况下，中国强调日本政府不代表日本人民，中日两国应该通过"人民外交"来发展两国人民之间的友谊，实现中日长期和平友好。随着形势的发展，中国逐渐改变了将日本政府和日本人民截然对立的看法，认为日本政府是日本人民选举出来的，是日本人民的选择，承认日本政府是代表日本人民的，而日本政府少数敌视中国分子是不代表日本人民利益的，周恩来指出："我们尊重日本人民，日本人民选择了吉田（茂）政府，我们就承认它代表日本人民，日本人民现在选择了鸠山（一郎）政府，我们就承认它代表日本人民。"② 明确表示不再把日本政府和日本人民完全对立起来。

中国认为战后日本实现了民主改革，日本已经走上了和平、民主、中立的发展道路，是维护亚洲地区和平的重要力量，中日两个不同社会制度的国家完全可以"和平共处，就是平等互利，互通有无，'共存共荣'"③，日本人民不允许军国主义和法西斯主义复活，中日加强睦邻友好是有利于地区和世界和平与稳定的。无论是邦交正常化前，还是邦交正常化实现以后，日本各届政府的对华政策是有所差异的，但是，这种差异并不能改变日本走向和平道路的方向，即使是岸信介内阁、佐藤荣作内阁也不可能开历史的倒车，把日本带回到侵略战争的老路上去。正因为看到了日本走上了和平道路，中国制定了以维护地区和世界和平为宗旨，以实现中日两国社会制度不同国家间的长期互利、互惠为目标的对日战略。正如邓小平所指出的："日本人民不希望有战争，欧洲人民也不希望有战争。第三世界，包括中国，希望自己发展起来，而战争对他们毫无好处。"④ 准确估计和评价日本战后的政治走向，是中国对日战略的前提。

五 创造良好的周边环境是制定对日战略的内在要求

中国的对日战略不是孤立的，它始终与国内战略、国内的基本任务联系在一起，为中国经济建设提供稳定的周边环境是制定对日战略的内在要

---

① 转引自裴坚章主编《研究周恩来——外交思想与实践》，世界知识出版社1989年版，第226页。
② 《战后中日关系文献集（1945—1970）》，第206页。
③ 《周恩来外交文选》，第90页。
④ 《邓小平文选》第3卷，第105页。

求。中国是日本的近邻，人们习惯用"一衣带水"形容两国地理相邻、文化相近。自古以来，中日两国人民就相互往来，取长补短、互相学习，推动了东亚社会的进步与发展。近代以降，日本资本主义迅速发展，国力迅速增强，废除了西方强加给他们的不平等条约，很快成为亚洲唯一强国。日本强大以后，采取了"与西方文明共进退"的方针，不断对中国及周边邻国进行侵略，特别是20世纪30年代起，日本发动了长达14年的侵华战争，给中国人民的生命财产造成巨大的损失，中日两国处于敌对状态。1945年日本战败投降，中日两国结束了侵略与被侵略的状态，中华人民共和国成立后，中国面临着领导全国人民巩固国家独立、医治战争创伤、扫清国民党在大陆的残余势力、恢复和发展经济的艰巨任务。中国要恢复发展经济，不仅要与社会主义国家发展友好关系，需要社会主义国家的同情与支持，同时，也希望与一切平等待我之民族建立和发展友好关系。中国希望早日结束中日两国的战争状态，实现邦交正常化。"打扫干净屋子再请客"就是要废除帝国主义强加给中国的一切不平等条约、清除帝国主义国家在中国的各种特权之后，再在平等、互利和互相尊重领土主权的基础上，与世界各国建立外交关系，当然也包括日本在内的资本主义国家。正如毛泽东所说："我们是愿意按照平等原则同一切国家建立外交关系的。"[1] 与近邻日本建立正式外交关系，有利于为中国恢复和发展经济提供有利的周边环境。

包括日本在内的资本主义国家，要成为新中国的"客人"，必须要承认中华人民共和国是代表中国的唯一合法政府，断绝与台湾当局的官方往来，取消敌视中国政策，支持联合国恢复中华人民共和国的合法席位。1951年9月，美国操纵旧金山对日媾和会议，日本与48个国家签订了和平条约，开始重返国际社会。由于美国对新中国采取敌视、封锁政策，中国没能派代表参加旧金山对日媾和会议，中日两国仍然处于战争状态。中国希望日本政府能够认清历史发展的潮流，顺应中日两国人民的愿望，承认中华人民共和国，中日两国早日建立正式官方关系。由于日本政府追随美国，采取敌视中国的立场，与台湾方面签订了所谓的《和平条约》，承认被中国人民战争赶下台的台湾当局，这就妨碍了中日两国建立正常的外交关系。为了实现中日邦交正常化的战略目标，中国提出了"民间先行，

---

[1] 《毛泽东外交文选》，中央文献出版社、世界知识出版社1994年版，第80页。

以民促官"的对日方针,旨在通过中日两国民间贸易往来,互通有无,增进两国人民的了解,为邦交正常化打下基础。1952年5月,中日签署了第一个民间贸易协议,体现了"以民促官"对日方针的作用,打开了中日两国民间交往的大门。中国认为,日本作为挑起第二次世界大战的法西斯国家已经被彻底打败,日本国力受到很大的损害,面临着战后重建的任务。然而,日本毕竟是东方唯一的资本主义强国,日本在现代科学技术和管理方面,有许多先进的经验,值得中国借鉴,可以为中国经济建设服务。在民间贸易阶段,日本的纺织企业、机械制造企业、化工企业、汽车制造企业、精密仪器企业等都向中国提供了技术和产品。而中国的农产品、工业原料也为日本经济重建提供了原材料方面的支持。

朝鲜战争结束后,日本因朝鲜战争而产生的"特需景气"不复存在,需要更加广阔的国际市场,中国大陆是日本经济继续发展不能忽视的地方,而中国在基本恢复国民经济、实现财政经济的好转后,制订了国民经济的第一个五年计划,需要扩大与世界各国的经济交往,需要稳定的周边环境。在第一届全国人大会议上,周恩来做的《政府工作报告》中指出:"我国伟大的人民革命的根本目的,是从帝国主义、封建主义和官僚资本主义的压迫下面,最后也从资本主义的束缚和小生产的限制下面,解放我国的生产力,使我国国民经济能够沿着社会主义的道路得到有计划的迅速的发展,以便提高人民的物质生活和文化生活的水平,并且巩固我们国家的独立和安全。"[①] 中国即将开始的社会主义革命和社会主义建设需要学习各国的先进技术,也需要稳定的国际环境,尤其是稳定的周边环境,希望建立国际和平统一战线,与西方国家和平共处。

中国积极与周边国家改善关系,也推动了日本国内有识之士督促日本政府改变对华政策,中国坚持和平共处的方针赢得了世界各国的赞誉。1953年12月,周恩来接见印度政府代表团时,提出了和平共处五项基本原则。1954年4月,中印两国政府签订了《关于中国西藏地方和印度之间的通商和交通协定》,协定明确写上了互相尊重领土主权、互不侵犯、互不干涉内政、平等互惠、和平共处五项原则,根据五项原则精神,中国先后与印度、巴基斯坦、缅甸等邻国改善了关系。1955年4月,在印度尼西亚的万隆召开的亚非会议上,中国正式提出了互相尊重主权和领土完

[①] 《周恩来选集》下卷,第132页。

整、互不侵犯、互不干涉内政、平等互利、和平共处五项原则，认为不同社会制度的国家是可以实现和平共处的，进一步打开了中国与亚非国家的外交关系，中国的周边环境进一步改善。日本派代表参加了第一次亚非会议，中国代表团在会议上与日本代表团积极接触，并协助日本代表团发表议案，改善与亚洲邻国的关系。中国希望中日两个不同社会制度的国家能够在和平共处五项原则的基础上，建立和发展友好关系，为中国的社会主义建设提供更好的国际环境和技术支持。20世纪50年代中期以后，中日两国的民间交流发展迅速，连续签订了三次民间贸易协议（定），中日文化界、经济界来往频繁，中日"民间外交"的水平不断提高。正如周恩来总理所讲："尽管中日两国还没有恢复正常关系而且按照国际法还存在战争状态，但是这些并没有妨碍两国人民的友好活动和签订民间性的协议。这样从民间的频繁来往并且达成协议开始，把两国关系大大的发展，最后就剩下在外交上宣布结束战争状态，恢复正常关系了"，这是"在国际关系史上创造了新的范例"[1]，这种"民间外交"为中日建立正常官方关系打下了坚实的基础。

中日邦交正常化后，两国关系得到了迅猛的发展，中日两国发展友好合作关系具有很好的基础。中日两国有维护地区安全与稳定的地缘政治需要，有互通有无的经济需求，现在中日两国经济上形成了"你中有我，我中有你"的局面。随着中国经济总量超过日本，两国经济互补性将进一步加强，互利互惠是中日两国经贸合作的主流。中日两国正在全面推进战略互惠关系，这对于改善中国的周边环境，维护地区安全与稳定，具有重要意义。当然，中日两国关系发展不是一帆风顺的，无论是在"民间外交"阶段，还是在官方关系建立以后，中日两国关系都经历过困难时期。但是，不管出现什么样的曲折艰难，中国始终认为日本已经走上和平发展道路，是国际社会维护和平的一支重要力量，也是中国最重要的邻国之一，中国继续坚持"与邻为善，与邻为伴"的周边外交方针，继续加强与日本的关系，为中国现代化建设提供良好的外部条件。

---

[1] 《中华人民共和国对外关系文件集》第4集，世界知识出版社1958年版，第357页。

第三节　中国对日战略的演进

　　任何事物都是不断发展变化的，运动是物质的基本特征。中国的对日战略目标是明确的，一贯的，又是与时俱进的。根据国内外形势的变化，中国对日战略重点有所调整，这种调整本身可以视为对日战略的一部分。中国的对日战略经历了几个阶段。

一　以实现中日邦交正常化为目标时期

　　中华人民共和国成立后，中国对资本主义国家采取区别对待的政策，希望在"打扫干净屋子"以后，请来包括日本在内的资本主义国家的"客人"，与日本建立正常的外交关系。然而，日本政府在外交上紧紧追随美国，拒不承认新中国，并在1952年4月与台湾当局签订所谓的《和平条约》，日、台之间建立了"外交关系"。有鉴于此，中国本着相信人民、依靠人民的方针，从中日两国人民的利益出发，从长远的观点思考未来两国关系，提出了"民间先行，以民促官"的对日方针，即通过开展中日两国间的民间经济、文化往来，增进中日两国人民的理解和友谊，促使日本政府改变对中国的态度，为建立正式外交关系奠定基础。周恩来指出："在我们这个时代，国际关系的一个特点是人民外交的大大发展。各国人民之间的经济文化交流和友好来往，并不等于正式外交关系的建立，而常常为正式外交关系开辟道路。"[①]中日"民间外交"的发展为正式外交开辟了道路。

　　1952年5月15日，中日两国签署了第一个《中日贸易协议》。协议双方贸易额虽然仅有3000万英镑，完成量只有5%，但是，它使中日"民间外交"有了实际内容，在一定程度上解决了新中国建设需要的大量机械设备、原材料和工业品；也为日本提供了经济发展急需的农产品、原料，是互利共赢的协议。协议打开了中日民间贸易的大门，对两国经济、贸易发展起了开先河的作用。1953年10月29日，中日两国签订了第二次贸易协议，这次贸易协议完成了计划的38.8%，虽然还没有过半，但是比第一次贸易协议有了长足进步，说明了中日民间蕴藏着发展贸易和友

---

① 《中华人民共和国对外关系文件集》第4集，世界知识出版社1958年版，第382页。

好往来的深厚基础。1955年5月4日，中日签订了第三次中日贸易协定。第三次中日贸易协定将过去的协议改为协定，体现民间贸易的稳定性，贸易协定规定双方在有效期内各种输出入商品的总额也是3000万英镑，而这次协定完成了计划的67%，比前两个协议完成率提高了一大步，反映了中日民间贸易的发展趋势。

在中日民间贸易往来不断发展的形势下，中国制定了推动"民间外交"的一系列政策措施，将民间贸易发展成为具有半官方性质的"LT贸易协定"，并制定了一系列推进中日关系发展的政策和策略，诸如："官民并举"、"政治三原则"、"贸易三原则"、"政经不可分原则"等，推动中日两国向正式建立官方关系的目标不断迈进。中国最高人民法院20世纪50年代提前释放了大多数在押的日本战犯，中国红十字会协助日本侨民回国，以实际行动表达对日本人民的友好感情。中国人民的博大胸怀，得到了日本各界的赞扬，被提前释放的日本战犯也成为从事中日友好事业的重要力量，这是中国"民间外交"政策的胜利。

20世纪70年代初，国际形势发生深刻变化，特别是尼克松的"越顶外交"，不仅标志着美国对华政策的改变，也使日本国内出现了"空前高涨的要求日中复交热潮"。中国抓住建立中日官方关系的大好时机，指示有关部门加强与日本各个团体、知名人士的交往，同时，中国加强了与日本有影响力的在野党的交往，日本社会党、社民党、公明党的党首频繁访问中国，为日本首相正式访问打下了基础。

日本社会党是最大的在野党，自20世纪50年代起，日本社会党就多次组团访问中国，阐明其坚持"一个中国"、早日恢复中华人民共和国在联合国的合法席位、实现中日邦交正常化的立场。1972年7月14日，田中角荣的朋友、日本社会党前委员长佐佐木更三来中国访问。佐佐木向周恩来转达了田中首相承认中国的"复交三原则"。周恩来委托佐佐木更三回国后向田中角荣转达中国政府欢迎日本首相正式访问中国的口信，并表示田中的专机可以直飞北京。

1971年6月，中日友好协会邀请日本公明党访问中国，中日友协与公明党代表团发表共同声明，公明党阐述了恢复中日邦交正常化的五点主张。周恩来总理高度赞赏公明党坚持"一个中国"、反对《日台条约》、主张恢复中华人民共和国在联合国的合法席位等一系列原则立场。1972年7月25—29日，田中角荣首相的挚友、公明党委员长竹入义胜访问中国，双方从恢复邦交正常化的基本原则到影响两国关系的台湾问题，进而到联合声明的具体内容，都进行了充分的沟通，坦诚地交换了意见，了解了彼此的共同点与分歧所在，初步商谈了解决困难的办法和途径。随后，日本自民党代表团来中国访问，为田中角荣访问中国做好了准备。1972年9月25日，日本首相田中角荣正式访问中国。在与日本政府进行邦交正常化的正式谈判中，中国在坚持"复交三原则"的基础上，本着"求大同，存小异"的原则，妥善处理中日之间的分歧，终于签署了《中日联合声明》，实现了邦交正常化的目标。

二　发展中日长期友好合作关系阶段

中日邦交正常化后，中国将长期发展中日和平友好合作关系定为此后对日战略的基本目标。在国与国的关系中，"友好"常常被视为一种维护国家利益的手段，而中国不仅将中日"友好"视为手段也作为发展两国关系的最终目的，这是因为中日两国拥有着广泛的共同利益，友好合作不仅对两国人民有利，也有利于东北亚地区的和平与稳定。而长期友好合作的目标，是通过一系列具体方针政策来推进的。1974年中日两国先后签订《中华人民共和国和日本国贸易协定》、《中日航空运输协定》、《中华人民共和国和日本国海运协定》等一系列政府间的合作协定。中国根据《中日联合声明》的精神，积极开展与日本签订和平友好条约的谈判工作。由于中日在"反霸"问题上的分歧，签订和平友好条约的工作断断续续持续了六年之久。在这期间，中国坚持自己的原则立场，一再申明反对霸权主义，维护世界和平的立场，推动日本政府早下决心签订和平友好条约，终于在1978年8月，两国签订了《和平友好条约》。10月，双方换文，友好条约正式生效。《中日和平友好条约》将中日两国的和平友好关系以法律的形式固定下来，为两国的友好关系奠定了牢固的基础。中日两国在经济、科技、文化、贸易等方面的关系发展突飞猛进，使两国邦交正常化以后"蜜月时期"发展到新的水平。在《中日和平友好条约》签订后的十几年里，中日关系虽有过矛盾、摩擦，经历了艰难曲折，但是，总的来看两国关系是不断向前发展的，证明了中日长期和平友好战略是符合两国人民利益和愿望的。

1978年12月，中国共产党召开十一届三中全会，实现了国家发展战略的根本转变。随着党的工作中心转移到社会主义现代化建设上来，中国认识到要维护国家的生存和发展，维护民族尊严，就必须提高综合国力，为此，中国共产党提出了对外开放的战略方针，要调动国内外一切有利因素，加快经济发展。中国积极学习、引进和利用发达国家先进的科技、管理经验等为社会主义现代化建设服务。日本在机械、电子、医药等许多方面的技术走在了世界的前列，中国社会主义现代化建设中，可以利用日本的科技、资金，加快中国的经济发展。中国广阔的市场、丰富的劳动力资源等，也可以为日本经济的持续发展提供良好的条件，中日合作进入互利互惠阶段。1979年12月，日本首相大平正芳访问中国时，中日达成了向中国年度贷款的协议，日本成为中国改革开放后，第一个向中国提供贷款的国家。《中日和平友好条约》签订后，中日两国高层领导不断互访，成为中日关系发展史上的新亮点。

1983年11月，中国共产党中央委员会总书记胡耀邦访问日本。这是中国共产党的最高领导人第一次访问资本主义国家，也是日本政府第一次邀请中国共产党的总书记访问日本，表明两国关系的发展达到了一个新的高度，也使得和平友好合作的对日战略发展到一个新的阶段。在中共中央总书记胡耀邦访问日本期间，中日两国领导人同意为发展中日友好，成立"中日友好21世纪委员会"，胡耀邦建议"中日友好21世纪委员会"应包括老、中、青的代表，希望中日两国青年为实现世世代代友好的目标而努力，一代接一代，一代好一代，世世代代地友好下去。1984年9月10—12日，"中日友好21世纪委员会"举行首次会议，以后每年举行专题会议，形成了发展中日友好的新机制。胡耀邦还特地提出与日本青年会面的要求，并代表中共中央邀请了3000名日本青年于1984年秋天访问中国，成就了中日友好史上的一大盛事。而今，3000名日本青年访华已经过去20多年了，当年访华的青年人都成为了从事中日友好事业的骨干。2008年，在《中日和平友好条约》签订30周年之际，日本前首相中曾根康弘带领部分当年访华的青年人再次来中国访问，回忆当年访华时的情景，续写中日世代友好的佳话。

中日关系发展的过程也不是一帆风顺的，20世纪80年代以后，随着日本确立"政治大国"的战略目标，日本国内极端民族主义思潮兴起，屡次出现违背《中日联合声明》、《中日和平友好条约》原则的言行。国际上，中日两国曾经共同担心的苏联"威胁"也因苏联解体而不复存在，中日关系面临着新的考验。随着时代的发展，日本政治家进入新老交替阶段，新生代政治家没有老一代政治家对侵略战争的负罪感，对中国的态度渐趋强硬。中国实现改革开放后，经济持续高速发展，使日本感到前所未有的压力，日本社会出现了对华"强硬论"。20世纪80年代以后，中日关系进入"后蜜月时代"，中日之间的分歧、矛盾凸显。所出现的新的问题和困难，至今仍然影响着中日两国关系的向前发展。中国正视中日两国之间的困难和问题，理性看待中日之间的不利因素，克服了20世纪80年代中期，日本首相参拜靖国神社、教科书事件等给中日关系带来的困难。1989年"政治风波"后，中国采取冷静观察、沉着应对的方针，坚持改革开放不动摇，积极与西方国家改善关系。日本在西方国家中首先与中国修复了关系，中日两国恢复了政党、议会、经济界等方面的往来。中日关系的修复，也促进了西方国家与中国改善关系。1992年4月，中共中央总书记江泽民访问日本，这是中国共产党最高领导人第二次对日本进行正式友好访问，表明中国对发展同日本的长期稳定的睦邻友好合作关系的高度重视。1992年10月，日本天皇和皇后对中国进行正式访问，这是日本天皇有史以来第一次访问中国，中日全面友好合作关系进入了一个崭新的阶段。

三 构筑全面战略互惠关系的新阶段

世纪之交，中日关系处于不断向前发展的有利时期。1998年11月，江泽民以国家主席的身份再度访问日本，这次访问是要在21世纪即将到来之际，筹划未来中日关系的发展，将世世代代友好下去的愿望传承下去。江泽民访日期间，中日两国发表了《关于致力于和平与发展的友好合作伙伴关系的联合宣言》，将中日关系提高到友好合作伙伴关系的水准，将推动即将到来的21世纪中日关系的发展，标志着中日关系进入了一个新的发展阶段。

21世纪以来，中国把改善和发展与发达国家的关系，加强睦邻友好，坚持与邻为善、与邻为伴，把同周边国家的交流和合作作为未来外交的重点。中国充分认识到日本作为发达国家和中国近邻在维护地区和平稳定、在中国现代化建设中的地位和作用，尽管21世纪伊始，中日关系就因日本首相小泉纯一郎坚持错误历史观、连续参拜供奉甲级战犯的靖国神社，破坏了中日关系发展的共同政治基础，伤害中国人民感情的事情，严重影响了中日关系的正常发展。但是，中国仍然坚信中日之间的共同利益是主要的,中日之间的"冰冻"期不会长久,中日两国间的友好合作伙伴关系必定上升到新的水平。

2006年10月,日本新任首相安倍晋三访问中国,中日之间持续五年的"坚冰"终于被打破,中日两国将友好合作伙伴关系发展到"构筑基于共同战略利益的互惠关系",中日互惠关系上升到了"战略"高度。需要指出的是,中日战略互惠关系是中日两国领导人对中日关系地位的认识和评价,以前中国未用"战略"字样表述对日关系,也是基于中日关系的现状和发展来说的,并不意味着中国就没有对日战略,对日战略是指中国长期的、稳定的对日谋划,而中日战略互惠关系是指两国国家关系发展的水平,这是两个层面的问题。

中日两国领导人将中日关系上升到战略高度后,中国政府采取了一系列推动战略互惠关系向前发展的举措。经过2007年4月中国国务院总理温家宝对日本的"融冰之旅",2007年12月日本首相福田康夫"迎春之旅",中日之间迎来了两国关系发展的又一个春天。

2008年5月,胡锦涛作为中国国家元首访问日本,这是新中国成立以来,中国国家元首第二次访日,对于增进中日之间的政治互信,全面推进中日战略互惠关系,具有重要意义。中日两国领导人签署的《中日关于全面推进战略互惠关系的联合声明》,是中日关系发展中的第四个重要文件,将全面推进中日战略互惠关系,实现中日两国和平共处、世代友好、互利合作、共同发展作为未来中日关系的总目标,规定了战略互惠的内涵。中国认为,日本是中国最重要的邻国之一,中日两国间的共同利益是广泛的、主要的。正是因为中日之间存在着广泛的共同利益,中国坚信无论日本政权如何更迭,无论哪个政党执政,什么人担任首相,都不会改变中日关系向前发展的大趋势。

当然,中日两国由于社会制度不同,安全观、主权观不同,随着两国关系的发展,中日早已超越了就友好谈友好的阶段,合作向着更深层次发展。由于交流的加深,一些曾经隐藏的矛盾不可避免地浮出水面,而国际形势的发展,两国不同的利益诉求又会产生新的困难和问题。中日两国之间由于缺乏互信,彼此都对对方国家的发展道路有一些猜测和疑虑。日本对中国迅速发展感到压力而担心中国的"威胁";由于日本一些政客歪曲历史、鼓吹对华"强硬论",使中国对日本未来政治走向产生疑虑,进而认为日本要从经济大国转向政治大国,政治大国的目标是军事大国,可能危及亚太地区和平。这些猜忌和不信任，影响了中日关系的发展，可能导致一般问题的政治化。中国政府主张中日两国领导人都应该客观地对待这些不利因素，采取和平的方法、民主协商的方法，妥善处理分歧。

总之，中国对日战略是全面分析国内外形势而制定的，并随着形势的变化而不断发展。中国制定的对日战略，推动着中日两国关系从民间交流向官方阶段，从友好合作向战略互惠关系迈进。

第二章

中日"民间外交"方针的确立与实施

中国根据国内发展的总目标、总任务的需要以及国际形势的现状，制定了以实现邦交正常化为目标的对日战略。为此，制定了一系列的方针、政策，并通过中国的有关机构、民间团体、知名人士等来执行这些政策，为中日邦交正常化创造条件。鉴于第二次世界大战后美国实行对日本单独占领和对日改造，日本处于"无外交"的特殊时期，中国在制定推动实现邦交正常化的具体对日方针、政策时，充分考虑美国对日本的影响因素，考虑日本与台湾建立官方关系的现实，决定通过开展中日"民间外交"的方式，也就是通过"人民外交"的方式来开展民间的经济文化交流和友好来往，为中日建立正常的外交关系开辟道路。事实证明，"民间外交"的方针，既维护了中国的国家主权和利益，顺应了中日两国人民要求发展友好关系的意愿，又切实推进了中日关系不断向前发展。

第一节 克服美国对中日关系的不利影响

第二次世界大战结束后，美国凭借其强大的国力实现了对日本的单独占领。为了消除日本再度发动战争的能力，使其在远东不再具有与美国为敌、威胁美国的全球战略能力，美国对日本实行了民主改革，以实现日本的非军事化。为了实现非军事化的目标，美国解散、复员日本军队，逮捕东条英机等战犯，解散军国主义团体，解散思想警察和政治警察，整肃公职人员，解散财阀，给妇女参政权，实行土地改革，教育改革等，对日本战后走上和平民主的道路起了重要作用。然而，美国的对日民主改革又是不彻底的，随着国际形势的变化，美国对日政策从"改革"日本变为"扶植"日本，旨在使日本成为亚洲阻止共产主义扩散的"防波堤"，美国对中国采取敌视、封锁、孤立政策，排斥中国参加旧金山对日媾和，并压迫日本与台湾方面签订所谓的"和平条约"，建立官方关系。在这种形势下，中国为了推动中日关系发展，实现中日两国邦交正常化，制定了"民间先行，以民促官"的对日方针，通过开展"民间外交"推动官方关系的建立。

一 关注美国在战后日本国家发展中的作用

近代日本为实现其"大陆政策"，不断侵略中国，尤其是1931年开始的侵华战争，中国因此付出了3500万人伤亡的代价，经济损失不可估量，严重迟滞了中国近代化的进程。第二次世界大战结束后，中国希望国际社会彻底清算日本军国主义罪行，使日本走上和平发展道路，中日两国在平等互利的基础上建立正常的国家关系。日本近代对中国的侵略，"对我国人民造成令人难忘的滔天罪行，但我国人民明确地认清日本军国主义者曾经是而且将来也是我国的仇敌，而日本人民则是我们的朋友"[①]，中国谴责日本军国主义的对外侵略，揭露日本长期的侵略战争给中国人民带来的灾难，主张具体分析发动侵略战争的责任，认为不能搞民族复仇主义，承认广大日本人民与中国人民一样都是侵略战争的受害者，应将日本军国主义与日本人民区分开来，这一切，是当时中国对日战略和对日政策的出发点。

在战后特殊的国际环境下，中国十分关注地区和世界和平，关注日本第二次世界大战后的政治走向，对日本军国主义复活表示高度的警惕。美国凭借其强大的实力作后盾，实行对日本的单独占领，美国占领政策对日本的政治走向和国家发展起了决定性作用。在美国实行对日占领及"改革"期间，中国国内形势发生了巨大变化。1949年国民党政府被中国人民赶下台，败走中国台湾，中国共产党执掌中国政权。中华人民共和国的成立，使美国在中国培植亲美政权的计划落空。美国对新中国政权保持着高度戒备，转而发挥日本在远东阻止共产主义"扩散"的作用，对日政策逐渐从"改革"转为"扶植"。

美国占领初期对日"改革"的目标是实现日本的非军事化、民主化，消除日本再次发动战争的能力，使日本不再成为美国在亚太地区的竞争对手。"美军不仅占据着胜利者的地位，而且还以改革者的身份推进日本的'非军事化'改革。美国将第二次世界大战爆发的原因归结为日本和德国

[①] 《中华人民共和国对外关系文件集》第2集，世界知识出版社1958年版，第100页。

的军国主义,因此他们认为,只有对日本进行改革,瓦解日本军国主义存在的社会结构,削弱日本的军事能力,才能构建世界和平。抱着这样的目的,他们在进驻日本之前就制定了详细的措施,当军队进驻日本后,就开始按照计划在日本推行非军事化和民主化。"[①] 美国政府于1945年9月22日公布的《投降后初期美国对日方针》,提出要保证日本不再成为对美国或世界和平与安全的威胁,使日本最终建立起一个尊重其他国家的权利,并支持反映在联合国宪章的理想和原则之中的美国目标的、平和的、负责任的政府。1945年11月1日,由美军参谋长联席会议向盟军司令官发布的《投降后初期对盟国最高司令官占领及管理日本的基本指令》,提出美国要尽可能确保日本不再对世界的和平与安全构成威胁,而且要创造培养各种条件,使日本最终作为负责任的且为和平的一员参加国际社会。为了实现这个目标,美国在占领初期,对日本军国主义实行了较为严厉的制裁政策,对日本政治、社会、教育等方面实行了一系列改革,美国对日本的改革措施主要是:

首先,颁布"和平宪法",以法律限制天皇的绝对权力,保证战后的日本走上民主化道路。美国认为要实现日本的民主化、非军事化,就必须根本改变近代形成的以天皇为核心的政治体制,颁布体现西方民主精神的新宪法。近代日本的宪法是1889年颁布实施的《大日本帝国宪法》,这部宪法的核心是"天皇主权论",其中明确规定:"大日本帝国由万世一系之天皇统治","天皇神圣不可侵犯","天皇为国家元首,总揽统治权,天皇具有最高军事统帅权"[②]。宪法规定天皇拥有政治、军事、行政和外交等一切大权,而这些权力是神赐的。近代日本宪法显然不符合资产阶级民主精神,是日本近代不断发动侵略战争的法律和精神依据,必须废除。在美国的授意下,1946年元旦,天皇发表"人间宣言",明确表示自己是人,天皇从此走下神坛。

美国要帮助日本制定新宪法,首先面临的就是在新宪法中是否保留天皇。战后的国际社会普遍认为,日本发动侵略战争与天皇制有密切关系,许多日本青年出于"爱国"、"忠君"要求参军,成为对外战争的牺牲品。

---

① [日]吉田茂:《激荡的百年史》,陕西师范大学出版社2006年版,第87页。
② [日]《大日本帝国宪法》,见《战后日本防卫问题资料集》第1卷,三一书房1991年版,第18页。

要使日本走上和平道路，不再威胁人类和平，就必须废除落后于时代的天皇和天皇制。苏联、荷兰、澳大利亚等反法西斯国家认为："天皇很令人担心，战争结束时，日本国民全部服从天皇的命令。如果今后仍服从天皇的命令，还可能会发生不幸事件。因此，强烈要求废除天皇制，并且认为天皇是战犯"①，应追究天皇的战争责任。美国也有人认为，日本的天皇制根本不符合现代的民主精神，是落后于时代的制度，必须加以废除，在日本建立真正的民主制度，防止日本再以天皇的名义发动对外战争，危害世界的和平。

盟国司令官麦克阿瑟认为，天皇在日本人心目中具有不可替代的地位，他率领美军占领日本时，盟军"没发一枪，没流一滴血，就占领了日本，证明了日本天皇的力量非常强大。对日本来说，天皇是很必要的，应协助日本维护天皇制"②。麦克阿瑟认为，美国可以利用日本天皇的威望，减少美国改革的阻力，使日本成为亲美国家，进而成为远东协助美国实现战略目标的盟友。如果废除日本天皇制，很可能引发日本的社会动荡，不利于实现美国的远东利益及全球战略。麦克阿瑟曾经说过，"天皇至少有100万军队的价值"③。美国政府赞同麦克阿瑟的看法，在美国主导下的日本改革，并不准备废除日本的天皇。1946年2月4日，麦克阿瑟提出修改日本宪法的三原则："一、天皇为国家元首，皇位世袭，根据宪法行使职务及权能，根据宪法反映国民的意志；二、废除作为国家主权发动的战争。日本放弃作为解决纷争手段乃至保持本国安全手段的战争；三、废除日本的封建制度。"④ 以麦克阿瑟的"宪法三原则"为基础，美国着手对《大日本帝国宪法》进行修改，将主权从天皇转移到国民身上，赋予国会真正的立法权力，成为国家的最高权力机关。

1947年日本颁布《日本国宪法》。《日本国宪法》在第一章天皇第一条"关于天皇地位和国民主权"中明确规定，"天皇是日本国的象征，是日本国民统一的象征，其地位以主权所在的全体日本国民的意志为依据"，第四条"关于天皇的权限、天皇国事行为的委任"中规定："天皇

---

① [日]《战后日本防卫问题资料集》第1卷，三一书房1991年版，第67页。
② 同上书，第66页。
③ [日] 林健太郎：《历史からの警告》，中央公论社1999年版，第75页。
④ 《战后日本防卫问题资料集》第1卷，第67页。

只能行使本宪法所规定的有关国事行为，并无关于国政的权能。""天皇可根据法律规定，对其国事行为进行委任"；第七条对"天皇的国事行为"做了规定：天皇作为国家元首有任命权，要"根据国会的提名任命内阁总理大臣"，"根据内阁的提名任命担任最高法院院长的法官"。新宪法规定日本天皇不再是神，没有统率军队、最终决定国家政策的大权，天皇是名义上的国家象征，没有任何实际权力，战后日本的天皇与近代天皇已不可同日而语，主权属于日本人民，确立了日本的民主制度，保障日本战后走上和平道路。《日本国宪法》第二章为"放弃战争"，在宪法第九条"放弃战争，否认军备及交战权"中明确规定："日本国民衷心谋求基于正义与秩序的国际和平，永远放弃以国权发动的战争、武力威胁或武力行使作为解决国际争端的手段"；"为达到前项目的，不保持陆海空军及其他战争力量。不承认国家的交战权"[1]。"的确，当时修改宪法不是我国的内政问题，其目的是为了创造条件使已经被国际社会驱逐的日本重新回到国际社会。这是一种占领军与被占领国之间极为特殊的外交谈判⋯⋯为了遭到排斥的日本回到国际社会，必须放弃天皇主权主义，不单单要放弃侵略战争，而且也有必要造成一种印象，连自卫战争也放弃了。"[2] 在新宪法中，日本明确了放弃战争，专守防卫，体现了美国对日本实行非军事化的占领政策。1947年的日本宪法又被称为"和平宪法"。

其次，审判日本战犯，解散日本军队，消除日本再次发动战争的能力。1946年1月4日，盟军总司令部发表解除公职令，下令开除军国主义、国家主义团体主要成员的公职，有20余万人被开除公职。同时解散金鸡学院、建国会等27个右翼、法西斯团体，解散在侵略战争中支持战争的财阀，释放政治犯。

1946年盟国公布远东军事法庭宪章，在东京设立远东军事法庭。东条英机等28名犯有严重战争罪行的甲级战犯被送交远东军事法庭审判。东条英机、土肥原贤二、广田弘毅、板垣征四郎、木村兵太郎、松井石根、武藤章7人犯有反和平罪、违反战争法规罪和反人道罪被处以绞刑，16名战争罪犯被判处无期徒刑，2名被判处有期徒刑，发动侵略战争的罪

---

[1] [日]《大日本国宪法》，见《战后日本防卫问题资料集》第1卷，三一书房1991年版。
[2] [日] 猪木正道：《吉田茂的执政生涯》，江培柱、郑国仕译，中国对外翻译出版公司1986年版，第96页。

犯受到了应有的惩罚。但是，远东军事法庭的审判又是不彻底的，一些罪大恶极的战犯并没有受到审判。如：策划"九一八"事变的石原莞尔因与东条英机有矛盾，又在卢沟桥事变后主张"不扩大"，没有作为战争罪犯受审，而是作为证人出庭；还有一些参与发动侵略战争策划、有重要战争责任的官僚，也没有被追究责任，甚至战后还继续担任日本政府要职。岸信介虽然被定为甲级战犯嫌疑犯，但是，不久即被宣布无罪释放。很多对侵略战争负有责任的日本政界、军界、财界的官僚没有受到惩罚或者追究。特别是对发动战争负有不可推卸责任的日本天皇，既没有被起诉，也没有出庭作证。这显然不利于清算日本军国主义发动战争的罪行，也造成了历史认识问题一直影响战后的中日关系。

在美国监督下，日本遣散740多万军队，解散日本战争期间的最高军事指挥机构"大本营"和其他军事机构，日本全国只保留9万多名警察，这些警察除少数人配有手枪外，多数人没有任何武器，警察的任务是维持日本国内的治安。同时，美国拆迁和销毁日本的机器设备，防止日本重新制造武器，危及远东和平和美国的利益。

再次，实行推动日本经济、社会民主化的一系列改革。占领初期，美国在日本实行了土地改革、劳动民主化、解散财阀、切断财阀家族对下属企业的控制，实行禁止垄断的措施。通过一系列改革，日本农村的寄生性地主阶级被消灭，改变了封建土地所有制，农村的商品货币经济迅速发展起来；在城市，冻结并解散大财阀，先后制定了《禁止垄断法》和《经济力量过度集中排除法》，缩小现有企业中经济力量过度集中的企业，铲除了日本财阀封建统制形式，扫除了妨碍日本资本主义发展的封建势力，并扭转了日本经济的畸形发展，从而为稳定日本经济奠定了基础。

美国通过日本政府公布了《教育基本法》（1947.3）、《劳动基准法》（1947.4）、《独立禁止法》（1947.4）、《地方自治法》（1947.4）等法律，对日本的政治体制进行改革。战后日本实行政教分离，政府放松了对工人运动和成立工会组织的控制，解除了党禁，实施言论与新闻自由。在地方自治制度的改革中，采取实行知事、市町村长的直接选举，改变了中央集权体制。教育改革是美国对日改革的重要内容。第二次世界大战前日本的学校教育充满了皇国史观、"忠君爱国"的封建思想，尤其是天皇颁布的《教育敕语》和明治政府发布的《帝国大学令》、《小学校令》、《中学校令》、《师范学校令》等，规定在各级学校系统对学生灌输"忠君"、"孝义"等观念,学校的修身课,是专门的"忠君"教育课。美国实行对日占领后,要废除带有严重封建色彩的"忠君"史观教育,在学校教育中贯穿西方民主、自由思想,消除封建思想赖以传播的渠道,使日本真正走向民主化道路。教育改革是对日改革最重要的内容之一。经过教育改革,日本取消了战前中、小学校的修身、日本历史、日本地理课,将这三门课合并改为"社会科","社会科"从教学指导要纲(大纲)到教材都做了彻底的改革,避免对学生进行军国主义思想的灌输。

美国对日本实行的一系列改革政策,使日本从意识形态到法律制度,从政治体制到学校教育,发生了巨大的转变。日本人无论是政府官员还是普通百姓,开始接受真正意义上的西方民主观念,日本建立了保证民主的制度和体制,走上了和平发展道路。

然而,美国战后对日本的改革并不彻底,由于东西方对立,冷战格局形成,以美国为首的西方国家对社会主义国家、共产党领导的国家采取封锁、遏制的政策。在东亚出现了中国、朝鲜、越南等一系列共产党执掌政权的国家,美国感到共产主义的"洪水"即将吞没亚洲,需要在东方寻找新的盟友。美国的战略重点在欧洲,他希望日本在亚洲能够承担更多的责任,对抗苏联和中国的渗透,不能因为过度"压制"日本而给共产主义在东方"蔓延"、"扩散"的机会,要使日本成为美国在东方的盟友,成为防范社会主义、共产主义的"防波堤",美国对日政策开始转变。

二 认识美国占领政策对中日关系的影响

随着国际形势的演变,两个阵营的形成,美国的对日占领政策发生了巨大的变化,这种改变源于对共产主义的极度恐惧和仇视。第二次世界大战后,东西方国家共同抗击法西斯的斗争终结。由于意识形态对立、西方国家视共产主义为洪水猛兽,对社会主义国家采取敌视、封锁政策。1946年3月,英国前首相丘吉尔访问美国。丘吉尔在第二次世界大战中担任英国首相,主张坚决反对法西斯国家的侵略,英国军队在东西方战场都曾与法西斯国家军队拼杀,英国对世界反法西斯战争的胜利做出了应有的贡献,英国作为传统强国,是联合国的发起国之一,在战后国际关系中具有重要作用。丘吉尔本人是强硬的反共分子,他反对共产主义、反对殖民地人民的解放斗争。英国在第二次世界大战中曾经不断遭受德国军队的空袭,经济和社会发展都受到了严重的破坏,实力大为削弱。英国作为老牌的资本主义国家，出于对共产主义、社会主义的恐惧和敌视，在自身经济力量遭受战争重创的形势下，仍然给予希腊和土耳其以经济上的援助和支持，以发挥希腊和土耳其在防止共产主义扩散中的作用。然而，由于英国本身的经济能力所限，已经难以单独在经济和军事上给这两个国家以经济支援了。丘吉尔在美国大声呼吁，美国要重视对这两个国家的支援，并在美国发表了耸人听闻的"铁幕演说"，警告美国国民要特别警惕共产主义，"现在从波罗的海的什切青到亚德里亚海的里雅斯特湾，正在降下铁幕"①，要求西方国家对共产主义提高警惕。这一演说在西方国家中引起了强烈的反响。美国公开它与苏联之间的分歧，表示对苏联不再做任何让步，挫败"苏联扩张"的图谋，美国要重组军事力量，并对给盟国军事和经济援助予以同情的考虑。美国在世界范围内，与苏联、与社会主义国家相对抗。

西方资本主义国家要在世界范围内，冲破共产主义的"铁幕"，他们把战略重点放在了欧洲，首先在具有重要战略地位的土耳其和希腊构筑反共体系。1947年3月，美国总统杜鲁门在演说中煽动性地渲染苏联即共产主义的扩张，他鼓吹世界上存在着两种生活方式的斗争："第一种生活方式的基础是多数人的意志，特征是自由体制、代议政府、自由选举、保障个人自由，言论与信仰自由，而且有免于政治压迫的自由。第二种生活方式的基础却是以少数人的意志强加于多数人身上。它依恃的是恐怖和压制着报刊和电台，操控选举，并且压制人身自由"②，扬言"美国政策必须支持那些自由人民，他们正在抵抗少数武装分子或外来压力所企图实现的征服"③，宣布对希腊、土耳其提供4亿美元的紧急军事援助，抵制共产主义的"威胁"，"杜鲁门主义"出台。出于反对共产主义的需要，美国也从将日本视为潜在的敌人，逐渐改变为抑制苏联，要发挥日本在远东防止共产主义扩散方面的作用。美国对日政策的重点从民主改革变为扶植日本经济的发展，把日本纳入美国主导的国际政治经济秩序之中。美国国务院政策计划处处长乔治·凯南在《苏联行为的根源》中，把苏联的挑衅提升到历史的层面，认为苏联对民主的仇视是其国内结构与生俱来的。

---

① [日]原荣吉：《日本の战后外交史潮》，庆应通信株式会社1984年版，第25页。
② [美]亨利·基辛格：《大外交》，海南出版社1998年版，第404页。
③ 陶文钊：《中美关系史（1911—1949）》上卷，上海人民出版社2004年版，第323页。

要坚定地实行"遏制"政策,在各个方面与苏联对峙,要改变限制日本垄断资本的政策,协助日本经济发展,把日本建成亚洲的主要资本主义基地,来对付共产主义的威胁。这一主张得到了美国国务卿马歇尔、副国务卿艾奇逊等人的支持。

为发挥日本在东亚防止共产主义"扩散"的作用,使其具有抵抗共产主义的能力,美国开始改变其对日改革政策,从将日本视为要摧毁的敌国变成要拉拢的盟友,从铲除日本军国主义基础、实现日本的民主化政策转变为重建日本、扶植日本。1947年5月,美国副国务卿艾奇逊提出"欧洲和亚洲的复兴,就要重建作为其工厂的德国和日本"[①]。5月5日,美国国务院政策规划研究室主任乔治·凯南提出,为了防止共产主义进入亚洲,就要复兴日本,使日本为远东地区的稳定与繁荣做出积极的贡献。1948年8月,美国国务院政策设计室的戴维斯在备忘录中提出:"对日本媾和应促进美国在日本和太平洋地区的目的",即促成出现一个稳定的"对美国友好的、一旦需要随时可以成为美国可靠盟友"的日本。[②] 1948年10月,美国通过国家安全委员会文件,指出要把"行政责任移交给日本政府",美国下一个时期对日政策的重点是发展日本经济,扩大日本出口,无限制地允许日本从事真正用于和平目的的物资生产、进口,将日本建成东亚抵抗共产主义的堡垒。于是,美国开始改变惩罚日本军国主义势力、削弱日本军工体制的政策,利用日本对付社会主义、共产主义势力在东亚的"蔓延"。

在中国新民主主义革命即将取得胜利的形势下,美国愈加感到日本作为预防共产主义"防波堤"的重要性。美国改变了占领初期对日惩罚性措施,除军事设备外,不再将日本工业设备拆除作为战争赔偿的一部分交给战争受害国,减少日本的战争赔偿,战争结束时,日本国内经济十分困难,通货膨胀,日本人连温饱问题都难以解决,"在战后的一、二年里,日本出现无法估测未来的混乱状态,其中最显著的是从战争末期就开始恶化的粮食问题"[③]。美国占领初期,并不希望日本经济复兴,美国给麦克

[①]《日本の战后外交史潮》,第28页。
[②] 冯昭奎等:《战后日本外交》,中国社会科学出版社1996年版,第75页。
[③] [日]吉田茂:《激荡的百年史》,第76页。

阿瑟的指令中明确"该司令官不对日本经济的复兴和加强负任何责任"①。随着美国对日占领政策的改变，美国决定暂缓解散日本财阀，对日经济援助从救济援助变为复兴援助。尽管美国对日政策发生了变化，但是此时美国还没有重新武装日本的计划。1949年麦克阿瑟在答记者问时说："如果发生战争美国不希望日本参战，日本的作用就是太平洋上的瑞士。美国只希望日本保持中立，美国向日本的自立提供援助，这是因为美国要尽量从对日本'补给'的负担中解脱出来。"②

1950年1月，美国划阿留申群岛到菲律宾、琉球群岛和日本列岛为其在太平洋的防卫线，加强了在亚太地区的防务。就在美国加强亚太地区军备之时，朝鲜战争爆发了。金日成计划统一朝鲜，美国认为北朝鲜是在向美国的远东政策挑战。在他们看来，朝鲜战争是中苏两国联手赤化全球的第一步，苏联要把亚洲一块块吃掉，并继续转向中东和欧洲，这将可能导致共产主义全线进攻，导致新的世界大战。6月27日，美国总统杜鲁门发表"参战声明"，美国海军第七舰队进入台湾海峡，7月初美军先头部队在韩国釜山登陆，9月，美军实现仁川登陆，直接出兵干预朝鲜战争。1951年1月，美国国务卿顾问杜勒斯进一步提出美国在太平洋地区的防务范围应是日本、琉球群岛、中国台湾、菲律宾、澳大利亚这条岛链，以封锁苏联、中国等社会主义国家。

朝鲜战争爆发后，日本逐渐成为美国的亚洲工厂和战略基地。美国认为日本在太平洋构筑防止共产主义势力蔓延并与之斗争的地区性安全保障框架非常重要，改变了对其非军事化政策，希望日本拥有一定数量的武装。1951年5月17日，美国制定《在亚洲的目标政策和行动方针》，提出"美国在亚洲的目标、政策和行动方向，应有益于加强自由世界相对于苏联势力范围的全球目标，并根据美国的势力与其他在世界上承担的责任之间的相应关系来确定"③，关于对日政策，这份文件中提出"帮助日本成为一个对美国友好的、自力更生的国家，使其能够维护自己的内部安全并防御外来侵略，从而促进远东地区的安全与稳定"④，美国的目的很

---

① ［日］吉田茂：《激荡的百年史》，第88页。
② 《朝日新闻》1949年3月3日。
③ 《美国对华政策文件集（1949—1972）》第1卷上，世界知识出版社2003年版，第149页。
④ 同上书，第151页。

明确，就是要使日本成为美国的盟友，成为维护美国在亚洲利益的力量。朝鲜战争爆发后，美国采取了一系列扶植日本的政策。

首先，在经济上允许日本生产一定数量的军事装备，以利用日本的重工业和化学工业企业，为美军生产大量的军火和军用物资。朝鲜战争期间，"日本电力的70%、煤炭的80%、船舶与陆地运输的90%，都用来满足美军在朝鲜作战之需要"①，日本成了美军的军备物资供应地。美国首任驻日大使墨菲认为，如果没有日本的战争物资供应，没有熟悉朝鲜情况的日本专家协助，美国和联合国肯定会在朝鲜遇到很多困难。从1945年到1951年，美国政府以"占领地区救济基金"和"占领地区经济复兴基金"的名义，向日本提供的经济"援助"共达21.28亿美元。除了经济"援助"以外，美国还给予日本大量的军事"援助"。

其次，操纵和垄断对日媾和，使日本站在美国为首的"自由世界"一边，配合美国的全球战略。朝鲜战争爆发后，美国急于与日本结束战争状态，以便更好地利用日本的军事基地。战后日本国土被占领，与世界大多数国家中断了外交关系，在美国压迫下，日本撤回了在少数中立国家的外交官员，成为名副其实的"国际孤儿"。"（1945年10月25日）总部指令日本引渡驻外大使馆、公使馆资产和停止外交活动"，"（命令）致使日本驻瑞士、瑞典、葡萄牙、阿富汗、冰岛以及梵蒂冈六个中立国的公使丧失了外交职能"。"11月4日，总部又发出指令：'今后，除了得到盟军最高统帅许可，日本政府应终止与各中立国政府及其驻日代表之间的关系。'"② 对日本来说，希望早日与交战国结束战争状态，重返国际社会，是经济社会恢复和发展的首要问题。日本首相吉田茂认为："当务之急就是缔结和约，恢复独立和主权。为此，必须尽早向国内外声明作为一个民主国家、和平国家的诚意，以取得信赖。"③ 1950年11月，美国政府制定了《对日媾和七原则》，1951年9月4—8日，由美国主导的旧金山对日媾和会议召开，日本与参加会议的48个国家签署了《对日和约》，日本在法律上获得了独立。同日，日本与美国签订了《日本国与美利坚合众

---

① 吴学文、林连德、徐之先：《当代中日关系（1945—1994）》，时事出版社1995年版，第6页。
② [日]猪木正道：《吉田茂的执政生涯》，第79、80页。
③ 同上书，第97页。

国间的安全保障条约》（即《日美安保条约》），日本成为美国在远东的基地，日本实际处于美国的半占领状态。

再次，帮助日本重建有效的军事组织，对日本进行再武装。1950年7月8日，美国总统杜鲁门任命麦克阿瑟为联合国赴朝鲜军总司令。同日，麦克阿瑟致函日本首相吉田茂，要求日本建成75000人的国家警察预备队，并增加8000人的海上保安人员，以填补驻日美军赴韩参战留下来的空白。14日，吉田茂在日本国会参众两院会上发表演说，呼应美国的朝鲜政策，他说："北朝鲜共军越过三八线，入侵朝鲜。事实说明，共产主义势力已经迫近我国周边地区，我国已经受到了其威胁。所以，那些主张全面媾和、永久中立的人，即使是出于真正的爱国心，其言论也是完全脱离实际的，是陷入共产主义圈套的危险思想。"① 此演说意味着日本不仅将共产主义视为威胁其安全的势力，而且在尚未摆脱被占领地位时，就准备与美国为首的西方国家实现媾和，参加到反共大合唱之中。1950年12月29日，日本制定了《关于部队编成及组织规程》，随后在全国开始募集警察预备队队员，警察预备队实际是日本重整军备的预演。

从1951年2月起，日本就开始募集预备队干部，制定了募集干部的具体办法，很快日本就"重新起用了245名业已被开除的陆军士官和海军将校"②，这些将校都曾经在军队中任职，对侵略战争负有一定的责任。现在他们加入警察预备队，显然不利于日本认识战争责任。

美国改变对日占领政策，使日本经济得以迅速复苏，重工业、军事工业继续保留和发展，日本作为资本主义阵营的一员，在外交上完全依附于美国。由于美国的庇护，日本军国主义的战争罪行没有得到彻底清算，日本政府缺乏对发动侵略战争的性质和责任的必要反省，所有这些都对以后的中日关系产生了不利的影响。

三　应对日美同盟下日本的对华政策

朝鲜战争提高了日本在远东的地位，美国要尽快实现对日媾和，把对日军事占领转化为签订和平条约，建立比较稳定的美日关系，通过条约控制日本，发挥日本在远东国际政治中的作用。美国认为："不久日本成为

---

① ［日］吉田茂：《十年回忆》第4卷，东京新潮社1958年版，第230页。
② 《战后日本防卫问题资料集》第2卷，第267页。

与自由世界结成同盟关系的主权国家,它比处于包括苏联在内的外国占领统治下的国家,要有更大的价值。"① 朝鲜战争爆发时,日本与第二次世界大战中的反法西斯国家还处于战争状态,没有签订和平条约。1950年11月24日,美国政府制定了《对日媾和七原则》,提出对日媾和的国家是"与日本交战国家的全部或一部,在同意提案的基础上,实行媾和"②,媾和的内容包括日本加入联合国,担负国际安全与和平的责任,日本归还领土的范围,等等。美国的目的是要把日本纳入美国的世界战略体系之中。在《对日媾和七原则》中,美国暗示参加对日媾和的,可能是对日作战的一部分国家。这样,美国就破坏了1945年中、苏、美、英四国外长会议成立的"对日理事会"所规定的,对日媾和由四国共同讨论的原则,并放弃了大国一致的原则。

中国是参加世界反法西斯战争的重要国家,从1931年起,中国的抗日战争持续14年之久,牵制了日本陆军主力大部,有力地支持了世界反法西斯战争,为赢得最后胜利做出了巨大贡献。中国人民也在战争中付出了3500万人的伤亡代价,经济财产、文化财产损失无法估量。作为反法西斯战争的主要国家,中国理应派代表参加对日和约的准备、拟制与签订,这样才符合维护世界正义、和平的原则。美国以与中华人民共和国没有外交关系为由,拒绝中国参加对日媾和会议,坚持被人民革命战争赶下台的台湾当局参加对日媾和。中国外交部长周恩来对美国垄断对日媾和,排斥中华人民共和国参加的做法,提出了强烈抗议,指出:"对日和约的准备和拟制如果没有中华人民共和国的参加,无论其内容与结果如何,中央人民政府一概认为是非法的,因而是无效的。"③ 为维护中国的国家主权,中国提出了对媾和的意见,申明日本归还中国台湾和澎湖列岛等领土问题,已经依照雅尔塔协定归还中国,在媾和会议上没有重新讨论的必要。

中华人民共和国是代表中国的唯一合法政府,被人民战争赶下台的蒋介石政权已经成为地方政权。对于邀请北京还是台湾代表中国参加对日媾和,西方国家的意见并不一致。英国作为西方阵营的重要国家之一,出于

---

① 《战后日本防卫问题资料集》第2卷,第33页。
② 同上书,第22页。
③ 《战后中日关系文献集(1945—1970)》,第89页。

维护在中国香港殖民利益的考虑，1950年1月6日，就承认了中华人民共和国。1954年，英国在北京设立外交代办处，全权处理两国的外交关系。英国主张由中华人民共和国派代表参加对日媾和会议，而不应由台湾方面派代表参加。6月，美国国务卿顾问杜勒斯访问英国，与英国政府就中国参加对日和约问题进行协调，美英双方达成反对中华人民共和国派代表参加对日媾和的《杜勒斯—莫里森协议》，相约"中华人民共和国和台湾任何一方都不参加对日媾和会议，在对日媾和条约生效后，由日本选择中国的任何一方与之缔结条约"①，英美之间以牺牲中国利益达成妥协。于是，中国这样一个抗击法西斯时间最长、牺牲最大的国家，被美国排斥在对日媾和国家之外。台湾当局表示要派代表参加对日媾和，对被美国拒绝在对日媾和会议之外也有意见。杜勒斯专程安慰台湾驻美"大使"，说明日本愿意与"贵国"签订和约，反对同中共建立关系，表明美国支持中国台湾的政治立场。

1951年9月4—8日，由美国主导的旧金山对日媾和会议召开。9月8日，日本与参加会议的52个国家（南斯拉夫、缅甸、印度接到会议邀请，但拒绝出席会议）中的48个国家签署了《对日和约》，苏联、波兰、捷克等国没有在和约上签字。对日和约共7章27条，和约规定：自条约生效时起，签字国与日本的战争状态即告终止。签字国"承认日本人民对于日本及其领海有完全的主权，各盟国及日本决定，他们此后之关系将是有主权的平等国家间之关系，在友好的结合下进行合作，以便促进他们共同的福利及维持国际和平与安全。因此，愿缔结和约，借以解决一切由于他们之间存在之战争状态所引起而尚未解决的问题。日本与每一盟国间之战争状态，依照本条约第二十三条之规定，自日本与该盟国间所缔结之本条约生效时起，即告终止"②。签字后，日本全权代表吉田茂发表演说，表示日本有若干"苦恼和忧虑"，这些"苦恼和忧虑"对全体国民、对其个人来说，都是一种必须面对的命运。吉田茂认为"和约规定琉球、小笠原等岛屿主权属于日本，希望早日将这些岛屿的行政权置于日本控制下。千岛群岛、南桦太不是日本侵略夺取的，本条约却未明确

---

① ［日］细谷千博：《通往旧金山媾和之路》，中央公论社1984年版，第245页。
② 《战后中日关系文献集（1945—1970）》，第104页。

其归属，日本主张保留对色丹等群岛的领有权"①等，表明日本在困难的国际环境下，要与各国一道，维护朝鲜和平，与联合国努力合作等。日本与第二次世界大战中的主要交战国结束了战争状态，并在法律上获得了独立。

美国总统杜鲁门称，旧金山对日和约是"面向未来的和解的条约，这个条约重新给日本独立主权国的地位，规定了日本与其他国家再开通商，对日本进口原料不进行任何限制。该条约原则承认日本向曾经遭受侵略之苦的国家进行赔偿，但是，为了日本国民的将来，不向日本施加导致经济崩溃的赔偿"②。杜鲁门的讲话反映出美国主导旧金山媾和的目的，媾和条约集中反映了美国的意志。

1951年9月8日，日、美两国在旧金山签订了《日本国与美利坚合众国间的安全保障条约》（即《日美安保条约》）。通过这个条约，美国取得了在日本福冈等地设立11个空军基地，在横须贺、佐世保设立2个海军基地，海军司令部设在横须贺，在横滨保留兵团司令部。日本实际处于美国的半占领状态。《日美安保条约》签订后，日本以美国可以干涉内部事务为条件，换取了外部的安全，实际处于美国附庸国的地位。日美同盟关系从此成为日本对外关系的基轴，美国的外交政策直接影响着日本对华政策，长期阻碍着中日关系向前发展。

中国对于美国主导的旧金山片面媾和表示了强烈的不满。1951年9月18日，外交部长周恩来发表声明，指出对日和约，不论从它的准备程序上或它的内容上讲，都破坏了联合国宣言、开罗宣言、雅尔塔协定、波茨坦公告和协定，对日和约应该是武力参加对日作战的国家都参加，对和约的主要内容进行了分析批判，指出对日媾和条约是适应美国战略需要而制定的，"旧金山对日和约由于没有中华人民共和国参加准备、拟制和签订，中央人民政府认为是非法的，无效的，因而是绝对不能承认的"，"为了真正有助于恢复亚洲和平及解决远东问题起见，中华人民共和国中央人民政府坚决主张，应该根据苏联政府的提议，召开曾以军队参加对日

---

① 《朝日新闻》1951年9月9日。
② ［日］《战后日本防卫资料集》第2卷，第224页。

战争的一切国家的代表和会,来商定共同对日和约问题"①,中国要与参加对日作战的一切国家,就共同对日和约问题交换意见,在全面媾和的基础上,签订对日和平条约。中国政府对于旧金山和约的态度明确,立场严正,但是,没有得到更多国家的响应,对日作战一切国家拟定对日和约的目标没有实现。

旧金山媾和会议标志着盟国对处理日本战争问题的结束,从此,日本与众多国家结束了战争状态,以新的身份参与国际事务。与旧金山和约同时,日美两国签订了《日美安全条约》。日本的防务由美国承担,虽然失去了部分主权,但是,也由此省去了大量的军费开支,可以集中力量进行经济恢复和建设,有利于日本尽快医治战争创伤。所以,日本对《日美安全条约》是比较欢迎的。1951年10月10日,《旧金山对日和约》和《日美安全条约》获得日本国会批准,两个条约均在1952年4月28日生效。1952年2月28日,日本与美国签订了《日美行政协定》,作为安保条约的具体实施办法,该条约也于4月28日生效。和约生效后,美国占领军改称驻日美军。两个条约、一个协定构成了"旧金山体制"。《日美安全条约》、《日美行政协定》标志着日美同盟的正式形成。日美同盟不仅规定了日美关系的框架,是美国亚太地区战略的重要组成部分,也赋予美国干涉日本内政的权力,具有明显的不平等性。日美同盟制约着日本与其他国家关系的发展,当然也在很大程度上制约着中日关系的发展。

中国对于美国扶植日本、重新武装日本保持着高度的警惕,明确反对美国主导的旧金山会议及其签订的条约。外交部长周恩来代表中国政府发表声明,指出旧金山对日单独和约,不是全面的和约,不是真正的和约,是一个反对中苏、威胁亚洲、准备新的侵略战争的条约。而《日美安全条约》对日本来说不是和平条约,是把日本拖入新的战争的条约。中国同时也强调愿意与日本人民和平相处,友好团结,反对战争政策。

无论是抗美援朝战争,还是反对旧金山对日和约,表明中国反对美国扶植日本遏制中国、遏制共产主义在亚洲的"蔓延"的东亚政策。为遏制中国,美国改变了"中立"的台湾政策,并以联合国名义对中国实行禁运,这给中国国民经济恢复和抗美援朝物资供应造成了很大困难。为应

---

① 中华人民共和国外交部、中共中央文献研究室编:《周恩来外交文选》,中央文献出版社1990年版,第46页。

对美国的封锁政策，恢复和发展国民经济，中国采取加强国内城乡交流、积极与苏联及东欧各国开展贸易、想方设法与西方国家打开贸易等方式，推进经济的发展，这些政策取得了一定成效。

中国要制定对日战略，就必须认识日本的基本国情，了解日本政府对待中国的态度。1945年8月，随着日本战败投降，彻底结束了近代以来日本与中国侵略、被侵略的历史，改变了东亚地区国际关系的格局，日本历史也由此翻开了新的一页。中国始终认为日本人民与中国人民一样，都是热爱和平的，中日建立正常的外交关系是中日两国人民的共同心声。早在1945年4月，毛泽东在中共七大的政治报告中，就阐述了中国共产党对战后处理日本罪行的意见，指出："在日本侵略者被打败并无条件投降以后，为着彻底消灭日本的法西斯主义、军国主义及其所产生的政治、经济、社会的原因，必须帮助一切日本人民的民主力量建立日本人民的民主制度。没有日本人民的民主制度，便不能彻底地消灭日本法西斯主义和军国主义，便不能保证太平洋的和平。"[①] 希望日本战后彻底清算军国主义的罪行，走向和平、民主的新道路。

第二次世界大战后，日本满目疮痍，面临着恢复经济的繁重任务。在美国的主导下，战后日本实行民主改革，实行了普遍选举制度，实现了真正意义上的政党政治，杜绝了日本重新走上军国主义道路的可能性。1947年5月，日本社会党在选举中获胜，组成了以社会党领袖片山哲为首的社会、民主、国民协同三党联合政权。但是，这个政权很短命。1948年以后，日本政权一直为保守政党所掌握，在战后日本重建过程中，"吉田路线"发挥了重要作用。1945年9月起，吉田茂曾经分别任东久迩内阁和币原喜重郎内阁的外相，从1946年5月到1954年12月（除1947年5月至1948年10月外）曾经五次出任日本首相。吉田茂认为，第二次世界大战后日本要结束被占领状态、恢复经济，就必须得到美国的认可，指出日本对外应实行与美国协调的方针。1946年5月22日，第一届吉田内阁成立，吉田茂担任首相并兼外相。吉田茂把政府工作重心放在经济恢复上，通过恢复和发展经济，达到日本重返国际社会乃至重新取得大国地位的目标，在外交上坚持与美国协调，这就是所谓的"经济优先"战略，即"吉田路线"。1955年日本自由党和民主党合并后，形成了自民党独掌政

[①] 《毛泽东外交文选》，中央文献出版社、世界知识出版社1994年版，第44—45页。

权长达38年之久的状况,即"五五体制"。"吉田路线"为日本各届自民党内阁所继承。

第二次世界大战后美国通过占领日本,对日本实行非军事化、民主化的改革,与日本签订安全条约等,与日本建立了同盟关系,并通过一系列条约控制了日本的外交。进入"战后时代"的日本,要想重新返回国际社会,不得不与美国保持最密切的关系,通过协助美国的远东战略,以争取美国对日本政治、经济的全面支持。日本有学者认为,日本战后实际上处于"没有外交"的时代。日本是个务实、崇尚强者的国家,它在外交上依附于美国,也有人称之为"对美一边倒",但是,这并不意味着日本完全放弃自身的利益和诉求,而是力争在不违背美国意志的前提下,在日美同盟允许的范围内,尽力拓展日本的外交空间,首先是与亚洲邻国改善关系,为第二次世界大战后重建与经济发展,提供良好的国际环境。吉田茂时代,日本明确"做亚洲的一员"的近期对外目标,力图尽早修复因发动侵略战争而恶化的亚洲各国关系,与邻国重新建立正常、友好的国家关系。日本希望通过一系列努力,开拓新的亚洲市场,为资源匮乏的日本创造长期、可持续发展的外部条件。

在日本的近邻中,中国有着辽阔的幅员、众多的人口和丰富的自然资源,蕴藏着巨大的市场潜力,"国民政府已经移到台湾,它的统治权只限于台湾的狭小范围,而北京的共产党政权确立了中国大陆的统治权"[①]。日本要实现"经济第一"的国家发展目标,中国对日本来说,有着欧美国家不具备的空间优势。日本首相吉田茂在政治上坚持强硬的反共立场,外交上唯美国马首是瞻,但是,他非常清楚,日本要实现经济复兴及发展的目标,重新获得国际地位,中国是日本必须重视的国家。吉田茂认为,为了日本的经济社会发展,不能因意识形态的分歧而断绝与中国的来往。1950年4月29日,日本参议院通过了《关于促进日中贸易的决议》,其中提到"在战前正常时期,占我国贸易总额65%的亚洲贸易,尤其是占其中一半以上的对中国的贸易之重开,对于即将面临美国援助逐渐减少的我国经济是一个重大的问题","政府应该抛开政治和意识形态方面的问题,从纯经济的观点出发,与新中国互派经济使节,尽快在制定和实行重

---

① [日]吉田茂:《激荡的百年史》,张凡、张文译,世界知识出版社1980年版,第114页。

开直接贸易的积极方针方面采取万全之策"①,"就我而言宿愿中一直希望能够同台湾友好地恢复经济关系,但是我也不想因加深同台湾的关系而进一步否认北京政府"②。他认为,开展与中国的贸易是解决日本经济萧条、贸易不景气的出路,不愿意因为与中国台湾的媾和而彻底断绝与中国大陆的关系。

朝鲜战争爆发后,美国变本加厉地推行遏制中国的政策,希望日本做远东的反共前哨。旧金山媾和会议后,美国关注日本选择中国政府还是台湾当局作为媾和对象。"日本独立之后究竟选择哪一方的问题上,美国变得格外关心。如果日本因为经济上的利益,而选择同北京政权建立友好关系,那么美国对待共产主义国家的态度也可能发生很大变化"③,美国不希望日本同北京接触并建立关系。作为美国盟友,日本既要维护美国的战略利益,又要考虑自身战后重建、医治战争创伤等问题。旧金山媾和使日本与多数国家间结束了战争状态,"各盟国及日本决定,他们此后之关系将是有主权的平等国家间之关系,在友好的结合下进行合作,以便促进他们共同的福利及维持国际和平与安全","各盟国方面承认日本以一个主权国家资格,具有联合国宪章第51条所提及的单独或集体自卫之自然权利,并得自愿加入集体安全协定"④。中国没有派代表参加旧金山会议,日本面临着与中国单独签订和平条约,结束战争状态的问题。日本了解美国的对华政策,在选择"与中国任何一方的政府缔结和约"问题上,相当慎重。日本政府希望未来无论"与中国任何一方"媾和,都能为将来与中华人民共和国建立外交关系留下空间。

1951年10月28日,日本首相吉田茂在参议院特别委员会回答对中国的外交方针的提问时说:"关于中共的问题,无论意识形态如何,应从现实外交着眼自主决定。现在对中共关系,从通商贸易上考虑,根据中共的态度,可以考虑在上海设立驻外办事处。"⑤吉田茂虽然仍不愿意承认新中国,称中国为"中共",但是他从日本经济发展的需要出发,淡化意识形态对立,希望日本能够与中国开展贸易。表明日本在对外关系上,重

---

① 《战后中日关系文献集(1945—1970)》,第76页。
② [日]吉田茂:《激荡的百年史》,第115页。
③ 同上。
④ 《战后中日关系文献集(1945—1970)》,第104、106页。
⑤ [日]渡边昭夫编:《战后日本の対外政策》,有斐阁1985年版,第69页。

视自己国家的利益，不希望因为与美国的同盟关系而影响未来在新中国开拓市场。1951年10月30日，吉田茂首相在回答参议院质询时又说："日本现在有选择媾和对象的权利。行使这个权利时，应考虑客观必要和中国的形势，不应草率决定中国和日本的关系。"① 日本在与中国媾和方面态度慎重，在选择媾和对象上，尽可能地争取一些"自主"，寻求有利于日本国家利益、经济社会发展的途径。日本从恢复重建、发展经济角度考虑，不愿意因意识形态的分歧就轻易放弃中国大陆这个广阔的市场。近代以来，日本以侵略为手段，不断开拓中国市场，第二次世界大战前日本与中国的贸易在其对外贸易中占相当重要的地位，对中国的出口占其出口总额的21.6%，进口占其进口总额的12.4%。② 第二次世界大战后日本不可能继续以武力对中国进行商品和资本输出，但是，它希望在互惠的基础上与中国保持贸易往来，这是日本经济恢复发展的需要。而与中国媾和，选择媾和对象，将直接影响日本与中国大陆的贸易。

  吉田茂关于准备与中国发展贸易往来、选择媾和对象的发言，表明日本不希望堵塞与中国建立和发展关系的大门，也是对美国及西方盟友的一种试探，反映了冷战形势下，日本力争外交有限"自主"的姿态和努力。美国和台湾当局对吉田茂发言颇感意外，立刻表示"不解"和"震惊"。因为美国在中国人民志愿军赴朝参战后，就对中国实行了全面禁运，冻结了中国在美国的资产并操纵联合国通过第500号决议，要求各国实行对中国的禁运。中华人民共和国中央人民政府政务院针锋相对，也发布命令，"中华人民共和国境内之美国政府和美国企业的一切财产，应即由当地人民政府加以管制，并进行清查"；"中华人民共和国境内所有银行的一切美国公私存款，应即行冻结"③，中美两国的一切贸易往来断绝。在这种形势下，日本首相发表准备与中国通商、贸易甚至媾和的讲话，与美国对中国的经济封锁背道而驰，引起轩然大波。美国上议院多数议员明确表示反对日本承认"共产中国"，美国国务卿顾问杜勒斯威胁日本：如果日本与中华人民共和国开始外交谈判，上议院就不批准刚刚签订的旧金山对日

---

  ① ［日］渡边昭夫编：《战后日本の对外政策》，有斐阁1985年版，第70页。

  ② 详见［日］吉田茂《激荡的百年史》，孔凡、张文译，世界知识出版社1980年版，第41页。

  ③ 《中美关系资料汇编》，世界知识出版社1960年版，第358—359页。

和平条约。1951年10月30日,中国台湾"外交部长"叶公超向美国驻台湾公使表达了不满,认为吉田茂的发言是对自由世界的挑战,质询美国让吉田茂做上述发言,意欲何为?美国立即向台湾方面表示:美国事先不知道吉田茂会做那样的发言;美国政府反对日本与中共建立关系,反对日本政府与中共互换驻外代表。美国会再度向日本政府强调以上立场。[①] 美国不能给日本政府"选择中国任何一方与之媾和"的机会,要求日本政府在对华关系上与美国立场一致,并压迫日本尽早与台湾方面媾和。中国注意到日本政府在对华关系上与美国的不同,希望日本做出符合两国利益的选择,申明中华人民共和国是代表中国的唯一合法政府的立场,反对任何形式的"两个中国"或者"一中一台",希望在平等互利的基础上,与日本建立正常关系。

四 反对《日台和约》的斗争

美国为了发挥日本在东亚阻止共产主义"蔓延"的作用,不允许日本自主地选择媾和对象,不断向日本政府施加压力,迫使日本政府选择台湾方面作为媾和对象,签订和平条约。中国台湾地处远东军事战略要冲,在美国全球战略中具有重要地位。1951年12月10日,美国国务卿顾问约翰·杜勒斯作为特使飞往东京。杜勒斯向日本政府游说,强调逃到台湾的"国民政府"得到了美国与其他国家的承认,是联合国的会员国,为代表中国的合法政府。而"中共政权"则是被联合国谴责的侵略者,是非法政权。日本应该选择与"国民政府"媾和,缔结和平条约。面对美国强大的压力,吉田茂政府十分为难。它既不愿意因日美同盟而失去中国大陆的广阔市场,堵塞与新中国建立官方关系的道路;又不敢与中国政府接触而得罪美国,只能闪烁其词,希望美国允许其与中国大陆开展贸易。吉田茂向美国表示:在防止共产主义"扩散"的问题上,日本与美国的看法一致。但是,要防止共产主义"扩散",不能简单地对共产党领导的国家采取封堵政策,应扩大中国大陆与自由世界的接触,给共产制下的民众接触自由阵营空气的机会,用自由主义影响共产制度下的中国,日本愿意做自由世界的先锋。美国对吉田茂的意见不以为然。由于日本的国防安全、经济恢复、重返国际社会,都需要美国的支持,在媾和问题上不敢冲

---

① [日]渡边昭夫编:《战后日本の对外政策》,第70页。

破美国的压力。

　　1951年12月18日，杜勒斯在东京把事先写好的一封信，交给日本首相吉田茂，要求吉田茂签字，这封信就是著名的《吉田书简》。《吉田书简》明确表示："日本政府很愿意与中国——日本的近邻——在政治上完全和平相处，并且通商。在目前，我们希望能够与中华民国国民政府建立这种关系。日本政府准备一俟法律允许就与中国国民政府——如果它愿意的话——缔结条约，以便按照多边和约中提出的原则，重建两国政府间的正常关系。关于中华民国方面，这个双边条约的条件将适用于现在、或以后可能属于中华民国国民政府管辖的全部领土。日本政府无意与中国共产党政权缔结一个双边条约。"[①] 吉田茂知道，如果他在这封书简上签字，就等于表明日本政府完全同意书信的内容，必然堵塞与中国建立和发展关系的渠道，不利于日本未来的发展，他对书简的一些内容提出异议，希望与美国协商修改。但是，美国态度坚决，不允许其对书简做任何改动。在美国的高压下，日本不得不做出让步。24日，吉田茂正式致函杜勒斯，表示全部接受书简内容。1952年1月16日，东京和华盛顿分别发表了《吉田书简》。

　　美国抛出《吉田书简》，目的是为了使日本政府与台湾当局实现媾和，缔结所谓"和约"，建立正式外交关系，使日本、台湾当局与美国一同在远东封锁共产主义势力，共同对抗新中国。《吉田书简》发表后，日本就准备与台湾方面进行缔约谈判，恢复与建立双方间的官方关系。与此同时，日本政府向国内外申明，不打算与中共政府实行媾和，签订和平条约。台湾当局立即发表声明，欢迎《吉田书简》。《吉田书简》一发表，美国上院马上顺利地通过旧金山对日和约。

　　《吉田书简》表明日本支持被中国人民革命战争赶下台的蒋介石集团，公开敌视中国。中国对日本的这一做法表示了强烈的愤慨。外交部副部长章汉夫代表中国政府发表声明，指出《吉田书简》是继"旧金山和约之后，又一次对中华人民共和国最严重、最露骨的挑衅行为"，中国认为《吉田书简》不仅为中日关系发展设置了障碍，也违背了广大日本人民的利益，它是与"全日本爱国人民争取与中华人民共和国结束战争状

[①] 《战后中日关系文献集（1945—1970）》，第117页。

态，恢复和平关系的愿望，绝对不能相容的"[1]，表示中国希望日本能获得独立、民主、和平与进步，支持日本人民反对美国军事占领的斗争，严厉批判了日本政府敌视中国、企图制造"两个中国"的阴谋。

1952年2月17日，日本派前藏相河田烈为首的谈判代表团赴台北，与台湾当局就结束战争状态，正式建立官方关系进行谈判。为使日、台媾和谈判取得成果，美国事先做了日本与台湾方面的工作。正式谈判开始后，由于日本和台湾方面都有自己的利益和算盘，双方意见分歧很大，在关键问题上多次争吵。日台双方立场和矛盾首先就表现在即将签订条约的名称上。日本代表根据《吉田书简》，提出条约名称为《日本国政府与中华民国政府关于终止战争状态及重建正常关系的条约》，台湾谈判代表认为，日本所拟定的条约名称没有"和平条约"的字样，不能体现条约的性质，坚持条约的名称为"和平条约"。其次，关于台湾当局的地位问题上，台湾代表强调日本政府必须承认"中华民国政府"是中国的正统政府。日本代表对这个要求提出异议，双方意见相持不下。美国驻台湾"公使"极力斡旋，调停双方的立场，并不断向日本政府施加压力，要求日本在美国国会批准旧金山和约前，必须完成与中国台湾签订"和约"的程序。台湾当局与日本代表经过不断讨价还价，最终达成妥协。

4月28日，日本与台湾当局签订了《日华和平条约》（即《日台和约》）。条约宣布"中华民国与日本国之战争状态，自本约发生效力之日起，即告终止"，"日本国业已放弃在对于台湾及澎湖群岛以及南沙群岛及西沙群岛之一切权利"，"中华民国与日本国间在中华民国三十年即公历1941年12月9日以前所缔结之一切条约、专约及协定，均因战争结果而归无效"，日本国放弃在中国之一切特殊权利及利益，规定"中华民国与日本国愿依联合国宪章之原则彼此合作，并特愿经由经济方面之友好合作，促进两国之共同福利"，"中华民国"与日本愿尽快商订关于民用航空运输的协定，缔结规范或限制捕鱼及保存暨开发公海渔业的协定；条约规定："中华民国国民，应认为包括依照中华民国在台湾及澎湖所已施行或将来可能施行之法律规章而具有中国国籍之一切台湾及澎湖居民，及前属台湾及澎湖之居民及其后裔；中华民国法人，应认为包括依照中华民国

---

[1] 《战后中日关系文献集（1945—1970）》，第118、119页。

在台湾及澎湖所已施行或将来可能施行之法律规章所登记之一切法人。"①

在议定书中，台湾当局称："为对日本人民表示宽大与友好之意起见，中华民国自动放弃根据旧金山和约第14条一项第一款日本国所供应之服务之利益。"② 旧金山和约第14条一项第一款规定："日本愿尽速与那些愿意谈判而其现有领土曾被日军占领并曾遭受日本损害的盟国进行谈判，以求将日本人民在制造上、打捞上及其他工作上的服务，供各盟国利用，作为协助赔偿各该国修复其所受损害的费用。此项办法应避免以增加的负担加诸其他盟国。当需要制造原料时，应由各该盟国供给，借免以任何外汇上的负担加诸日本。"③ 美国主导下的旧金山和约，在日本进行战争赔偿问题上，已经相当宽大，为帮助日本复兴，将日本应支付的现金赔偿改为劳役赔偿。《日台和约》中，台湾当局连劳役赔偿也放弃了，给以后中国民间的对日索赔带来了不利影响。

《日台和约》还具体规定了适用范围："中华民国之一方应适用于现在中华民国政府控制下或将来在其控制下之全部领土。"④ 日本这样做，一方面为与中华人民共和国建立关系保留了余地；另一方面也为日本国内的反华势力鼓吹"两个中国"或"一中一台"留下了可利用的机会。《日台和约》签订后，台湾当局立即释放了冈村宁次等88名日本战犯。8月5日，《日台和约》生效，双方互派外交使节。

《日台和约》是日本在外交上追随美国、敌视中国的产物，阻碍了中日关系走向正常，必然损害中日两国人民的根本利益。《日台和约》也为日本亲台势力鼓吹"两个中国"、"一中一台"，提供了新的条件。《日台和约》签订后，中国外交部长周恩来发表声明，认为美国强令吉田茂政府与台湾当局缔结所谓"和平条约"，是企图"把它所一手培植的两个走狗联合起来，妄想借此构成对我中华人民共和国的军事威胁"，中国认为日本政府的做法并不代表日本人民，认为这个条约使日本在亚洲孤立起来，吉田政府的做法不代表日本人民，就如过去以蒋介石为首的中国国民党反动集团不能代表中国人民一样。中国仍然愿意与日本人民和平相处，

---

① 《战后中日关系文献集（1945—1970）》，第126—127页。
② 同上书，第127页。
③ 同上书，第109页。
④ 同上书，第128页。

友好团结，互通贸易，互相尊重民族独立和国家主权，以保障远东和平。中国认为，将日本人民与少数军国主义分子以及日本政府加以区别，坚信日本人民是愿意与中国友好相处、建立友谊的，两国人民的意愿一定能够实现。

中国批判《日台和约》的签订，认为这是美日勾结，敌视中华人民共和国的产物。但是，并没有因此就认为中国与日本不能发展友好关系。中国要克服困难，寻找推进与日本建立和发展友好关系的渠道。在《日台和约》签订后，中国提出从民间层次开展对日外交，力图通过中日民间交流，增加了解，促使日本政府最终改变对华政策。人民外交是中国外交的一个重要特点，它把资本主义国家政府和这些国家的人民区别开来，认为资本主义国家中的人民对中国人民是友好的，日本人民对中国人民是友好的，"就外交工作来说，则是以国家和国家的关系为对象的。外交是通过国家和国家的关系这个形式来进行的，但落脚点还是在影响和争取人民，这是辩证的。这一点要搞清楚"[1]。中国深信中日关系的发展归根结底要依靠两国人民，人民是外交的推动力量，应该发挥日本人民在促进中日关系正常化中的作用。

第二节 "民间先行，以民促官"方针的形成与实施

日本在美国的压力下，终于没有实现"选择媾和对象"的自主权，与台湾当局建立了官方关系。中国为实现中日邦交正常化的最终目标，制定了"民间先行，以民促官"的对日方针，通过民间层面的交流和了解，促使日本政府认清形势，改变敌视中国的立场。20世纪50年代起，中日两国间的经济、贸易、文化、体育、艺术等各方面的交流全面展开，中国共产党与日本各个在野党之间的党际交流、中国全国人大与日本国会之间的交流也非常活跃，形成从经济到政治、从民间团体到政党的全方位交流。通过交流，促进中日两国人民的了解，推动了经贸关系发展，也对日本政府产生了一定影响。

---

[1] 《周恩来选集》下卷，人民出版社1984年版，第88页。

一 "民间先行，以民促官"方针的制定

中国重视中日友好历史、文化传统在发展中日关系中的作用，认为中日两国人民在两千多年的交往历史中结下了深厚的友谊，这种友谊是两国的共同财富，也证明两国友好关系有深厚的历史基础，不是权宜之计。尽管日本政府短时间内不可能改变追随美国敌视中国的立场，但是中日友好是主流，恢复中日两国正常的外交关系，是中日两国人民的共同愿望，也是维护亚洲太平洋地区乃至世界和平与稳定的大事。

鉴于日本选择与台湾当局建立所谓的"外交关系"的现实，为打开中日关系的僵局，着眼未来建立两国正常的外交关系，中国制定了"民间先行，以民促官"的发展中日关系的方针，旨在通过开展中日两国间的民间经济、文化往来，增加相互之间的了解和友谊，促使日本政府改变对中国的立场，为建立中日之间的正式官方关系奠定基础。

制定"民间先行，以民促官"推进中日关系发展的方针，主要是基于以下几点考虑：

首先，中日建立正常的外交关系，符合两国人民的根本利益。中华人民共和国成立，中国完成了近代以来所追求的民族独立的任务，接下来要为实现国家富强和人民富裕而努力。中国共产党由领导新民主主义革命的政党变为执政党，党的工作重心实现了由乡村到城市的战略性转变，要学会管理城市和建设城市。新中国建立之初，中国面临着国民经济严重衰退和全面萎缩的严峻形势，农业减产，工厂倒闭，交通梗阻，物资奇缺，物价飞涨，城市失业严重。社会动荡不安，中国人民在自力更生的基础上，争取国民经济的恢复和发展。同时也要争取外部的支持，与世界各国进行经济贸易往来，为中国经济建设提供更好的条件。

1949年12月22日，毛泽东在访问苏联时，就中国开展对外贸易问题电告中央："在准备对苏贸易条约时应从统筹全局的观点出发，苏联当然是第一位的，但同时要准备和波、捷、德、英、日、美等国做生意，其范围和数量要有一个大概的计算。"[①] 指出中国发展经济，眼光要开阔，不仅要与以苏联为首的社会主义国家进行贸易往来，还要与美国等资本主

---

① 宋恩繁、黎家松主编：《中华人民共和国外交大事记》第1卷，世界知识出版社1997年版，第13页。

义国家发展经济贸易，增强经济实力。中国恢复和发展经济，需要和平、稳定的国际环境，与近邻日本开展贸易往来，不仅可以提高中国的经济水平，也有助于建立一个安全、稳定的周边环境。从日本方面看，也有与中国开展经贸关系的需要。对资源匮乏的日本来说，中国是人力、物力资源丰富的国家，具有巨大的市场潜力，日本不可能忽视中国这个近在咫尺的市场。日本尽量在不触动日美同盟关系的前提下，维护日本的国家利益，间接地体现了日本追求外交自主性的要求。

中国关注日本领导人关于对华关系的言行，抓住机会与日本进行贸易往来。早在1949年，日本首相吉田茂就称："中国变红也好，变黑也罢，对此我均无兴趣。中国是个天然的市场，对日本而言，目前，有必要把中国作为一个市场来考虑。"[①] 这表明，日本在对华关系上是以国家利益为出发点，以现实利益为依据的。作为资源匮乏、市场有限的国家，日本要从战争废墟中恢复经济，就不能忽视海外市场。日本将中国作为一个市场来考虑，这与美国对华关系有很多不同。然而，作为资本主义阵营的一员，日本处理对华关系面临两难的境地。日本与中国台湾签订了所谓的和平条约，在政治上是支持台湾当局的，但是，日本又不得不承认中华人民共和国实际掌控着中国大部分地区，不能也不愿放弃中国大陆的市场。在一段时间内，日本采取两面讨好，政治、经济分离的策略，吉田茂说："我非常希望与台湾修好关系，发展经济关系，但是，也力图避免否认北京政府……我不想恶化与中共政权的关系。"[②] 这表明，他在与中国台湾建立官方关系的同时，也为与中国大陆发展经贸关系留下余地。当然，日本企图两头得利的政策，遭到了中国的严厉批评。同时，中国又十分重视日本希望与中国大陆发展经贸关系的表示。

中国希望通过中日两国人民往来，影响日本政府改变对华政策。可以说，"民间先行，以民促官"政策是中国新民主主义革命胜利经验在国际关系中的运用和发展，是群众路线在对外战略中的新发展，是推进中日关系现实可行的方针政策，充分认识到中日两国民间蕴涵的要求发展中日关系的有利因素，体现了准确把握国际形势，独立自主制定对外政策的能力。

其次，中日民间经贸往来的发展，必然影响日本政府，促进日本政府

---

① 《战后中日关系文献集（1945—1970）》，第59页。
② ［日］渡边昭夫编：《战后日本对外政策》，第69页。

改变对华政策。战后日本企业界、经济界都重视中国蕴涵的市场潜力，希望开拓中国市场，促进日本经济的恢复和发展。为推动中日经贸往来，日本成立了许多促进中日贸易的组织，以团体的力量推进中日经济贸易。1949年5月，日本成立中日贸易促进会，促进会认为日本经济复兴在很大程度上也要依赖于和中国的经济合作，"开展与新中国的贸易及其他一切领域的合作是绝对必要的。这方面的成功与否，关系到我国的生死存亡"，促进会"准备为开展和新中国的直接贸易而开始活动，这也是希望通过中日贸易促进会去实现真正的中日友好，实现两国的繁荣和世界和平"[①]。同年5月，日本改进党、民主党、社会党、共产党、劳农党等党派议员发起组织了"日中贸易促进议员联盟"，这是一个超党派组织，要综合运用政界的力量，促进日中间的贸易与合作。反映出日本不同的阶层、党派都有发展中日贸易的愿望。由于代表了日本经济界、政界的意愿，"日中贸易促进议员联盟"发展迅速，到1953年初，已有310多名参、众两院议员参加了该联盟，日本都、道、府、县等地方议会中，有200多名地方议员参加了该组织。

为实际开展中日贸易，1949年6月，日本成立了"中日贸易协会"。"中日贸易协会"重视与中国开展贸易在日本经济发展中的作用，认为历时三年的中国国内战争接近尾声，领导新中国的政权即将诞生，中国实现由农业国向工业国的转变，日本希望通过中日两国间的贸易实现日本的经济独立，两国可以互通有无，"如果没有与邻邦中国的贸易，就不可能建设一个和平的日本"，"我们主张立即通过中日两国间的贸易实现日本的经济独立。可以说，新政权的使命对实现我们的目标是一个非常可喜的趋势"[②]，该会认为，中日两国人民在全新友谊的基础上，互通有无，也是日本经济界的生存之路。中日贸易协会主张三原则：无论企业大小，都能直接担当对华贸易；打破过去历史造成的中日关系旧观念，绝不再进行经济侵略；把日本经济和新中国的工业建设相结合，巩固、加深中日两个民族的友谊。日本国内成立的一系列促进中日经贸团体、友好团体等，有很多将"中"字放在前头，这颇具用意。当时日本政府坚持反共立场，追随美国的敌视、封锁新中国政策，甚至一些有军国主义思想的强硬反共分

---

① 《战后中日关系文献集（1945—1970）》，第64页。
② 同上书，第61页。

子,依然称中国为"支那"。这些友好团体把"中"字放在前头,不仅是强调中日贸易对日本的重要性,而且表明了对即将诞生的中国共产党政权的态度。

总之,日本经济企业界重视近邻中国的广阔市场,从日本的中长远发展考虑,要求重新开展对华贸易。日本先后成立不同层次的促进日中贸易组织,表明日本有识之士重视中日关系的发展,看到了日中贸易对日本国家和社会发展的积极作用,日本国民中蕴藏着与中国往来的深厚基础,这是实现中日贸易往来和中日友好的源泉。这表明中国对日本国内形势和中日关系发展趋势的估计是正确的,只要中日两国人民共同努力,中日关系的前景是充满希望的。

再次,日中友好协会等友好团体的成立,表明日本国内有要求中日建立正常外交关系的广泛基础。早在新中国建立前,日本共产党就发表《关于促进日中贸易的声明》,指出以中国共产党占领上海为标志,中国革命的大局已定,毋庸置疑未来的中国是共产党的。在新的历史条件下,与中国开展贸易正在成为各国关心的重大问题。日本共产党提倡开展日中交流,促进日中贸易。日本共产党提倡的促进中日贸易运动,在日本得到工人、农民、中小企业家的关注。带动着日本国内对中国友好的运动发展。中国共产党无论革命时期还是建设时期,无论是制定对内发展战略还是对外战略,都重视人民群众的作用。中国寄希望于日本人民的对日政策,符合日本广大民众要求与新中国发展友好关系的愿望,日本民间蕴藏着推动中日友好的雄厚基础。

1949年10月,日本各界友好团体人士筹备成立"日中友好协会"。1950年1月,"日本中国友好协会"正式成立。日本政党、劳动组合(工会)、经济界、学术界以及22个都道府县派代表参加成立大会。日本前参议院副议长松本治一郎任会长,鲁迅先生的生前好友内山完造任副会长,协会汇集了日本朝野众多的著名人士,并出版机关刊物《日本与中国》。日中友好协会认为:"日本与中国,互为亚洲的邻邦,在过去漫长的年代里,在政治、经济、文化等各个方面,都结下了极为紧密的关系。当两国关系建立在友好与互助之上时,两国人民生活就有了和平、繁荣与幸福的保证;而当两国关系未能建立在这一基础之上时,两国人民的生活就会遭到破坏。近代以后,中国人民由于日本军国主义的侵略政策所长期遭受的不幸,是有目共睹的",协会主张"深刻反省日本国民错误的中国观，努力将其纠正；推动日中两国人民的相互理解与合作，将努力促进两国文化的交流；为有助于日中两国的经济建设和人民生活的提高，将努力促进中日贸易；通过日中两国人民的友好互助，谋求相互之间的安全与和平，从而对世界和平做出贡献"①。协会认为，两国关系必须以两国人民的和平、繁荣与福利为基础。鉴于目前中日关系的现实，准备首先开展国民层面的友好运动，通过两国国民间直接的文化、经贸交流，加深两国人民的相互了解与合作，为日中友好互助、相互间的安全和平，为世界和平做出贡献。

日中友好协会的成立反映了日本人民的心声，其组织规模迅速扩大，日本的22个都道府县成立了分支机构，成为日本国内群众基础最广泛的民间团体。日中友好协会明确主张与中国和平友好相处，发展两国人民的传统友谊。为使日本国民更多地了解中国，日中友好协会首先从文化做起，通过多种渠道，收集、翻译、出版与中国的相关图书资料，还主动与中国交换版画、图片，向日本国民介绍中国的音乐、歌曲、文学艺术作品，讲解中国国歌的内容、风格，并开展了科学技术等方面的交流活动。协会订购了《人民日报》、《世界知识》等中国出版的刊物，分发到日本的有关机构、团体及外务省。战后日本国内经济困难，在日华侨生活更为艰辛，在政治、经济等方面都受到不公正的待遇。日中友好协会呼吁日本国民与华侨友好相处，关注华侨经济、政治等方面的问题，尽可能给华侨以物质、精神上的支持。日中友好协会从中日两国和平友好愿望出发，认为日本全体国民都应对侵略战争时期迫害中国劳工的花冈事件、木曾谷事件表示遗憾。协会的这一系列活动，不仅促进了日本国民了解新中国，而且也使自身组织得到了扩大与发展，协会在日本国内的影响力也越来越大。

朝鲜战争后，美国在世界范围内加大了对社会主义国家的封锁与防范，在远东加速构筑防止共产主义扩散的"防波堤"。日本政府紧随美国的反共脚步，加紧对国内民主活动的镇压。1950年起，日本政府在美国的纵容支持下，强行解散各类工会组织，封闭了日本共产党机关报《赤旗报》，搜查宣传民主思想的刊物，迫害进步知识分子。在京都大学等著名高等学府，都发生了开除进步学生学籍的事件。日本媒体污蔑日中友好协会是奉远东国际共产党情报局之命，侦察美军动态，日中友好协会会员成为美国占领

---

① 《战后中日关系文献集（1945—1970）》，第86页。

军和日本政府的"整肃"对象。1950年11月15日，日本大阪警事厅搜查课"以涉嫌违反根据占领目的行为处罚令"为名，搜查了位于大阪南区的日中友好协会大阪支部，"没收了反美传单、报纸等物证"①。12月31日，日本警事厅又奉美国占领当局之命，搜查了东京日中友好协会中央总部，没收大量资料，逮捕工作人员。日中友好协会并没有被高压政策吓倒，他们与日本政府针锋相对，不仅一如既往地开展活动，还提出了在全国"发展百万会员"的宏大计划，不断扩大协会的组织力和影响力。

日本各界友好人士在极端困难的条件下，从事各种友好活动，向曾经遭受日本侵略的中国受害者提供力所能及的帮助。日本全面侵华战争时期，由于日本人力有限，成年男子多被驱赶到战场上，国内劳动力紧缺。于是，日本采取欺骗、绑架等手段，将大批中国劳工抓到日本，从事繁重的体力劳动。在恶劣的生产、生活环境下，中国劳工的死亡率极高，不少人因此客死异国。战争结束后，日本友好人士主动帮助受害劳工的家属，寻找和送还中国劳工死难者遗骨。1953年2月在京都东本愿寺法师的倡议下，成立了"中国殉难者慰灵实行委员会"，日中友好协会的成员参与了该委员会的具体工作。委员会人员为了搞清楚中国劳工的下落，不辞辛苦，克服困难，寻访日本各地的相关公司和知情人士，将收集到的中国劳工死难者的名单汇集整理编册，并想方设法收集遇难劳工的遗骨。经过努力，他们共收集到3000多具中国劳工的遗骨，将这些遗骨分10批送回中国。中国劳工的幸存者刘连仁，逃到北海道深山十余年，过着野人般的生活，刘连仁被发现后也是在日本朋友的帮助下返回中国的。刘连仁事件曾经轰动一时，中日两国人民由此看到了军国主义发动战争，给人民造成的灾难，更加坚定了实行和平友好、发展两国关系的决心。

中国制定的"民间先行，以民促官"促进中日关系发展的政策，是在冷静地分析中日两国面临的国内外形势、两国国内建设目标和两国国家利益基础上制定的，具有现实性、灵活性和可操作性等特点，指导着中日关系从民间向官方阶段发展。

二 推动中日"民间外交"起步

以美国为首的西方国家，对中国等社会主义国家进行封锁、遏制。

---

① 《朝日新闻》（大阪）1950年11月16日夕刊。

1949年11月，美国与"马歇尔计划"的主要受援国，在巴黎设立出口管制统筹委员会（"巴统"或COCOM），美国、英国、法国、比利时、荷兰、意大利、挪威、丹麦、卢森堡、联邦德国、加拿大、葡萄牙、希腊、土耳其、日本等国参加了"巴统"组织。"巴统"制定了"禁运货单"，相约不向社会主义国家出口"战略物资"和新技术。在这种情况下，日本的贸易团体积极呼吁要开展对华贸易。在日本贸易团体和民间人士的努力下，1950年3月，美国国务院批准日本有条件地与中国进行贸易，并通告了许可出口的货物清单。1950年4月，日本参议院通过了《关于促进日中贸易的决议》，中日贸易曾经一度开展。1950年，日本曾经向中国出口过电动机、钢材等中国经济建设急需的物资，中国也向日本出口了大豆、煤炭、铁矿石等物资。但是，中日贸易刚刚起步就因国际形势的变化而被迫中断。1950年6月，朝鲜战争爆发后，美国派第七舰队进入台湾海峡，12月，宣布对新中国实行"封锁禁运"。美国对中日贸易横加干涉，迫使日本政府对中日贸易往来实行比巴统国家更加严厉的措施，1950年12月6日，在神户港装船出口中国的商品被强令撤回，日本通产省宣布停止向中国出口除纤维杂货以外的一切商品。

美国要求西方国家共同对新中国的封锁、禁运政策，不仅给中国经济恢复建设造成了极大的困难，也影响了西方国家的经济利益。1951年10月，21个国家的经济界人士在丹麦哥本哈根举行会议，成立国际经济会议发起人委员会，要促进国际间的经济交流。1952年4月，莫斯科即将召开国际经济会议。中国国际贸易促进会主席南汉宸作为会议的发起人之一，1952年2月向日本经济界著名人士村田省藏发出邀请，希望村田省藏在日本积极活动能派代表出席会议。由于日本政府以参加会议"为时尚早"为由，拒绝为村田省藏等人办理出国护照，村田省藏不得不打消了参加会议的念头。

1952年4月，在苏联的莫斯科召开国际经济会议，这次会议的目的是促进东西方贸易对话与交流，会议得到了很多国家的支持和响应，东西方共有49个国家、共派出471名代表出席这次会议，足见搁置意识形态的分歧，在平等互利基础上开展经济、贸易合作符合世界各国人民的利益。中国派出以中国人民银行行长南汉宸为团长的代表团。代表团起程前，周恩来特地指示中国代表团成员：参加这样的国际经济会议机会难得，不能放弃。在那里，同外国代表团交往的面要宽一些，争取打开我们同西方国家贸易往来的局面。[①] 中国代表团在这次会议上表达了中国对于开展国际贸易的态度，认为：不同社会制度的国家可以和平共处、发展经济贸易关系，中国愿意与所有国家，无论它是否与中国有外交关系，建立平等的国际贸易关系。

日本国会议员帆足计、高良富和宫腰喜助等得知会议召开的消息后，没有与日本政府打招呼，准备绕道莫斯科参加会议。参议员高良富是以去巴黎参加联合国教科文组织会议的名义，获得了访问法国的护照；参议员帆足计和改进党众议员宫腰喜助是"日中贸易促进议员联盟"成员，他们以考察农业问题为由，取得了访问丹麦的护照，三人分头赶赴莫斯科。遗憾的是待他们赶到莫斯科，会议已经结束。正在莫斯科的中国代表得知三位日本人士来莫斯科后，遵照周恩来总理的指示积极与之接触，向他们介绍新中国恢复和发展经济等情况，并邀请他们去中国看看。三位日本议员欣然接受了邀请。

1952年5月15日，三位日本国会议员由莫斯科乘飞机抵达北京，这是新中国成立后第一批来访的日本政界人士，受到中国有关方面的热烈欢迎。帆足计、高良富、宫腰喜助与中国国际贸易促进委员会的南汉宸、冀朝鼎进行了会谈，并于6月1日签署了中日第一个《中日贸易协议》。协议本着平等互利的原则，规定：中日"每方购入与售出的金额各为3000万英镑。经双方同意以同类物资相互交换"，[②] 确定了双方输出的种类及所占比重，双方贸易系在以货易货基础上进行，仅以英镑计价。为促成此协议执行，日本将派民间正式工商业代表，与中国谈判。协议规定：双方执行合同时，如发生纠纷，双方设立仲裁委员会，仲裁在中国境内举行。协议须于1952年12月31日以前执行；如到期，贸易额尚未全部完成，经双方同意后再酌量延长。

《中日贸易协议》是战后中日两国间签订的第一个贸易协议，对中日两国经济的恢复和发展具有重大意义。新中国积极恢复和发展生产，医治战争创伤，经济建设是新中国的头等任务。随着国民经济的恢复和发展，中国建设需要大量的机械设备、原材料和工业品；同样日本经济发展也需要中国的农产品、原料，协议有利于双方的经济发展，是互利共赢的。尽

---

① 《周恩来年谱1949—1976》上卷，人民出版社1989年版，第218—219页。
② 《战后中日关系文献集（1945—1970）》，第130页。

管协议规定的贸易额并不多，但是，对今后两国经济、贸易发展起了开先河的作用，"中日两国在经济方面也有极为紧密的联系。恢复和发展两国间的正常贸易一直有利于两国人民。这次签订协议对复兴和发展日本经济更具有重大意义"。① 中日两国人民的贸易前景极为远大。新中国工业和农业的迅速恢复和发展将进一步增加可供出口的农产品、畜产品和其他土特产品的数量。中国随着购买力提高、国内市场扩大，大规模经济建设都需要尽快引进外国的工业机械、原材料、成品及工业品。中日两国之间的相互贸易需求将不断增加，中日两国完全有可能扩大双边贸易，同时为确立中日两国人民之间新的和平友好关系做出一定的贡献。中国在战争刚刚结束不久，人们对日本侵略战争灾难还记忆犹新的情况下，从中日共同发展的需要出发，邀请日本国会议员访华，与日本签订了贸易协议，体现了中国发展中日关系的战略眼光、不念旧恶的博大胸怀，有利于中日两国经济的繁荣发展，也有利于亚洲太平洋地区的和平与稳定。

日本谈判代表高良富表示，这个协议立足于国际经济会议平等互利、尊重民族、不干涉内政、世界和平主义的根本精神，是具有深远意义的历史性协议。她对中国人民不仅原谅日本的过去，而且主动为提高日本人民的生活水平而努力，表示感谢。希望日本工会团体和产业界人士，不辜负中国人民的信赖，与新中国进行贸易，把中国大陆的丰富资源与日本的潜在工业技术结合起来，共同完成实现和平的使命。帆足计、宫腰喜助发表了联合声明，他们说："贸易协定是以个人名义签订的，不是政府间的正式协定。但正因为它是民间性质的协定，所以我们认为它更有力地显示了两国人民对和平、友好及经济合作的愿望。"② 日本《朝日新闻》等重要报纸在第一版刊登了中日贸易协议的消息，肯定了不受政府关系的约束，物物交换的原则。

这三位议员是在日本政府追随美国，实行敌视、封锁新中国的情况下，访问中华人民共和国的，表明了中国对日本蕴藏的开展经贸往来、发展友好力量的估计是符合日本实际的，坚定了中日继续发展经贸关系的决心。日本三位代表在北京半个月的时间里，与中国国际贸易促进委员会、中国进出口公司的负责人、专家会谈，就中日之间更广泛的交流与合作交

---

① 《战后中日关系文献集（1945—1970）》，第132页。

② 同上书，第134页。

换意见。三位国会议员来中国访问并与中国有关部门签订第一次民间贸易协议，在日本国内引起了极大的轰动，工商界人士反响尤为强烈。三位国会议员回到日本后，受到日本民众的热烈欢迎，他们受邀到日本各地报告访问中国的情况，许多厂商主动要求他们介绍中国的发展，迫切希望与中国开展贸易。由于日本政府继续推行敌视中国的政策，竟以违反"护照法"的名义，准备对三位议员进行"惩处"。日本民众对三位议员给予了支持和保护，日本政府在民众的要求下取消了惩治三位议员的打算。

中日之间签署第一次民间贸易协议，鼓舞了日本工商业人士与中国进行经贸合作的愿望，日本厂商积极寻求与中国经贸合作的渠道。1952年9月19日，中国国际贸易促进委员会主席南汉宸致电日本中日贸易促进会，希望该会派代表来北京具体商谈履行中日贸易协议的业务及技术性问题，南汉宸在答记者问时指出："日本许多厂商在协议签订后，不断给我们来信，提出他们要求交易的物资，到目前为止已达70余种。我们对所签订的中日贸易协议自始至终是抱着忠实履行的态度的。"① 有关付款方式、交易物资价格、运输等问题都需要中日双方具体协商解决。10月12日，中国国际贸易促进会制定了日本船只航行中国办法，将上海、大沽两个港口作为日本船只到达口岸，对日本船只运载货物、装卸、遇难援救等做了明确规定。在中国的积极努力下，1952年11月，中国进出口公司与日本巴商事株式会社在北京签订了一项易货贸易合同，这是执行第一次贸易协议的具体合同。1952年12月31日，中国国际贸易促进会代表与日本高良富、帆足计、宫腰喜助的代表中日贸易促进会专务理事铃木一雄签订《中日贸易协议延期半年议定书》。1953年6月30日，应日本的要求，第一次贸易协议再延长半年，至1953年年底为止。

日本作为"巴黎统筹委员会"成员国，与美国签订了对华禁运的秘密谅解协定。美国怂恿日本政府破坏第一次中日贸易协议，限制日本对中国出口物资的范围，《中日贸易协议》中所规定的日方输出物资大部分被放在"禁运"之列。日本政府虽然看到了中国这个广阔的市场，但是不敢公开违背美国的意志，这就造成了日本出口物资范围极其狭窄。日本政府还对与中国签订合同的日本贸易商采用恫吓手段。例如：日本巴商事株式会社社长樱井英雄来北京，与中国进出口公司签订了总额为38万英镑

---

① 《战后中日关系文献集（1945—1970）》，第135页。

的进出口贸易合同。日本政府以这项贸易涉及"禁运货单"为由不予批准，日本银行不受理外汇业务，致使合同不能履行。由于日本政府的干扰，《中日贸易协议》执行受到很大影响，最终第一次贸易协议只完成了计划的5%。

中国国际贸易促进委员会主席南汉宸指出，《中日贸易协议》签订后，成交的数目和协议所订的总额距离甚远的原因，是因为美国的禁止和破坏；而日本政府听任美国的摆布，阻挠中日间贸易，吉田政府限制日本对中国出口物资的范围，致使无法全面实现协议。南汉宸认为："中国与日本距离较近，本来可以在新的互利、平等的基础上重建战后的中日贸易。然而一年来的事实证明，不打破美日反动派的'禁运'、'封锁'、阻挠、破坏和阴谋，中日贸易是不可能顺利开展的。我们相信爱好和平的日本人民定会作更进一步的努力，消除上述中日贸易的障碍，那么，中日贸易的前途，还是有希望的。"[①]

尽管第一次《中日贸易协议》受到美日政府的阻挠和破坏，完成合同计划比例很小，致使中日相关企业、公司遭受了损失，但是，这毕竟是新中国成立后中日间的第一个民间正式的贸易协议，它开启了两国经济贸易的大门，合乎中日两国人民要求开展经贸往来的愿望，其开创意义将在中日民间外交史上留下浓重的一笔，成为"民间先行，以民促官"结出的最初果实。中国认识到中日贸易的大趋势，又不失时机地采取促进中日经贸合作的新措施，促成签订了中日两国新的贸易协议，把民间贸易不断推向前进。

三 创造有利于民间经济交流的环境

在"民间先行，以民促官"的方针指导下，中国国际贸易促进委员会积极促成中日之间的贸易往来，与日本签订了第一次民间贸易协议。但是，日本政府阻挠中日贸易开展，这不仅损害了中国的利益，也损害了日本的利益。朝鲜战争结束后，日本经济的恢复速度出现了放缓趋势。朝鲜战争期间，美国在日本采购了大量的军用物资，刺激了日本经济的快速增长，日本经济很快达到战前水平，出现了战后的"特需景气"。从1950年6月朝鲜战争爆发到1953年底，美国为这场战争向日本订购的各种

[①] 《战后中日关系文献集（1945—1970）》，第148页。

"特需"物资，以及大批美军官兵轮流到日本训练、休整在日本花费的各项"服务费用"，总计超过36亿美元。这个数目占同期日本全部外汇收入的1/3以上，而日本战后六年多的时间里获得的美国经济援助只有19.6亿美元。据统计，三年半内，"特需"出口分别占日本同期总出口量的18.2%、43.7%、66.1%和63.5%。朝鲜战争期间，日本经济各项指标全面上升。1951年和1953年，工业产量和人均国民生产总值，就分别达到和超过了战前水平。1949年底日本的外汇储备仅有2亿美元，1951年底猛增到9.4亿美元。[①] 对日本来说，尤为重要的是朝鲜战争使其经济状况迅速好转，增强了重建经济的信心。

朝鲜战争结束后，美国全面遏制中国的政策丝毫没有改变，在盟国要求放松对华封锁呼声日渐高涨的情况下，美国仍然坚持实行对华禁运，日本是美国控制对华贸易最严的国家。日本不断向美国提出，严格控制对华贸易给日本带来的经济困难，要求美国将其对华贸易放宽到与英国同等程度上，为美国所拒绝。由于朝鲜战争时期的"特需景气"不复存在，日本经济出现倒退的迹象，政府感到了极大的压力。日本为了本国的经济发展，在继续与美国保持同盟关系，外交上协调一致的同时，必须要拓展新的市场，扩大与其他国家的经济贸易往来，寻找新的经济增长点。日本当然需要与近在咫尺、幅员辽阔、市场潜力巨大的中国发展经贸关系。

由于日美同盟和"巴统"的存在，日本在对华贸易上不得不屈服于美国的"禁运"、"封锁"政策，但是，也采取了一些比较灵活的措施。1953年7月29日，也就是朝鲜停战协定签订后仅两天，日本国会就通过促进日中贸易的决议，决议认为政府应该立即采取适当的措施，促进日中贸易，日本的贸易限制政策是两国贸易上的障碍，"对阻碍日本与中华人民共和国之间贸易限制，至少目前应达到相当于西欧所实施的水平；放宽旨在互相通商的出国的限制等"。[②] 30日，参议院通过了该决议。值得注意的是，在这个决议中，日本政府文件中，正式使用了中华人民共和国这一称呼，而不再称中国为"中共"，反映出日本政府对中国态度的微妙变化，也体现出日本处理与新中国关系时的务实性和灵活性。

[①] 参见吴学文、林连德、徐之先《当代中日关系（1945—1994）》，时事出版社1995年版，第57页。

[②] 《朝日新闻》（东京）1953年7月30日第一版。

中国抓住日本政府希望开展对华贸易的有利时机，积极推动中国有关部门与日本国会、政党建立友好交流关系，通过这些日本国会议员、在野党以及企业界人士，推动中日民间贸易进一步发展。1953年9月，日本"国会议员促进中日贸易联盟"组成以池田正之辅为团长的"日本中国通商考察议员团"访问中国，出席中华人民共和国成立四周年庆祝活动。这个考察团由日本各政党、各行业代表组成，是超党派代表团。该代表团成员的护照一律由外务省签发，表达着其有一定程度的政府色彩。实际上，日本政府是以东方民族特有的含蓄方式，向中国表达发展两国经贸交流的态度。从日本三名国会议员访华被政府要以违反"护照法"惩罚，到日本政府发给代表团护照，两年的时间内，日本政府在对华关系上迈出了一大步。池田正之辅是日本政界、商界的著名人士，他将访问中国的目的概括为三点，即："在政治上加深日本国民和中国人民的友好关系；在平等互利的基础上扩大中国和日本的贸易；为了达到上面两个目的，双方要互相实地考察，了解实际情况。"[①] 他认为，日本国民的代表第一次正式进入中华人民共和国国境，将成为政治和外交上的一个重大转机。

中国对于这次有日本政府背景的代表团来华访问高度重视，认为这是加深两国人民了解，发展两国贸易的好机会。中国人民保卫世界和平委员会主席郭沫若会见了代表团团长池田正之辅、副团长江藤夏雄、帆足计、中村高一以及代表团成员，郭沫若再次强调中国人民是把日本人民和日本政府区别开来看的。中国人民愿意增进和日本人民的友谊，"今天中日两国的正常外交关系尚未建立以前，中国人民愿意首先开展中日人民间的经济交流与文化交流，并和日本人民一道为保卫亚洲与世界和平而努力"[②]。表达了中国继续开展民间交流的信心和决心，认为这种民间交流对于两国和世界的和平都有意义。

日本"国会议员促进日中贸易联盟"代表团与中国国际贸易促进委员会举行了会谈。中日双方一致认为，第一个民间贸易协议签订后，已经延长两次，马上又要期满了，双方同意商谈签订第二次贸易协议。1953年10月29日，中日签订了第二次贸易协议，协议规定在有效期内，每方出口及进口的金额各为3000万英镑。根据同类物资相易的原则，规定了

---

① 《战后中日关系文献集（1945—1970）》，第151页。
② 同上书，第154页。

双方输出商品的分类及所占总额之百分比，甲类占总值的35%，乙类占49%，丙类占25%。协议有效期为一年。如到期尚未达到贸易总额时，经双方同意，可酌量延长期限。

中日第二次民间贸易协议极大地鼓舞了两国开展民间贸易的信心和决心，日本工商界人士更是积极与中国厂家接触、谈判，寻求贸易合作的项目。在两国有关方面的共同努力下，第二次贸易协议完成了计划的38.8%，虽然还没有过半，但是比第一次贸易协议有了长足进步。

这次贸易协议仍然不能充分执行，是因为日本政府外交重点是日美关系，它没有勇气冲破美国的障碍，也不愿意承担政府应该负的责任，造成民间团体执行贸易协议没有保障。但是，第二次贸易协议的执行情况毕竟比第一次有了长足进步，说明两国发展经济贸易往来是大势所趋。按照日本海关统计，1954年中日贸易额为5900万美元，日本出口为1900万美元。[①] 整个20世纪50年代中日贸易中，中国一直处于顺差，这是日本受制于"巴统"，限制日本出口所致。

中日连续签订两个民间贸易协议，显示了中日两国蕴藏的友好合作的坚实基础，表明了"民间先行，以民促官"的现实可能性。中国希望在贸易往来的基础上，发展两国民间各个方面的交流，促进两国人民的了解，为两国关系的进一步发展创造条件。

四 促进"民间外交"深入发展

中国积极促进中日两国在渔业、农业、工业等方面的交流与合作。日本是一个四面环海的岛国，大自然给日本带来丰富的海洋资源，海产品是日本人必不可少的生产和生活资料，渔业生产在日本国民经济中占据重要位置。东海、黄海是著名的渔场，中日两国渔民经常在这一地区进行捕捞作业。当然，同在一个地区捕鱼，两国渔民经常接触，发生纠纷也在所难免。由于战后日本政府与台湾当局签订所谓和平条约，不承认中华人民共和国，中日两国政府无法出面解决渔民的海上纠纷，两国渔民的避难、救急也无从谈起，渔民的安全得不到保障，对中日两国渔业的发展都是不利的。

1954年，日本福冈、下关、长崎等地的渔业公司为了发展生产，更

---

① 《当代中日关系（1945—1994）》，第61页。

好地处理与中国渔民的关系，妥善解决两国渔民间出现的纠纷，成立了"日中渔业协议会"，希望与中国方面就渔业问题进行谈判。中国在与日本没有官方关系的情况下，考虑到两国渔民的利益，特别是日本国民由于自然环境、长期形成的生活习惯等因素，指示中国水产部水产公司和有关部门组成代表团，邀请日本渔业代表团来中国就渔业生产等问题进行谈判。

1955年1月13日至4月15日，中华人民共和国渔业协会组成以杨煜为团长、高树颐为副团长的代表团与以七田末吉为团长的日本国日中渔业协议会代表团，就黄海、东海的渔业问题进行谈判。在谈判中，中日双方代表本着相互友好和谅解的精神，就相关事宜充分协商，经过三个月的努力，签订了第一次中日民间渔业协定。协定共11条，以平等互利、和平共处为原则，对中日两国渔业界在黄海、东海的一定海域捕鱼问题作了合理的安排。协定包括"关于维持渔船作业秩序的规定"、"关于渔船因紧急事故寄泊和救助海难后处理办法的规定"、"关于交换渔业资料和交流技术的规定"，除资源保护区和军事警戒区外，划分了六个渔区，规定了渔区的名称、位置、限期、渔轮数量和保护渔业资源的措施。

中日民间渔业协定的签订，体现了中日两国渔业界相互谅解和友好合作的愿望，促进了中日两国渔业界的交流，有利于两国经济的发展，也增进了中日两国人民之间的了解和友谊。由于中日两国没有正常的官方关系，中日两国民间渔业团体之间签订的协定只能是临时性质的，有很大的局限性。两国渔业协会表示，在执行这个协定的同时，各自愿意促请本国政府迅速举行中日渔业谈判，为签订中日两国政府之间的渔业协定而努力。1956年5月，中日双方代表商议，渔业协定延长一年。

中日民间渔业协定涉及两国领海和军事禁区等问题，应该得到两国政府的批准和支持。由于中日两国没有官方关系，这个协定只能通过民间团体进行"代理谈判"。渔业协定的谈判和签订，体现了中国处理关系到日本国民生产、生活重大问题的灵活性，也显示了"民间外交"在推进两国人民相互了解中的作用。

第二次世界大战结束后，世界各国人民都在清算法西斯主义给国际和平带来的危害，探讨在新形势下如何巩固和发展世界和平。1952年10月，亚洲及太平洋区域和平会议在北京召开。中国人民保卫世界和平大会名誉主席宋庆龄、主席郭沫若、副主席廖承志向日本有关团体发出了邀请。日本相关团体随即组成代表团准备来北京参加会议。但是，由于日本政府的阻挠，最终日本没有派代表团参加会议。尽管没有日本代表团出席，大会仍然通过了《亚洲及太平洋区域和平会议关于日本问题的决议》，决议认为，美国政府公开利用日本的军国主义分子，将日本变为在远东发动侵略战争的基地，这严重地威胁了亚洲及太平洋区域的和平与安全。为了亚洲及太平洋区域与世界的和平与安全，并对日本人民的合理愿望予以支持。鉴于非法的旧金山片面"和约"在亚洲及太平洋区域所引起的紧张局势，"有关国家必须按照波茨坦公告及其他有关日本问题的国际协定的原则和精神，缔结具有全面性质的真正的对日和约。反对和制止日本军国主义复活，支持日本人民建立一个独立、民主、自由、和平的新日本。任何外国军队应立即撤离日本领土，任何外国不得在日本保有军事基地，任何外国不得干涉日本内政。任何外国政府对于日本和平建设及对外贸易的各种人为限制，必须消除"。[①] 决议认为有必要组织一个和平访问代表团，去访问为和平而奋斗的日本。决议表达了中国以及亚太地区各国人民对日本政治走向的关心，对热爱和平的日本民众为维护亚洲和平所做的努力表示支持。

1953年9月，日本拥护和平委员会主席大山郁夫教授出席哥本哈根世界和平理事会后途经苏联访问中国。9月28日，周恩来总理会见大山郁夫教授，这是周恩来作为中华人民共和国国务院总理首次会见日本客人。大山郁夫教授对日本军国主义发动侵略战争给中国人民带来的灾难表示道歉，他说："过去日本军国主义分子长期侵略中国，日本人民未能及时加以制止，使中国人民蒙受巨大损失，我代表日本人民向中国人民表示歉意。中华人民共和国政府和中国人民对于日本人民一贯采取友好态度，我代表日本人民谨致感谢。"[②] 周恩来再次强调，日本发动侵略战争给中日两国人民都造成巨大损失，应牢记历史教训。"日本军国主义分子的对外侵略罪行，不仅使中国人民和远东各国人民遭受了巨大损失，同时更使日本人民蒙受了空前未有的灾难。我相信，日本爱好和平的人民将会记取这一历史教训，不再让日本重新军国主义化和重新对外侵略，以免日本重

[①] 《战后中日关系文献集（1945—1970）》，第137页。
[②] 同上书，第150页。

新蒙受比过去和现在更加深重的灾难。"① 中国主张与世界各国恢复正常关系，特别是与日本的正常关系。中国欢迎日本代表团来中国访问，中国也可以派代表团去日本，中日两国人民应共同奋斗，打破美国政府和日本政府对中日贸易发展和文化交流的阻碍，日本是中国的近邻，在和平共处的基础上，中日贸易的发展和经济的交流，是完全有它的广阔前途的。但是，日本政府如果继续保持与中国台湾的"外交关系"，就会阻碍两国关系的正常化。周恩来强调了中国主张在平等互利的基础上，发展中日两国的贸易，批评了有些日本人认为的"中国工业化了，中日贸易就没有前途"的看法。认为中国实现工业化，中国国家和人民的生产和需要就会愈加扩大，就愈加需要国际间的贸易。日本是中国的近邻，在和平共处的基础上，中日贸易的发展和经济交流有广阔的前途。中国强调日本军国主义是中日两国人民的共同敌人，发展经济贸易往来对现在和将来两国关系的发展是有好处的。

20世纪50年代，中日两国在没有正式官方关系的情况下，两国人民克服困难，开展经济、文化等方面的交流，促进两国邦交正常化。中国制定的"民间先行，以民促官"对日政策收到显著成效。1954年9月，日本国会议员代表团和日本学术文化代表团访问中国。毛泽东、周恩来、刘少奇等分别接见了这两个代表团。中国领导人向日本客人阐述了中国对于世界形势、中日未来关系的看法，阐述了中国和平的外交政策。周恩来总理指出：过去日本侵略中国，今天中国强大起来了，不会威胁日本。我们是为世界和平而奋斗，这不是我们的一般政策，而是基本政策。中日关系2000多年来是和平共处的，60年来是不好的，但这已经过去，我们应该让它过去，历史不要再重演。周恩来认为，中日两国关系友好地发展起来，前途一定是广阔的。中日两国应该按照和平共处五项原则彼此承担义务，中日两国应和平相处。中日关系正常化的障碍不在中国方面，旧金山和约不承认中国人民选择的政府，而选择了台湾当局，令中国人民非常痛心。周恩来希望日本代表团成员回国后，多做工作，促使日本当局改变对中国的看法。

1952年，日本国会议员帆足计、高良富和宫腰喜助来中国访问时，曾向周恩来总理提出：为了使日本国民真正地了解新中国，要把有利于中

---

① 《战后中日关系文献集（1945—1970）》，第150页

日文化交流的作品介绍给日本。周恩来十分赞同日本客人的看法，向他们赠送了由贺敬之等人创作的同名歌剧所改编的电影版《白毛女》录像带。帆足计等三人回国之后，把《白毛女》的录像带交给日中友好协会。日中友好协会策划了《白毛女》的上映会，日本观众第一次看到新中国的电影《白毛女》。而真正意义上把《白毛女》介绍给更广大的日本民众的，是1955年松山芭蕾舞团上演的芭蕾舞剧《白毛女》，演出获得巨大成功。松山芭蕾舞团成为世界上唯一演出中国剧目的外国芭蕾舞团。1955年7月，松山树子作为和平代表首次应邀来华访问，周恩来在会见松山树子时，特地将中国歌剧《白毛女》中喜儿的扮演者王昆和电影《白毛女》中喜儿的扮演者田华请来，三位"白毛女"聚集一堂，畅谈演出体会，留下了美好的回忆。1958年3月，日本松山芭蕾舞团携《白毛女》剧目首次访问中国，在中国各地演出28场，芭蕾舞剧《白毛女》受到中国观众的热烈欢迎。此后，松山芭蕾舞团十几次访问中国，清水正夫作为日中友协的负责人100多次来华访问，在中日文化交流史上写下了浓重的一笔。2008年5月8日，胡锦涛主席到松山芭蕾舞团参观，称赞松山芭蕾舞团："半个世纪以来，你们秉持中日友好信念，积极促进两国文化交流，为增进两国人民的相互了解和友谊发挥了独特作用。"[①] 清水正夫和松山芭蕾舞团是中日民间交往的先驱。"芭蕾外交"成就了中日两国民间交往史上的一段佳话。

为加强中日两国间的文化交流，1955年11月27日，中日两国签订了文化交流协定，决定中日共同建立一个联络机构，进行绘画、雕刻、建筑、电影、戏剧、音乐、文学等方面的交流。

在"民间先行，以民促官"方针的指导下，中国有关部门积极与日本知名人士联络，通过他们转达中国政府和人民希望中日两国民众加强沟通与了解的愿望，发挥他们在沟通中日友好中的作用。时任国务院副总理的郭沫若年轻时代曾经在日本生活20年，对日本有深厚感情。1955年12月，郭沫若率领中国科学代表团访问日本。在东京一下飞机郭沫若就深情地说："我前后在日本逗留了20年，日本是我的第二故乡。最近时期，中日两国人民之间的友好往来已经有了显著的增加。这是一种可喜的现

---

① 《人民日报》2008年5月9日。

象。"① 他认为,中日两国关系的隔阂和敌对绝不会带来任何的好处,只有和平相处,友好往来,才能使我们两国人民得到最大的利益。中国访日科学代表团在日本进行了20多天的访问,促进了中国学术界和日本学术界之间的接触和联系,也进一步加强了中国人民和日本人民之间的互相了解和友谊。

梅兰芳先生是中国京剧艺术大师,他曾经在1919年和1924年两次到日本进行访问演出。1923年9月,日本发生了"关东大地震",人民的生命财产损失严重,1924年梅兰芳到日本演出时,为日本"关东大地震"做募捐义演,深深感动了当时的日本民众。观众喜欢梅兰芳的表演,在日本至今仍然有很多梅兰芳的戏迷。梅兰芳本来计划在20世纪30年代再度赴日本演出,由于1931年日本发动"九一八"事变,开始侵华战争而未能成行。日本侵华战争期间梅兰芳蓄须明志,不为日军演出,受到中国人的尊敬。文化艺术交流是中日"民间外交"的重要组成部分。1956年5月,梅兰芳率领中国京剧代表团访问日本。此次为时隔22年后再次访问日本,在日本引起巨大轰动,很多日本观众远道赶来观看演出,无不为中国传统艺术的魅力和演员的高超演技所倾倒。

1956年6月,中国十大城市举办"日本电影周",电影周期间,日本著名演员来到中国,所到之处受到中国观众的热烈欢迎。电影周为中国民众了解日本的社会和艺术开启了一个窗口。20世纪50年代,日本画家、作家、音乐家等纷纷访问中国,构成了"民间外交"的一道亮丽的风景。文化艺术作为"软实力"在"民间外交"阶段发挥着不可替代的作用。

五 派遣民间使团访日,增进相互了解

新中国成立以后,由于各种各样的原因,还有一些日本人侨居中国大陆。中国政府对日侨实行保护政策,对他们的生活、工作等给予关照和帮助。这些日本侨民是否返回日本,中国政府充分尊重他们的意愿,积极协助愿意回国的日本侨民返回日本,对愿意留在中国者,表示欢迎。中国红十字会遵照政府的有关指示精神,积极协助日侨归国,做了大量的卓有成效的工作。

---

① 《战后中日关系文献集(1945—1970)》,第251页。

1950年夏天，中国红十字会代表团在出席国际红十字会大会时，向日本红十字会表示愿意帮助了解在华日侨情况。截止到1952年底，在中国大陆的日侨共有3万人左右，他们在中国生活安定。除日侨外，中国大陆还有少数日本战犯正在拘押中，听候审讯。而日本俘虏已经全部遣送完毕。

1953年2月，日本红十字会、日本和平联络委员会和日中友好协会三个团体的七位代表来到中国，与中国红十字会商谈日侨回国的具体问题。中国红十字会代表团首席代表廖承志指出，在中国大陆解放之后，留在中国的守法的日本侨民得到了中国政府的保护。他们在中国过着和平的生活，可以和日本国内自由通信。中国政府对愿意回国的日本侨民给予了协助，对愿意留下来的是欢迎的。廖承志驳斥了一些别有用心的人把中国协助日侨回国说成是"遣返"的论调，明确指出，只是对于战争俘虏才有遣返问题。在中国的日本人除少数战犯外，都是侨民，根本不会发生所谓"遣返"问题。至于少数战犯的处理问题，乃是中国方面的事。

中国红十字会对日本侨民回国，在申请、出境港口、日期等方面作了具体、周到的安排，并表示："在大批日侨回国结束之后，仍然会有零星愿意回国的日侨，在这时候，我们仍愿意和你们保持联系，随时协助他们回国。"[①] 中国确定天津、秦皇岛、上海三港为回国日侨的集中登船地点。第一批回国日侨的集中人数是4000—5000人，以后每批回国日侨集中时间间隔20天左右，每批3000—5000人，中国负担日侨到达港口前的一切费用。中国红十字会协助日侨分批回国截止期限，约为1953年6月底至7月初。

1953年10月30日，中国红十字会会长李德全在会见日本"国会议员促进日中贸易联盟"代表团时指出："自从1953年3月起，到10月止，共有七批日侨回国，人数达26026名。日侨分批回国已宣告截止。"[②] 李德全表示，按照中国红十字会代表团和日本红十字会、日本和平联络委员会、日中友好协会三团体组成的代表团所签订的关于商洽协助日侨回国问题的公报第12条，在今后如仍有个别日侨愿意返回日本时，中国红十字会愿意继续给予协助。中国红十字会协助大批日侨返回祖国，是基于将日

---

① 《战后中日关系文献集（1945—1970）》，第143页。
② 同上书，第160页。

本人民与军国主义区别开来的考虑,相信包括日侨在内的日本人民,是爱好和平的,对回国日侨给予了充分的人道主义关怀。中国政府和人民的博大胸怀,得到了日本各界的广泛称赞。

为了表示对中国红十字会协助日侨回国的感谢,日本红十字会、日本和平联络委员会和日中友好协会等三团体,决定邀请中国红十字会代表团访问日本,并于1953年9月向日本政府提出申请。但是,吉田茂政府拒绝了日本三团体的申请。这引起了日本红十字会等团体和日本社会舆论界的强烈不满。由于日本红十字会等团体的据理力争,1954年5月,日本国会议员促进日中贸易联盟和众议院海外同胞遣返特别委员会,向国会提出了"关于邀请中国红十字会代表"的决议。决议指出从中国集体撤退大致告一段落,"但就仍然遗留的大量同胞实行撤退一事,中国红十字会也作了进一步采取有善意的措施的保证。留守家属的迫切期待现在唯系于此。日本红十字社久已竭尽全力力争,以本社贵宾的名义邀请中国红十字会代表访日以报答其厚意,同时就今后的撤退要求其进一步帮助"。①经过日本友好团体的不断努力,1954年5月27日和29日,日本国会众、参两院最终通过这项决议。

1954年8月4日,中国红十字会接到日本红十字会的正式邀请,决定派代表团访问日本。10月30日至11月12日,以李德全为团长、廖承志为副团长的中国红十字会代表团访问日本。中国红十字会代表团作为民间使节,是中国派出的第一个大型访日代表团,要把中国人民发展与日本人民长期友好和平共处的意愿和决心转告给日本人民,并且利用这次机会与日本红十字会等三团体商洽有关协助日侨归国问题,把在中国的日本战犯名单带给日本政府。

中国红十字会代表团在日本受到国会议员、民间知名人士、华侨代表的热烈欢迎。代表团与日本各界、各团体和日本国民进行了广泛的接触。代表团先后共参加19次日本各界、各团体和各地方代表的国民欢迎大会和各种座谈会、17次宴会和茶会,并举行了13次记者招待会、广播和电视会,对日本各界诚恳地、详细地表达了中国人民对于中日友好的主张和愿望:"加强中日两国人民的友好关系对亚洲和平是如何重要。代表团强调:为了保证亚洲与世界和平,中日两国人民的责任十分重大。中国和中

---

① 《战后中日关系文献集(1945—1970)》,第161页。

国人民愿意把互相尊重领土主权、互不侵犯、互不干涉内政、平等互利、和平共处的五项原则适用于和世界各国的关系上，当然也同样适用于对日本的关系上。这是中国的国策，也是中华人民共和国的和平外交政策的具体表现。"[1] 廖承志说："中国的大文豪鲁迅先生说过：'世上本没有路，走的人多了，也便成了路'，只要我们走下去，自然就会开出中日友好的大道，中日两国友好合作，为保卫亚洲和平做出努力是当务之急。两国要友好，靠讲道理不行，而要做出实际的努力。"[2] 中国红十字会代表团以实际行动做中日关系发展的开路者。

中国红十字会代表团成员足迹遍及日本各地，他们访问了东京、京都、大阪、名古屋、神户等日本大城市，参观日本的工厂，充分利用这次难得的机会，与日本各阶层人士、民间友好团体进行了广泛的接触。听到了日本各阶层希望中日友好、要求加强往来和恢复中日正常关系的呼声。代表团还与日本红十字会、日本中国友好协会、日本和平联络委员会（简称三团体）进一步商议了日侨回国的具体问题，制订了日侨回国的备忘录。中国红十字会代表团访问日本，把中国人民愿意同日本人民长期友好、和平共处的意愿和决心，明确而诚恳地转告给日本人民和日本的广泛社会阶层，加深了中日两国人民之间的友谊，使更多的日本朋友了解中国的和平政策和中国人民保卫亚洲与世界和平的决心，推进了两国人民的相互了解。中国红十字会代表团访问日本，标志着中日民间交流开始进入一个崭新的阶段。

在协助日侨回国的同时，中国要求日本方面协助将战后留在日本愿意回国的华侨送回中国。日本日中友好协会和日本友好团体、各界友好人士冲破日本政府的阻挠，积极向在日华侨提供帮助，终于在1953年7月送第一批华侨回国。中国红十字会通过帮助日侨回国，传达了中国人民对日本人民的友好情谊，并与日本有关团体建立了稳定的交流、合作关系。中日两国红十字会的交流与合作，表达了两国人民和平友好的愿望，推动着"民间外交"迈向新的高度。

---

[1] 《战后中日关系文献集（1945—1970）》，第173页。
[2] 吴学文、王俊彦：《廖承志与日本》，中共党史出版社2007年版，第162页。

六 成功改造日本战犯,实现化敌为友

20世纪50年代初,中国大陆共关押着1000多名日本战犯。对于这些日本战争罪犯,中国政府注重对其进行思想教育和改造,而不是肉体的折磨。对在押日本战犯,中国政府给以人道主义的待遇,采取惩办与教育相结合的办法,经常组织他们进行参观学习,帮助他们认识军国主义发动的战争罪行,认识战争给中国人民造成的巨大灾难,促使他们早日觉醒,使其成为支持中日和平友好的力量。抚顺战犯管理所曾经先后分三批组织战犯到中国12个大中城市参观,在参观中他们看到日本帝国主义侵略战争给中国造成的巨大灾难,对犯下的罪行有一定的认识,开始反省战争性质。在参观中,一些战犯看到战争遗迹,了解战争给中国人民带来的损失流下了悔恨的泪水。1955年底,中国鉴于多数日本战犯对罪行有了悔过的表示,提出宽大处理日本战犯的意见,建议对日本战犯不判死刑和无期徒刑,极少数判处有期徒刑。

1956年4月25日,中华人民共和国全国人民代表大会常务委员会通过了《关于处理在押日本侵略中国战争中战争犯罪分子的决定》,决定认为:日本战争犯罪分子,对中国人民犯下了各种罪行,使中国人民遭受了极其严重的损害。按照他们所犯的罪行本应该予以严惩,"但是,鉴于日本投降后10年来情况的变化和现在的处境,鉴于近年来中日两国人民友好关系的发展,鉴于这些战争犯罪分子在关押期间绝大多数已有不同程度的悔罪表现,因此,决定对于这些战争犯罪分子按照宽大政策分别予以处理"[①]。对于战犯中次要的或者悔罪表现较好的日本战争分子,可以从宽处理,免予起诉,送回日本国内。对于日本投降后又在中国领土内犯有其他罪行的日本战争犯罪分子,对于他们所犯的罪行,合并论处。对于日本战争犯罪分子的审判,由最高人民法院组织特别军事法庭进行。

1956年6月21日,中华人民共和国最高人民检察院根据全国人民代表大会的决定,对335名罪行较轻或有悔过表现的日本战争犯罪分子免予起诉,立即释放。当这335名战犯听到自己被释放时,无不激动得放声大哭。此后,最高人民检察院又两次发布对日本战犯免予起诉的决定书,三次共有1017名日本战犯被免予起诉。对在押的45名战犯,在服刑期间表

---

① 《战后中日关系文献集(1945—1970)》,第272页。

现好的，还可以提前释放，对年老、患病的可以假释。战犯家属可以到中国探望。中国的宽大政策，得到了多数战犯的理解和感谢。

　　曾经被关押在中国的日本战犯被释放回国后，绝大多数对自己在侵略战争中所犯下的罪行表示深刻的忏悔和反省，由衷地感谢中国政府和人民的宽大。他们回到日本后，利用各种机会揭露军国主义发动侵略战争的罪行，批判日本右翼势力破坏中日友好的活动，也有不少人参加了日中友好协会的工作，致力于和平事业。1957年2月，被中国政府释放回国的战犯组成"中国归还者联络会"，由前陆军中将藤田茂任会长。他们在日本从事反战和平活动，经常到学校、社会进行讲演，用亲身经历揭露军国主义给中日两国人民带来的灾难，促使日本国民反省战争。尽管20世纪五六十年代，日本右翼势力活动比较猖獗，日本政府对被遣返的战犯表示出冷漠的态度，甚至诋毁、压制"中归联"的活动，认为他们被"洗脑"了。但是，"中归联"成员不畏艰难，在极为困难的条件下，出版了揭露军国主义战争罪行和反省战争的书籍——《三光》和《侵略》，在日本社会引起了强烈反响，促使更多的人思考战争与和平。20世纪80年代，中曾根康弘任日本首相时以公职身份参拜供奉甲级战犯的靖国神社，"中归联"成员举行了抗议游行。1988年12月，"中国归还者联络会"组团访问抚顺，在战犯管理所建了"向抗日殉难烈士谢罪碑"，表达对抗日烈士的敬意。

　　1956年9月，中国邀请日本前军人代表团访问中国，代表团访问了中国东北，还到抚顺战犯管理所看望服刑的战犯，对正在服刑战犯良好的健康状况和精神面貌所感动，表示再也不愿意打仗了。廖承志根据日本前军人代表团在中国东北各地参观的情况，致函毛泽东，"为使他们进一步扩大对日本的影响，主席接见他们一次确是有极大好处的"[①]。毛泽东同意廖承志的建议，当天在北京接见了前军人代表团。这个代表团回国后成立了"日中友好旧军人会"，他们为争取中日和平友好而积极努力，成为推动中日友好的力量。

　　1964年3月6日，中国释放了在押的所有日本战犯。中国政府对这些日本战犯注重进行反对侵略、维护和平的教育和人道主义待遇感化，使他们认识到了自己的罪行。这些战犯回国后，多次对中国政府宽大处理和

---

① 《战后中日关系文献集（1945—1970）》，第290页。

监狱管教人员耐心教育表示感谢，不少人表示把致力于中日友好事业作为向中国人民赎罪的实际行动。

在中日两国之间没有恢复正常邦交的情况下，中国政府以两国人民的利益为重，以长远的观点看待中日关系，主动以宽大政策处理日本战犯，表现了中国人的博大胸怀，也体现了其政治远见。这不仅赢得了日本民众的称赞，而且在全世界引起强烈的反响。事实证明，中国政府对日本战犯的改造政策是非常成功的，是将不利因素转换为有利因素的范例。毛泽东1964年会见日本社会党代表团时就指出："那些打中国的将军们，大多数被苏军俘虏的，被我们俘虏的日本战犯中有中将、少将、有校级军官，一共一千多人，经过教育，除一人外，都不反对我们了，而成为中国的朋友。"[①] 中国宽大处理战犯，再次表明了中国认为发动侵略战争的是少数日本军国主义分子，广大的日本人民也是战争受害者。对于参加战争、犯有战争罪行的日本战犯，本着思想改造为主的原则，通过一系列学习、教育与自我教育的过程，促使他们认识战争罪行和战争性质，收到了很好的效果，绝大多数战犯经过改造，认识到战争性质和侵略战争给中国人民造成的巨大灾难，终身致力于中日友好，完成了"从鬼到人"的转变。

第三节　寻求和扩大中日的共同利益

中日"民间外交"符合两国人民的共同利益和愿望，因而得到了迅速发展，交流范围、层次、规模不断扩大。中国更加积极地寻求中日共同利益，推动两国"民间外交"向更加深层次发展。中国强调尽管中日两国的社会制度不同，但是两国存在着广泛的共同利益，可以和平相处，并利用亚非会议等各种机会，表达中国继续深入发展两国关系的愿望。

一　尊重日本的社会制度和发展道路

20世纪50年代，美苏两个超级大国分别调整了对外方针，从世界范围来看，尽管冷战依然继续，但是美苏两个超级大国各自调整了对外政策，开始从全面对抗逐步走向缓和。1953年斯大林逝世后，苏联领导人

[①] 转引自步平、王希亮《良知与冥顽——战后五十年日本人的战争观》，黑龙江人民出版社1999年版，第3页。

赫鲁晓夫为纠正斯大林模式的弊端,着手实行国内改革,以改变高度集中的政治、经济体制。在外交上苏联开始致力于与西方资本主义世界和平共存、和平竞赛,谋求与美国改善关系,赫鲁晓夫希望在与资本主义的和平竞赛中,彰显社会主义制度的优越性,进而战胜资本主义。

苏联积极与西方国家改善关系,积极推动与日本实现关系正常化。苏联对日政策的变化,必然影响到在外交上实行"一边倒"的中国。1954年10月12日,中国和苏联发表了对日关系的联合宣言,宣言认为,日本应当得到完全的民族独立,建立自己的民主制度,发展自己独立的和平经济和民族文化。中国和苏联"对日关系的政策,是根据不同社会制度的国家可以和平共处的原则,并且相信,这是符合各国人民的切身利益的。它们主张同日本按照互利的条件发展广泛的贸易关系,并同日本建立密切的文化联系。两国政府表示愿意采取步骤,使它们自己同日本的关系正常化,并声明,日本致力于同中华人民共和国和苏联建立政治关系和经济关系方面,将会得到中苏方面完全的支持"[①]。这表明苏联和中国都愿意在和平共处的原则下,实现对日关系正常化。

中国更加积极地推动"民间外交"发展,当时,日本来华访问的代表团和数量高于中国访日代表团和访日人士的数量,中国通过来访的日本团体、友好人士表达希望中日两国实现邦交正常化的愿望。1954年10月11日,周恩来总理在同日本国会议员访华团和日本学术文化访华团谈话时,就指出:"从中日关系的历史来看,我们两千多年来是和平共处的",中日两国都实现工业化,两国才能和平共处,中国人民"希望亚洲各国能够和平共处,恢复正常关系,这对世界和平是有好处的"[②],表达了中国希望与日本和平共处,共同发展的愿望,并认为两国经济、社会的进步,是两国和平共处的基础。周恩来希望日本朋友回国后向日本政府转达中国政府的立场,促进中日关系早日改观,两国早日恢复邦交。

1954年12月21日,周恩来总理在中国人民政治协商会议二届一次会议上阐明中国的对外政策及对日政策,指出:"中国政府一贯主张在遵守平等互利和互相尊重领土主权等原则的基础上同一切国家建立正常关系。我国是愿意同日本建立正常关系的。如果日本政府也能抱有同样的愿

---

① 《战后中日关系文献集(1945—1970)》,第168页。
② 《周恩来外交文选》,第87、92页。

望,并采取相应的措施,中国政府将准备采取步骤,来使中国同日本的关系正常化。"① 表明了中国希望中日关系正常化以及实现正常化的原则立场。

日美同盟关系是日本外交政策的基轴,日本各届内阁都在外交上追随美国。但是,日本了解中国对于日本经济社会发展的意义,由于各届内阁所处的时代环境有所不同,其对华政策还是有所差异的。中国制定对日政策和策略时,充分考虑到国际形势及日本执政者的差异,采取灵活的策略,推动"民间外交"不断发展。1954 年 12 月,鸠山一郎出任日本内阁总理,他在外交上试图改变日本一切服从美国的形象,标榜"自主外交",将恢复与苏联的外交关系、加入联合国、改善中日关系作为日本政府最主要的外交目标。鸠山认为:日本要真正实现自主外交,就要加入联合国,而苏联是联合国的常任理事国,日本必须与苏联建立外交关系。针对当时资本主义国家一些领导人认为苏联、中国是第三次世界大战的主要危险,不能与社会主义国家交往,不能与社会主义国际开展贸易,鸠山一郎不以为然,他认为自由主义国家把苏联、中共当作敌人,倒是可能会诱发战争。力主日本应该早日结束同中国、苏联的战争状态。中国注意到鸠山内阁对中国态度的细微变化,认为"日本新政府的这一表示,显然是值得注意的,中华人民共和国一再声明,它愿意采取步骤,恢复和日本的正常关系"②,给日本政府以积极的回应。

冷战国际环境下,意识形态、社会制度的不同,常常成为两大阵营选择敌友的前提。20 世纪 50 年代中期开始,中国强调不同社会制度国家可以和平相处,对各国实行不同制度表示理解,不再简单地将资本主义国家的政府和人民对立起来,承认资本主义国家政府及其人民选择的结果,中国尊重不同的社会制度。在亚非会议政治委员会会议上,周恩来阐明中国尊重别人选择的生活方式和政治、经济制度,特别指出:"我们尊重日本人民,日本人民选择了吉田(茂)政府,我们就承认它代表日本人民,日本人民现在选择了鸠山(一郎)政府,我们就承认它代表日本人民"③,中国对日本政府的评价与以前有了很大的区别,承认日本政府是代表日本

---

① 《战后中日关系文献集(1945—1970)》,第 186 页。
② 《人民日报》1954 年 12 月 30 日。
③ 《战后中日关系文献集(1945—1970)》,第 206 页。

人民的,不再把日本政府和日本人民完全对立起来。

在维护国家主权、地区安全上,中日两国也有共同的立场,日本虽然是美国的同盟国,但是其国内民众反对美国驻军、要求返还冲绳主权,日本与美国之间存在着利益矛盾;中国反对美国支持台湾当局,干涉中国统一。因此,中日两国在反对美国压迫、维护主权方面有着共同的利益,中国希望扩大这种共同利益,增进两国人民的交流,在反对美国压迫方面联合起来。1955 年 9—10 月,日本国会议员代表团访问中国。这是一个包括了日本各政党的超党派访问团。毛泽东在会见代表团全体成员时强调日本是"我们的邻舍,左邻右舍,是很接近的一个邻舍。日本朋友到中国来,从你们日本家里到我们家里来看一看,我们应该感谢。以后我们要多来往"。① 毛泽东认为,中日两国有一个共同的问题就是有一个国家压在我们的头上,他批评美国的手伸得很长,"它抓住我们的台湾,也抓住日本、菲律宾、南朝鲜。亚洲这样大的地方它都想抓。这件事情终究不能持久的。这里是我们的地方,这里的事情应当由我们的人民来管。现在我们要求它放手,把手拿走。放手以后,我们再来手拉手"②。毛泽东认为,各国的事情应该由各国自己来管,表达了中国对日本争取完全独立的支持,并认为各国民族都有自己的长处,各个民族要互相学习。希望与日本互相帮助,互通有无,和平友好,文化交流,建立正常的外交关系。

国际上,也出现了有利于中日关系的形势。1956 年 6 月,日本与苏联进行缔结和平条约的谈判,苏联承认日本与美国的同盟及对中国的立场,日本与苏联就领土纷争问题达成了一致。此外,两国还就日本滞留者回国及日本加入联合国问题达成一致。1956 年 10 月 19 日,日苏发表《日本国和苏维埃社会主义共和国联盟的宣言》。11 月 27 日,日本众议院通过日苏联合宣言,12 月 5 日,日本参议院通过该宣言,日苏关系实现了正常化。这为日本加入联合国打开了道路,对中日关系的发展产生了积极的影响。1956 年 12 月 18 日,联合国第 11 届大会一致通过表决接纳日本为联合国正式会员国。这标志着日本已经重返国际舞台,必然要在未来的国际事务中发挥更大的作用。

日本与苏联关系正常化、加入联合国,实现了"自主外交"的两大

---

① 《毛泽东外交文选》,中央文献出版社,世界知识出版社 1994 版,第 219 页。
② 同上书,第 220 页。

目标，继而努力在第三个目标，即改善中日关系上取得突破。通过与邻国中国发展贸易、文化交流，力图推进中日关系的发展。针对日本国内有人忧虑，与中国进行贸易可能引起美国的担心，日本首相鸠山一郎有自己的看法，他认为与中共贸易正是为了避免战争，美国人会理解的："自由主义国家把苏联、中共当作敌人，不进行交往和贸易，倒是会诱发第三次世界大战"[①]，他认为与苏联、中国进行贸易往来，是维持和平的最好办法。

1955年1月，日本国际贸易促进协会会长村田省藏到北京访问。周恩来总理与村田进行了长达五个小时的会谈。周恩来向村田详细介绍了中国的外交方针，说明中国不干涉日本内政，不搞革命输出的原则立场。日本人士进一步了解了中国的对外方针，尤其是对日本政府的态度，打消了担心中国搞革命输出的疑虑，有助于中国贸易、红十字会等组织与日本相关团体的交流与合作。

1955年7月，周恩来在第一届全国人民代表大会第二次会议上谈到中日关系时指出，中国政府为促进中日关系正常化采取了许多措施，中国红十字会已经妥善地解决了在中国的日侨回国问题，但是，在战争期间被掳到日本去的大批中国人却至今下落不明，在日本的华侨也不能自由地同祖国联系和来往。"中国政府主张撤除人为的障碍，打开中日两国之间的贸易"，"中国政府希望这种不正常的情况能够得到改善"[②]。

20世纪50年代中期，中国积极寻找中日两国的共同利益，通过"民间外交"促使日本政府最终改变对华态度，对日本战后选择的道路给予充分尊重。在战争问题上，将发动侵略战争的政府、少数军国主义分子与广大日本人民区别开来，对现实的政府则承认它是日本人选的，是代表日本人民的，中日两国建立官方关系，将有利于两国民间交流以及两国社会经济的进步，这就为"民间外交"向官方关系发展创造了更好的条件，表明两国关系正常化具有现实可能性。

二 亚非会议上支持日本代表团

中华人民共和国成立后，中国一直努力争取和平的国际环境，为中国

[①] 《战后中日关系文献集（1945—1970）》，第182页。

[②] 同上书，第212页。

经济建设提供有利的外部条件，尤其重视与周边国家建立和平友好的关系。1947年印度独立后，企图继承英国在西藏的特权，中国坚决反对，要求必须废除印度单方面从英国继承的在藏特权。1953年12月31日，印度代表团来华，就中国西藏问题进行谈判。周恩来代表中国政府提出了中国与印度关系的五项原则，"新中国成立后就确立了处理中印关系的原则，那就是互相尊重领土主权、互不侵犯、互不干涉内政、平等互惠和和平共处的原则"①。这五项原则后来正式写入双方达成的《关于中国西藏地方和印度之间的通商和交通协定》的序言中。1954年6月，周恩来率领中国代表团访问印度、缅甸。在与印度、缅甸会谈的联合声明中，中印、中缅共同倡导了和平共处五项原则。和平共处五项基本原则就成为处理国际关系的准则，当然也适用于中日关系。

1954年10月，印度总理尼赫鲁访问中国，希望即将召开的亚非会议得到中国政府的支持，中国明确表示支持亚非会议，愿意参加这个会议。在亚非会议筹备期间，会议发起国在是否邀请日本参加会议问题上产生很大分歧。中国认为亚非会议对于加强亚非国家间合作、对于世界和平具有非常重要的意义。日本曾经是侵略国家，日本的侵略给亚洲各国人民带来了巨大灾难。但是，现在日本处于半被占领状态，日本民族也受到压迫，日本是亚洲的重要国家，应该邀请日本参加会议。中国的主张得到了会议发起国的赞同。

1955年4月，亚非会议在印度尼西亚的万隆召开，中国国务院总理兼外交部长周恩来率领中国代表团参加了会议，日本派出了以经济审议厅厅长官高碕达之助为团长的代表团。这是亚非国家在第二次世界大战结束后首次举行的没有美国等西方大国参加的大会。周恩来在大会发言中全面阐述了中国的外交政策和立场，指出亚非两洲有这么多的国家在一起举行会议，这在历史上还是第一次，现在亚非地区的面貌发生了巨大变化，亚非国家经过长期努力，已经把命运掌握在自己手里了。强调"国家不分大小强弱，在国际关系中都应该享有平等的权利，它们的主权和领土完整都应该得到尊重，而不应该受到侵犯。所有附属国人民都应该享有民族自决的权利，而不应该遭受迫害和屠杀。各种人民不分种族和肤色都应该享有基本人权，而不应该受到任何虐待和歧视"，"根据互相尊重主权和领

---

① 《周恩来选集》下卷，人民出版社1984年版，第118页。

土完整、互不侵犯、互不干涉内政、平等互利的原则，社会制度不同的国家是可以实现和平共处的"①，只有互相尊重主权和领土完整，和平才有希望。中国希望亚非国家友好合作、实现和平共处。周恩来在补充发言中进一步阐述了中国的内外政策，希望各国代表到中国去看看，加强了解和沟通。亚非会议通过公报，提出处理各国关系的十项原则，中国和平共处五项基本原则不仅是中国的外交原则，也得到了广大亚洲国家的赞同。

在亚非会议上，中国代表团积极与日本代表团接触，周恩来会见了日本代表团全体成员，同他们进行了两次长时间的谈话，中日两国代表团在万隆会议上的接触，对于促进后来的中日民间贸易向半官方层次发展起了非常重要的作用。日本代表团对亚非会议上与中国代表团的接触非常重视："当时在日中关系严峻的情况下，借此机会日中贸易得以步入正常轨道……周恩来、高碕达之助两位在亚非会议上的会面，成为从日中友好到实现贸易、邦交正常化的开端，具有历史意义，但是，考虑到日美关系，不得不采取'偶然会面'的形式。"② 日本因过去的侵略战争给亚洲人民带来的巨大灾难，与会国家虽然同意日本参加会议，但是，会上各国代表对日本代表团表现得比较冷淡，日本代表团提出的和平宣言鲜有呼应，使日本代表感到非常的苦恼和尴尬。中国代表团了解事情的原委之后，主动撤回自己的提案，对日本代表团表示同情和支持。1955年4月23日，中国代表团在其和平宣言的倡议性发言中特别强调："这是采用了日本代表团的建议。我们认为日本代表团的建议很好，采用和平宣言一词可以表示我们的团结。"③ 帮助日本代表团的和平提案在大会上通过，使日本代表团在万隆会议上也有所收获，令参加会议的日本代表团成员深受感动。周恩来表示中国政府愿意求同存异，解决国际问题，尊重一切国家的人们有自由选择他们的生活方式和政治、经济制度的权力，其中也包括日本。日本代表团成员切身体会到了中国人博大的胸襟和真诚的态度，表示回国后要积极促进日本政府改变对华政策。

万隆会议是一次成功的会议，中国倡导的和平共处五项原则得到了广

---

① 《周恩来外交文选》，中央文献出版社2000年版，第116、119页。
② 吴学文、王俊彦：《廖承志与日本》，中共党史出版社2007年版，第189页。
③ 同上书，第190页。

大亚非国家的赞同,成为处理国与国关系的准则。通过万隆会议,中国不仅与亚非广大发展中国家建立了良好的关系,亚非国家同新中国建交的国家大增,而且也为与社会制度不同的日本建立和发展友好关系打下了深厚的基础。中国领导人在万隆会议上与日本知名人士的会见,对日本代表团的关照,与代表团成员结下的友谊,在后来两国关系正常化过程中都发挥了作用,充分体现了外交工作是要靠人去做的。

三 "民间协议,官方挂钩"政策的提出

随着中日两国民间交往的加深,中日两国要求恢复正式外交关系的呼声也更加强烈。中国适时地制定了"民间往来,官方挂钩"的推进中日关系发展的政策。1955年3月,以中国国际贸易促进会副主任雷任民为团长的中国贸易代表团一行38人应日本国际贸易促进协会和日本国会议员促进日中贸易联盟的邀请访问日本,这是中国贸易代表团第一次访问日本,也是继中国红十字会代表团之后,新中国派出的第二个访日代表团。

消息传出,日本友好团体和企业界都表现出积极的态度,欢迎中国贸易代表团访问日本。美国政府得知中国贸易代表团即将访问日本,立即向日本政府施加压力,要求严格限制大企业与中国贸易代表团接触,继续阻碍中日经济贸易的发展。日本政府迫于美国的压力,不得不限定中国贸易代表团在日本的考察范围,限制代表团代表的活动。尽管如此,日本政府意识到开展对华贸易的意义,尽可能地为中国代表团提供便利和一些特殊的待遇,如:日本政府同意中国贸易代表团使用密码电报与本国联系。日本民间友好人士、团体,为使中国贸易代表团能广泛接触政府要人,取得丰硕的成果,做了许多工作。在日本政府不便出面的情况下,"恢复日中、日苏邦交国民会议"以民间团体的名义宴请代表团,邀请日本政府官员参加,使中日官方有机会直接见面与交流。

1955年5月4日,中国贸易代表团与日本国际贸易促进协会、国会议员促进日中贸易联盟举行会谈,双方签订了《第三次中日贸易协定》。《第三次中日贸易协定》,对于贸易总额、双方输出商品比例、输出商品货单、商品检验、仲裁和互相举办商品展览会等问题,都做出了具体的规定。双方认为:"要使中、日两国间的贸易关系能够正常地发展,必须由两国政府就中、日贸易问题进行商谈,并签订协定。双方将为此努力促请

本国政府尽早实现。"① 在商谈中日贸易协定的同时，中国贸易代表团还与日本工商界和各界人士进行了广泛的接触、恳谈。

《第三次中日贸易协定》规定中日双方在有效期内每方输出和输入的总额为 3000 万英镑。根据同类物资相易的原则，双方输出的商品比例为：甲类占总额的 35%，乙类占 40%，丙类占 25%。协定还规定："双方同意在对方国家举办商品展览会。中国方面的商品展览会规定于 1955 年内在东京和大阪举办，日本方面的商品展览会规定于 1956 年春季在北京和上海举办；双方同意：相互在对方国家设置常驻商务代表机构；双方的商务代表机构及代表人员享有外交官待遇的权利，双方并同意努力促其实现。双方努力促请本国政府尽早就中、日贸易问题举行两国政府间的谈判，并签订协定。"② 日本政府对《第三次贸易协定》表示出积极态度。外务大臣重光葵发表谈话，认为："如果作为不享有外交特权的民间代表的话，将尽量给予方便。日本所以准许设立共产党中国的代表机关，是因为想要在国际上所容许的范围内，尽量同共产党中国进行贸易的缘故。"通产大臣石桥湛山也发表讲话，提出："虽然日本政府不能同意交换代表北京政府的官方贸易代表团，也不能同意互派外交使团，但是对于共产党中国似乎急于希望在这里设立的非官方贸易代表团，政府给予'特别权利'，但是不是外交性质的。"③ 虽然日本政府严格规定贸易的民间地位，区分开展贸易与承认新中国的关系，但是，可以看出对中日开展民间贸易的支持，尽量提供便利。

《第三次贸易协定》不仅将前两次的协议改为协定，表达了中日双方希望贸易关系能够长期、稳定，而且中日在没有外交关系的情况下，约定设立享有外交官待遇的商务机构，说明中日"民间外交"发展到了更高的水平，实现了"民间协议，官方挂钩"。《第三次贸易协定》最终完成了计划的 67%，虽然仍没有全部完成，但是由于在实施该协定时，中日两国政府做了许多努力，提供了力所能及的便利，《第三次贸易协定》比前两个协议完成率提高了一大步，表明了开展中日贸易是大势所趋。

---

① 《战后中日关系文献集（1945—1970）》，第 206 页。
② 同上书，第 208 页。
③ 中华人民共和国外交部档案：《日本政府对中日互派民间贸易代表的看法》，档案号：105—00337—01。

四 重视商业交流在民间贸易中的作用

根据中日《第三次贸易协定》，中日两国将相互举办商品展览会。1955年10月、12月，中国商品展览会分别在日本的东京和大阪举行。展览会展示了新中国成立以来经济建设、社会发展的巨大成就。前往中国商品展览会参观的日本观众达109万人。日本工商界人士观看展览会后，更增强了与新中国进行经济、贸易往来的信心。

1956年10月和12月，日本商品展览会分别在北京和上海举行，这是资本主义国家在中国举办的第一个展览会，可见中国对中日贸易的重视。毛泽东、刘少奇、周恩来、朱德、邓小平等党和国家领导人参观了北京的日本商品展览会，毛泽东还为展览会题词："看了日本展览会，觉得很好，祝日本人民成功。"周恩来参观展览后指出："如果来自日本方面的人为障碍能够得到消除，中日两国的贸易必定会得到很大发展"，"中国需要向一切技术先进的国家学习科学技术，日本技术比中国先进，我们又是近邻，学习起来将更方便。希望在和平共处、友好合作、平等互利的基础上，促进中日两国的关系，真正做到共存共荣"[①]。表明中国希望学习日本先进技术，建设现代化国家、与日本和平共处的愿望。《人民日报》发表社论，指出"中日两国商品展览会的相互举办，反映了两国人民对扩大中日贸易和促进两国友好关系的共同愿望"，"中日两国从历史和地理条件来看，发展平等互利的贸易关系和互通有无，是非常必要的"[②]。社论还强调，中国希望通过这次日本商品展览会能够看到日本人民在工业生产中的最新成就，学习邻邦先进的技术和经验，以便更好地来建设我们的国家。现在两国贸易还处于不正常状态，相信这次日本商品展览会，将进一步增进中日两国之间的了解，促进两国贸易和技术交流的扩大，从而促进中日两国人民的友好关系。

中日两国在没有正常外交关系的情况下，分别在对方国家举办大型展览会，困难可想而知。对日本来说，困难更大。日本是资本主义国家，商品展览会属于民间行为，政府不能直接介入，加之美国的压力，日本政府能做的事情非常有限。在日本举办中国商品展览会期间，两个会场每天都

[①] 《战后中日关系文献集（1945—1970）》，第292、293页。
[②] 《人民日报》1956年10月16日。

要接待观众万人以上。日本右翼分子,开着高音喇叭车,呼喊反华口号,扰乱会场秩序。为了使展览会顺利举行,许多日本友好人士自发地维护会场秩序,防止右翼分子破坏,表达了对于中国人民的友好感情。

按照展览会的计划,中日两国举办商品展览会时,都要在对方国家悬挂本国国旗。由于日本侵华战争结束仅十余年,战争往事还历历在目,中国人普遍对悬挂日本国旗有不解、反感之情,看到日本国旗就自然而然地会想起日本侵略军在中国犯下的罪行,想起被日本侵略军杀害的亲人、掠夺的财产,想起血淋淋的被侵略历史。中国政府非常理解民众的心理与感情,毕竟战争结束时间不长,中国人还没有走出战争的阴影,还不可能抚平战争伤痛。然而,既然已经允许日本在中国办展览,就要允许挂日本国旗。不仅允许挂,还要保护好日本国旗,以免别有用心的人乘机破坏、制造事端。中国政府通过各个部门、各种渠道做民众的说服工作,特别强调当年发动侵华战争的是日本少数军国主义分子,发动侵略战争的责任不在日本人民方面,日本人民也是战争的受害者,多数日本人对中国人民是友好的。通过深入的宣传和有效的工作,中国民众对于战争的责任者和受害者关系有了比较全面的认识,理解展览会悬挂日本国旗的意义,对发展中日友好的政策表示理解。在日本商品展览会期间,北京、上海两地没有发生干扰悬挂日本国旗的任何事件。由于中日两国人民的共同努力,中日商品展览会都取得了圆满的成功。

中国人民博大的胸襟在日本赢得了广泛的赞誉,使中日贸易出现了新的转机。日本国会积极回应中国的友好政策,开始促进中日贸易的进一步发展。1956年12月12日,日本众议院通过决议,要求政府采取措施,"放宽巴黎统筹委员会和对华出口管制委员会的限制,设立民间通商代表机构、确立直接结算支付方式并随后缔结政府间的贸易协定等,以进一步促进中日贸易"[①]。当然,日本政府还没有勇气完全排除美国的干涉,根本改变对华政策。由于日本政府的阻碍,在第三次《中日贸易协定》中,双方约定的设立常驻商务代表问题一直没有进展。至于中日关系正常化问题,更由于美国的压力,日本政府仍然坚持《日台和约》中的立场,继续承认和发展与台湾的官方关系,而难以取得实质性进展。

---

① 《战后中日关系文献集(1945—1970)》,第299页。

第三章

循序渐进发展中日关系的原则

为了促使日本政府早下决心彻底改变敌视中国的立场，早日实现中日两国关系正常化，中国在"以民促官"的基础上，又提出了一系列推动中日关系发展的策略原则。由于国际形势的变化和日本内阁的更替，岸信介执政时期，日本更加紧密地追随美国的反华政策，使中日"民间外交"出现倒退。中国一方面批判岸信介政府反华、倒退中日关系的政策与行径；另一方面，以长远的目光看待两国关系，提出了循序渐进发展中日关系的一系列原则，保证中日民间交流的继续与扩大。

第一节 反对岸信介政府倒退中日关系

中国制定的"民间先行，以民促官"对日方针，推动了中日两国民间各个领域交流的扩大与发展，中日关系呈现良好势头。然而，任何事物的发展都不是一帆风顺的，20世纪50年代末60年代初，中日"民间外交"因岸信介内阁紧随美国、倒退中日关系，出现了严重的困难和曲折。

一 中国对外战略的调整与对日政策

20世纪五六十年代，冷战下的世界很不平静，美苏两个超级大国依然在世界范围内继续争夺霸权，造成了地区矛盾与冲突，威胁着世界和平。另外，在深刻的对立与矛盾中，美苏的对外关系也发生着微妙的变化，两国关系似乎出现了缓和的迹象。1958年3月，苏共中央第一书记、部长会议主席赫鲁晓夫兼任苏联总理，成为真正的最高权力者。1958年11月，苏联提出了国民经济和社会发展的宏伟计划，"苏联在今后15年内，国民生产总值和人均生产量都要达到世界第一"[1]（最终并没有实

---

[1] 《日本の战后外交史潮》，第60页。

现)。1959年9月,赫鲁晓夫访问美国,在总统别墅戴维营与美国总统艾森豪威尔举行了"亲切的"会谈。双方对柏林问题达成协议:苏联撤回了要求西方国家撤出柏林的最后通牒,美国承诺柏林现在的局面不会无限期维持下去。赫鲁晓夫认为这次会谈打破了苏美僵持的局面,在道义上取得了胜利。此后,"戴维营精神"就成为美苏和平共处的代名词。中国虽然认为不同社会制度的国家可以和平相处,中国在和平共处五项基本原则的基础上,与各国建立和发展关系。但是,中国与苏联在和平共处问题上有不同的认识。中国从来不认为社会主义可以通过和平过渡来实现,在和平共处的同时,对资本主义国家的"和平演变"保持着警惕,认为资本主义是世界和平的威胁。而苏联的和平共处是放松对资本主义的警惕,无原则地与资本主义国家实行妥协。在戴维营赫鲁晓夫与艾森豪威尔讨论了中美问题,表示不赞成使用武力解决中美间的问题。中国对于美苏两个大国讨论中国问题表示不满,认为这是干涉中国内政。

苏联是世界上第一个社会主义国家,对新中国经济建设提供过大量援助,中国视苏联为社会主义老大哥,曾经在外交上实行对苏联"一边倒"政策,主张各国共产党应团结在以苏联为首的无产阶级国际主义的旗帜下。苏共二十大以后,中国对赫鲁晓夫否定斯大林提出的"和平过渡"虽有不同的看法,但是还是支持以赫鲁晓夫为首的苏共中央,希望苏联政局稳定。中国仍然坚持"苏联是最先进的社会主义国家,我们首先要向苏联学习,这一点是肯定的,不容许动摇的。我们并不因为这次苏联共产党第二十次代表大会批判了斯大林,就说苏联也有错误,就不学了,那是不对的"[①]。中国用辩证的观点看待苏联和斯大林,毛泽东认为斯大林的"成绩是主要的,缺点错误是第二位的"[②],充分肯定苏联社会主义建设取得的成绩。由于与苏联在意识形态领域开始出现分歧,中国承认社会主义社会、社会主义阵营内部是存在矛盾的,要以斗争求团结,努力在独立自主的原则下,争取社会主义阵营的团结。随着中苏两党在意识形态领域分歧的加剧,中国认为赫鲁晓夫的所谓和平共存、和平竞赛、和平过渡,是对马克思主义的背叛。1957年11月,毛泽东率领中国代表团访问苏联,参加社会主义国家共产党和工人党代表会议,以及64个共产党和工人党

---

① 《周恩来外交文选》,第159页。
② 《毛泽东文集》第7卷,第333页。

代表会议，在两个会议宣言起草过程中，中苏两党在关于资本主义向社会主义过渡问题上和对待马克思主义的态度上出现了严重分歧。中苏两党意识形态领域的分歧逐渐扩大，并开始影响到国家关系。

苏联作为第一个社会主义国家，在对外关系中，在处理与其他国家共产党、工人党和社会主义国家的关系中，存在着严重的"老子党"、"大国沙文主义"倾向，对其他社会主义国家的发展道路指手画脚，极大地影响到苏联与其他社会主义国家的关系。1958年10月，苏联正式向中国提出在中国领土上建立中苏共管的长波电台，由两国海军共同使用，苏联负担电台建设费用的64%，中国负担36%。① 毛泽东同意该项目的建设，但是主张中国负担全部费用，电台建成后，主权属于中国，中苏双方可以共同使用。经过三次会谈，苏联同意按照中国的方案建长波电台。1958年6月，中国向苏联提出希望苏联为中国海军建设提供技术帮助。7月，苏联提出在中国领海上建立共同潜艇舰队。中国认为这是苏联企图控制中国海军，是大国沙文主义，明确拒绝建立"共同潜艇舰队"。

1958年7月31日—8月3日，苏联领导人赫鲁晓夫访问中国，与毛泽东、中国国防部长彭德怀进行会谈。赫鲁晓夫反对中国试验核武器，希望将中国置于苏联的核保护伞下，被毛泽东所拒绝。苏联对中国走自己的路，建设社会主义非常不满，而中国则认为苏联提出与美国和平共处，与美国首脑往来是犯了修正主义的错误。8月3日，中苏终于签订了关于建立长波电台和苏联向中国派遣海军专家的协定。但是，中苏之间的矛盾并未因此化解。赫鲁晓夫访问中国期间，中国正在积极准备炮轰金门，毛泽东与赫鲁晓夫会谈时，根本没有提到此事。23日，中国人民解放军炮击金门，苏联对中国的做法大为光火。因为《中苏友好同盟互助条约》规定，中国一旦与美国发生军事冲突，苏联有义务向中国提供援助。苏联认为，中国军队炮击金门影响美苏和平共处，炮击金门不仅仅是中国的内政问题，中国应该事先与苏联通气，苏联要求中国在台湾问题上承诺不使用武力，被中国所拒绝。中国向苏联解释中国人民解放军炮击金门不是立即要武力解放台湾，并承诺"自己承担后果，不拖苏联下水"②。苏联不赞

---

① 《毛泽东外交文选》，第329页。
② 中共中央文献研究室编：《周恩来年谱（1949—1976）》中卷，人民出版社、中央文献出版社1997年版，第166页。

成中国的行动，认为赫鲁晓夫访问中国时，中国没有向他通报准备炮击金门，是对有军事互助关系的苏联不信任。

1959年初，苏共召开第二十一次代表大会，确立了对美缓和的战略方针，中苏两国领导人对国际形势看法的分歧日益深化。随着中苏关系的不断恶化，苏联对中国采取了惩罚性措施，1959年6月，苏联撕毁中苏国防新技术协定，撤走专家。1959年在中印边境冲突中，苏联发表偏袒印度的声明。1959年10月，赫鲁晓夫参加中华人民共和国成立10周年庆典活动，赫鲁晓夫与中国领导人的会谈中，一直企图说服中国配合苏联的缓和政策。中国认为美国武力阻止中国统一台湾，威胁了中国的安全，拒绝赫鲁晓夫的要求。毛泽东认为苏联"有两大怕，一怕帝国主义，二怕中国的共产主义"[1]。既然苏联不反美，那么中国就自己反，中国在对外关系中不再实行"一边倒"，而是既反苏又反美，实行"两个拳头打人"的方针。

美国继续采取敌视和封锁中国的政策，企图造成中国台湾与中国大陆的永久分离。自1954年9月第一次台湾海峡危机爆发以后，美国就向蒋介石表示放弃金门、马祖，旨在制造台湾与大陆间的相对均势与隔离，制造"两个中国"。美国继续实行遏制和孤立中国政策，继续在国际组织和国际活动中排斥中国，继续阻挠联合国讨论中国的代表权问题，全力扶植台湾当局。中国与美国反华政策针锋相对，毫不妥协。1954年10月，印度总理尼赫鲁访问中国时，毛泽东对人们谈之色变的原子弹发表看法，认为原子弹"与古代使用的冷兵器，例如刀、枪等，后来使用的热兵器，例如步枪、机关枪、大炮等。现在又加上原子弹。但是基本的差别就是，冷兵器杀伤的人较少，热兵器杀伤的人多一些，原子弹杀伤的人更多，除了死伤的人数以外，没有什么差别"[2]。表现了中国对美国核讹诈的蔑视，希望消除世界上普遍存在的恐美病。三年后，毛泽东又提出了原子弹是"纸老虎"的看法。1957年11月，毛泽东在莫斯科共产党和工人党代表会议上发表讲话，指出："目前形势的特点是东风压倒西风，也就是说，社会主义的力量对于帝国主义的力量占了压倒的优势"[3]。他认为帝国主

---

[1] 《建国以来毛泽东文稿》第8册，第601页。
[2] 《毛泽东文集》第6卷，第367页。
[3] 《毛泽东外交文选》，第295页。

义害怕社会主义,而不是相反。毛泽东还用十个证据来讲东风压倒西风,论证自己的观点。

1958年10月,毛泽东提出了"帝国主义和一切反动派都是纸老虎"的论断,认为帝国主义是纸老虎,是因为他们脱离人民。毛泽东认为:"从本质上看,从长期上看,必须如实地把帝国主义和一切反动派,都看成纸老虎。从这点上,建立我们的战略思想。另一方面,它们又是活的铁的真的老虎,它们会吃人的。从这点上,建立我们的策略思想和战术思想。"① 因此,对美国要在战略上藐视、战术上重视。为挫败美国制造"两个中国"或"一中一台"的图谋,1958年8月,中国人民解放军炮击金门岛,第二次台海危机爆发,美国第七舰队增兵台湾海峡,两岸形势一度紧张。中国认为,美国的台湾政策无异于给自己脖子上套绞索,毛泽东指出:"美国在全世界许多国家建立了几百个军事基地……都是套在美帝国主义脖子上的绞索。不是别人而是美国人自己制造了这种绞索,并把它套在自己的脖子上,而把绞索的另一端交给了中国人民、阿拉伯各国人民和全世界一切爱和平反侵略的人民。"② 美国的侵略政策必然会受到世界各国人民的反对。1958年10月,美国国务卿杜勒斯访问中国台湾,为台湾方面撑腰打气。他与台湾方面发表共同声明,提出"金门、马祖"与台湾、澎湖群岛的防卫有密切的关系,并说服台湾的蒋介石不使用武力反攻大陆。这个时期中美虽然恢复了自1955年8月以来开始的日内瓦大使级会谈,但是,两国的关系依然紧张。

中国在大张旗鼓地反美同时,对苏联干涉中国独立自主建设社会主义的做法提出了严厉的批评。1960年4月,中共中央发表一系列文章,阐述关于时代特征、战争与和平问题的看法,实际是批评苏联的对外政策。1960年6月,社会主义国家共产党和工人党代表在布加勒斯特举行会议,苏联代表团在会上全面攻击中共,进一步向中国施压,中国共产党代表团进行了针锋相对的斗争。1960年7月,苏联违背《中苏友好同盟互助条约》,突然照会中国,单方面决定撕毁与中国签订的600多个合同,撤走1300多名专家,停止供应中国经济建设急需的设备,废除科学技术合作项目。1961年,苏联逼迫中国偿还抗美援朝时购买军用物资的贷款。当

---

① 《毛泽东外交文选》,第363页。
② 《中华人民共和国对外关系文件集》第5集,世界知识出版社1958年版,第169页。

时中国国内正在遭遇百年未遇的自然灾害，苏联背信弃义的行为，加重了中国的经济困难，中苏两国关系全面恶化。1960年11月，在莫斯科81个共产党和工人党会议前夕，苏共代表团向各国代表散发长达6万多字的公开信，恶毒攻击中国共产党，挑起中苏两党代表团在会议上的激烈争论。1961年10月，在苏共二十二大上，赫鲁晓夫把和平共处、和平过渡、和平竞赛的纲领路线系统化，提出了全民国家、全民党的理论。中国认为，"三和两全"理论表明苏共修正主义形成了完备的体系。1961年12月到1963年初，中共中央连续发表七篇评论文章，全面批判苏联的内外政策。中苏两党在意识形态领域的分歧更加严重，两国关系更加恶化。1962年发生中印边界冲突，苏联在中印边界冲突中偏袒印度，对中国横加指责。中国共产党和中国政府与苏联的大党主义、大国主义进行了坚决的斗争，继续独立自主地建设中国的社会主义。

20世纪50年代中期以后，中国面临着来自美国、苏联两个方面的压力，围绕着中国的国际形势更加复杂。在复杂的国际形势中，中国共产党冷静观察，认为局部有可能发生战争，而世界大战是可以避免的，中国要加快社会主义建设的速度。1957年中国顺利完成国民经济发展的第一个五年计划后，1958年中国又开始实行发展国民经济的第二个五年计划，为了使中国国民经济更快地发展，中国加强了与资本主义国家的经济贸易联系。周恩来指出："现在和我们没有建交但是有民间往来的有60多个国家，要通过和平友好、文化交流、贸易往来等活动打开局面，在外交关系上创立一个新的形式。"① 1957年中国制订第二个五年计划前，向英国、法国、日本等西方国家提出了购买机械设备的设想，西方国家对中国的这一举动做出了积极的反应。1957年5月起，英国等西方国家先后放宽了对中国的禁运政策，中国与西方国家的经济联系不断加强。

中国重视发展与包括日本在内的西方国家的经济贸易往来，继续以"民间外交"推动中日官方关系的发展。1958年3月，毛泽东在中央工作会议上提出"与日本进行大的贸易，与东欧进行小规模的贸易，这是否合适"②的意见，希望在与日本发展经贸往来的同时，增加与东欧各国的贸易，特别提到中日钢铁贸易协定会使之后五年中国对日贸易额发展到1

---

① 《周恩来年谱》（中），第98—99页。
② 《建国以来毛泽东文稿》第7册，第110页。

亿英镑的问题,①继续实行"民间先行,以民促官"的对日方针。中国区别对待美国和日本,希望中日两个不同社会制度的国家能够和平相处,通过扩大中日民间交流,让更多的日本人了解中国,促使日本政府改变敌视中国的政策。

1957年4月,周恩来会见日本社会党亲善使节团时指出:"中日两国人民进行国民外交,再从国民外交发展到半官方外交,这样来突破美国对日本的控制","在中日来往中,要使日本人民了解台湾是中国的一部分,中国人民有权利解决而且有能力解决台湾问题"②,中国希望日本各界友好人士通过自己的积极活动影响日本政府,促使日本政府根本改变对华政策。而日本历届政府都有发展中日贸易的愿望,但是各届政府对华的态度和政策又是有所差别的。岸信介内阁时期,日本政府加紧追随美国敌视中国政策,致使中日第四次民间贸易协定谈判过程充满曲折,中日贸易往来也因长崎国旗事件而被迫中断。为了继续发展中日"民间外交",推动中日关系不断向前发展,中国提出了一系列促进中日关系向前发展的策略方针。

二 反对岸信介制造"两个中国"倒退中日关系

1957年2月,岸信介出任日本内阁首相。岸信介在外交上更加紧跟美国,着力发展日美同盟关系。关于新一届内阁的对外政策,岸信介提出三项原则:以联合国为中心,与自由主义国家协调,坚持做亚洲一员。与自由主义国家协调不言而喻,首先是加强与美国的同盟关系。岸信介内阁时期,日美同盟关系进一步加强。岸信介上台时,中日"民间外交"经过数年发展,无论是中日两国交流的领域,还是经济贸易的往来,比20世纪50年代初都有了长足的进步。岸信介政府当然不能无视这种发展,强调政府应该采取积极的方针,促使中日关系正常化。但是,岸信介内阁却没有采取推进中日关系发展的实际举措,明确表示,将中日关系限定在民间贸易往来的层面,岸信介认为"中共和日本的关系,在目前,就增进贸易关系这一点而言,是应当积极地加以考虑的,但还不到使邦交正常

---

① 《建国以来毛泽东文稿》第7册,第119页。
② 《周恩来外交文选》,第228页。

化,承认它并开辟正常外交关系的阶段"①。在他看来还没有到达承认新中国,全面恢复邦交阶段,两国关系绝对不能提高到政府层面。岸信介认为,既然日本加入了联合国,作为联合国的一员,就要以联合国为中心。他认为中华人民共和国没有加入联合国,而且是联合国的"侵略国",因此,不能与中华人民共和国建立外交关系。他坚持政治经济分离政策下与中国进行贸易往来,一再强调推进贸易与正式承认中共政权不同,称:"中国不是联合国的会员国,是侵略国家。这个联合国的决议还有效,我们不能承认中国。"② 显然,岸信介政府虽然提出与中国增进贸易,但是又认为还没有到达开辟外交关系或者实现邦交正常化的阶段,他表面上积极与中国发展关系,实际行动中却采取"政经分离"的对华政策,既要在与中国贸易中得到实惠,在政治上又不承认新中国,这就不可能促使中日贸易继续向前发展。

中日《第三次民间贸易协定》在实施和实际完成额方面,比前两个贸易协议有了很大进步,实现了"民间协议,官方挂钩"的方针。岸信介虽然口头上说要积极促进中日贸易,但是却对第三次民间贸易从协议提高到"协定"层次很是不满,他认为把中日《第三次民间贸易协定》从民间贸易提高到政府间的层次是不合适的,将来签订第四个贸易协定时,必须限定在民间层次上。他百般阻挠中日《第三次民间贸易协定》规定的双方互设商务代表机构,要求中国贸易代表按手印,使通商代表团限定在非正式的民间范围内,从"官方挂钩"的层面倒退。日本经济界、企业界为推动两国贸易关系的发展,要求日本政府放松巴黎统筹委员会对中国出口限制,岸信介认为,美国对向中国出口限制有缓和的倾向,而法国已经提出放弃巴黎统筹委员会有关中国条款的提议,日本不适合再提放弃巴黎统筹委员会有关中国条款,应与法国步调一致,朝着这样的方向努力。

20世纪50年代中后期,西方国家为了自身经济发展,对华态度和政策做了一些调整,放宽了对华贸易的限制。1957年5月,英国政府宣布取消对中国禁运,扩大对华贸易。这在日本的企业界引起了强烈反响,日本企业界人士希望政府能摆脱美国的限制,鼓励扩大日中贸易。岸信介政

---

① 《战后中日关系文献集(1945—1970)》,第308页。
② [日]古川万太郎:《日中战后关系史》,原书房1981年版,第138页。

府却认为英国废除对中国出口限制，是令人遗憾的，日本不准备取消对中国出口的限制，继续追随美国封锁中国的政策。岸信介政府一方面企图通过与中国贸易，捞到实惠，又在政治上阻挠中日关系向前发展。岸信介政府表示："政府正以贸易与政治承认脱钩的方针努力扩大两国的贸易"①，就是要将政治与经济截然分开，阻碍中日关系向更高层次发展。

岸信介于1957年5月开始了担任首相后的首次亚洲之行。岸信介先后访问了缅甸、印度、巴基斯坦、锡兰（现为斯里兰卡）、泰国。6月2日至4日，岸信介访问台湾，这是日本在任首相第一次访问台湾。岸信介与蒋介石举行会谈中表示："日本和台湾的真正合作，对于稳定亚洲和世界和平是必要的"，"中国大陆现在处在共产主义的统治之下，从这点出发，在某种意义上说，更有必要加深双方的合作"，"在某种意义上，共产主义对日本的渗透，与其说来自苏联还不如说来自中国的更为可怕，因此在这个意义上说，如果能收复大陆，我认为是非常好的"②。蒋介石认为"中华民国"与日本，没有一方灭亡，一方仍存在的道理。希望"两国"通力合作，希望日本对于国民党反攻大陆给予精神上、道义上、国际政治上、国内政策上的协助。岸信介对"中华民国"的处境表示同情，认为有必要加强"两国"间的进一步合作。

在台湾，岸信介与台湾当局"行政院长"俞大猷发表共同声明，声明称"两国"对处理国际问题时应遵从联合国宪章的原则取得了一致意见，决心继续在联合国采取密切配合的行动，"面临不安的国际形势，为了在亚洲确保自由，必须进一步加强自由世界的团结，这是两国领导人的共同见解。两国政府一致认为，像两国之间一样，在自由亚洲及太平洋诸国的关系上也要在经济领域和文化领域里加强合作"③。岸信介政府要继续发展与台湾的官方关系，敌视中华人民共和国。

1957年6月19日，岸信介访问美国，同美国总统艾森豪威尔进行了会谈。岸信介极力表示日本与美国在外交上协调一致，制止共产主义在亚洲的蔓延。岸信介在美国上院发表演说，特别强调日本与美国的关系最为重要，污蔑新中国，认为共产主义是亚洲的主要危险，声称："中国共产

---

① 《战后中日关系文献集（1945—1970）》，第425页。
② 《朝日新闻》1957年6月4日。
③ 《战后中日关系文献集（1945—1970）》，第311页。

党将试图渗入整个亚洲",威胁亚洲的和平,要加以防范。7月1日,岸信介在接受记者采访时说:"美国已经了解到日本现在没有承认中共的意思。"① 表明日本将继续与美国在亚洲的政策相配合,视共产主义为妨碍亚洲和平发展的障碍,对中国保持高度的戒备。

中国政府坚决反对岸信介政府敌视中国的立场。1957年7月25日,周恩来在接见日本记者时说:"岸信介内阁成立后,作为亚非国家的成员之一,他去访问亚洲国家本来是很好的。以日本今天所处的地位,岸信介首相暂时不来中国访问,是可以谅解的。但是他却到台湾去了。岸信介做了鸠山、石桥、吉田所没有做过的事,这是中国人民极为反感的。"② 周恩来认为岸信介支持蒋介石"收复大陆",就是公开与6亿中国人民为敌。周恩来还批评了岸信介政府要求中国贸易代表按手印是对中国的侮辱。日本政府要求调查所谓在中国"下落不明"的日本人,是极不友好的行动。对于日本侨民问题,按照国际惯例,应该在中日恢复邦交后才能进行。但是,中国没有拘泥于国际惯例,在中日两国还处在战争状态的情况下,就通过中国红十字会协助日本解决日侨回国等问题。经过中国红十字会的努力协助,3.5万人左右的在华日侨中,已经有2.9万人顺利返回日本,这还不包括犯有各种罪行的前日本军人和免予起诉的战争犯罪者1500多人。这充分表明了中国政府对日本人民的友好态度。周恩来对日本三团体把华侨、华侨妻子以及在日本的中国抗日烈士的遗骨送回中国表示感谢,驳斥了岸信介诬蔑中国要将共产主义渗透整个亚洲的谬论,希望日本政府能够认清世界发展的趋势,摆脱美国的控制,做有利于中日关系发展的事。

中国通过日本民间团体表达发展中日友好的愿望,表达对岸信介倒退中日关系的不满,希望日本友人督促政府改变反华立场。1957年10月,周恩来在会见日本恢复日中邦交国民会议访华团时指出:你们诸位友好地来,我们也友好地去。岸首相送来一个不友好的礼,我们也回敬了他。周恩来请代表团成员回国后告诉岸首相,中国没有挑衅,是岸信介在挑衅,"岸首相不只在台湾,在东南亚、美国也说了不友好的话。中国人是懂得友谊的,人家对我们三分好,我们回答在三分以上。我们对岸首相的不友

---

① 《战后日本の对外政策》,第82页。
② 《战后中日关系文献集(1945—1970)》,第313页。

好的回答,并不影响同日本人民的友好"①。这一切均表明,中国依然对中日关系的发展充满信心,对日本人民抱以友好的态度。

岸信介继续顽固地坚持敌视中国的立场,对于中国的批评顾左右而言他,坚持认为:"现阶段,不是建立政治关系——承认中共、恢复邦交的时期。但是,推进贸易的方针并没有改变。对华出口管制委员会的限制也采取了缓和的措施,说我们不友好,不知道指的是什么。"② 其实,岸信介政府的对华政策,就是在政治上追随美国、制造"两个中国";在经济上利用中国的市场,获得好处。由于岸信介内阁坚持"政经分离"对待中日关系,影响了中日两国关系进一步向前发展,由此出现了一系列阻碍中日关系深入发展的事件。中国与岸信介政府倒退中日关系的行径做了坚决的斗争,毛泽东指出:"当前世界上最大的帝国主义是美帝国主义,在许多国家有他的走狗。帝国主义支持的人,正是广大人民所唾弃的人。蒋介石、李承晚、岸信介、巴蒂斯塔、赛义德、曼德列斯之流,或者已经被人民所推翻,或者将要被人民所推翻。这些国家的人民起来反对美帝国主义的和其他帝国主义的走狗,也就是反对帝国主义的反动统治。"③ 对于岸信介政府加紧与台湾发展关系、敌视中国的做法提出强烈的批评,认为岸信介就是美帝国主义的走狗,迟早要被日本人民赶下台。

如前所述,在中日两国没有正式外交关系的情况下,中国政府本着人道主义精神,对第二次世界大战后日本滞留在中国的侨民提供了力所能及的帮助,协助日本红十字会分期分批将愿意回国的日侨返回日本国内。到1955年7月,中国大陆还有6000名左右日本侨民,他们表示愿意继续留在中国生活、工作。中国政府多次表示,这些侨民如果愿意回国,将继续给予便利,尽力给予援助。但是,日本政府却要求中国调查"下落不明"的日本人。1955年7月,日本驻日内瓦总领事照会中国驻日内瓦总领事,要求中国交代所谓"下落不明"的4万日本人问题。中国外交部为此特别声明,指出,那些被日本军国主义政府驱使参加侵略中国的战争而下落不明的日本人问题,应该由日本政府向日本人民交代。而日本政府为了推卸责任,要求中国政府代它做出交代,是毫无道理的。日本政府对于中国

---

① 《战后中日关系文献集(1945—1970)》,第331页。
② 同上书,第327页。
③ 《人民日报》1960年5月10日。

政府提出的在日本侵略战争期间，成千上万的中国人被掳到日本的问题避而不答，是不允许的。中国政府对于岸信介政府企图抹杀中国红十字会协助日本侨民返回日本的努力，反而提出要求中国政府调查"下落不明"日本人的问题，进行了批评，并明确答复中国没有办法调查所谓"下落不明"的日本人。

在日本发动侵华战争期间，日本政府为了扩大战争的需要，不断从被占领国家掠夺劳动力，据统计，1943年4月—1945年5月，中国有38935人被掳到日本做劳工，其中死亡6830人，死亡率高达17.5%。① 据日本民间调查，死亡人数还不止于此。"其中死亡率最高的仁科矿山高达52%，而以掳掠劳工的批次计算，1944年11月川口组芦别矿业所，第二次掳掠的100名中国劳工，到日本战败，劳工归国前，竟有65人死亡，死亡率更高达65%。"② 被掳的中国劳工在日本从事繁重的体力劳动，生活条件极差，死亡率非常高。劳工们为了生存，进行过反抗斗争，如著名的花冈起义。战后在日本红十字协会等团体的协助下，一些劳工的遗骨被运回中国。1958年2月9日，中国山东省劳工刘连仁在日本北海道石狩当别町奥泽山中被人发现。刘连仁是山东高密县人，1944年被日军非法绑架，抓到北海道明治矿业公司挖煤。因为不堪繁重劳动和殴打，于1945年7月逃出煤矿，在深山躲藏13年之久，过着常人难以想象的非人生活，刘连仁事件是日本军国主义迫害中国劳工的铁证。

刘连仁事件在日本社会引起了强烈反响。日本友好人士、民间团体、华侨给予了刘连仁必要的帮助，并要求日本政府承担责任，向刘连仁道歉，赔偿其损失。岸信介政府对刘连仁不仅没有提供帮助，反而说刘连仁是"非法入境者"，甚至说他是特务，否认强掳中国劳工的事实，推卸责任。刘连仁在日本发表《告日本政府》，申明自己是被日军非法绑架，对日本政府不给予帮助，还说是非法居留者，感到非常惊讶和愤怒，向日本政府提出抗议，要求日本政府依照国际法早日将自己送回国。

中国红十字会要求日本政府承担责任，赔偿刘连仁和家属在14年间所遭受的精神上和物质上的损失，负责把刘连仁送回中国。岸信介政府在强大的国内外舆论压力下，表示设法送刘连仁回国。1958年4月10日，

---

① 《人民日报》2002年1月8日。
② 陈景彦：《二战期间在日中国劳工问题研究》，吉林人民出版社1999年版，第5页。

刘连仁带着120位难友的遗骨离开日本，乘船回到久别的祖国。岸信介继续回避日本政府的责任，对中国红十字会要求提供侵华战争中被掳去日本的中国劳工名单问题不予理睬。

日本外务省曾经在战争结束后，将太平洋战争中在日本的中国劳工情况做成报告书，提交政府。日本政府对劳工等犯罪问题，一般采取不认账的方式。当事实俱在、无法抵赖时，政府则将责任推给民间团体，借以减轻或逃避政府的责任。对日本强掳中国劳工问题，直到1994年6月，当时的日本外相柿泽弘治才在参议院外委会上承认这一事实。2001年，在中日两国人民的共同努力下，日本法院做出了日本政府向刘连仁赔偿的决定，此时的刘连仁已经离开了人世。日本政府否认绑架和使用劳工的事实，就是在推卸战争责任，反映了日本政府对战争的认识，而对历史问题的认识一直是影响中日关系发展的重要因素，中国一直主张在不忘历史的基础上，开辟两国关系发展的未来。

三　围绕第四次贸易协定的斗争

岸信介内阁在对华关系上，采取"政经分离"的方针，一方面继续发展与台湾方面的官方关系，以尊重联合国原则为名，拒绝与中国方面恢复外交关系；另一方面，既不履行中日《第三次民间贸易协定》建立商务代表机构的决定，又想在与中国的贸易中捞取实惠，使中日贸易出现了新的困难。由于日本政府的阻挠，原定于1957年秋天在日本名古屋和福冈进行的中国商品展览会的筹备工作，不得不暂时搁置。为了使中日民间贸易能够不断发展，中国提出未来制定第四次民间贸易协定时，驻日商务代表应该享受外交待遇，不再按手印，中国商务代表也不是一般旅行者等，以提高中日民间贸易代表机构水准的条件。

1957年5月，中日《第三次民间贸易协定》的延长期届满，中日两国民间贸易团体准备进行第四次贸易协定谈判。1957年9月，日本通商使节团到达北京。日本通商使节团包括日本国会议员促进日中贸易联盟、日本国际贸易促进协会和日中输出入组合。中国国际贸易促进委员会与日本访华通商使节团就有关促进两国贸易的问题进行了40多天的商谈。中国谈判代表提出关于商务代表地位、制定第四次中日贸易协定草案、互设常驻民间商务代表机构的有关事项的备忘录。中日双方代表就贸易草案和互设常驻民间商务代表机构等问题进行了认真的讨论。日本代表对备忘录里的互设商务代表机构等问题没有异议，但是，表示需要回国商讨，建议暂时休会。中国国际贸易促进委员会考虑到日本方面的实际情况，同意休会。双方表示希望尽早恢复谈判，签订第四次中日贸易协定。

这次谈判中，中日分歧的焦点在设置商务代表的问题上。日本要求中国商务代表为一般旅行者。按日本政府规定，一般外国人在日本居留两个月以上办理延长居留手续时要按手印。中国认为日本的这种做法，是不承认中国商务机构的代表享有外交待遇，把中国商务代表视为一般的旅行者，是对中日《第三次贸易协定》有关规定的倒退。中国代表认为按手印是一种侮辱。日方在谈判中，还对中国商务代表机构的人数做了规定，要求中国商务代表机构的成员限定为5名。中国代表不同意日本代表的意见，认为应该根据实际需要来决定商务代表人数的多少，而不应事先限制。日本不承认中国商务代表机构有悬挂国旗的权利，也就是说，认为中国的商务代表机构不是代表国家的机构。中国认为日本的做法不友好，1956年日本在中国举办商品展览会时，中国不念旧恶，允许会场悬挂日本国旗。现在日本反倒要求中国商务代表机构不能悬挂中国国旗，这是倒退的做法，坚决反对日本这样的无理要求。

周恩来在第一届全国人民代表大会第五次会议上指出："尽管日本现政府在许多方面对新中国采取了不友好的态度，尽管由于日本政府企图把不合理的限制和侮辱性的规定强加于中国方面而使第四次中日民间贸易协定没有能够签订，但是，中日两国人民之间的来往和贸易关系还是有了很大的开展，体现了两国人民要求和平友好的共同愿望。"[①] 中国政府对岸信介政府阻挠第四次民间贸易协定签订提出了批评，同时认为日本国内有强劲的要求发展中日贸易、恢复中日邦交的力量，中日友好关系发展是不可逆转的。

日本通商代表团回到日本立即向政府和有关部门通报了谈判情况和中国的要求，日本各界人士希望岸信介政府改变敌视中国的政策，尽快恢复双边贸易谈判。1958年2月，日本国会议员促进日中贸易联盟、日本国际贸易促进协会、日本日中输出入组合再次组成代表团访问北京，与中国国际贸易促进委员会进行第四次中日贸易协定的谈判。3月5日，双方签订了中日《第四次贸易协定》。

[①] 《战后中日关系文献集（1945—1970）》，第343页。

《第四次贸易协定》规定，在协定有效期内，每方输出和输入的总额为3500万英镑。根据同类物资相易的原则，双方输出的商品分类及所占总额的百分比为：甲类占总额的40%，乙类占60%。"双方同意，相互在对方国家设置常驻的民间商务代表机构"，"双方给予对方商务代表机构所属人员出入境的方便、海关的优待和以贸易活动为目的的旅行自由；商务代表机构可以使用进行业务所需要的密码电报；商务代表机构有权在其建筑物悬挂本国国旗。双方商务代表机构人数由双方各自根据进行工作的需要加以决定；商务代表机构所属人员及其家属不按指纹"①。相互在对方国家设置常驻的民间商务代表机构，相互在对方国家单独举办商品展览会。双方努力促请本国政府尽早就中日贸易问题进行两国政府间的谈判，并签订协定。《第四次贸易协定》的有效期是一年，经双方同意后，得以延长和修订。经过中国有关方面和日本友好团体的努力，代表人数根据实际需要决定等目标得到了实现。

　　日本三团体代表回国后，向日本政府转达了会谈内容。1958年4月9日，日本政府通过三团体对中国国际贸易促进委员会做出了关于日本政府对第四次贸易协定的答复。日本政府在答复中声称"将尊重第四次中日贸易协定的精神"。同一天，日本政府官房长官爱知揆一代表日本政府，对中日发表谈话，声称日本政府没有承认中共的意向，不承认民间通商代表具有官方的特权地位，尊重与"中华民国"的关系不要引起"商务代表机构的设立可能意味着事实上的承认"之类的误会；同时打算在国内各项法令规定的范围内给予支持和协助。此外，"日本政府认为，因为目前没有承认共产党中国，所以不能承认民间商务代表机构所谓有权悬挂共产党中国国旗，这是理所当然的事情"②。这表明日本政府只是在口头上"尊重中日《第四次贸易协定》的精神"，实际上却否定《第四次贸易协定》的基本内容和精神。

　　中国国际贸易促进委员会主席南汉宸认为，爱知揆一的讲话表明，日本政府准备以不承认我方商务代表机构"具有官方的特权地位"为借口，使双方根据对等的原则在备忘录中做出的各项规定不适用于我方。日本政府不承认我方商务代表机构有权悬挂本国国旗，是片面撕毁协定，严重违

---

① 《战后中日关系文献集（1945—1970）》，第345、347页。
② 同上书，第361页。

背了平等互利和互相尊重的精神。

中国对日本政府在答复中表明的"支持和协助"中日《第四次贸易协定》的三个前提条件，即：在国内各项法令的范围内、根据没有承认政府这个事实、考虑目前的国际关系，逐一进行了驳斥。指出日本以根据国内法为由，是要使我方商务代表机构无法悬挂本国国旗。中日《第四次贸易协定》是双方民间团体之间的协定，根本不牵涉中日两国互相承认的问题，日本政府对于中日《第四次贸易协定》的实施做出不应有的保证，是别有用心的。中日两国的民间团体和商品展览会在对方国家悬挂本国国旗，过去从来没有因为中日邦交未恢复而感到不便。双方悬挂国旗当然是代表自己的国家，日本政府把国旗说成是私人财产，倒是闻所未闻的今古奇谈。至于考虑到目前的国际关系，显然是指日本和美国的关系，意味着日本政府屈从美国政府的意志。中国认为："在日本政府设置的障碍没有扫除以前，这个协定是无法实施的。"[①] 认为岸信介政府一面对中国人民显示出明显的敌意，一面想从中日贸易中捞一把，肯定是办不到的。

四 抗议日本政府包庇长崎国旗事件肇事者

在"民间先行，以民促官"方针的指导下，中日民间各个方面的交流非常活跃。1958年4月30日，日本长崎日中友好协会长崎支部举办"中国邮票剪纸展览会"，会场设在长崎滨屋百货商店的大厅，会场上悬挂着中国的国旗五星红旗。当时世界上并没有对未建交国家的民间机构不能挂国旗的法则，中国台湾驻日本"大使馆"向日本外务省提出把悬挂在展览会会场的中国国旗取下来。日本外务省劝告主办团体取下中国国旗，并告诉长崎市市长说，在日本悬挂中国国旗是不适宜的。日中友好协会长崎支部拒绝取下中国国旗。5月2日下午，两名日本人（关东、石桥清司）闯进会场，趁人不备，扯下中国国旗。在场的日中友好协会长崎支部的工作人员立即夺回国旗，并到附近的警察署报警。日本警察当场逮捕了两名肇事者。但是，长崎警察署在对二人进行了简单的询问后，当天即将二人释放。事件发生后，日中友好协会长崎支部根据日本刑法第92条，向法院控告两名暴徒，要求长崎市警察署彻底查明这次事件的幕后背

---

① 《战后中日关系文献集（1945—1970）》，第360页。

景。日中友好协会长崎支部认为："我们日本国民举办中国文物展示会、展览会等，或者根据需要悬挂中国国旗，这是我们日本国民的自由和权利，这种自由和权利不允许任何人侵犯。"① 而日本外务省在针对国旗事件发表看法时，却说日本刑法第 92 条将不适用于这一事件，这两个人不会根据刑法按损坏外国国旗罪加以处罚。

国旗是国家的象征，是神圣不可侵犯的。日本政府肆意包庇侮辱中国国旗的暴徒，是对中华人民共和国利益的损害，也是政治上敌视中国的表现，这种行为必然对中日关系发展造成严重影响。中国要求日本政府严惩暴徒，保证中日"民间外交"的顺利发展。中国对外贸易促进委员会负责人指出，日本不把新中国放在平等的地位，不断煽动毁坏中国国旗的事件，绝不是偶然的。中国不会在屈辱和不平等的条件下，与日本开展贸易往来。当时，外交部长陈毅曾指出："岸信介一方面表示要扩大中日贸易，以图从中国捞取经济实惠，但是，另一方面却粗暴地破坏中日贸易协定，在长崎放纵暴徒侮辱中国国旗，并且亲自带头连篇累牍地发表污蔑和攻击中国的言论。"② 说明岸信介政府敌视中国的态度已经发展到令人无法容忍的地步，驳斥了岸信介不承认中华人民共和国是独立国家，把中国国旗说成是私人财产的谬论。

日本外务省对其政府包庇纵容侮辱中国国旗的事件进行狡辩，反说中国没有开展与日贸易的诚意，他们对外宣称：陈毅谈话称"日本对中共不友好，敌视中共，但根本没有这样的事实"，"中共把与贸易没有直接关系的问题提出来，并进行政治性批判，这使人怀疑中共对推进日中贸易关系是否抱有诚意"③。不仅不接受中国的批评，还说陈毅的讲话是离间日本国民与政府的关系，要陷自民党于不利。日本政府把阻挠中日贸易发展的责任推到了中国方面。岸信介本人在谈到中日关系时也说："与这个国家也必须进行贸易是明明白白的。但是，提到承认中共，那就是另当别论的问题了。日本承认中华民国为正式政府，不调整这一国际关系就不能承认中共政府。就拿国旗问题来说，也不能两方同等对待。"④ 顽固地坚

---

① 《战后中日关系文献集（1945—1970）》，第 367 页。
② 同上书，第 370 页。
③ 同上书，第 373 页。
④ 同上书，第 377 页。

持"政经分离"下与中国大陆进行贸易。

　　岸信介政府的目的很明确,一方面在与中国进行贸易的过程中获得好处,另一方面继续敌视中国,加强与台湾方面的联系,这种两面政策必然遭到中国的反对。针对岸信介破坏中日和平友好的所作所为,中国方面采取断然措施,决定:废除中日钢铁贸易长期协定,正在日本谈判钢铁协议合同的中国五金、矿产公司代表团立即终止谈判回国,中国政府停止签发对日进出口许可证,原定由鲁迅夫人许广平率领的中国妇女代表团访日日程延期,取消由北京市派出的访日和平代表团。6月11日,中国渔业协会致电日本日中渔业协议会,指出中日两国渔业界友好合作的基础,已被岸信介政府破坏无遗。中国遗憾地发出通告,延长中日民间渔业协定的问题,是无法加以考虑的。长崎国旗事件发生时,正在日本访问的中国歌舞团停止演出,提前回国。由于岸信介政府采取敌视中国的政策,中日间持续多年发展的贸易、经济、工农业、文化等方面的交流被迫中断。

　　中国认为中日民间交流中断是岸信介政府倒行逆施的对华政策所导致的,日本政府必须纠正错误,必须对长崎国旗事件负责任,"在岸信介政府没有根本改正它的错误,而且继续敌视中国人民,继续制造'两个中国',继续阻挠中日两国关系正常化的情况下,中日两国人民的文化友好往来不可能不受到严重的影响"[1],批评岸信介政府将一系列敌视中国事件用"误解"来解释,企图把中日关系恶化的责任推到中国人民身上的险恶目的。中日友协会长廖承志要求:"日本政府必须在长崎国旗事件上做到三条:一是岸信介内阁正式派出政府代表前往肇事现场,在原处重新悬挂中国国旗;二是国旗事件的肇事者由于犯有侮辱中华人民共和国国旗之罪,必须受到应有的惩罚;三是惹起长崎事件的岸信介内阁,派遣正式代表团来北京向中国谢罪。"[2] 表示了中国对岸信介内阁纵容长崎国旗事件的不满。毛泽东关注长崎国旗事件对中日关系造成的影响,希望日本政府妥善处理这一事件后,重新开展中日民间贸易。毛泽东指出:"贸易总有一天要重开的,不能一万年不做生意,但是在日本政府现在这种做法之下,我们只好如此。这是我们唯一能够走的路。"[3]

---

[1] 《人民日报》1958年6月25日。

[2] 吴学文、王俊彦:《廖承志与日本》,第259页。

[3] 《毛泽东外交文选》,第372页。

中国一方面批判岸信介追随美国制造"两个中国"、敌视中国的政策,坚决回击岸信介破坏中日贸易的行为;另一方面仍然认为中日关系是会向前发展的,岸信介内阁的所作所为必然遭到日本人民的反对,坚持寄希望于日本人民的方针,继续在"民间先行,以民促官"的对日方针下寻求中日关系的新发展,并制定一系列推进中日关系发展的策略原则。

五 反对日美借《新安保条约》干涉中国内政

岸信介内阁时期,日本加紧了跟随美国战略的步伐。1958年10月起,日本政府和美国就修改《日美安全条约》问题进行谈判。《日美安全条约》是美国实施对日占领、控制日本的产物,对日本来说,这个条约是不平等的。自条约签订之日起,日本人民要求废除"安全条约"的呼声不断,要求美军从日本领土上撤除一切军事基地和武装力量。岸信介政府把与美国修改"安全条约"作为其任期内的重要任务,日本人民再度掀起了废除条约的高潮。

中国曾经遭受日本军国主义发动侵略战争危害,对于日美旨在亚洲增强军事合作,谋求在远东称霸的"安全条约"的谈判,不能不给予特别的关注。中国外交部长陈毅在日美进行"安全条约"谈判一开始就指出:"美国不怀好意,急于拖日本下水,使日本成为它在亚洲进行侵略的工具。日本岸信介政府也甘愿投靠美国,把日本更紧地绑在美国的战车上,以便实现它继续敌视中国和向东南亚扩张的政策。"[1] 中国认为,所谓"安全条约"谈判,不是安全,而是战争。

1960年1月19日,岸信介不顾国内外人民的反对,与美国总统艾森豪威尔签署《日本国和美利坚合众国相互合作及安全保障条约》(《新安保条约》)。条约删除了美军可参与平定日本国内"内乱"的条款,增加了具有军事同盟性质的内容。例如:关于日本的自卫力量,提出了"以宪法的规定为条件维持及发展其能力","日本被攻击时,两国根据宪法规定及手续,对付共同的危险"[2],《新安保条约》较之旧条约更强调了日美之间的合作,明确了美国对于日本防卫的义务,条约声称美军驻留在日本不仅是为了日本的安全,而且是为了维护远东的和平与安全。《新安保

---

[1] 《战后中日关系文献集(1945—1970)》,第417页。
[2] [日]原荣吉:《战后の日本外交史潮》,第70页。

条约》增加了"远东条款",把日本的防御范围扩大到菲律宾以北、韩国和中国台湾地区。这显然是干涉中国的内政,理所当然地遭到了中国的反对。新条约规定在条约生效后,日美要随时协商,特别是美军配备及装备的重要变更及因作战行动使用设施、区域时,应与日本事先商量,不许带核武器进入日本,以免引起日本国民的恐惧。岸信介以为《新安保条约》的签订,日美的合作得到加强,日本的安全更有保障,可以为他政治生涯捞取新的资本,对继续担任首相信心十足。

日美《新安保条约》将所谓"安全"和"防卫"范围,划到中国沿海地区,理所当然地引起了中国人民的强烈不满。在国际关系上,一个国家若将其所谓"防卫"范围划到其他国家的领土上,必然会侵犯邻国主权,导致战争。早在1890年,日本首相山县有朋就曾鼓吹:"盖国家独立自卫之道有二:第一守卫主权线,第二保护利益线。其主权线系指国之疆域,利益线系密切关系主权线之安危地区……当今欲在列国中维持一国之独立,仅守护主权线绝对不够,须要保护利益线。"①他认为日本既要保障"主权线"的安全,又要维护"利益线",日本的"利益线"就是朝鲜、中国东北和中国台湾。近代日本就是在维护日本"利益线"的幌子下,发动了侵略邻国的一系列战争。现在日美《新安保条约》又将所谓日本"安全防卫"的范围扩展到中国沿海,这是对中国主权的侵犯,与日本发动侵华战争时鼓吹的日本"主权线利益线"一样,是扩张、侵犯邻国主权的条约。日美《新安保条约》公布后,中国外交部立即发表声明,坚决反对日美以修改安全条约为名,签订军事同盟条约,认为这是日美勾结,准备发动新的侵略战争,威胁亚洲和世界和平的极其严重的步骤。

日本国内的民主力量认为《新安保条约》违背了1947年"和平宪法"的精神,对岸信介政府的亲美政策表示强烈不满。日本的学生罢课、工人罢工,要求岸信介下台,并不断发起全国统一行动,形成了声势浩大的反对"安保条约的斗争"。中国认为这个条约把矛头指向了中国,威胁了亚洲的和平,对日美《新安保条约》是否会引起日本军国主义复活保持高度的警惕。毛泽东指出:日美军事同盟条约"对亚洲和世界和平是严重的威胁,同时也必将把严重灾难带给日本人民,中日两国人民和亚洲

---

① 《大日本帝国会志》第1卷,第469页。

人民以及全世界爱好和平的人民都应当反对日美军事同盟条约"①，中国把声援日本人民反对日美安保条约的活动，作为一项政治性活动来进行。5月9日，首都北京100万人集会，支持日本人民反对美国和岸信介的斗争，中国的33个城市和山西省的8个县城共有1200多万人举行了盛大集会和示威游行，声援日本人民。中国的全国性声援活动与揭露近代日本侵略罪行相结合，表明中国政府对于日美《新安保条约》的态度。6月23日，《新安保条约》生效。由于日本人民强烈反对日美安保条约，岸信介不得不在《新安保条约》生效的同一天辞去内阁总理的职务。岸信介成为日本第二次世界大战以后首位因人民反对而下台的首相。

第二节　发展中日关系的策略原则

由于岸信介政府在对外关系上积极追随美国，其敌视中国的政策比之前日本历届政府有过之而无不及，中日"民间外交"遭遇了前所未有的困难，导致民间贸易一度中断。为了挽回因岸信介政府敌视中国所造成的不利影响，中国适时地制定了一系列推进中日关系的策略原则，有效地阻止了两国关系下滑势头。

一　"政治三原则"的提出

岸信介内阁在外交上紧紧追随美国的反华政策，中日贸易、文化、经济等方面的交流一度中断，两国"民间外交"出现倒退，严重损害了中日两国的共同利益。为了推动中日交流的继续发展，中国本着"友好当先，抵抗在后"的精神，提出了对日"政治三原则"。

对日"政治三原则"首先是通过中国民间团体透露给日本方面的。1958年6月11日，中国渔业协会主任杨煜致函日本日中渔业协议会会长平冢常次郎，指出由于岸信介政府采取敌视中国的政策，延长中日民间渔业协定的问题无法考虑。要求日本岸信介政府改变其对我国的敌视态度，不继续制造"两个中国"的阴谋，不要继续阻挠中日两国正常关系的恢复。实际就是传达了中国关于继续开展经贸往来的政治原则。

1958年7月7日，《人民日报》发表题为《中国人民坚决反对日本潜

---

① 《战后中日关系文献集（1945—1970）》，第488页。

在的帝国主义》的社论，批评了岸信介上台以来，追随美国，继续制造"两个中国"，与中国人民为敌，阻挠中日恢复正常关系的做法，指出日本走和平道路有利于日本的发展和亚洲与世界的和平，认为岸信介如果继续这样做，必然会把日本重新拖上帝国主义的老路。社论指出："中日两国在平等和友好的基础上，建立正常关系，和平共处，开展各方面的往来，这不仅符合于中日两国人民的愿望和利益，也符合于亚洲和世界的和平利益。但是，如果岸信介政府继续敌视中国人民，继续制造'两个中国'，继续阻挠中日两国正常关系的恢复，那么，中日来往全面中断的责任，应该全部由岸信介政府担负。"[①] 实际上正式公布了中日关系的政治三原则，即：日本政府立即停止并不再发生敌视中国的言论和行动，停止制造"两个中国"，不要妨碍恢复中日两国的正常关系。这三项政治原则，是中国与日本继续发展友好往来的基础，日本政府必须停止一切敌视中国的言行，中日关系才可能向前发展。

中国认为，如果岸信介政府继续实行敌视中国的政策，中日之间一系列协定、谈判将无法开展，现在即将开始的"中日两国民间渔业协定的签订问题也是无法加以考虑的"[②]，这就断绝了岸信介政府企图在政治上敌视中国，又企图在与中国贸易过程中捞取实惠的念头。"政治三原则"在日本经济界人士中引起了强烈反响。日本著名人士，如：前首相石桥湛山、日本原内阁大臣松村谦三、日本经济界的高碕达之助等纷纷发表谈话，支持中国提出的"政治三原则"，希望中日贸易在"政治三原则"下继续发展。

1959年3月，周恩来总理接见日本社会党书记长浅沼稻次郎时，批判了岸信介政府倒退中日关系的政策，指出在推进中日"民间外交"的过程中，中日两国政府必须有所作为。中日贸易、文化等方面的往来是民间性质的，但是，在"民间外交"的发展中，政府必须要发挥作用，没有政府的支持，经贸关系不能顺利开展，"以民促官"也就是一句空话。岸信介内阁时期，日本政府采取了一系列敌视中国的政策，造成了中日经贸往来的中断，所以，在中日民间往来中，必须强调政治立场，中国承认日本政府是代表日本人民的，日本也不能在政治上敌视中国，否则，贸易

---

① 《人民日报》1958年7月7日。
② 《战后中日关系文献集（1945—1970）》，第383页。

是不平等的，也难以有大的发展。"政治三原则"反映了中国对政府与"民间外交"关系的基本看法，政府在"民间外交"中不是无所作为的，政府的态度如何，直接影响着"民间外交"的发展。中国希望日本政府承担应有的责任，如果日本政府不承认"政治三原则"，中日贸易就无法继续。"政治三原则"是"民间先行，以民促官"在新形势下的发展，是推动中日关系向更高层次发展的保证。

二 "政治经济不可分原则"的内涵

马克思主义认为，世界上的一切事物都是普遍联系的，在中日关系的发展中，政治与经济相互联系、相关影响，是密不可分的。为了促进中日"民间外交"的进一步发展，1959年3月，中国在提出"政治三原则"的基础上，又正式提出了"政治经济不可分原则"。中国认为岸信介"一面在政治上敌视中国，但经济上又要做买卖，这是不合逻辑的"，岸信介"并不是不讲政治，他的政治就是敌视中国，在敌视中国、阻挠中日关系正常化和阴谋制造'两个中国'的情况下，就无法恢复中日两国的经济关系"[①]，岸信介表里不一，在改善中日关系上毫无诚意，其真实目的是在政治上继续敌视中国，在经济上又妄图从中国捞取实惠，把政治与经济完全割裂开来，而"在国家与国家的关系上，政治和经济是不能分开的。'只讲贸易，不讲政治'，不过是岸信介创造的一个谬论。其实就是岸信介本人，也从来没有把政治和经济分开过"[②]，政治与经济是分不开的。因为世界上没有任何一个独立的国家，可以听任另一个国家在政治上露骨地敌视自己，一面又同这个国家发展经济和文化关系。中国强调中日关系问题必须从政治问题着手，必须经过政府途径解决，丝毫不意味着低估中日两国的"民间外交"，相反，在岸信介政府顽固地坚持敌视中国政策的情况下，进一步开展人民外交，对于巩固中日两国人民的友谊，加强两国人民反对阻挠中日关系正常化的人为障碍的共同斗争具有重大的作用。

1959年4月18日，周恩来在第二届全国人民代表大会第一次会议上的政府工作报告中指出："岸信介政府又积极准备修改日美'安全条约'，同美国进行新的军事勾结，并且企图用原子武器装备日本军队。这对于亚

---

① 《战后中日关系文献集（1945—1970）》，第439页。
② 《人民日报》1959年3月19日。

洲各国的安全，特别是对我国的安全，形成了严重的威胁"，"岸信介政府现在虽然为了应付日本人民的压力，不能不在口头上表示愿意恢复中日贸易，实际上却继续追随美国，敌视中国，玩弄'两个中国'的阴谋，继续阻挠中日关系的正常化，致使中日两国人民改善两国关系、恢复两国贸易的愿望至今不能实现。中国人民和日本人民的利益是一致的。中国人民不能坐视日本军国主义的复活，也不能容忍岸信介政府继续采取敌视中国的政策"[1]，批判岸信介政府在中日关系发展上两面派的做法，认为岸信介的所作所为必然受到中日两国人民的唾弃。

中国制定的"政治三原则"和"政治经济不可分"发展中日关系的策略原则，抓住了中日关系发展的关键，申明了中国对于改善中日关系、发展中日民间贸易往来的基本立场和诚意，告诫岸信介政府企图在经贸往来中捞实惠，在政治上敌视中国是行不通的。"政治三原则"和"政治经济不可分原则"目的在于促进中日经贸往来健康发展，因此也得到了日本各界人士的普遍欢迎。

三　在"贸易三原则"下发展经贸关系

"政治三原则"和"政治经济不可分原则"是中国根据中日关系发展的现状，提出的防止中日关系后退的基本原则，这些原则符合两国人民要求继续发展友好往来扩大合作的愿望，因此，不仅得到了中国各个民间团体的响应，也得到了日本经济界、政治界知名人士和友好团体的支持。中国通过有关部门，以多种形式向来访的日本政治界、经济界人士进一步阐明这些原则的内涵和意义。1959年9月，日本前首相石桥湛山访问中国。石桥湛山赞同中国提出的"民间往来，官方挂钩"的方针。周恩来总理会见石桥湛山时，又特别指出："中日两国政治和经济关系的发展必须结合起来，不能予以分割。"[2] 重申了中国关于发展中日关系的政治经济不可分原则。

日本舆论普遍对"政治三原则"和"政治经济不可分原则"表示欢迎。日本社会党书记长浅沼稻次郎、日本前首相片山哲、自由民主党顾问松村谦三等政治活动家，纷纷发表谈话表示对中国提出的"政治三原则"

---

[1] 《战后中日关系文献集（1945—1970）》，第446页。
[2] 同上书，第453页。

和"政治经济不可分原则"的支持,希望日本政府改变敌视中国的立场,在这些原则基础上促进两国经贸的恢复和发展。"政治三原则"和"政治经济不可分原则"是针对岸信介政府提出的,这些原则遭到了岸信介内阁的诋毁和攻击,岸信介对石桥湛山赞成政治和经济不可分的主张十分不满,认为"政治和经济分开的问题不仅是岸内阁的想法,而且是自由主义国家一致的结论"①,要继续坚持"两个中国"的立场,在经济上捞取实惠,政治上敌视中国。

为了坚持"政治三原则"和"政治经济不可分原则",并在此基础上推动中日民间贸易的发展,中国又提出了"贸易三原则"。1960年8月,日本日中贸易促进会专务理事铃木一雄访问中国。周恩来接见铃木一雄时指出,过去中日曾经搞过民间团体协定,想通过民间协定来发展中日贸易。经过岸信介政府这一段时期,证明这种做法行不通。岸信介不承认、不保证民间协定的实施,并采取敌视中国的政策来破坏它。中国不能容忍岸信介的行动,只好将中日贸易来往停了两年多。中日贸易恢复,对中日两国人民都有好处。鉴于以往中日贸易发展的经验教训,为今后中日两国贸易能够顺利开展,周恩来代表中国政府提出了贸易三原则,就是:政府协定;民间合同;个别照顾。

政府协定就是一切协定今后必须由双方政府缔结,才有保证,因为过去的民间协定,日本政府不愿给予保证。两国任何协定都要通过政府来签订,民间协定才有保证,这包括贸易、渔业、邮政、航运等。至于政府协定,总要在两国政府向着友好方向发展,并且建立起正常关系的情况下才能签订,否则不可能签订。关于两国政府关系,还是坚持过去我们说过的"政治三原则"。"政治三原则"不是对日本政府有所苛求,而是公平的,中日两国都不能在政治上敌视对方,又在经济贸易中取得实惠。

那么,"是不是没有协定两国之间就不能做买卖呢?不然,在条件成熟的时候是可以的,可以签订民间合同。再次,是个别照顾"②。"贸易三原则"将以往民间贸易加上政府的保证,实践证明没有政府协定、没有政府的保证,民间的贸易合同很难严格执行,并会遭遇到预想不到的困难。中国提出的"贸易三原则"是在"政治三原则"、"政治经济不可分

---

① 《人民日报》1959年9月23日。
② 《周恩来外交文选》,第291页。

原则"的基础上，在具体的经贸往来中，强调中日两国政府的责任，对恢复和促进中日贸易是有益处的。周恩来希望铃木一雄回国后，与日本日中贸易促进会的有关公司谈谈。"贸易三原则"表达了中国对发展两国贸易的诚意，希望中日两国政府在民间贸易中发挥应有的作用。

中国冷静对待岸信介上台后加紧追随美国、敌视中国、倒退中日关系的做法，立足长远，提出了发展中日关系策略原则，强调政治与经济不可分的原则，认为中日两国政府对于经贸交流有指导与促进作用，希望日本政府做有利于中日两国经贸关系发展的事情。这些原则对于恢复中日民间交流，实现以民间促官方、经济促政治以及政治与经济的相互促进，有积极意义。

第三节 推进中日关系发展的新举措

岸信介内阁时期，日本更加紧跟美国敌视中国的政策，加强与台湾方面的联系，人为地设置中日经贸交流的障碍，纵容日本国内反华势力的活动，导致蓬勃发展的中日经贸交流中断。为了继续发展来之不易的中日民间交流，中国在提出发展中日关系"政治三原则"、"政治经济不可分原则"、"贸易三原则"的同时，加强与日本民间友好团体、在野党、经济界、文化界等各界人士的往来，阐明中国对于恢复中日邦交正常化的原则立场，防止中日民间交流继续下滑。

一 邀请日本知名人士访华为"复交"创造条件

中国一直重视日本政界、财界、经济界、文化界知名人士在日本政治、社会的影响力，在中日民间贸易被迫中断的情况下，更期待发挥日本知名人士的作用，日本知名人士多比较了解中国，对中国怀有友好感情，了解与中国发展经济贸易乃至官方关系对于日本经济社会发展的重要作用，并愿意为中日关系发展做出实际努力。在日本的知名人士中，有许多与中国共产党和国家的领导人、各部门的负责人之间保持着深厚的个人友谊，是推动中日友好的重要力量。中国"民间外交"政策的重要内容之一，就是发挥日本知名人士在推进两国各个领域关系发展中的作用，因为国与国的关系是需要人与人之间的沟通来完成的。

日本政界元老、自由民主党顾问松村谦三与廖承志是早稻田大学的校友，两人私交甚好。松村谦三曾任鸠山内阁的文部大臣。他从文部大臣卸任后，中国科学院院长郭沫若曾经邀请他务必来中国看看。松村谦三接受了邀请，原计划于 1956 年访问中国。由于日本内阁更替，访华一事暂时搁置。经过中日两国的不断努力，1959 年 10 月，松村谦三终于踏上了访问中国的旅程。松村谦三表示这次访问"不局限于重开中日贸易、文化交流等摆在眼前的问题，还要与中国就更广泛的、关系到日中恢复邦交的基本问题交换意见"①，这与中国发挥日本知名人士推动中日关系的作用的设想不谋而合，受到中国方面的高度重视。日本是东方国家，讲究人情和人脉关系，一般来讲，卸任官员还与现任政府官僚继续保持比较密切的私人联系，并以私人感情多多少少地影响着现任政府的施政方针。

松村谦三在访华期间，看到了新中国发生的巨大变化，高度赞赏新中国经济建设、社会发展所取得的成绩。他说："我非常钦佩和关心新中国建国十年来，贵国领导者和六亿国民所表现的努力和伟大发展，我认为必须找出最好的办法，早日解决中日两国间最近二、三年的不正常状态。现在有周总理和各位的努力，实现这个愿望将是我最大的快乐。"② 表达了对中国的友好态度。周恩来总理希望松村谦三能在中国多停留些日子，到各地走走、看看。周恩来还在百忙之中，抽出时间专门陪同松村先生一行乘火车参观了密云水库。在火车上，周恩来与松村谦三充分地交换了意见，阐述了中国对发展中日关系的看法。松村谦三还到中国的兰州、西安、三门峡、洛阳等地访问，对中国经济建设取得的成就表示钦佩。这次访问中，松村谦三通过与周恩来、廖承志、郭沫若等人的会谈，深深感受到在和平共处五项原则和万隆会议十项原则的基础上，不同社会制度的中日两国应该能够互相尊重，并且建立起睦邻关系。中国关于发展中日关系的举措，得到了松村谦三等日本友好人士的积极响应，他们频繁来中国访问，与中国一起探讨影响中日关系发展的因素，共同推进业已存在的经贸关系向前发展。事实证明，中国调动一切积极因素，发挥日本友好人士的作用是现实的、可行的好办法。

---

① ［日］田川诚一：《日中交涉密录》，每日新闻社 1973 年版，第 12 页。
② 同上书，第 13 页。

二 加强与日本共产党的党际交流

日本共产党成立于 1922 年 7 月。日共早期领导人与中国共产党创始者李大钊、陈独秀等有密切关系。李大钊对于马克思主义、共产主义的认识深受日本马克思主义者的影响。日本共产党成立后,与中国共产党一样都是在共产国际的直接领导下,是共产国际的一个支部。日本共产党在战前长期处于地下状态,日共领导人有的被迫长期流亡国外,有的被日本警察关押、杀害。在日本发动全面侵华战争时期,日本共产党在极度困难和危险的环境下,在国内开展反战运动,支持中国人民的抗日斗争。在延安及其他各个敌后抗日根据地,都曾活跃着日本共产党员的身影,他们为中国抗日战争的最后胜利作出了自己的贡献。战后日本实行了民主改革,日本共产党成为合法的政党,是日本社会中比较有影响的在野党之一。日本共产党的党员主要来自企业、教育等行业,在战后日本社会有着比较广泛的基础。新中国成立后,日本共产党坚持"一个中国"的原则,谴责日本近代对中国的侵略,主张中日实现邦交正常化,与中国共产党保持着良好的党际交流关系,日本共产党经常派代表团访问中国。在中国共产党或者日本共产党召开全国代表大会时,两党总是互致贺信。中国共产党与日本共产党对日本国内形势、亚洲形势有着相近的看法。相同的意识形态使中国共产党与日本共产党在 20 世纪五六十年代都对日本军国主义复活保持着高度的警惕,将岸信介内阁倒退中日关系与日本是否走军国主义的老路联系起来。

1958 年 7 月,日本共产党召开第七次代表大会,中共中央致电祝贺,日本共产党代表大会通过了《日本共产党关于日中关系正常化的决议》,决议批判了岸信介政府无视日本民众的迫切要求,妨碍日中友好,特别是破坏日中贸易第四次协定以及渔业协定,破坏两国人员往来、文化交流等活动,致使出现了侮辱中国国旗事件,提出日本共产党"率先促进恢复日中邦交、日中友好和平的诸运动,并使其成为全体国民的大运动"[①],呼吁彻底实施中日《第四次贸易协定》,废除同台湾的条约,为恢复日中邦交而奋斗。

1959 年 2 月,日本共产党代表团访问中国,中国共产党代表团与日

---

① 《战后中日关系文献集(1945—1970)》,第 392 页。

本共产党代表团发表了联合声明,两党对日美修改"安全条约"表示密切关注。认为中日两国是近邻之邦,在历史上有过密切的关系,两国建立邦交和进行密切的经济和文化交流,不仅有利于两国人民,而且有利于维护远东的和平。两国人民应排除阻力,恢复外交关系,发展经济、维护交流与友好往来。中国认为:"对于发展中日两国人民之间的友好关系,对于恢复中日邦交,日本共产党和日本人民作了巨大的努力。中国人民对日本共产党和日本人民的爱国的正义的斗争,表示衷心的敬意;对日本共产党和日本人民在我国人民反侵略斗争中所给予的同情和支持,表示深深的感谢。"[①] 中国共产党在发挥日本共产党在恢复中日邦交正常化作用方面,既注意两党意识形态一致的方面,更重视现阶段与日本人民要求一致的方面,采取了切合实际的方针,也收到了较好的效果。

1959年9月,日本共产党、日本70多个团体组成的代表团分别访问中国,参加庆祝中华人民共和国成立10周年典礼。中国共产党代表团与日本共产党访华代表团发表联合声明。双方分析了国际形势,中国共产党坚持与日本人民友好的政策,强调"中华人民共和国自从建国以来,对日本人民一贯采取了友好亲善的政策。中国对外政策的基本方针,是始终不渝地信守和平共处五项原则"[②]。日本共产党对中国在中国共产党领导下所取得的成就表示钦佩,两党都表示将和两国人民一道为维护远东和平作出贡献。

1964年2月21日,日本共产党的重要领导人野坂参三发表演讲,要求日本政府"废除'日台条约',停止制造'两个中国'的阴谋。立即承认中华人民共和国政府,并与之签订日中和平条约。为恢复中国在联合国的合法席位,并将'台湾'从联合国开除,日本应给以积极支持。停止对中国的经济封锁,建立不受美国限制和压制的自由贸易,繁荣文化交流和交通"[③]。他认为中国问题,不仅仅是恢复日中邦交的问题,也是日本独立、和平、民主斗争的一部分,解决中国问题,将为建设新日本作出巨大贡献。中国共产党与日本共产党的友好党际关系一直保持到"文化大革命"开始前,这期间的友好往来不断,进一步加深了两党保持几十年

---

① 《人民日报》1959年3月6日。
② 《战后中日关系文献集(1945—1970)》,第459页。
③ 同上书,第709页。

的友谊，促进了两国人民的交流，培养了一批从事中日友好的力量。由于两党对"文化大革命"的看法不一致，后来中日两党的党际交流被迫中断，这对中日两国的交流是莫大的损失。中国实行改革开放后，中国共产党与日本共产党恢复了正常的关系，两党之间保持着密切的接触，经常就国际和地区问题交换看法。日本共产党是促进中日两国人民相互了解和友谊的一支重要力量。

三 发挥日本在野党的"补充外交"作用

新中国成立后，中国不仅与社会主义国家建立和发展着友好关系，而且也与不同社会制度国家建立发展外交关系。中国充分认识到日本社会制度、政治体制与中国的差异，了解日本在野党与执政党之间的微妙关系，在岸信介内阁为中日关系发展不断制造障碍时，更加积极地发挥日本在野党对推动中日关系的作用。

第二次世界大战后日本实行了民主改革，建立了政党政治体制，内阁具有处理内政外交的大权。1947年的"和平宪法"虽然保留了日本天皇，但是天皇只是象征，不能参与国家政治。战争刚刚结束，日本人政治热情高涨，成立了许多新的政党，造成政党林立的局面，1946年日本各类政党曾经多达300余个，后来一些小的政党或解散或合并，主要政党只有四五个。20世纪40年代后期、20世纪50年代前期，日本的自由党、民主党、社会党等轮流执过政。1955年11月，自由党与民主党合并，组成自由民主党，此后，自民党连续38年单独执政，形成了所谓的"五五体制"。同时，日本还有很多在野党，其中社会党是最大的在野党，社会党只在1947—1948年短暂执过政，被戏称为"万年野党"。在野党虽然在政治纲领、政策诉求方面与自民党有一定的差异，但是，这并不妨碍在野党的领袖与自民党官员的私交，有的还与自民党官僚成为至交好友。日本主要在野党都非常重视中日关系，主张日本政府应承认新中国，断绝与台湾当局的官方关系。在野党在日本外交中虽然没有决策权，但是，是日本外交的重要补充，中国重视日本在野党在推动中日邦交正常化中的作用，尤其重视与日本最大的在野党即日本社会党的友好往来。

中华人民共和国成立后，日本社会党不断派代表团访问中国，对新中国的经济建设、社会发展有一定的了解。日本社会党认为与新中国建立外交关系，有利于日本的经济发展，有利于亚洲的和平。1956年5月23

日，日本社会党通过"关于日本应与中华人民共和国建立邦交的方针"。1957年1月19日，日本社会党召开第13次党大会，大会提出了关于恢复日中邦交的方针。该党认为，中华人民共和国成立以来，中国的社会建设取得了惊人的进步，日本不能忽视中华人民共和国在世界政治经济中的比重正在逐年增大。"作为党应该开展的争取和平与独立的日常斗争的四根支柱之一，把日中恢复邦交国民运动提了出来。"① 1956年底，日本与苏联建立了外交关系，社会党认为现在日本外交上最紧急且重要的问题，就是开展日中邦交正常化的运动。为此社会党要在国会、实业团体、地方议会等方面，向日本社会各个阶层发出呼吁，开展国民运动，为缔结政府间贸易支付协定、交换通商代表、废除巴黎统筹委员会限制、实施渔业协定和文化协定、获得自由交流等，不承认"两个中国"的存在，迅速与中华人民共和国恢复邦交。社会党以在野党的地位，积极促进中日邦交正常化。

中国非常了解日本社会党在日本政治中的地位，了解日本社会党对中国的基本政策与态度，重视社会党的"补充外交"作用。1957年2月27日，周恩来在会见日本国会议员辻政信时就指出，"我们主张各国从事政治的人，应该增加来往，增进了解。尤其是中日两国，我们要求和平友好，共存共荣，需要多来往"，"我们很愿与日本友好，尊重日本人自己选择的制度"②，周恩来认为，日本社会党主张社会主义，也主张和平独立，中国支持日本的真正独立，并不希望将日本搞成和我们一样。不同社会制度的国家，可以共处。要打破恢复中日邦交的困难局面，首先是中日两国人民进行国民外交，其次从国民外交发展到半官方外交，突破美国对日本的控制，总有一天，水到渠成，中日实现恢复邦交。周恩来高度评价了日本社会党多年来致力于恢复中日邦交正常化的活动，表达了中国尊重日本人民的政治选择、制度选择，中日两个社会制度不同的国家可以发展友好合作关系的立场。

1957年4月，日本社会党应邀组成访华亲善代表团访问中国。中国人民外交学会会长张奚若和日本社会党访华亲善使节团团长浅沼稻次郎发表了共同声明，双方都认为尽快、正式、全面地恢复国交的阶段已经到来，要促进两国关系正常化。周恩来在接见日本社会党亲善使节团时指

---

① 《战后中日关系文献集（1945—1970）》，第300页。

② 同上书，第301页。

出："我特别高兴地看到，日本人民要求和平友好的愿望在一天天增长，而贵党是反映了日本人民的要求和愿望的。中国人民愿意和日本人民友好，从中国人民对来访的所有日本代表团、来访人士以及对社会党朋友们的欢迎情况，也可以看出中国人民的感情。这种感情还会一天天发展。所以，我相信中日亲善友好、共存共荣，是有确实可靠的基础的。我对贵团的来访再一次表示谢意，它标志着在两国关系上增加了新的内容。"① 周恩来肯定了日本社会党积极的对华方针，希望日本社会党承担起责任，促进中日两国打破隔阂，促进世界人民的了解。日本社会党访华团回国后，立即向岸信介谈了他们的访华感想和对发展中日关系的意见，希望政府将中日民间贸易协定改为政府间的协定，也可以先与中国缔结气象、邮政等政府间协定，实际是在呼应中国的"贸易三原则"。遗憾的是，岸信介仍然坚持与中国台湾的关系，认为："单纯地把台湾问题看作中国的所谓内政，以包含台湾在内的整个中国为合法政府，与之现在就开辟邦交，或者予以承认的那种阶段，尚未到来"，"作为政府，正如迄今为止我通过国会讲过的那样，与中共之间，关于积极地增进贸易关系，必须充分地予以考虑，但尚未到达开辟外交关系或者与其邦交正常化的阶段，这是我们的信念"。② 继续坚持政治与经济分开的政策，反对将《第四次贸易协定》提高到政府层面。

日本政府对中日关系的态度令社会党失望和担忧，1958年5月11日，日本社会党发表关于打开日中关系的声明，认为日中两国关系已呈现令人非常忧虑的态势，政府在这方面责任重大，社会党将彻底追究政府的责任，是日本政府不顾大局和舆论而倒行逆施，破坏了至今的日中关系，为此，社会党主张："岸首相取消敌视中国的言行；取消爱知官房长官的谈话，对《第四次贸易协定》的实施给予保证；为打开当前的局面，立即举行两党的正式会谈，由政府实施其结论；要求再次向中国派遣国会代表。"③ 社会党从对政府监督的角度，提出了恢复中日邦交的方针。中国高度赞扬日本社会党关于发展中日关系的主张，通过社会党的活动、方针，也可以看到日本要求发展中日贸易及其恢复邦交的社会基础。

---

① 《周恩来外交文选》，第226页。
② 《战后中日关系文献集（1945—1970）》，第308—309页。
③ 同上书，第377页。

1958年7月1日，社会党书记长浅沼稻次郎等又向日本众议院提出了打开日中两国间紧张局面的议案，要求政府改变过去的态度，采取积极措施，迅速解决全面实施日中两国之间的《第四次贸易协定》，继续实施渔业协定，实现侨胞回国和开展文化、技术交流。1958年8月，日本社会党参议院议员佐多忠隆访问中国，中国再次强调要恢复中日关系，岸信介政府就必须公开表明并履行"政治三原则"，为表示停止制造"两个中国"，岸信介政府应该公开声明："立即停止并不再发生敌视中国的言论或行动；停止制造'两个中国'的阴谋；不要妨碍恢复中日两国的正常关系。"[1] 要求岸信介政府惩办长崎国旗事件的肇事者，派正式代表向中国道歉。佐多忠隆回国后，向社会党提出了访华报告书，1958年9月12日，日本社会党提出了关于打开日中关系的基本方针，指出："日本社会党始终主张日中两国迅速实现正式、全面的邦交正常化，并为此做出不懈的努力。"[2] 提出了改变中日关系的具体方针。中国对社会党一直以来对发展中日关系所做的努力给予了高度评价，认为社会党提出的方针将会得到日本人民的广泛支持和赞同，"日本社会党已经提出一个全面改善中日关系的主张，我们全面地支持这一主张"，"可以肯定地说，中国人民将像过去一样不吝惜和日本人民一道为改善中日关系并增进中日两国人民的友好关系而共同努力"。[3] 希望日本社会党在促进岸信介政府顺应民意、改变敌视中国方面发挥更大的作用。

1959年3月，以浅沼稻次郎为团长的日本社会党代表团再次访问中国，毛泽东、周恩来分别会见了代表团。中国强调岸信介政府只有承认"政治三原则"和"政治经济不可分原则"，才能打开中日关系的僵局，重开中日贸易。社会党完全同意中方的立场，并明确主张："不承认'两个中国'的存在，解放台湾是中国的内政问题，承认中华人民共和国在联合国的代表权，并且为了达到中日邦交的正式恢复，必须首先废除'日蒋和约'，必须同中华人民共和国签订和约。"[4] 日本社会党一直是中日友好事业的积极推动者，赞同中国关于发展中日关系的方针原则。

---

[1] 《战后中日关系文献集（1945—1970）》，第397页。
[2] 同上书，第399页。
[3] 《人民日报》1958年9月16日。
[4] 《战后中日关系文献集（1945—1970）》，第440—441页。

1960年10月12日，社会党委员长浅沼稻次郎发表竞选演说，强调台湾是中国的一部分，中国只有一个。尽快促进日中邦交正常化是日本最重要的事情，批判日本政府追随美国政策。浅沼稻次郎在讲话时不幸被暴徒杀害。但是，社会党并没有因此改变对华政策，仍然以在野党的身份，推动中日国民外交，推动中日友好事业的发展。1962年1月，毛泽东会见日本社会党国会议员黑田寿男时，表达了对中日关系发展的信心，毛泽东指出："中国人民同日本大多数人民历来是友好的，战后友好关系还有发展；就是同自由民主党的政府，同垄断资本的关系还不成，还要等候。要分清同日本人民的关系和同日本政府的关系，两者是有区别的。"① 毛泽东认为，日本政府内部各个派别对中国的态度也是不同的，中日民间交流、来往，可以增进了解，相互交换意见，交流经验，中日两个不同社会制度的国家可以友好相处。随着中日交流的加深，中日一定能够实现关系正常化。

1964年10月，日本社会党组成第四次访华代表团。中国人民外交学会表示："中日两国政府在平等的基础上互相承认对方为各自国家的唯一合法政府并缔结中日和约的情况下，只要日本政府愿意，中日两国政府可以同时在五项原则的基础上，缔结互不侵犯条约。"② 对恢复中日邦交表示了诚意。日本社会党代表团再次强调：只承认一个中国，要求废除日蒋"和约"，同中华人民共和国缔结和约，恢复中日邦交，台湾是中国不可分割的领土，支持恢复中华人民共和国在联合国的合法席位的立场。双方表示要保持日本社会党第一次访华代表团访华以来的友谊，互相支持、友好合作。尽管中国同日本社会党的立场有所区别，但是，这并不妨碍双方发扬"浅沼精神"，努力增强两国人民的友谊。

1964年2月，日本前首相片山哲等25人发表关于恢复日中邦交的呼吁书，呼吁书鉴于日本国民希望日本与中华人民共和国邦交正常化的呼声逐年高涨，希望以中华人民共和国与法国复交为契机，恢复日中邦交。呼吁书认为："事实越来越清楚地说明，不承认占世界人口1/4，并稳步顺利建设着祖国的中国是一个国家，在国际政治上是多么不合情理。"③ 美

---

① 《毛泽东文集》第8卷，第242页。
② 《战后中日关系文献集（1945—1970）》，第758页。
③ 同上书，第706页。

国封锁中国和"两个中国"的政策正在瓦解，在这种形势下，在历史和地理上有着特殊关系的日本和中国战后 15 年间，依然处于"交战状态"，至今尚未建交，改变这种不合理的状态，是日本的重大政治问题。要求政府立即恢复与中华人民共和国的邦交，扩大贸易、经济和文化的交流，废除日台条约，终止和中国台湾的不正常关系，努力恢复中华人民共和国在联合国的正当地位。他们呼吁各阶层国民为实现这些要求而开展广泛的运动。1964 年 2 月 20 日，日本社会党又发表了关于恢复日中邦交的方针，重申了社会党一贯的对华方针。方针要求日本政府废除所谓的《日华和平条约》，认为台湾是中国不可分割的领土，台湾问题应作为中国的内政问题来解决，美军应从台湾海峡撤退，谋求恢复中华人民共和国在联合国的合法地位，废除日美安保条约，与中国缔结互不侵犯双边条约。为推进邦交正常化开展国民运动。中国一直关注日本社会党为改善中日关系所做的努力，希望能够利用社会党领导人与执政党自民党官员之间的个人关系，向自民党领导人转达中国政府对恢复邦交正常化的态度。

日本公明党、民社党等也是日本社会有重要影响的在野党，它们在国会众、参两院占有一定席位，在审议日本政府决议中发挥着作用。中国通过各种渠道与之建立和发展友好关系，希望日本各个在野党在国会审议与中国相关决议时，发挥积极作用，促使日本政府改变态度方面发挥了作用。

四 以"向前看"的态度发展中日关系

20 世纪 60 年代国际形势处于大动荡、大分化、大改组时期，无论资本主义阵营还是社会主义阵营内部，都出现了新的矛盾和分歧。而社会主义阵营的严重分裂，对整个世界格局的发展产生了巨大影响。中国国内由于"大跃进"时期的"左"的错误以及 1960 年开始的连续三年的自然灾害，国民经济出现严重困难局面，国民经济比例全面失调，工农业生产下降，人民生活水平下降。从 1960 年开始，中共中央开始调整国民经济，制定了"调整、巩固、充实、提高"的方针，促使国民经济好转。在中国国内经济建设遭遇严重困难的时候，中国的国家安全也面临着严峻的形势。美国依然奉行敌视中国的政策，苏联赫鲁晓夫提出"三和"理论后，美苏关系得到缓和，美国认为中国是世界和平的"严重威胁"，中国比苏联更加好战，加强了对中国的防范，第七舰队长期在台湾海峡游弋。美国不断在亚洲扩张势力，直接介入越南战争，中国不得不对美国的行为有所警惕。中国认为，美国出兵越南直接威胁了与越南山水相连的中国的国家安全，是美国霸权主义的表现，中国公开表示支持越南人民的抗美斗争，"我们完全同情和坚决支持越南人民为反对美帝国主义的侵略，反对南越卖国集团的恐怖统治，争取祖国和平统一的爱国正义斗争"①，中国开始通过多种渠道援越抗美，在物质、精神两个层面支持越南人民。为应付可能出现的危机，中国在国内大力进行"三线建设"，加强国防军事工业，做好防止帝国主义发动侵略战争、发动第三次世界大战的准备，中美两国因越南战争而加剧了矛盾。

另外，中苏两个社会主义国家在如何对待马克思主义、如何建设社会主义等方面出现了严重分歧，思想上的分歧导致中苏两国关系进一步恶化。苏联领导人赫鲁晓夫仍然高唱"三和"（和平共处、和平竞赛、和平过渡）方针，在处理与中国共产党和中华人民共和国的关系上，存在着严重的大党、大国主义，对中国实行独立自主的内政外交横加指责。中国不屈服苏联的压力，反对苏联强加于人的对华政策，坚持走独立自主的道路。1960年4月，中国以中国共产党机关刊物《红旗》为主要阵地，发表了《列宁主义万岁》等三篇文章，点名批判南斯拉夫共产主义者联盟的现代修正主义思想，实际的矛头指向苏联。中国虽然认为社会主义国家可以和资本主义国家和平相处，但是更强调缓和并非排斥斗争，世界各国人民要反对帝国主义的冷战政策，通过斗争来制止战争。中国既认为世界人民有制止帝国主义战争的可能性，又强调帝国主义发动战争的危险性，保持着对资本主义的警惕性，不是像苏联那样把和平共处、和平竞赛作为总的对外战略和对外方针，这与苏联的"三和两全"有着本质的区别。

1960年6月初，苏联领导人提出，趁6月下旬罗马尼亚工人党召开第三次代表大会，在布加勒斯特举行一次社会主义各国党的代表会议。中国共产党派代表团参加会议。在51国党代表团举行的会议上，苏共领导散发材料攻击中共。赫鲁晓夫以总结发言的形式，诬蔑中国共产党是"疯子"，"要发动战争"，"把帝国主义垄断资产阶级的旗帜拿起来"，中国在中印边界问题上是"纯粹的民族主义"。中国共产党对苏联共产党采取了"托洛茨基方式"。中共代表团为顾全大局，采取"坚持原则，留有

---

① 《建国以来毛泽东文稿》第9册，中央文献出版社1996年版，第546页。

余地；坚持团结，反对分裂；坚持斗争，后发制人"的方针，同苏联进行了严肃的斗争。为申明立场，中国代表团发表《中国共产党在布加勒斯特兄弟党会谈上的声明》，提出：中国共产党在马克思列宁主义的一系列基本原则上同赫鲁晓夫是有分歧的。赫鲁晓夫对中国共产党代表团的围攻，在国际共产主义运动中开了一个极端恶劣的先例，恶化了中苏两国的关系。1963年9月到1964年7月，中国连续在《人民日报》、《红旗》杂志上发表文章（九评），阐述中国共产党对于斯大林、国际共产主义运动的看法，将矛头直接指向苏联领导人，批判赫鲁晓夫的"修正主义"。

中国在苏联巨大的压力面前更加强调自力更生，要继续坚持独立自主的和平外交政策，维护国家主权和安全，1964年10月16日，中国成功地进行了原子弹试验，打破了美、苏核垄断局面，中国的国家地位进一步提高。20世纪60年代，中国继续与周边国家改善关系，提出了"两个中间地带"的理论，认为世界上亚洲、非洲、拉丁美洲等已经独立和争取独立的国家属于中间地带；西欧、大洋洲和加拿大等资本主义国家也属于中间地带。日本属于资本主义国家中的中间地带，中国要与日本这样的中间地带国家联合起来，反对美国的霸权政策。

1960年7月19日，池田勇人担任新一届日本内阁首相。日本有人认为池田组阁是日本"战后"与"经济"取代"战前"与"政治"的结果，标志着日本政界"质"的转换。池田内阁比前任内阁更加重视经济的发展。20世纪60年代初，日本国民要求政府改变完全屈从于美国政策的斗争仍然继续，要求废除"日美安保条约"的呼声很高，工人罢工、学生罢课斗争不断，社会矛盾激化，政局出现动荡。池田勇人内阁采取一系列新政策，在外交上继续强调"做自由主义阵营的一员"，与美国为首的自由世界相协调。在对内政策上提出实行民主政治和国民收入倍增计划。池田以"宽容和忍耐"的"低姿态"推动国内经济社会发展，加强与在野各党的对话。而国民收入倍增计划就是要将国内民众注意力从政治转向经济，发展经济、稳定社会秩序。1960年12月，日本内阁通过了《国民收入倍增计划构想》，提出10年后日本国民生产总值翻番的目标，为此实行了推进农业现代化、中小企业现代化、促进相对落后地区经济发展、产业结构调整等一系列促进经济高速增长的政策。这为日后日本经济迅速发展，成为经济大国打下了坚实的基础，也缓和了国内矛盾，社会秩序趋于稳定，国民对政治的热情减退。池田内阁在对外政策上，虽然继续维持并强化与美国的同盟关系,但是在对华关系上比岸信介内阁积极,对中日民间交流给予必要的支持,极力避免与中国的对抗态势,在不伤害日美关系的框架内,希望扩大与中国的经济交流。

岸信介内阁时期中日民间贸易一度中断,西欧国家对华贸易则迅速增长,西欧国家以延期付款等优惠方式扩大对中国的出口贸易,中国与西欧贸易额迅速上升。日本工商界人士很着急,普遍担心已经开辟的对华贸易市场会被西方国家挤占。他们认为日本以贸易立国,要实现经济高速增长、国民收入倍增,对华贸易的作用不容忽视。池田政府也意识到中日贸易在日本经济增长中的作用,他上台后答记者问时说:"对中共政策上未必要采取与美国相同的态度。我在六七年前就主张与中共友好相处,但很不容易搞好。外交不仅仅是对中共的政策,首先重要的是提高自由国家对日本的信任感"[①],要做到这一点,就要搞好日本的内政,取得自由国家的信赖,同时不为中共所愚弄,成为不受人操纵的国家。至于有人认为对中共要采取静观的态度,池田勇人提出不能等待,现在就可以搞文化、经济交流,他本人将为此而努力,"如果不涉及是否承认中共的问题,我想促进两国间的对话还是可以的。在贸易上,我还是希望在日中间采取积累方式进行"[②],池田内阁时期,在中日关系问题上采取了比较积极的措施,恢复了民间贸易往来,针对日本自民党内有人反对恢复中日贸易,池田认为,对华贸易在与西欧各国同样的条件下进行,不会出现什么问题,"与中国开展贸易绝不会导致混乱"[③]。通过池田内阁的对华政策,就可以看出日本在外交上继续将对美关系作为重中之重,同时在一定程度上追求外交"自主"性。

中国重视日本池田内阁的对华政策的变化,认为池田首相希望与中国大陆改善关系的愿望,将有助于增进中日两国的民间贸易往来,增进两国的合作。中国注意到池田首相在任期间,曾两次访问亚洲太平洋地区的国家,这两次都没有"顺访"中国台湾,对池田勇人的做法表示赞赏。中国积极回应池田内阁促进中日交流的行动,采取措施推动中日关系继续向前发展。20世纪60年代,日本在野党代表团、民间有识之士经常来中国

---

① 《战后中日关系文献集(1945—1970)》,第495页。
② 同上书,第535页。
③ 《读卖新闻》1962年10月30日夕刊。

访问，他们在与中国相关部门会谈中，无一不向中国表示道歉、谢罪。中国认为，这些日本人士不断向中国人民表达歉意，是他们有勇气的表现，他们是正直勇敢的人，但是，中国也认为，日本人士不必每次都来告罪，"双方都应该向前看"[①]。中国反对日本少数人否定侵略战争的行为，对于日本军国主义一直保持着高度警惕，同时也以战略的眼光看待中日关系，要本着向前看的态度发展中日关系，日本军国主义对中国人民犯下了滔天大罪，是残忍的，而日本人民是可以合作的。中日两国人民应该携手，共同为亚太地区和平作出贡献。

五 在"政治三原则"基础上扩大往来

20世纪60年代初，一度中断的中日交流重新开启。中国通过多种渠道，通过来访的日本客人向其政府传达发展中日关系"政治三原则"、"政治经济不可分原则"等基本原则立场，期待日本政府在这些原则基础上，采取有效措施，推动中日关系发展。

1960年7月，中华全国总工会主席刘宁一率代表团赴日本参加第六届禁止原子弹氢弹世界大会。这是"长崎国旗事件"后中国第一个访日代表团。刘宁一在访日期间，遵照有关部门指示，积极向日本方面阐明中国的对日政策。中国主张不同社会制度的国家和平共处，希望日本政府不再采取或完全放弃敌视中国的政策，不再从事或停止参加制造"两个中国"的阴谋，不再阻挠中日两国关系的正常化。

1960年9月18日，中国人民对外文化协会和日中友好协会发表共同声明，双方认为："在近年来两国人民友好合作发展的基础上，进一步扩大两国人民的友好往来和文化交流，争取实现中日关系正常化是符合两国人民的共同愿望的。为此目的，双方将根据和平共处五项原则和万隆会议的精神，决心为粉碎美帝国主义及其追随者日本反动势力所执行的敌视中国、制造'两个中国'和阻碍中日关系正常化的政策，继续进行坚决的斗争。"[②] 为推动中日交流的扩大，中国人民对外文化协会和有关团体准备邀请日中友好协会代表团、日中友好协会青年与学生代表团、日中友好协会妇女代表团、日中友好协会学术代表团、日本围棋代表团、日本渔业

---

① 《周恩来外交文选》，第303页。
② 《战后中日关系文献集（1945—1970）》，第513页。

工人代表团、日本民间教育家代表团、日本地方自治友好代表团、日本经济界友好代表团等访问中国；日本日中友好协会和有关团体将邀请中国人民对外文化协会代表团、中国妇女代表团、中国渔业工人代表团访问日本；还要在日本举办中国水产展览会、中国农业展览会、中国手工艺文化展览会；双方将加强电影、动物以及文化资料的交换。

  在中日两国的共同努力下，中日两国文化、体育、妇女等界的交流呈现出从未有过的繁荣局面，两国相关团体、组织的互访频繁，进一步增进了彼此的了解和友谊，形成民间促官方的良好局面。其中，1960年9月底，日本话剧团访问中国。12月，日本新闻代表团访问中国。1961年3月，中国妇女代表团访问日本，4月，日本乒乓球代表团到中国参加第26届世界乒乓球锦标赛。1961年2月，日本经济友好访华代表团访问中国，周恩来总理会见代表团时强调了发展中日传统友谊、推进中日两国和平友好的愿望，"中日两国人民都应该以历史为鉴，努力消除近几十年来的不愉快事情的影响，使中日两国几千年来的友好关系在新时代的基础上，永远地发展下去。中日两国人民永远地友好下去，这是两国人民的根本利益所在，这是共同的，没有冲突"。[①] 周恩来肯定日本人民战后15年来走和平、独立、中立、民主的道路，这对日本人民是有利的，申明"政治三原则"、"政治经济不可分原则"、"贸易三原则"是基于中日友好提出的，必将促进中日关系的发展。中日两国恢复了自"长崎国旗事件"以来中断了的双向交流。而在这一系列的民间交流中，日本经济界人士高碕达之助访华具有更加重要的意义。

  1960年10月10日，日本经济界著名人士高碕达之助率日本实业界代表团访问中国。高碕达之助1941年任日本"满洲重工业开发公司副总裁"，1942年任总裁，曾任中国伪满政府经济顾问等职。第二次世界大战后他出任农林省顾问，1958年任岸信介内阁通商产业大臣，是万隆会议日本政府代表团团长，晚年致力于中日友好事业。在万隆会议期间，高碕达之助曾经与周恩来总理有过接触，很钦佩周恩来的人格，对周恩来在万隆会议上给日本代表团的关照与帮助，心存感激。高碕达之助认为日本经济要发展，就必须与中国进行经济贸易往来。周恩来总理会见高碕达之助，阐明了中国方面对于中日关系现状的看法，认为战后

[①] 《周恩来外交文选》，第304页。

15年来，中日关系处于不自然的状态中，但是这个责任不在中国方面。中日两国人民是愿意彼此友好的。表示"很高兴地看到中日两国人民之间的友好关系正在一天天扩大，友好来往正在一天天增加，这将有助于远东、亚洲和世界的和平"①，重申要改善中日关系的最起码条件就是：不应互相敌视，中国并不敌视日本，日本不应敌视中国；中国承认日本，日本不应追随美国，参与搞"两个中国"的阴谋；不应阻挠而应促进中日两国关系向着正常化发展。实际在强调"政治三原则"的立场，表示中国愿意根据和平共处五项原则和万隆会议十项原则来恢复中日两国的关系，促进中日两国人民的友好合作。周恩来总理欢迎高碕达之助先生以个人身份在万隆会议十项原则的基础上，来探讨改善中日关系的一切可能办法。

高碕达之助表示自万隆会议后的五年来一直期望访问中国，现在终于实现了这个愿望，这将使他终生难忘。高碕达之助表示非常遗憾中日关系现在处于不正常状态。他本人参加了签订万隆会议十项原则，更加感到责任重大。他认为战后15年来，中日关系处于不正常的状态，其责任不在中国方面，也不在日本人民方面，这次来中国就是要同周恩来总理共同探讨责任之所在，找出消除遮盖在中日关系上的乌云。他表示愿把今后余生用在改善中日关系上。高碕达之助一行游览了北京，北京与20年前相比，发生了巨大变化，他认为这都是因为中国有了好的领导，有了好领导，才能建设好的国家，日本政府应该考虑这些问题。高碕达之助等还访问了东北、河南等地，感受到了新中国经济建设的成就和人民精神面貌的变化，他表示要把看到听到的事实告诉日本朋友。高碕达之助认为现在中日双方对彼此的真实情况缺乏了解，希望有更多的中国人士访问日本，希望更多的日本人士继续访问中国。

周恩来总理表示中日进行相互访问、友好往来、相互交谈，对于促进两国人民的相互了解大有好处，"现在中日两国人民最关心的，是如何恢复中日两国正常关系的问题，而在目前，这个问题的解决还遇到障碍，我曾说过，这个阻碍的责任不在中国方面。我并且坚决相信，日本绝大多数人民是愿意促进两国友好、实行和平共处、改善两国关系的"②，周恩来

---

① 《战后中日关系文献集（1945—1970）》，第521页。
② 同上书，第532页。

对高碕先生愿意把他的余生为恢复中日邦交、促进中日友好而努力的良好愿望表示欢迎,并相信在中日两国人民的支持下,这一愿望一定能够实现。

20世纪60年代初,中国积极促进中日两国各个方面的往来,不仅恢复了岸信介内阁时期中断的中日经贸往来,而且扩大了与日本文化、政党等方面的交流,中日关系出现了良好的势头。

当然,在当时的形势下,日本政府还没有勇气根本改变追随美国的政策,中日关系不可能取得实质性进展。1960年9月,美国操纵联合国将所谓"西藏问题"塞进大会议程,公然干涉中国内政,日本对这个议案投了赞成票。池田内阁成立不久,就派出了以日本参议院议长松野鹤平为首的代表团访问中国台湾,松野在台湾表示"日本的池田新政府绝不承认共产党中国"①,日本希望与中国台湾、南朝鲜加强合作。20世纪60年代,中日民间贸易和民间交流发展总的来说,虽然比岸信介时代有了进步,但是与中日两国人民的期望相比差距还很大。

1960年12月19日,首相池田勇人在参议院预算委员会回答社会党提出的与中共缔结政府间贸易协定的问题时,认为:"根据外务省对'中共'分析,政府内部达成一致意见。如果政府间的贸易协定,恐怕涉及承认中共问题,我还不能决心这样做。但是,如果不是以正式恢复外交关系,而是具体地加强贸易或按国际惯例,即使不承认该国,但在有关的特定的事项如邮政、气象等等方面进行相互协商,我还是赞同的。因此,问题是如果不涉及是否承认中共的问题,我想促进两国间的对话还是可以的。在贸易上,现在还是希望在日中间采取积累方式进行。"② 这表明池田内阁虽然对中日贸易采取支持态度,不像岸信介内阁那样实行露骨的反华政策,但是,还没有勇气实际推进中日官方关系,实际是在坚持"政经分离"前提下,与中国进行往来交流。在这样的政策下,不可能指望中日关系取得突破。

中日贸易进展状况以数字为例,"1957年日本与共产党国家的贸易中,日中贸易占90%,而1961年日中贸易仅占其中的10%"③,即使考

---

① 《战后中日关系文献集(1945—1970)》,第522页。
② 《朝日新闻》(东京)1960年12月20日第一版。
③ 《日中交涉密录》,第33页。

虑到中国农业歉收带来的消极影响，中日贸易也不至于占如此小的比例。中国强调要在"政治三原则"下发展中日关系，在中日两国关系尚未恢复正常、政府性协定尚未签订之前，愿意同表示友好的日本民间企业签订个别贸易合同。

周恩来总理指出，中日双方应该向前看，中日两国人民要永远友好下去。"日本军国主义曾经给中国人民造成灾难，同时也给日本人民造成了灾难。这个事情教育了中国人民，使中国人民懂得如何抵抗外来侵略者，使中国人民懂得了一切侵略者必然会遭到失败。新中国是反对侵略的，也不会侵略别人，因为我们知道，侵略者必定失败。"[①] 从中日友好的愿望出发，中国提出了"政治三原则"和"贸易三原则"，在一个时期内中日邦交不能恢复，不能签订政府间的协定，我们就进行民间往来，以促进友好。

由于池田内阁仍然坚持"政治经济分离"发展中日贸易，导致中日两国民间贸易发展的速度比较缓慢，中日民间交流也一度出现了困难和问题。1961年7月，池田政府拒绝出席即将召开的日本共产党第八次代表大会的中国共产党代表团和其他国家共产党代表团进入日本，阻挠中国共产党与日本共产党的礼节性往来，表明日本政府继续采取敌视中国的政策。1961年12月，联合国召开大会，讨论恢复中华人民共和国在联合国合法权利的问题。日本政府在这届联合国大会上，继续追随美国，把恢复中国在联合国的合法权利这个纯属程序性的问题，规定为需经大会2/3多数通过的所谓"重要"问题，反对关于驱逐蒋介石集团的代表和恢复中国在联合国合法权利的提案。这表明池田内阁虽然在发展中日关系上，比岸信介政府有所前进，对发展中日贸易表现出积极的态度，但是日本政府没有勇气摆脱美国的束缚，在中日关系上做出实质性的举措。中国批评日本政府继续奉行敌视中国政策，也相信中日两国友好的趋势是不可改变的，敌视中国的政策终究会失败，中日关系要发展就必须坚持"政治经济不可分"原则，希望日本政府改变对华政策，采取切实可行的措施，推动中日关系迈向新的阶段。

[①] 《战后中日关系文献集（1945—1970）》，第542页。

第四节 以"积累渐进"方式推进半官方关系

为了促进中日"民间外交"继续向前发展，中国继续坚持"以民促官"的对日方针，加强与日本各界的交流，从下到上推动日本政府根本改变对华政策。在"政治三原则"、"贸易三原则"、"政治与经济不可分原则"等方针原则的基础上，中国又提出了以"积累渐进方式"发展中日关系的新举措。所谓"积累渐进"，不仅包含经济贸易的交流，还包括发展两国的政治关系、促使民间交流向官方关系迈进的内容，旨在通过中日两国民间、经贸的不断积累，使中日关系出现"质"的飞跃。以"积累渐进"的方式发展中日关系，终于在20世纪60年代使两国关系达到半官方水准。

一 "LT贸易"，中日关系从民间到半官方

中国提出"民间先行，以民促官"的对日方针，就是要通过民间往来促进官方关系、通过经济贸易交流促进两国政治关系的发展。20世纪60年代初，中日两国恢复了因岸信介内阁破坏而中断的民间贸易后，中国继续推进两国贸易发展，并试图把贸易关系上升到更高的层次，促进中日两国政治关系的建立。为此，中国领导人决定以周恩来、陈毅的名义，再度邀请松村谦三访问中国。松村谦三愉快地接受了邀请，决定以个人身份与中国领导人就中日关系所面临的问题交换意见。1962年9月12日，松村谦三率代表团第二次访问中国。此时正逢中国传统的中秋佳节，周恩来在欢迎会上，用"花好、月圆、人寿、年丰"表示对中日关系向前发展的祝福。周恩来与松村会谈中，重申了"政治三原则"、"贸易三原则"和"政治经济不可分原则"，认为政治问题是其他一切问题的基础，在进行经济对话前，必须先谈政治问题，强调"中日两国尽管社会制度不同，但是，应该遵守互相尊重主权和领土完整、互不侵犯、互不干涉内政、平等互利和和平共处的五项原则。"[①]为此，中日两国人民应增加互相往来和互相了解，日本政府必须改变敌视中国的态度，在"政治三原则"的基础上，进一步发展经济往来，努力促使中日邦交正常化。在这次访问

[①] 《战后中日关系文献集（1945—1970）》，第637页。

中，中日两国一致同意用"积累、渐进"方式促进中日关系的发展，"积累渐进"的方式不仅适用于中日两国的经济贸易方面，也同样适用于两国发展政治关系。

为了实现"积累渐进"方式发展中日关系，双方同意扩大中日贸易，在两国之间设立联络机构，中国方面由廖承志负责，日本方面物色适当的人选。这次会谈，中日双方同意将互相尊重、经济与政治关系同时发展，作为扩大中日贸易的基本原则，充分体现了"政治经济不可分"精神，将两国民间外交向前推进了一大步。松村先生的秘书田川诚一参加了会谈，他认为："把这次访问看作中日关系正常化的起点，绝不为过。会谈中强调了日本的立场，从更广泛的意义上讲，打开中日关系是从这里开始的。"[①] 周恩来指出："中日两国人民都具有恢复中日两国正常关系、发展两国经济文化关系、增强两国人民之间友好合作的愿望。中国人民和中国政府认为，中日两国尽管社会制度不同，但是，应该遵守互相尊重主权和领土完整、互不侵犯、互不干涉内政、平等互利和和平共处的五项原则。为了实现中日两国人民的上述愿望，中日两国人民要增加互相往来和互相了解。""我们两国、首先是两国人民，应该采取渐进和积累的方式，把两国的政治和经济关系发展起来，以利于促进两国关系正常化。"[②] 表达了中国希望中日两国政治关系和经济关系平行发展、相互影响、相互促进的愿望。"积累渐进"方式成为以后发展中日关系的"名言"，它实际是"政治经济不可分"的具体体现，这一方式加快了中日恢复官方关系的进程。

1962年10月26日，日本自民党国会议员、前通商产业大臣高碕达之助率领由42人组成的大型代表团访问中国，代表团成员有日本政治家、大企业主、厂商、贸易界人士。这次访问主要是为了完成松村谦三访问中国时所确定的建立中日两国贸易联络机构的任务。周恩来总理说：松村先生访问中国时，双方都表示了进一步促进和发展中日贸易关系的愿望。双方一致认为，应该采取渐进和积累的方式来谋求中日两国关系包括政治和经济关系在内的正常化。希望高碕先生这次能够在这个政治谅解的基础上，进一步促进和发展中日贸易关系。高碕达之助表示："我来中国访问

---

① 《日中交涉密录》，第51页。
② 《战后中日关系文献集（1945—1970）》，第637、638页。

的目的就是要实现上次松村先生在中国访问时，同中国方面就两国贸易关系所达成的协议的"，"我和松村经常谈到，要把各自的余生用来促进中日邦交正常化方面，在此以前，两人都不要死去"①，日中贸易关系的发展应逐步进行，就像挖渠一样，我们从日本方面挖，中国从这个方面挖，大家用同样的速度，挖到中间携起手来。中日两国贸易联络机构将成为实现"积累渐进"方式发展中日关系的第一个直接成果。

根据扩大中日贸易的宗旨，以廖承志为首的中国谈判代表团与高碕达之助等人会谈，双方签署了《日中长期综合贸易备忘录》，达成了第一个长达五年（1963—1967）的长期贸易协议。双方同意在平等互利的基础上，采取渐进的、积累的方式，进一步发展两国的民间贸易。备忘录开列了双方有计划地长期供应的主要商品货单，平均每年进出口交易总额约为3600万英镑（约1亿美元），中国出口的商品主要是煤、铁砂、大豆、玉米、杂豆、盐、锡及其他商品，日本出口的主要是钢材（包括特殊钢材）、化肥、农药、农业机械、农具、成套设备以及其他商品。中日两国实现了贸易协定的长期化和稳定化。

为使中日贸易能顺利进行，双方各自指定了联系人，政治方面的联系人分别是廖承志和松村谦三，经济方面的为廖承志、刘希文和高碕达之助、冈崎嘉平太。双方还将在对方国家设立联络机构，中国成立廖承志事务所，日本成立高碕达之助事务所。这两个机构名义上是民间的，但是机构的双方代表分别是中国外贸部的干部和日本通产省的负责人，所需经费分别由两国政府负责承担，两国的贸易机构实际都有政府背景。双方同意相互在对方国家设立常驻联络机构，互派常驻记者。为明确把握有关按照备忘录进行贸易的货款支付情况，中日双方各自选择一个外国汇总银行，相互联络两行所采取的必要统计措施。备忘录贸易项下的交易合同，以廖的英文第一个字母L和高碕的罗马字标音的第一个字母T作为编号，第一年度为LT/1，第二年度为LT/2（以下同）。因此，备忘录贸易又称"LT贸易"。

《日中长期综合贸易备忘录》是综合性的长期的民间贸易，为中日贸易的发展开辟了又一个新的平等互利的途径。备忘录充分体现了"政治经济不可分原则"，两国政府对商业合同予以保证。中国从日本进口成套

---

① 《战后中日关系文献集（1945—1970）》，第644页。

设备,延期付款,卖方使用日本输出入银行的贷款,实现了中国提出的"贸易三原则"中的"政府协定,民间合同"的主张,表明中日贸易关系实质上已经具有半官半民的性质。《日中长期综合贸易备忘录》的签订,是20世纪50年代以来中日民间贸易发展的结果,与中国制定的一系列发展中日关系的原则方针的指导是分不开的,证明中国关于中日关系发展的方针策略是符合两国人民利益和两国关系发展实际的,是切实可行的。

继LT贸易备忘录后,1962年12月15日,日本日中贸易促进会、日本国际贸易促进协会、日本国际贸易促进协会关西本部组成代表团,对中国进行了友好访问,并与中国国际贸易促进委员会签订了《友好贸易议定书》。双方表示在坚持"政治三原则"、"贸易三原则"和"政经不可分原则"的基础上,为加强两国人民间的友好贸易关系,促进中日两国关系正常化而共同努力。双方同意相互在对方国家单独举办商品展览会,相互邀请经济、贸易界人士和有关团体进行访问,促进技术交流,加强两国银行间的联系,由两国银行间直接开立信用证。"议定书"与"LT备忘录"是20世纪60年代中日贸易的两个渠道,在促进中日贸易的发展,推进邦交正常化方面起了重要的作用,廖承志称其为推动中日关系的"两个车轮"。

1963年1月23日,周恩来总理接见日中渔业协议会会长、自由民主党党员平冢常次郎时,高度评价了中日备忘录贸易和日本各界为此做出的努力,"高碕先生能够有勇气来同廖承志先生达成了协议,这说明他反映了日本执政者当中一部分愿意和中国友好的人士的愿望,反映了社会上愿意和中国友好的人以及广大的日本人民的愿望。对于我们来说,我们对于那些愿意和中国友好,不愿追随美国的如平冢先生和河野、高碕、石桥、松村先生当然是欢迎和支持的,就是对于那些追随美国,对这个不太友好的人,如池田和池田内阁的一些人,如果他们在某个时期,讲一些对中国友好的话,向同中国友好转化一些,我们在一定程度上也是欢迎的"[①],希望在平等互利基础上发展中日两国的贸易,增进亚洲两国重要国家的友好。

1963年6月,作为"LT贸易"的一项,关于中国从日本进口成套设

---

① 中华人民共和国外交部档案:《周恩来总理接见平冢常次郎记录》,档案号:105—01216—17。

备条款，中国进出口公司与日本仓敷人造丝株式会社签订了由日本进口维尼纶成套设备的合同。日本厂商出口成套设备，一般都使用日本输出入银行贷款，采用延期付款的方式，贷款条件比商业银行优惠，而此前日本政府原则上不向社会主义国家提供这类优惠条件。在松村谦三、高碕达之助等人的努力下，池田政府于1963年8月批准了这项合同使用日本输出入银行的贷款，采用延期付款的方式，期限为五年。这项合同使用日本输出入银行的贷款，为日本厂商与中国进行贸易提供了前所未有的优惠条件，增强了日本经济界、企业界与中国开展贸易的信心。"LT贸易"协定中，日本政府承担了一定的责任，实现了"民间协议，官方挂钩"，这不仅有利于中日两国民间贸易的发展，而且为中日两国政府间沟通奠定了基础，向中日政治关系的改善迈出了重要的一步。

二 "积累渐进"促进中日关系"质"的飞跃

以"积累渐进"的方式推进中日关系，既包括经贸领域的合作，也包括政治关系的推进。在中日签署《长期综合贸易备忘录》，将经贸合作发展到半官方水平后，中国方面继续努力，以"积累渐进"的方式，推动两国政治关系的发展。

石桥湛山在20世纪30年代曾经提出著名的"小日本主义"，反对日本侵略中国，主张在平等互利的基础上开展日中贸易。提醒日本政府一再使用武力将给日本带来灾难。但是，在"九一八"事变后日本国内的一片侵华狂潮中，"小日本主义"并没有产生多大影响。石桥湛山于1956年12月当选为日本首相，两个月后因身体原因辞职。石桥湛山一向对中国持友好态度，主张在日苏实现邦交正常化后，应该将重点放在日中关系正常化上。他病愈后，立即为中日友好而奔走。1959年9月，石桥湛山作为日本前任首相访问中国，与周恩来发表会谈公报，表示中日两国应友好相处。1963年10月，石桥湛山作为中国人民的老朋友再度访问中国，周恩来总理会见了石桥湛山，明确提出以"积累渐进"方式推进中日邦交正常化。这次石桥湛山再度访问中国，周恩来在与石桥湛山会谈中强调，中国政府一贯坚持一个中国的立场，要恢复中日邦交，就必须废除日本与中国台湾签订的所谓"和约"。周恩来认为对待日台"和约"有四种方式：一是日本废除日台"和约"，与中华人民共和国缔结和约，这是最好的方式，但是现在日本政府这样做有困难。二是如果日本不废除日台

"和约"，另外又和中华人民共和国签订和约，这对我们来说也有困难，会造成"两个中国"，甚至比"两个中国"更坏。中国不能存在两个政府，这从道理上讲不通。三是日本现政府的负责人，首相或外相，来访问新中国，并且发表声明，明确指出只承认中华人民共和国政府代表中国。这样两国之间虽无和约，但可以友好相处，为促进亚洲的和平而努力，战争状态也就不存在了。这是最有勇气的做法，但是日本现政府的负责人没有这种勇气。四是前任首相来访问中国，发表声明，承认新中国。这是间接方式，也是积累、渐进的方式。① 周恩来认为，现在中日两国实际在采取第四种方式，我们应采取第四种方式而争取第一种方式，希望石桥先生为此做出努力。

对于中国提出的以"积累渐进"方式发展两国政治关系的主张，石桥湛山作为日本政治家，很了解日本国情和民众思想，他提醒周恩来，希望中国注意到日本国民当中，特别是在基层，有些人对中国台湾有感情，反对以及阻碍日本和中国友好。右翼势力就是这些人的代表，不能忽视这种感情。社会党的片山哲、浅沼稻次郎主张中日友好，但是，他们在日本影响力有限，要真正形成一股力量推进中日关系，必须采取其他办法。周恩来对于日本社会的"台湾情结"做了具体的分析，指出日本有一部分人对中国台湾有感情，这种感情要分析，要看它是什么感情。冷静分析，有三种感情。"第一种是过去的殖民主义的感情。他们认为台湾是日本的殖民地，中国曾经把它割让给日本，同日本有50年的关系。今天日本仍有一部分人抱有这种殖民主义的思想，希望台湾从属于日本，认为台湾既然没有直接在中华人民共和国管辖之下，就应该仍然回到日本的手里。这种想法是不正义的，是帝国主义思想，凡是有正义感的人都不会赞成这种想法。廖文毅一派所以能一直在日本活动，就是因为有极少数的日本人在支持他们，当然主要还是美国搞的。这种感情，不是大多数日本人的感情。中国人当然反对这种感情，就是蒋介石也反对。第二种感情是军国主义的感情。第三种是经济来往的感情，日本和台湾有几十年的经济关系，贸易关系十分密切，日本从台湾进口糖，向台湾出口货物也很多。这种感

---

① 见中华人民共和国外交部档案《周恩来总理接见石桥湛山谈话记录及外交通报第109期》，档案号：105—01216—06。

情倒容易理解，我们并不反对。"① 周恩来认为上述三种感情中，前两种是对中国人民不友好的，是极少数人，任何国家，人们的感情不可能都百分之百正确，总会有一些不健康的感情。但是，政府要区别多数和少数，特别是要区别绝大多数和极少数。周恩来认为，日本的在野党和民间团体代表了日本人民要和中国友好的愿望，执政党也可以为友好做出努力。中国一直主张不仅中日两国人民要友好，两国政府也要逐步走向友好。周恩来赞赏石桥湛山两次来中国访问为中日友好做出的努力，再次郑重强调台湾问题是中国内政，"中日两国恢复邦交是要经过一段曲折的道路的，不可能一下子解决，但是只要我们推进，采取积累方式，就可以解决"②。"积累渐进"的方式，是量变与质变辩证原理在推进中日关系中的具体运用，中国相信经过两国人民的努力，通过不断的"积累和渐进"，中日关系肯定会产生"质"的飞跃。

中国对中日关系发展中"量"的积累充满耐心和信心，在各种场合阐述发展中日关系的"积累渐进"方式，希望这个方式能对日本政府有所触动。1964年2月，周恩来又指出："继续采取'积累的方法'有助于改进两国关系，我们表示支持；但是，这并不能迅速实现恢复中日邦交的目的。因此，为了尽快地满足两国人民的热望，希望能够看到日本政府采取果断的办法，改变中日关系的现状。"③ 1964年1月，西方大国法国与中华人民共和国建交，引起了强烈的震动。周恩来认为法国与中国建交，说明美国对新中国采取的鸵鸟政策是失败的。如果日本政府不改变现行的对华政策，而一味地追随美国，只能使自己越来越孤立。

日本政府虽然在中日长期贸易方面有所前进，中日关系上升到半官方或者准官方的水平，但是，外交上依然以"日美同盟"关系为基轴。为了不得罪美国，日本政府公开表示与中国贸易要实行"政治经济分离"的原则。1964年3月，日本外务省关于中国问题的统一见解中，坚持"继续维持与国民政府间的正常外交关系，同中国大陆在政经分离的原则下，维持贸易事实关系是最切合实际，可以维护日本国利益的政策"④，

---

① 《周恩来外交文选》，第342—343页。
② 同上书，第348页。
③ 《战后中日关系文献集（1945—1970）》，第713页。
④ 同上书，第715页。

认为中法建交不会对联合国关于中国代表权问题有决定性的影响，日本不想改变基本的对华态度。这表明中日两国虽然发展到了半官方关系，但是，离正式恢复邦交还有很大距离。用"积累渐进"方式推动中日邦交正常化任重而道远。

三 "友好当先，抵抗在后"

以"积累渐进"方式推进中日贸易发展到半官方水准后，两国贸易额迅速上升，1963年中日贸易额创历史最高水平。根据中日备忘录，两国之间互设常驻办事机构、互派常驻代表被提上议事日程。中国有关部门负责人为设立中日常驻机构开始与日本交涉。1964年1月，中国人民外交协会理事孙平化随中国青年京剧团访问日本。遵照中共中央的指示精神，孙平化同松村谦三、古井喜实举行了会谈，交换关于在日本互设常驻机构和交换常驻记者的意见。1964年2月，日本众议院议员、松村谦三的秘书田川诚一就日本家属来中国扫墓以及交换记者等问题访问中国，双方就互设常驻机构和交换记者问题取得一致意见，并为松村谦三第三次访问中国做好了准备。

中法建交，表明中国已经改变了"一边倒"的方针，与资本主义国家的"中间地带"发展和平友好关系。如前所述，中法建交在西方世界引起了强烈反响，也引起了日本国内有识之士的关注。但是，日本政府却继续奉行追随美国的外交政策，敌视中国。中法建交后，日本外务省发表评论说："希望不要扰乱自由诸国的团结，我国多数人认为应该与有正式外交关系的'国民政府'继续发展善邻友好关系。"[①] 在对华关系上没有任何松动的迹象。然而，法国毕竟是西方大国，日本政府不能完全无视中法建交在世界上的影响，它通过各种途径，希望了解中国与法国建交后中国国内形势的发展。

1964年4月，松村谦三第三次访问中国。周恩来总理在会见松村谦三时进一步强调了中国发展与不同社会制度国家关系的原则，指出，现代每个国家都不能闭关自守、孤立起来。真正的独立并不排斥国际合作，即同真正的友好国家合作。中国的政策是："凡是对我们友好的国家，我们就以更友好的态度对待他们；如果敌视我们，我们就以同样的态度进行抵

[①] 《日中交涉密录》，第52—53页。

抗。也就是说，我们在推进友好方面是积极主动的以友好的态度求得同人家的友好相处的；如果谁敌视我们，我们将进行抵抗，但是敌视不为人先，这是我们的原则。这些原则用两句话来说，就是友好当先，抵抗在后。"[①] 周恩来认为，日本人民愿意同中国友好相处，日本执政党和政府的多数人也愿意恢复两国邦交，不过因为形势的关系还不能实现。周恩来对中日邦交正常化非常有信心，他表示相信，东京的蒋介石大使馆必将会被中华人民共和国的大使馆所代替。

松村谦三访华期间，廖承志办事处与高碕办事处负责人进行了会谈，双方签订了关于互派代表并互设联络事务所的会谈纪要。双方达成协议，廖承志办事处派驻日本的代表，其办事机构名称为廖承志办事处驻东京联络事务所。高碕办事处派驻中国的代表，其办事机构名称为高碕办事处驻北京联络事务所。虽然高碕达之助已经于1964年2月逝世，但是，日方为了纪念他，仍然使用高碕达之助的名字作为日本办事处的名称，由冈崎嘉平太担任负责人。双方暂时各派代表3人，随员2人，共5人，以后可根据工作需要经双方协商后增加人员。双方的人选，中国方面由廖承志办事处负责决定，日本方面由高碕办事处负责决定。双方代表的一次停留时间定为一年以内。因为是民间机构，双方约定，常驻机构不享受外交特权，不挂国旗，不使用密码电报。双方政府负责保证对方常驻人员的安全。

廖承志办事处和高碕办事处还就中日双方交换新闻记者达成协议，中日双方交换新闻记者的人数各为8名以内。双方记者在对方国家一次停留时间为一年以内。双方互相保证对方记者的安全，互为对方记者提供采访的方便，双方记者要遵守驻在国的外国记者管理规定。1964年8月，中方代表到达东京，开设联络处，1965年1月，日方代表到北京开设联络事务所。9月，中日双方的记者分别到达对方国家。中国到日本的常驻记者分别来自新华社、《人民日报》、《大公报》、《北京日报》、《中国新闻》、《光明日报》、上海《文汇报》等著名媒体；日本9名记者来自日本很有影响的《朝日新闻》、《每日新闻》、日本广播协会等机构。中日两国的交换记者在客观报道对方国家的情况，促进中日两国的了解和友谊方面，发挥着桥梁和纽带的作用。常驻机构的建立和交换常驻记者，是

---

① 《周恩来外交文选》，第406页。

"积累渐进"推进中日关系的直接成果。

四 中日友好协会的成立

随着以"积累渐进"的方式将中日民间贸易发展到半官方水准，中国认为成立专门的中日友好机构的时机已经成熟，毕竟日本的日中友好协会已经成立10余年了，中国成立对应的民间机构，对于增进两国民间的往来、增进了解和友谊将有重要意义。1963年10月4日，由中国人民对外文化友好协会、中国人民外交学会等19个民间团体发起的中国日本友好协会成立。陈毅副总理等党和国家领导人出席了大会。

大会选举郭沫若为名誉会长，廖承志为会长。郭沫若在成立大会上指出，中日两国是近邻，中日两国人民应该友好相处。中日两国尽管社会制度不同，但是我们应该本着和平共处五项原则和万隆会议十项原则友好相处，应该广泛发展中日两国的经济贸易和文化友好关系。"中日两国人民和各国人民的友谊以及各国人民要求友好相处的力量，像历史洪流一样，会冲破一切阻碍，不断地向前推进！我深信，鉴真上人和阿倍仲麻吕的时代，在中日两国人民友好相处的关系上，必将再一次地到来，而且长远地继续下去。"[1] 廖承志会长在讲话中也表示，中日两国人民的友谊，不仅符合两国人民的利益，而且对保卫亚洲和世界和平也将具有重大意义。多年来的事实证明，尽管有些外来势力，在千方百计地阻挠和破坏中日之间的友谊，但是他们都是枉费心机的，中日两国人民之间的友好关系，必将日益巩固和发展起来。郭沫若和廖承志的讲话，都体现了中国希望发扬中日友好的传统，继续友好事业的愿望。

日本前首相石桥湛山、日中友好协会代表团团长宫崎世民等在成立大会上讲话，祝贺中日友好协会成立。中日友好协会向日本的日中友好协会发去电报，向日本为中日友好事业作出重大贡献的日本人民致意。日本著名人士、政治家纷纷对中日友好协会的成立表示祝贺，大会收到日本各友好团体的贺电多达百余封。

中日友好协会是中国著名的人民团体，协会的负责人有留学日本的经历，与日本政经、文化界都有着比较深厚的渊源，与日本著名人士保持着个人友谊，在日本有一定的影响力。中日友好协会自成立之日起，就发挥

---

[1]《战后中日关系文献集（1945—1970）》，第677页。

民间团体特有的优势,将中国的对日方针贯彻到具体的对日交往活动中,在民间层面推进中日关系。中日友协的成立,是中日两国人民友好交往历史上的一个里程碑。

中日友好协会成立后,两国民间交流不断发展和扩大。1963年10月5日,日本工业展览会在北京举行,这次日本商品展览会规模比1956年的要大,而且展出的商品种类也有很大不同,其中重工业、化学工业、轻工业机械等生产资料的商品占了80%,对中国经济建设、社会发展起到了积极的作用。

中国有关民间团体和组织,重视发掘历史上中日两国人民友好交往的典型事件,发扬传统友谊。1963年11月,中国佛教协会邀请日本佛教代表团访问中国,共同纪念鉴真和尚逝世1200周年。两国佛教协会要继续研究和交换有关鉴真和尚的文物资料,共同为两国人民交流作出新贡献。

1963年11月,中国渔业协会与日本渔业协议会本着平等互利、和平共处的原则,再度签订了关于黄海、东海渔业的协定。协定对适应的海域、渔区名称、位置、作业秩序、紧急事故寄泊、海难救助等都做了详细规定,中日双方渔业作业都遵守协定的规定。

1963年12月,日本岐阜县向杭州市赠送了"日中不再战"的石碑。杭州市市长根据周恩来总理的指示,向日本朋友表示,中国人民愿意与日本人民世世代代友好相处。此后,"中日两国人民世代友好"就成为表达两国人民共同愿望的用语而被广泛流传。1963年12月25日,中日友协与日中友协签订了《关于1964年度中日两国人民友好交流议定书》,制定了1964年两国友好交流计划。1964年10月,在中华人民共和国成立15周年之际,日本松山芭蕾舞团第二次访问中国,在中国演出38场,毛泽东、周恩来、朱德等党和国家的领导人观看演出,称赞他们为中日友好所做的努力。1964年日本开展了恢复日中邦交3000万人签名活动,在日本各地产生了极大影响,获得了日本各界人民的广泛支持。中日友好协会成立后,"民间外交"更显示出其勃勃生机。

第四章

推动中日实现邦交正常化

中国制定了一系列推动中日邦交正常化的策略，中日关系逐渐从民间上升到半官方层面，两国关系发展呈现出良好态势。20世纪70年代初，国际形势出现了新的变化，中美关系缓和，影响了中日关系的进程。中国根据国内外形势的变化，不失时机地制定了恢复中日邦交正常化的具体方针、步骤，使中日邦交正常化的战略目标终于在20世纪70年代初得以实现。

第一节 "中间地带"理论下的对日政策

20世纪60年代，冷战下的世界形势发生了极大的变化。社会主义阵营和资本主义阵营内部都发生了矛盾和分化，中苏两个社会主义国家在意识形态领域的分歧导致国家关系进一步恶化。中国对外政策也从"一边倒"变成了"两个拳头打人"。中国在国际关系中更加重视团结"中间地带"的国家，共同反对霸权主义。20世纪60年代中期以后，佐藤荣作担任日本首相，日本的对华政策出现了倒退。中国一方面与佐藤倒退中日关系的做法斗争，另一方面加强与日本民间的交往，力图推进中日关系向前发展。

一 重视位于"中间地带"的日本

随着世界形势的发展，美国封锁中国的政策越来越不得人心，并逐渐走向破产，西方阵营中承认中华人民共和国、与中华人民共和国建立外交关系的国家不断增加，中国在国际舞台上发挥着越来越重要的作用。总的来看，世界形势的发展对于中国越来越有利。同时，中国面临的国际形势依然严峻。由于苏联在社会主义阵营内推行霸权主义而出现分裂，中苏关系日趋紧张。苏联共产党长期以来以"老子党"自居，要求各个社会主义国家服从苏联的指挥，它不满意中国共产党不听"老子党"指挥、独立自主地建设社会主义,在政治、经济、军事等各方面向中国施加压力。从 1960 年 8 月苏联在新疆挑起第一次边界事件到 1964 年 10 月,中苏两国间共发生 1000 多起边界事件。① 1962 年 4 月,更发生了苏联策动新疆塔城、裕民、霍城 6 万多人逃往苏联的严重事件。中苏经过多次边界谈判,虽然冲突停止,但是两个社会主义国家之间的紧张关系并没有缓和迹象。1964 年苏联领导人赫鲁晓夫下台,中国希望苏联最高领导人更换以后,中苏关系能够得到改善。而苏联新领导人勃列日涅夫认为赫鲁晓夫下台是因为工作作风和方法问题,在政治方向和对华关系上依然坚持赫鲁晓夫的方针、路线,没有改善中苏关系的愿望。美国继续在政治上敌视中国,将中国视为世界和平的最大威胁,在亚洲构筑从韩国、日本、中国台湾到菲律宾、印度支那对中国的战略包围圈,继续阻挠联合国讨论恢复中华人民共和国的合法席位。

在复杂变幻的国际形势下,中国继续坚持独立自主的和平外交政策,与苏联大党、大国主义做坚决的斗争;反对美国包围中国的政策,努力争取更加广泛的国际支持。在强大的外部压力面前,中国把反对帝国主义、反对修正主义作为基本的外交战略目标,实行"两个拳头打人"的政策,既反美又反苏。中国重视与西方阵营中的国家建立和发展友好关系,强调不同制度的国家可以和平共处,改变了外交上"一边倒"的方针,在反美、反苏斗争中更加注重团结广大"中间地带"的国家和人民,支持亚非拉民族解放运动,以赢得更多国家的支持。中国对各个资本主义国家采取不同的政策,积极寻找新的外交空间,重视周边环境的安全与稳定,中国希望与处于"中间地带"、一衣带水的日本改善关系。实事求是地说,20 世纪 60 年代中后期,中国共产党的指导思想发生了"左"的偏移,不仅在指导国内经济建设中出现了"左"的错误,把社会主义社会在一定范围内的阶级斗争扩大化和绝对化,而且在外交方针和政策上也有片面、绝对的倾向。但是,对于中日关系发展前途的估计还是比较客观、符合实际的。

早在 1946 年,毛泽东在分析第二次世界大战后世界格局变化时,就提出了"中间地带"理论,认为在美国和苏联之间有极其辽阔的中间地带,欧、亚、非三大洲的许多国家都属于这个地带,这些国家中既有资本

---

① 《人民日报》1969 年 5 月 25 日。

主义国家也有殖民地半殖民地国家，也就是说，在美苏之间的众多国家都值得中国共产党人注意和争取。1954年，毛泽东在谈到美国反攻战略时，提出了美国企图占领和控制"中间地带"，他认为：美国"首先是占据日本到英国这个中间地带。美国在北美洲处在这个中间地带的那一边，苏联和中国处在这一边。美国的目标是占领处在这个广大中间地带的国家，欺负他们，控制他们的经济，在它们的领土上建立军事基地，最好使这些国家都弱下去，这包括日本、德国在内"[①]，将日本视为"中间地带"的主要国家。为了团结广大的日本人民，发展中日友好，共同反对美国在亚洲称霸政策，中国有必要与日本联合起来，对日本采取与美国不同的政策。

1962年1月，毛泽东同日本禁止原子弹氢弹协议会理事长安井郁会谈时，使用了著名的"中间地带"理论。毛泽东把日本、英国、德国等资本主义国家视为"中间地带"，认为它们与美国之间存在着控制与反控制的斗争。毛泽东提出："社会主义阵营算一个方面，美国算一个方面，除此以外，都算中间地带。但是，中间地带国家的性质也各不相同。"[②]有些国家有殖民地，如英、法、荷等国；有些国家被剥夺了殖民地，但仍有强大的垄断资本，如西德、日本；有些国家取得了真正的独立，还有一些国家取得了名义上的独立，实际上是附属国。毛泽东指出，美帝国主义欺负日本人，欺负中国人，全世界人民都受到美帝国主义的欺负。日本人民进行着反对帝国主义压迫的斗争，中国支持日本人民的反美斗争。中国共产党从反对美国压迫的角度，论述了中国人民和日本人民在反美斗争中的一致性，希望中日两国能够在反对霸权主义、维护地区稳定中携起手来。

1963年9月，毛泽东在中央工作会议上第一次提出了"两个中间地带"的理论，他说："我看中间地带有两个，一个是亚、非、拉，一个是欧洲。日本、加拿大对美国是不满意的。以戴高乐为代表的，有六国共同市场，都是些强大的资本主义国家。东方的日本，是个强大的资本主义国家，对美国不满意，对苏联也不满意。"[③]东欧各国反对苏联的控制，法国等西方国家也不愿意当美国的卫星国，在这样广大的"中间地带"存

[①]《毛泽东外交文选》，第159—160页。
[②]《战后中日关系文献集（1945—1970）》，第614页。
[③]《毛泽东外交文选》，第342页。

在着控制与反控制的斗争。中国高度重视亚洲国家中处于"中间地带"的日本，要支持日本人民反对美国控制的斗争，并将日本人民的反美斗争与中国反对美国封锁政策结合起来，在反美方面联合一切可以联合的力量。

1964年1月，毛泽东会见日本共产党中央政治局委员听涛克己时，再次提到"中间地带"理论。这时，中国共产党与苏联共产党的关系、中苏两国的国家关系已经全面恶化，中苏论战时两党公开指名道姓地批评对方，中苏边界纠纷不断。毛泽东在与日本共产党领导人会谈中，指出中国虽然与苏联有外交关系，而且是社会主义阵营中的两个国家，但是，中、苏两国关系，还不如中国同日本自由民主党的关系好，也不如中国同池田派的关系好。这是因为美、苏都有核武器，想统治全世界，而自由民主党是受美国控制的。毛泽东认为，从国际地位来说，日本同美、苏相比，占第二位。像这样第二位的国家还有英、法、西德、意大利等。我们还是有工作可做。毛泽东进一步提出："中间地带有两部分，一部分是亚洲、非洲和拉丁美洲的广大经济落后的国家，一部分是指以欧洲为代表的帝国主义国家和发达的资本主义国家。这两部分都反对美国的控制。在东欧各国则发生反对苏联控制的问题。"① 20世纪60年代，日本国内政治渐趋稳定，池田内阁制定实现经济高速增长、国民收入倍增计划后，日本经济发展迅速，可望成为世界又一个经济中心，日本国内不满美国控制的情绪不断增长，同时亚非拉各国反对殖民主义、要求独立的斗争不断发展，特别是1961年形成的"不结盟运动"，成为影响世界格局发展的新力量。毛泽东通过与日本共产党代表团会谈，表达了中国对美、苏霸权主义的不满，强调日本这样的资本主义国家与亚非拉经济落后国家在反对大国控制方面的一致性，说明中日两国有着共同的利益。毛泽东认为，日本民族是一个伟大的民族，绝不会容忍美国长期骑在自己头上的。中国支持日本人民要求独立、民主、和平、中立的斗争。

1964年7月，毛泽东在会见日本社会党代表团时，再次强调美国的霸权政策不得人心，日本人民是反对美国压迫的，日本属于"中间地带"，毛泽东指出："有两个中间地带：亚洲、非洲、拉丁美洲是第一个中间地带；欧洲、北美加拿大、大洋洲是第二个中间地带。日本也属于第

---

① 《毛泽东文集》第8卷，第344页。

二个中间地带。日本的垄断资本是不满意美国的,现在已经有一部分人公开反对美国;另一部分人依靠美国,但我看,随着时间的延长,日本这一部分人中的许多人也会把骑在头上的美国赶走。"① 指出美国对西方国家的压迫,肯定会引起这些国家的反对,因此,中国共产党是区别对待日本和美国的,对它们会采取不同的政策。

"中间地带"理论,不以意识形态划分敌友,将日本等资本主义国家与美国区别开来,表现出中国对中日发展友好关系的期望,也体现出处理对外关系中坚持具体问题具体分析的基本原则。"中间地带"理论是对恢复中日关系而言的,它不仅对发展中日友好有重要意义,而且对广交朋友,扩大新中国外交空间,打破美国的封锁政策,反对苏联对中国的控制,维护中国的主权同样具有重要意义。可以说,"中间地带"理论是"三个世界"划分理论的先导。

二 反对佐藤内阁"两个中国"政策

20世纪60年代是一个风云变幻的时代,中国"冷眼向洋看世界",认为美国与苏联推行霸权政策,到处插手不得人心,无论是亚非拉广大人民还是资本主义国家"中间地带"的人民,都有反对霸权主义、维护主权的愿望。中国希望与世界各国友好相处,共同反对霸权主义,期待与位于亚洲"中间地带"的日本改善关系,维护亚太地区的和平与稳定。中国的对外政策符合世界各国要求和平的愿望。但是,到20世纪60年代中后期,中国共产党的指导方针发生了"左"的错误,对外关系也受到影响。1965年9月,林彪发表《人民战争万岁》的文章,提出"世界农村包围城市",要推行"世界革命"战略,得到中共中央的首肯,外交工作存在"左"的偏差。当然,中国提出"世界革命"战略,并不认为革命可以输出,即使在"世界革命"战略方针下,仍然坚持尊重各国的主权,反对以"革命"的名义干涉别国的内政,只不过在"文化大革命"时期,中国对各国革命或者人民斗争表示欢呼。

1964年11月,佐藤荣作出任日本首相,佐藤荣作和池田勇人都是继续执行"吉田路线"的政治家,被日本政界誉为"吉田学校"之"双璧"。不过,在政治倾向和执政观念上,佐藤荣作比池田勇人更为保守。

---

① 《毛泽东文集》第8卷,第345页。

佐藤荣作出任日本首相后，表示日本在外交上仍然实行与美国协调的政策，在维持日美同盟关系的基础上，也要改善、发展与亚洲邻国的关系，特别强调日本是"亚洲一员"，推行"亚洲外交"。对中日关系，佐藤荣作表示要采取"向前看"的态度，中国问题是日本外交的基本问题，要"根据全体国民的意志"来制定以中国问题为中心的外交政策，表示日本政府在中日关系的发展上要顺从民意，对华关系是日本外交的重点。关于中国加入联合国问题，佐藤坚持"政府认为中国加入联合国须有三分之二国家同意，是重要问题"，政府考虑对中国外交时，"作为指定重要事项的方式必须与美国协调。即使法国等西方国家对美国有异议，日本始终作为忠实的伙伴与美国一致行动。'比美国早一天'或者基于与国府（指台湾——引者注）的道义关系，'比美国晚一天'承认中国"[①]。佐藤以"只有向前"却又微妙的表态，表明日本想在"自主外交"上有所突破，又更重视与美国的沟通。中国政府希望日本在推行"亚洲外交"时，能实际促进中日半官方关系向前发展。但是，佐藤政府的言行却有很大距离。

在对华关系上，佐藤荣作继续坚持"政经分离"的政策，将中日贸易停留在一般民间交往的水平上，继续与台湾方面保持官方关系。他说："政府将一面维持迄今同中华民国政府之间的正规外交关系，一面以政经分离的原则同中国大陆之间继续民间贸易以及其他事实上的接触"[②]，既要与台湾方面保持所谓"正规外交关系"，又要与大陆进行贸易，捞取好处。佐藤内阁实际上在奉行"两个中国"和"一中一台"的政策，他大谈台湾"归属未定论"，同时加紧与台湾方面的联系，这种公然倒退中日关系、制造"两个中国"的对华政策，必然影响和阻碍中日关系向前发展。

佐藤内阁成立不久，日本共产党召开第九次全国代表大会。1964年11月21日，中国共产党组成了以彭真为首的代表团，应邀赴日本参加日本共产党第九次全国代表大会。中国共产党代表团这次访问日本，正值中日民间交流发展比较深入之时，不仅有利于发展中国共产党与日本共产党之间的党际关系，而且将推进中日半官方关系向前发展，为实现两国邦交

[①] 《朝日新闻》（东京）1964年11月11日第二版。
[②] 《当代中日关系（1945—1994）》，第139页。

正常化创造条件。佐藤政府竟然以中国共产党代表团入境会加剧日本国内的对立和斗争，有损日本的利益和安全为由，拒绝中国共产党代表团入境。中国外交部发言人发表讲话，认为这不是发不发签证的问题，而是新上台的佐藤政府对中国政府和中国人民采取什么态度的问题。中日友好是中日两国人民的共同愿望，中国方面派代表团赴日，是加强中日友好的一个重大步骤，中国人民是欢迎的，日本人民也是欢迎的。"佐藤政府现在采取的措施，明显地违背了日本广大人民的愿望，势必危害中日关系的发展。"① 佐藤荣作口口声声说要"根据全体国民的意志"来制定对华政策，日本国内要求恢复中日邦交正常化的呼声很高，但佐藤却无视日本人民的要求，做出了违背民意的事情，是很不得人心的。

1964年12月，联合国召开第十九届大会。佐藤政府继续紧跟美国的反华政策，在联合国发表支持台湾当局的发言，认为台湾是联合国会员国，蒋介石集团具有"联合国会员国资格"，重弹恢复中国在联合国的合法权利作为"重要"问题的老调，恢复中华人民共和国合法权利需要2/3的多数通过。为了阻止联合国驱逐蒋介石集团，日本还和美国一起将否定蒋介石集团在联合国的权利也作为"重要问题"，需要2/3的多数通过，继续阻挠恢复中国在联合国的合法权利，鼓吹"一中一台"。

20世纪60年代中期，中国的社会主义建设取得了伟大的成就，中国的国际地位不断上升。"两弹"的研制成功，国防力量发生了巨大的变化。中国强调加强国防力量是为了保卫世界和平，中国主张全面禁止和彻底销毁核武器，中国进行核试验、发展核武器，是被迫而为的，"中国掌握核武器，完全是为了防御，为了保卫中国人民免受美国的核威胁。中国政府郑重宣布，在任何时候、任何情况下，中国都不会首先使用核武器"②，中国保证不对无核国家、无核地区使用核武器，最终要消灭核武器。而佐藤内阁认为，中国进行核试验威胁了亚洲的安全，与美国一起恶毒攻击中国是为了自卫而进行的核试验。中国认为："现在由于佐藤政府对我国采取不友好的态度，追随美国搞'两个中国'的阴谋，这就给两国关系制造了困难。佐藤政府这种做法，违反日本广大人民的意志，对中

---

① 《战后中日关系文献集（1945—1970）》，第759页。
② 《周恩来外交文选》，第422页。

日友好是有害的。"①

由于佐藤内阁坚持在"政经分离"下与中国大陆进行经济贸易往来，将中日贸易严格限定在民间层次，使中日业已发展到半官方水平的民间贸易出现困难。根据"LT贸易备忘录"，1963年6月，中国技术进口总公司和日本仓敷人造丝株式会社签订了第一个日本进口成套设备合同。1964年9月，中国技术进口总公司又与日本纺织会社签订了从日本进口成套设备合同。这两项成套设备，经池田政府同意，均使用日本输出入银行贷款。当时，台湾方面向日本提出抗议，张群指责日本政府的做法"对不起中国"。1963年8月22日，蒋介石给前首相吉田茂发电报，希望吉田茂劝阻池田内阁向中国出口成套设备。1964年2月23日，吉田茂以私人身份访问中国台湾。吉田茂回国后致函张群，与台湾当局做两点约定：有关向中共出口成套设备的贷款问题，将遵照贵方的意愿进行研究；本年度，将不批准使用日本输出入银行贷款向中共出口日纺维尼纶成套设备。因为这个"吉田书简"属于私人信件，不能直接影响政府的决策。佐藤内阁成立后，外相大平正芳表示不知道"吉田书简"的事情。但是，佐藤荣作却公开表示"吉田书简是私人信件，但政府在道义上受其约束"，拒绝池田内阁时期批准的日本向中国出口成套设备由日本输出入银行贷款的决定，对中国延期付款不能使用输出入银行的资金。由于佐藤政府这个决定，致使日本公司无法履行向中国出口第二套维尼纶成套设备合同、两艘万吨货轮合同和化肥成套设备合同，中日正常贸易受到影响。

中国方面认为"吉田书简"使中日关系蒙上了阴影，是中日贸易发展道路上莫大的障碍，要想改善中日关系，发展中日贸易，就必须废除"吉田书简"。中方希望佐藤政府能认识中日关系发展的趋势，做出推动中日关系的实际行动。但是，佐藤政府仍然以"吉田书简"为由，阻碍中日贸易的进行。

中国对日本佐藤内阁成立以来破坏中日民间交流继续发展的做法提出严厉的批评。1965年9月29日，陈毅副总理指出，日本追随美国的反华政策，又想在经济上捞实惠的做法是矛盾的，不可能使中日关系正常化。为了照顾两国人民的友谊，中国"愿意按现在的水平继续中日贸易，但

---

① 《战后中日关系文献集（1945—1970）》，第773页。

是要更加扩大是不可能的"①,表示了中国人民愿意继续民间往来的愿望。但是,佐藤却认为日本禁止使用日本输出入银行资金是日本的内政,不希望中国方面提什么要求,认为中国干涉了日本的内政。

佐藤内阁时期日本奉行"政经分离"的对华政策,鼓吹"两个中国",用佐藤荣作的话说,就是:"中国也重要,国府也重要。国府虽小,但它是联合国的常任理事国。信守国际信义难道可无视此点……与中国大陆进行贸易与人员交流,交流归交流,但不能进一步以中国和国府相替代。"② 以遵守国际信义为由,把与台湾关系置于与中国大陆关系之上。佐藤内阁在破坏中日关系向前发展的同时,加紧与台湾发展关系。在佐藤内阁时期,日本的"台湾帮"活动频繁。1965年和1971年日本两次借款给中国台湾,共计620亿日元。佐藤在台湾问题上,鼓吹"台湾归属未定"论,追随美国制造"两个中国"。

1967年9月7—9日,佐藤荣作以现任首相身份访问了中国台湾,这是自岸信介访问台湾以来,第二位以现任首相身份访问中国台湾的日本领导人。此前,台湾当局曾向日本表示:希望日本首相能单独访问中国台湾,而不是作为访问亚洲诸国的一部分而进行的访问,以显示对"国民政府"的重视。佐藤荣作此行就是为了满足台湾方面的要求。佐藤荣作与中国台湾"副总统"严家淦、"总统"蒋介石举行了会谈。佐藤强调"宪法、自卫法决定了日本的方向,日本致力于和平而非武力解决纷争,与所有国家保持和平关系"。关于冲绳问题,佐藤认为:"从安全保障角度来看,冲绳问题不仅是日本的问题,也是国府的问题,是远东的问题。"③ 希望蒋介石支持日本向美国要求归还琉球。蒋介石则希望日本与台湾携手,消除亚洲动乱的根源,现在世界问题的重点在亚洲,而亚洲安危与中国大陆形势密切相关。佐藤荣作表示日本与台湾在传统友好合作基础上,增进"相互理解和信赖,建立更加紧密的友好关系"④。佐藤在台湾表示加强日本与台湾民间层次的经济合作,对于台湾要求日本提供新的借款,佐藤则以现在没有考虑为由,实际上拒绝。佐藤表示,日本要在联

---

① 《战后中日关系文献集(1945—1970)》,第786页。
② [日]小林文勇:《台湾问题·另一个视点》,载日本《世界》1971年10月号,第136页。
③ 《朝日新闻》(东京)1967年9月9日第一版。
④ 《朝日新闻》(东京)1967年9月10日第一版。

合国继续支持台湾，"不能把台湾的地位和日本分开"①。日台联合公报中称："两国首长确认世界和平与安全为两国之主要关切，而其促进则系两国之共同目标，两国首长同意依照联合国宪章之原则努力达致此一目标。彼等并承认须进一步加强亚洲太平洋区各国间现存之团结联系，以实现本区域内之和平与繁荣。两国首长鉴于中日间之传统友谊关系，在政治、经济、文化方面日臻密切，感觉满意，并同意两国间继续此项合作。"② 佐藤荣作认为他此次台湾之行，促进了日本与中国台湾的彼此理解和亲善。蒋介石认为佐藤之行对增进友好、理解很有意义。

佐藤荣作邀请台湾"国防部长"蒋经国访问日本。这表明佐藤政府不仅要保持过去与张群、何应钦等老一辈国民党人的关系，而且要与台湾新生代政治家建立紧密关系，加强对台关系。蒋经国应日本之邀，于1976年11月访问了日本。蒋经国在日本强调，日本与台湾密切合作对于远东和平与安全意义重大，"为谋求远东的和平与安定，中日两民族必须合作。在当前形势下，中日两国合作则蒙其利，分离则受其害"③。此后，日本与台湾当局的联系主要是通过蒋经国等年轻一代进行的。

佐藤荣作敌视中国的言行，助长了日本国内反华势力的气焰，在佐藤访问台湾的第二天，日本警察和暴徒就制造事端，打伤中国廖承志办事处驻日人员、中国驻日记者和工作人员多人。中国对佐藤政府勾结台湾当局，并制造殴打中方工作人员的暴行提出了严正抗议，要求日本政府必须公开承认错误，保证今后不再发生类似事件，严惩对中国工作人员施加暴行的日本警察及其指使者。中国指出，佐藤政府在反华方面比吉田茂、岸信介内阁走得更远，是在走东条英机的老路，暴露了日本军国主义的野心。

佐藤内阁时期，日本与台湾政治、经济合作达到新的阶段。据统计，1964—1969年，日本对台湾贸易出超达到7.6亿美元，1968年日本对台湾出口是从台湾进口的3倍。在台湾的出口贸易中，日本超过美国占据首位。④ 而佐藤政府对日本与中国大陆的贸易却层层设置障碍，导致中日民

---

① 《人民日报》1967年9月10日。
② 同上。
③ 陈鹏仁编译：《近百年来中日关系》，台北水牛图书出版事业有限公司1988年版，第76页。
④ 参见《人民日报》1969年12月25日。

间外交出现严重困难。

鉴于佐藤内阁奉行"两个中国"、顽固坚持"政经分离"的对华政策，中国一再重申台湾是中国神圣领土不可分割的一部分，中国人民一定要解放自己的领土台湾。任何人企图制造"两个中国"，把台湾从中国的领土分割出去的罪恶阴谋，一定要遭到彻底的失败。中国坚信日本人民是坚持中日友好的，佐藤政府违背日本人民的意愿破坏中日关系向前发展，只能使自己更加孤立。中国采取一系列断然措施，与佐藤内阁破坏中日关系的行为进行了坚决斗争。

三 应对日美联手制华的策略

鉴于佐藤内阁继续追随美国敌视中国政策，中国采取必要的应对措施，防止中日关系出现大的倒退。1965年1月，佐藤荣作访问美国，在美国表示："日本与国民政府要维持正规的外交关系。然而，由于日本与中国大陆有历史的、地理的、民族的关系，完全不与中国大陆进行接触，是不可能的。基于政经分离的原则进行民间往来，从大局出发，要能进行自由的接触是符合日本利益的。日本政府没有改变目前这样的对中国政策的考虑。"[1] 向美国表示日本在外交上与美国一致，保持和加强与台湾的官方关系，与中国大陆接触会将政治与经济分离开来，日本的对华政策与美国是一致的，不会轻易改变。在日美联合声明中，日美两国强调支持台湾当局的立场，认为中华人民共和国威胁着亚洲和平，日美继续实行遏制中国的政策。佐藤表示日本政府的基本政策，"在与中华民国维持基于外交关系的友好联系的同时，与中国大陆之间基于政经分离的原则继续增进现在正在进行的贸易等方面的民间层次的接触"[2]，继续在经济上捞好处，在政治上敌视中国。

中国坚决反对佐藤内阁追随美国敌视中国的政策，希望日本政府能够认识到中日两国关系发展的大趋势，珍惜来之不易的中日关系，不要倒行逆施。中国并且认为，佐藤内阁支持台湾当局的外交政策并不代表日本人民，必然遭到日本人民、有识之士的反对。正如中国预计的那样，佐藤荣作坚持"政治经济分离"与中国开展贸易的做法，受到了日本各界的批

---

[1] ［日］千田恒：《佐藤内阁回忆》，中央公论社1987年版，第134页。
[2] 《战后中日关系文献集（1945—1970）》，第778页。

评，他们谴责佐藤内阁倒退中日关系的政策，认为佐藤政府在中国问题上，实际采取了"向后看"的政策，把日本绑在了美国侵略亚洲的战车上，把日本套在美国的框子里了，不利于日本的发展。中国通过报刊、各种媒体抗议佐藤内阁倒退中日关系，指出：中国政府在中日两国战争状态没有正式结束情况下，一直努力发展中日民间的经济、文化和人员交往，"希望日本在平等互利的基础上，对亚非国家的自力更生做出自己的贡献。但是，我们的这种愿望没有得到相应的反响。相反，日美会谈表明，佐藤竭力要追随美国、遏制中国"①，这损害了中日两国人民的利益。尽管如此，中国根据十余年来中日关系发展的基本状况，认为困难是暂时的，中日关系发展的前途是光明的，中日两国友好的历史潮流是不可阻挡的，相信终有一天，日本会出现有勇气的政治家，改变对美国的屈从和依赖关系。

佐藤荣作担任日本首相期间多次访问美国，表示与美国对华政策协调一致的立场。1967年11月，佐藤荣作再度访问美国。日美两国在联合公报中，恶毒攻击中国进行核试验是"威胁"亚洲和平，表示"双方注意到中共正在开发核武器的事实，一直认为使亚洲各国不要被中共的威胁所影响是重要的。首相和总统还一致认为，现在还难以预料中共最终将采取何种对外姿态，为促进亚洲地区的政治稳定和经济繁荣，各自由国家继续合作是十分重要的"②。中国主张发展核武器是为了自卫，不是用于扩张或者向无核国家进行讹诈，现在日本与美国以中国开发核武器为名，相互勾结，共同反对中国，是威胁中国的安全。美国在推行扩大越南战争，向东南亚扩展新殖民主义，在亚洲加紧侵略战争的政策，而佐藤政府为美国效劳，是美帝国主义在亚洲扩张的帮凶，必将遭到日本人民和亚洲人民的反对。

1969年11月，佐藤荣作访问美国，与尼克松共同发表《尼克松—佐藤联合声明》，在声明中插入所谓的"韩国条款"与"台湾条款"，公开把朝鲜半岛和中国台湾地区纳入美日军事防御范围，要把台湾问题国际化。佐藤荣作在美国全国新闻俱乐部发表的演说中说："万一出现韩国遭到武力攻击，而美军为此不得不使用日本国内的设施、地区作为战斗作战

---

① 《人民日报》1965年1月20日。
② 《战后中日关系文献集（1945—1970）》，第888页。

行动的发动基地的情况时,日本政府将根据这样的认识(从确保包括日本在内的远东的安全的见地出发),对事前磋商采取积极的而且迅速决定的态度",对中国台湾遭到武力进攻亦是如此。① 美国、日本公开插手台湾事务,干涉中国内政,企图把台湾问题国际化。后来佐藤在国会再度表示,新《日美安全保障条约》的适用范围包括金门与马祖;同时日本财界有人主张"自主防卫",突破和平宪法的限制,将军事预算提高到占GNP的4%,并将防御范围扩及印度洋。② 日本把中国作为其安全的潜在威胁,与美国一起干涉中国内政。日本这样做既为美国战后的全球战略所支配,也受地缘政治和地缘经济的影响,对中国的发展抱有警惕甚至敌意。战后日本政府和社会中一直存在一股反华势力,他们敌视社会主义、反对中国政府,认为中国的共产主义会威胁到日本的安全。日本是以贸易立国的,对外贸易在国民经济中占有重要地位。在主张与台湾发展关系的人士中,有人是担心中国会影响日本的海外贸易,担心台湾被中国大陆掌控,日本的海外贸易就必然受到影响,强调台湾对日本海上运输安全的作用,台湾对日本有重要意义,因而主张与台湾发展官方关系。

中国对佐藤内阁一系列破坏中日关系的言行采取了针锋相对的斗争策略。1967年9月10日,中国外交部新闻司负责人召见日本《每日新闻》、《产经新闻》、《东京新闻》3家报社的9名记者,限令其中3名记者离开中国,理由是这3名记者无视中国的警告,多次在报刊上刊登通讯和漫画,对中国进行了不实、歪曲的报道,从事反华活动。这些活动已经违背了廖承志、高碕两办事处交换记者协议的精神,破坏了中日两国人民的友好关系。1967年9月14日,廖承志办事处驻东京联络事务所和中国驻日记者发表声明,驳斥日本政府关于殴打中国驻日人员暴行的狡辩,叙述了事情的经过,要求"日本佐藤政府必须公开承认错误,切实保证不再发生类似事件;必须严惩向中国驻日人员施以暴行的警察及其指使者;保留向日本政府进一步提出要求的权利"③,声明强调一切反华分子绝没有好下场。

---

① [日]升味准之辅:《日本政治史》第4册,董果良、郭洪茂译,商务印书馆1997年版,第1107页。

② 参见陈奉林《战后日台关系史(1945—1972)》,香港社会科学出版有限公司2004年版,第274页。

③ 《战后中日关系文献集(1945—1970)》,第882页。

1967年10月12日，廖承志办事处宣布取消日本读卖新闻社派驻北京记者资格。1967年9月25日，读卖新闻社负责人伙同日本"佛教传道协会"将中国西藏叛逃的达赖由印度带到日本，进行反华活动。1967年9月26日，达赖在东京主持了由读卖新闻社主办的"西藏秘宝展览会"开幕式。"会上悬挂的地图和出售的小册子里，都把西藏划为另一个'国家'，把'西藏群众'和日本、印度国民并称为'三国国民'。这是妄图粗暴干涉中国内政，分裂中国神圣领土；公然进行反华的政治挑衅。"①日本读卖新闻社在佐藤刚刚"访问"中国台湾后，就"邀请"达赖到日本，不是简单的巧合，是有政治目的的。廖承志办事处宣布取消日本读卖新闻社驻北京记者资格，对日本干涉中国内政的做法表示强烈抗议和不满。中国在与佐藤内阁破坏中日关系的行为斗争的同时，始终坚持中日两国人民是友好的，佐藤内阁倒退中日关系违背了日本人民的意愿，是不得人心的。在发展中日关系的问题上，中国继续实行区别日本政府和人民的政策，寄希望于日本人民的政策仍然没有改变，认为佐藤的言行必然会遭到日本国内有识之士和广大日本人民的反对，其失败是不可避免的。

1956年日本加入联合国后，在恢复中华人民共和国在联合国的合法席位问题上，一直追随美国，阻挠中华人民共和国重返联合国。佐藤内阁成立后，表现得更加积极，在联合国大会上日本代表多次发表承认台湾当局，反对恢复中华人民共和国在联合国席位的讲话。随着中华人民共和国国际地位的提高和影响的扩大，越来越多的国家承认中华人民共和国是代表中国人民的唯一合法政府，要求恢复中华人民共和国在联合国的合法席位和一切权利。1970年的第25届联合国大会上，在对阿尔巴尼亚代表提出的关于恢复中华人民共和国代表权、驱逐台湾当局的提案进行表决时，有51票赞成，49票反对。同意恢复中华人民共和国在联合国合法席位已经取得了多数国家的支持，表明围绕恢复中华人民共和国在联合国合法席位的国际形势已经发生了变化。但是，日本依然反对中华人民共和国重返联合国，在第25届联合国大会对恢复中国合法席位的49张反对票中就有日本1票。

1971年由阿尔巴尼亚等国提议恢复中国在联合国的席位，驱逐台湾"国民政府"的提案在获得2/3以上的拥护时，美国、日本又提出"反重

---

① 《战后中日关系文献集（1945—1970）》，第882页。

要事项"的修正案，驱逐台湾"国民政府"也要 2/3 的赞成票，结果修正案被否决。中国认为，佐藤内阁继续阻挠恢复中华人民共和国在联合国的合法权利，妄图在联合国内制造"两个中国"是与中国人民为敌。日本外务省人士宣称："坚决把台湾和中国分离开，是日本安全上不可缺少的因素。"[1] 就是要把台湾从中国领土上分割出去。中国警告佐藤政府与美国联手反对中国，是与中日关系发展的潮流、与中日两国人民的利益背道而驰的，如果佐藤政府一意孤行，必将以损人始，以害己终。

四 促成备忘录贸易新形式

中国认为，尽管佐藤内阁加紧追随美国敌视中国，中日民间交流出现了曲折，但是中日友好是两国人民的共同要求，从长远来看，佐藤内阁不可能阻碍中日民间往来向更高层次发展。为了不使业已由民间交流发展到半官方水准的两国关系出现倒退，中国在批判佐藤政府破坏中日关系的同时，主动采取了推动中日关系的新举措。

中日贸易是两国民间交往的重要组成部分，正是在民间贸易往来的基础上，中日民间外交才上升到半官方关系。自 1962 年备忘录贸易后，各个年度都达成了贸易协议事项，即使在佐藤内阁时期，备忘录贸易年度协议也从来没有中断过，这说明中日两国存在着发展友好关系的坚实基础，中日关系发展的大趋势是任何人也改变不了的。1966 年 1 月 8 日，日本日中贸易促进会友好代表团访问中国。中国国际贸易促进委员会负责人与日本日中贸易促进会友好代表团在会谈的基础上发表了共同声明。在共同声明中，中日双方表示在"政治三原则"、"贸易三原则"和"政治经济不可分的原则"的基础上，排除一切政治障碍，为发展中日贸易而努力。中国关于发展中日关系的原则得到了日本经贸界人士的赞同，并在今后中日经贸往来中继续坚持这些原则。

1968 年 2 月，日本日中备忘录贸易办事处代表团一行五人访问中国。代表团在同中国中日备忘录贸易办事处代表会谈中，中国代表阐述了对于中日关系存在的障碍的分析，认为目前中日关系中的障碍是由于美国和日本敌视中国政策造成的，再次强调坚持中日关系的"政治三原则"和"政治经济不可分的原则"。日本日中备忘录贸易代表团同意中国关于发

---

[1] 《人民日报》1971 年 9 月 26 日。

展中日关系的原则,双方认为,"政治、经济不可分的原则,就是政治和经济是不可分割的,是相互联系、相互促进的,政治关系的改善,才有助于经济关系的发展"①。在中日关系中,必须遵守"政治三原则"和"政治经济不可分的原则"。双方认为中日两国是近邻,两国人民有着传统的友谊,增进两国人民的友好关系,促进两国关系的正常化,不仅符合两国人民的共同愿望,而且也有利于维护亚洲和世界和平。双方在遵守"政治三原则"和"政治经济不可分的原则"的基础上,达成1968年度备忘录贸易事项协议。

在日本日中备忘录贸易办事处代表团访问中国期间,双方还就改变贸易事务所的名称进行了讨论。由于中国正处于"文化大革命"的特殊时期,曾经对中日备忘录贸易做出巨大贡献的中日友好协会会长廖承志被打倒,下放到农村劳动。在"文化大革命"中,不可能继续使用廖承志的名字作为中国贸易办事处机构的名称。中国代表在谈判中提出:原来的贸易事务所分别用"高碕"和"廖承志"的名字命名,高碕已经去世,希望将名称作修改。中国的习惯,一般不用个人的名字做公共机构的名称,如果用个人的名字做名称,一般中国人很难理解这是个什么样的机构。中国代表提议将中方机构名称叫做"中国中日备忘录贸易办事处",日方叫做"日本日中觉书贸易事务所"。

日本代表认为贸易机构用双方最高负责人的名字命名,表现了一种尊敬和爱戴,用高碕达之助的名字,表现了松村谦三等对为改善中日关系做出具体贡献的高碕达之助的深深怀念,饱含真挚的情感。当然,在日本一般人在看到高碕事务所的标牌后也不会马上想到这是日中贸易代表机构。但是,日本还是希望保留两个人的名字命名备忘录贸易机构。日本了解中国正在进行史无前例的"文化大革命",社会出现了新的变化,顾及到廖承志本人下放劳动的实际状况,最终表示理解不用廖承志的名字命名机构。经过协商,最后双方同意,中国机构的名称改为"中国中日备忘录贸易办事处",日本机构的名称为"日本日中备忘录贸易事务所"。鉴于佐藤政府种种阻挠中日关系的发展、敌视中国政府的行为,中国决定不再与日本续签五年长期贸易协议,而改为只签年度协议事项,并在每年举行会谈后发表的公报中加上政治内容。这样既继承了已具有半官方性质的备

---

① 《战后中日关系文献集(1945—1970)》,第891页。

忘录贸易,又强调了发展中日贸易的政治原则。

备忘录贸易的新形式,反映了中国即使在外交工作脱离了正常轨道的"文化大革命"时期,在中国召回几乎所有驻外大使回国参加政治运动、外交工作受到严重冲击的情况下,仍然能够客观、冷静地分析中日关系,看到中日关系发展的大趋势,采取灵活的方式推进半官方关系向更高层次发展。

五 发挥日本民间团体的积极作用

佐藤内阁时期,中国更加重视与日本有识之士的联系,发挥日本各个友好团体、友好人士的作用,防止中日半官方关系出现倒退。日本社会党一直与中国共产党保持着良好的接触,20世纪50年代以来为发展中日经济、文化、贸易往来,恢复中日邦交正常化做了很多工作,与中国共产党之间一直保持着良好的党际交流关系。在佐藤内阁时期,中国更加积极地与日本社会党交流,通过日本社会党表达中国对于中日关系的原则立场,发挥日本最大的在野党在"补充外交"中的作用,从党际交流的角度推进中日"民间外交"的发展。

日本社会党在佐藤内阁时期多次组成代表团访问中国,表达社会党承认一个中国,主张恢复中华人民共和国在联合国的合法席位,希望中日关系继续发展,实现邦交正常化的愿望。1967年,日本社会党中央通过了关于当前恢复日中邦交运动的决定,决定批评佐藤政府敌视中国的政策,表示日中不再战、恢复日中邦交是确保亚洲和平的政治课题。社会党为此开展推动日中友好、恢复日中邦交运动,制订了运动计划,通过各种方式加强与中国人民的了解,用各种具体活动影响日本民众和自民党政权。1969年2月,日本社会党制定关于当前恢复日中邦交的活动方针,谋求把日中友好运动和恢复日中邦交正常化运动推向前进,社会党要"把粉碎美帝国主义和佐藤内阁制造的敌视中国政策及恢复日中邦交正常化的斗争同反对侵略越南、立即无条件全面归还冲绳、撤除军事基地等反对安保条约的斗争结合起来,开展广泛的群众运动"①,日本社会党将在国会内外开展一系列要求恢复日中邦交的活动。中国对日本社会党坚持发展日中友好的活动给予高度评价,期待通过加强与社会党的联系,推进中日关系

---

① 《战后中日关系文献集(1945—1970)》,第900页。

的发展。

1970年10月22日到11月3日，日本社会党组成第五次访华代表团，周恩来总理、人大常委会副委员长、中日友好协会名誉会长郭沫若接见了代表团成员，对日本社会党一贯坚持一个中国，反对日本政府倒退中日关系的态度表示感谢。中国支持日本社会党及日本人民维护和平宪法、实现民族完全独立和中立的斗争，支持社会党开展有利于发展中日友好和恢复中日邦交正常化的各项努力。

中国除发展与日本在野党的交流外，还充分发掘两国民间蕴涵的发展中日友好的力量，通过各种途径、国内民间团体和行业协会等组织，推动中日"民间外交"的继续和扩大，实行"以民促官"。1965年11月，中国举办中日青年友好大联欢活动。日本青年通过到中国参加大联欢，与中国青年直接接触、相互交流，增进了彼此的了解和友谊。1966年中国中日友好协会与日本友好协会签订了1966年度中日两国人民友好往来项目议定书，双方将在1966年组成一系列代表团进行相互访问，中日友好协会还向日中友协提供了电影、出版物等中国相关的文化资料，以促进相互间的了解。

1965年底，中国渔业协会代表团与日本日中渔业协议会代表团，就修订中日两国民间渔业协定进行了会谈，签订了1965年底到1967年底两国关于黄海、东海的民间渔业协定。双方一致认为："在中日邦交尚未恢复的情况下，历年来双方签订的民间渔业协定，对于保护黄海、东海的渔业资源，维护海上作业秩序，增进两国人民和渔业界的友好合作起了积极作用。"① 就渔区、保护渔业资源、海上安全生产、渔轮避难、技术与人员交流达成一致。中国政府将渔业协定看作促进中日两国友好的组成部分，给予积极支持。

中国发挥日本民间友好组织和有识之士的政策，是符合中日两国人民利益的，得到了日本各界的积极响应。1968年2月26日，日本国际贸易促进协会通过关于要求撤销对华关税差别的决议，要求政府取消对中国关税的歧视政策。日本日中友好协会是日本国民要求恢复中日邦交的主要力量，自成立之日起，就为发展中日关系做了很多工作。1968年，日中友好协会正统本部制定了年度运动方针，将实现日中友好和恢复日中邦交正

---

① 《战后中日关系文献集（1945—1970）》，第795页。

常化作为运动的重点。

20世纪70年代初,中国的综合国力进一步提高,世界上与中华人民共和国建立外交关系的国家越来越多,其中包括加拿大、意大利等等西方大国。当时,日本国内的民间团体、政界人士、在野党,不断举行各种活动,要求日本政府彻底改变对华政策,实现中日邦交正常化。中国抓住有利时机,促进与日本在野党、日本友好团体的往来,推进中日关系的发展。

1970年12月9日,日本超党派国会议员组成"促进恢复日中邦交议员联盟",该联盟共有379名议员参加,包括自民党议员95人、社会党议员154人、公明党议员71人、民社党议员37人、共产党议员21人、无党派议员1人。其中众议院议员255人,参议院议员124人,有一半以上的议员参加了这个联盟,说明日本国内要求政府改弦更张、早日实现邦交正常化的呼声之高。议员联盟认为:"随着加拿大、意大利等西方国家承认中国、国联通过阿尔巴尼亚等国提出的恢复中国在联合国的席位,围绕中国的国际形势已经发生了巨大变化,政府应该重新认识中国问题。"[①]议员联盟顺应时代要求而产生,要为日中关系发展贡献力量。在议员联盟总会发表的宣言中,提出中国重归国际社会已经是非常现实的事情了。如果日本和代表7亿人民进入联合国的中国大陆政府没有邦交关系,对日本将会有许多困难。恢复日中邦交已是日本政治的紧急课题,与中国这样的邻近大国保持法律上的交战状态,对日本的和平与安全相当有害。"如果没有正常的邦交关系,就不可能促进日中贸易。继续保持法律交战状态的不正常关系,很难发展日中友好。我们众参两院的有志议员一致同意,作为超党派和意识形态的派别的全体国民的课题,为日中两国间法律上的交战状态画一个句号,在和平共处和不干涉内政的原则下恢复邦交共同努力。"[②]大会决定将促进日中贸易议员联盟改名为促进恢复日中邦交议员联盟,参加该联盟的议员来自日本自民党、社会党、公明党、民社党、共产党,表达了日本各界有识之士对恢复邦交的热望。1971年7月,日本促进恢复日中邦交议员联盟发表关于恢复日中邦交的提案和声明,声明指出:"日本国和中华人民共和国虽然在地理、历史和文化上有着紧密关

---

① 《朝日新闻》(东京)1967年12月10日第一版。

② 同上。

系，但是很遗憾，现在两国之间仍然保持着很不幸的国家关系。鉴于国际形势的发展，政府应该从速恢复与中华人民共和国的邦交，解决两国间的所有各种问题，同时努力在下一届联合国大会上实现恢复中华人民共和国的合法席位。"① 这说明恢复中日邦交已经成为日本政界的共识。

为了促进中日邦交，日本方面于1971年2月16日成立"恢复日中邦交国民会议"。国民会议包括社会党、日本劳动组合、文化、艺术、体育、宗教、贸易等方面的团体，与之前成立的超党派"促进恢复日中邦交议员联盟"、公明党的"日中邦交正常化国民协议会"一道，开展更广泛的促进中日邦交正常化运动。促进日中邦交国民会议认为"恢复日中邦交，对日本来说，是重大的国益问题"②，日本政府应废除日美安保条约，坚决反对一切敌视中国的政策，坚持台湾是中国领土，只有一个中国的立场，废除"日台条约"，按照和平共处五项原则和"政治三原则"，立即实现日中邦交的恢复。恢复日中邦交国民会议要坚持真正的日中友好和政经不可分离的立场，积极开展活动，在友好运动、文化、经济等各个领域扩大两国人民的交流，广泛联合真正要求日中友好和日中复交的力量，组成统一战线。

1971年9月6日，日本恢复日中邦交国民会议发表告日本国民书，指出："日本国民正站在一个重要的十字路口。是让日本在国际社会中孤立下去，还是反对军国主义，实现日中友好和日中复交，始终如一地遵守和平宪法，二者必居其一。"③ 认为最近几十年间，中日两国一直处于战争状态，即使日本战败以后，也仍然没有恢复邦交，这是一种非常不正常的现象。强调立即废除日台条约，恢复日中邦交，要求阻碍中日邦交正常化的佐藤政府下台。

1971年9月4日，日本呼吁世界和平七人委员川端康成等，发表就恢复中国在联合国代表权和恢复中日邦交问题致佐藤荣作首相呼吁书。呼吁书要求佐藤政府在不久即将召开的第26届联合国大会上，支持中国加入联合国。认为："无论在理论上，还是在现实中，都只有一个中国。早

---

① 田桓主编：《战后中日关系文献集（1971—1995）》，中国社会科学出版社1997年版，第23—24页。
② 《朝日新闻》（东京）1971年2月17日第二版。
③ 《战后中日关系文献集（1971—1995）》，第32页。

日使占世界1/4人口的中华人民共和国政府加入联合国是非常必要的"，"现在世界上的几乎所有重要问题，如果没有中华人民共和国的参加，都不可能得到解决。在此，我们强烈要求日本政府从这一认识出发，努力争取早日恢复日中邦交"[①]。

中国高度重视日本各界为促进邦交正常化、恢复中华人民共和国在联合国合法席位的活动，认为日本民间的活动对于日本政府改变对华政策是有积极意义的，要继续坚持"以民促官"，发挥日本著名人士的作用。1971年8月21日，为中日友好而热心奔走的日本政治家松村谦三先生逝世。22日，《朝日新闻》在第一版刊登了松村谦三逝世的消息，认为在中日关系正常化成为日本国民课题的今天，为中国所信赖的松村谦三逝世，是一个巨大的损失。

为缅怀松村谦三先生为中日友好做出的贡献，中国派中日友好协会副会长王国权率代表团前往日本参加松村先生的葬礼。王国权一行在东京羽田机场受到日中友好协会、日本社会党、日本官方长官、各友好团体以及在日中国人数百人的热烈欢迎。王国权在4000多人参加的松村谦三先生的葬礼上，宣读了周恩来总理致松村谦三先生家属的唁电。王国权代表周恩来总理和人大常委会副委员长、中日友好协会名誉会长郭沫若，对松村先生的逝世表示深切的哀悼，向松村谦三先生的家属表示亲切问候。高度赞扬了松村谦三为中日友好做出的贡献。王国权在东京期间，参加了日中农业农民交流协会成立大会，宣读了中日友协的贺电。王国权在日本分别会见了日本促进恢复日中邦交议员联盟、日本国际贸易促进协会关西本部、日中备忘录贸易负责人、日本参议院议长、社会党委员长、公明党委员长、自由民主党议员等各界朋友600多人，向他们转达了中国共产党和中国政府促进中日友好的愿望，重申了中国在台湾问题上的原则立场，同他们就中日友好、恢复中日邦交等问题进行了交谈。王国权接见的人士中包括长期致力于中日友好事业的老一辈日本政治家、财界代表，也有新生代政治家，既联系了老朋友，又结识了新朋友，起到了促进相互理解，保持友好联系不断的作用。掀起了又一股"王旋风"。

中国所采取的促进两国各个层面交往的措施，克服了佐藤内阁上台以来对华政策的不利影响，加深了中日两国人民的了解和友谊，保证了中日

[①] 《战后中日关系文献集（1971—1995）》，第31页。

关系在困难形势下，能持续向前。

第二节　抓住恢复邦交正常化的新契机

20世纪70年代初，国际格局在不断演变。美苏两个超级大国在世界范围内的争霸从未休止，但是，两国的争霸态势发生了微妙变化，美国逐渐转入守势。为了应付国内日益高涨的反战潮流，美国希望早日"体面"地结束越南战争。新任总统尼克松表示要与中国接近，试图增强对抗苏联的力量。中国20世纪70年代初也开始调整对外战略，改变"两个拳头打人"的做法，准备联美制苏，在反对霸权主义的斗争中以反对苏联霸权主义为主。中美关系因"乒乓外交"而"解冻"，尼克松访华"改变世界的一周"更是产生了巨大影响。中国抓住这一有利时机，通过改善中美关系，促使日本政府改变对华政策，加快中日邦交正常化的步伐。

一　调整对外方针，谋求与美国改善关系

中国尽管在探索社会主义建设道路的过程中，出现过重大的曲折和失误。但是，经济一直呈高速增长态势，经济建设成就巨大。1960年中国就成功地发射了第一枚自主研制的导弹。1964年10月，中国第一颗原子弹爆炸成功，成为继美国、苏联、英国、法国之后第五个拥有核武器的国家，在世界上引起了强烈反响。1967年6月，中国第一颗氢弹爆炸试验成功，这是中国继原子弹爆炸成功后，在核武器方面的又一个重大成就。1970年4月，中国成功地发射了人造地球卫星。"两弹一星"发射成功，显示了中国在国防科学技术方面的巨大进步，打破了美国、苏联的核垄断和核威胁，为中国的国家安全提供了有力的保障。"两弹一星"研制成功，不仅为我国建立战略导弹部队提供了装备技术保障，增强了我军在高技术条件下的防御能力和作战能力，而且带动了我国高技术及其产业的发展，促进了经济建设和科技进步。20世纪60年代末70年代初，中国的国际环境进一步改善，国际地位空前提高，承认中华人民共和国并与之建立外交关系的国家越来越多，中国正在成为影响世界的一支重要力量。

美国一直拒不承认中华人民共和国，在外交、经济、政治等方面对新中国进行封锁，导致中美关系长期处于"冰冻"状态。20世纪70年代，美国在世界范围内与苏联的争霸中，逐渐由攻势变为守势。苏联的核武器

生产赶上且超过美国，并加紧对东欧的控制和在第三世界的扩张，在南亚、非洲和东南亚等地扶持亲苏政权，对第二次世界大战结束以来美国的国际主导地位提出了挑战，美苏两个超级大国在世界范围内的竞争不断升级。与此同时，美国国内也出现了新的矛盾和问题，特别是美国陷入越南战争的泥潭难以自拔，美国国内反战声浪日甚一日，出现了经济、政治和社会危机，"新孤立主义"思潮兴起。美国从其全球战略出发，从抗衡苏联的角度，不得不重新审视与中国的关系。1969年1月20日，尼克松宣誓就任美国新一届总统，他认识到在国际舞台上中国的作用越来越大，美国不能无视现实，忽视中国这个东方大国在当前和未来国际关系发展中的作用。于是，尼克松就任伊始，就着手对美国对外战略进行调整，谋求与社会主义大国中国改善关系。

中国和苏联是世界上两个最大的社会主义国家，这两个社会主义国家因为意识形态的分歧，导致两国国家关系恶化。20世纪60年代起，中苏两国边界纠纷不断。为了压迫中国，1966年1月，苏联与蒙古签订具有军事同盟性质的《友好合作互助条约》，并在中国边境陈兵百万，威胁着中国的国家主权与安全。勃列日涅夫主张在"社会主义大家庭"里其他国家只有"有限主权"，要求其他社会主义国家服从苏联的意志，为此，苏联可以对社会主义国家使用武力。中国认为，苏联的所作所为已经违背了马克思主义的基本原则，口头上是社会主义，实际上是帝国主义，苏联已经彻底地从社会主义国家蜕变成帝国主义国家。1969年3月，中苏两个社会主义国家在只有0.74平方公里的属于中国领土的珍宝岛发生武装冲突。珍宝岛事件后，中国深感来自北方的苏联对中国国家主权和安全的严重威胁，把苏联作为主要敌人。为了对抗苏联的威胁，毛泽东提出"要准备打仗"。为此疏散城市人口，狠抓战备。1970年9月6日，中共中央召开九届二中全会，批准了中央军委关于加强战备的报告，中国进入准战时状态。鉴于中国国家安全面临的严峻形势，中国政府开始重新审视对外战略和策略。

由于中苏间紧张关系不断升级，中国希望在美、苏两个超级大国竞争的世界格局中有所侧重，摆脱两面受敌、"两个拳头打人"的被动局面，更希望借助国际力量来制约苏联，减少苏联对中国国家安全的威胁。毛泽东提议由陈毅挂帅，徐向前、聂荣臻、叶剑英三位老帅参加，"研究一下国际问题"，对中国面临的国际形势做出准确的判断，调整新形势下的对外战略。1969年7月和9月,老帅们经过认真研究,形成了《对战争形势的初步估计》、《对目前局势的看法》两份研究报告,分别交送中央。在这两份报告中,四位老帅提出在中、美、苏"大三角"关系中,中苏矛盾大于中美矛盾,"目前美、苏两国都急于打'中国牌'的情况下,中国处于战略主动地位"①。应该说这个分析是客观、实际的,这个意见得到了毛泽东及中央的肯定,中国认为美苏两个超级大国的矛盾、竞争,必然会影响到世界格局,影响其对外政策,也就可能为中国外交提供更多的回旋余地。20世纪70年代,中国对苏联扩张主义威胁的担忧远在美国之上,希望利用美苏之间的矛盾,突破困难局面,打开中美关系的僵局。毛泽东指出:"两霸中我们总要争取一霸,不两面作战","两个超级大国之间可以利用矛盾,这就是我们的政策"②。中国根据国际形势的变化和本国发展的需要,及时调整了对外战略,制定了在反对美苏两个霸权主义时,以反对苏联霸权主义为主的战略方针。

美国要应付苏联在世界各地对它的挑战,也需要寻找国际力量,而中国是可以用来抵御苏联的一支力量。因为中国已经发展成为名副其实的大国,在世界上具有重要影响。尼克松在就职演说中表达了缓和对华关系的愿望:"我们谋求一个开放的世界。在这个世界里,大小国家的人民都不会怒气冲冲地处于与世隔绝的地位。"③尼克松就任美国总统时,越南战争已经陷入僵局,"在越南已有超过50万美国驻军,并且根据上届政府在1968年4月制订的计划,还要持续增加到54.95万人的最高限额。1969年越南战争财政年度军费已经达到了300亿美元……美军从1961年以来在越战中阵亡的人数超过3.1万人"④。越南战争削弱了美国的实力,国内反战呼声越来越高。尼克松发表《越战后的亚洲》一文,认为,美国的亚洲盟国特别是日本应该保卫它们自己的安全,防御"中国的野心",同时也提出:"亚洲的将来靠印度、日本、中国、美国四巨人"⑤,

---

① 逄先知、金冲及主编:《毛泽东传(1949—1976)》下,中央文献出版社2003年版,第1625页。
② 中华人民共和国外交史研究室编:《毛泽东外交思想研究》,世界知识出版社1994年版,第186页。
③ 《人民日报》1969年1月28日。
④ [美]亨利·基辛格:《基辛格越战回忆录》,慕羽译,海南出版社2009年版,第32页。
⑤ 《日本の战后外交史潮》,第105—106页。

而现实情况是中美对立，认为以往孤立中国的努力已经到了尽头。印度在中印纷争后倾向苏联，在亚洲主要国家中，只有日本与美国一致。从对付苏联的角度，美国需要与中国接近。1969年7月，尼克松提出防止孤立政策的"尼克松主义"，要求亚洲各国对自己的防务负主要责任，美国不会再派地面部队去打越南式的战争了。1969年8月8日，美国国务卿罗杰斯在尼克松的允许下，在澳大利亚发表演说，提出"美国将欢迎共产党中国在亚洲、太平洋事务上，扮演重大角色"①，这是美国国务卿20年来首次对中国发表态度温和的讲话。尼克松担任美国总统后，立即指示美国国家安全委员会研究同中国人接触的可能性。

1969年12月18日，美国国家安全事务助理基辛格在年终记者招待会上说，美国没有永久的敌人，称赞中国人民是伟大的人民，"无视八亿人民这一件事，在我们看来就不可能建立和平了"②。美国表示要积极与中国对话，改变了孤立中国的政策。1970年9月，尼克松向美国《时代周刊》记者表示，他有兴趣访问中华人民共和国。美国政府发出了希望改善与中国关系的信号，放松了美国人到中国旅行的限制，1971年4月，美国终止了对出口到中华人民共和国的非战略物资的禁运。

中国非常关注美国政局的变化，毛泽东"饶有兴趣地读了有关美国总统竞选的材料，并对在中国的美籍专家柯弗兰写的文章（该文称共和党候选人理查德·尼克松将当选本届美国总统）表示'欣赏'。他仔细阅读了不久后当选第三十七届美国总统的尼克松所写的《六大危机》，认为该书'写得不错'"③。美国从抗衡苏联的角度放宽了中美之间人员往来和贸易限制，不赞成苏联提出的"亚洲集体安全体系"及其他旨在孤立中国的行动，下令停止派驱逐舰到台湾海峡巡逻等。周恩来认为："尼克松、基辛格的动向可以注意。"④ 中美两国积极寻找机会相互接触，并于1970年1月20日恢复了中断两年之久的华沙中美两国大使级会谈。美国

---

① ［美］亨利·基辛格：《大外交》，第668页。
② ［美］亨利·基辛格：《白宫岁月：基辛格回忆录》，陈瑶华等译，第1册，世界知识出版社1980年版，第251页。
③ 毛泽东同尼克松谈话记录，转引自逄先知、金冲及主编《毛泽东传（1949—1976）》下，第1625页。
④ 周恩来给毛泽东的信，手稿，1969年11月16日，转引自逄先知、金冲及主编《毛泽东传（1949—1976）》下，第1626页。

表示不妨碍海峡两岸中国人自己"达成任何和平解决";中国政府也改变了台湾问题不解决,其他问题一概不谈的方案。两国都表示了改善关系的愿望,希望实现更高级别的会谈,直至美国特使访问北京。

在中美缓和关系过程中,中国并没有改变反对美国霸权主义的立场和对第三世界国家反对美国的声援。1970年3月,美国支持柬埔寨朗诺军人集团政变,推翻了西哈努克亲王领导的王国政府,美军乘机侵入柬埔寨。中国坚决站在了柬埔寨人民一边,谴责美军的侵略行径,并两次推迟了中美华沙会谈。1970年5月20日,毛泽东发表了《全世界人民团结起来,打败美国侵略者及其一切走狗》声明,指出:"美帝国主义看起来是个庞然大物,其实是纸老虎,正在垂死挣扎。"① 中国支持柬埔寨人民抗美斗争,对美国侵犯印度支那提出了严正警告。这表明中国在致力于改善同美国关系时,仍然坚持反对侵略和霸权主义的立场,主张世界各国平等相处,不会放弃对印度支那人民的支援。1970年6月30日,美军开始从柬埔寨撤军,中国寻求恢复与美国的接触。据基辛格回忆:"6月底,我们已经收到了来自中国方面的毋庸置疑的信号,表示他们愿意重新开始和我们接触。"② 中国继续为打开中美关系留有余地,显示了冷静处理国际形势变幻,维护国家利益的能力。

为了表示重视与美国的关系,1970年12月25日《人民日报》头版刊登了1970年10月1日美国作家埃德加·斯诺与中国领导人参加中华人民共和国国庆庆典的照片,斯诺夫妇被安排在观礼台毛泽东的身边,面带微笑。在《人民日报》右上角"毛主席语录"一栏中,这一天刊登的是"全世界人民包括美国人民都是我们的朋友"③。显然,中国是在通过这张照片向美国传达希望改善两国关系的信息。美国人看到了这张照片和语录,认为:"这是史无前例的,哪一个美国人也没有享受过这么大的荣誉。这位高深莫测的主席是想传达点什么。"④ 但是,美国人与中国人的思维方式不同,他们不能理解这种东方式的含蓄表达,没有对中国的善意做出相应的表示。1970年12月18日,毛泽东会见美国作家埃德加·斯

---

① 《人民日报》1970年5月21日。
② 《基辛格越战回忆录》,第133页。
③ 《人民日报》1970年12月25日。
④ 《白宫岁月:基辛格回忆录》,第897页。

诺时说，"如果尼克松愿意来，我愿意与他谈。谈得成也行，谈不成也行；吵架也行，不吵架也行；当作旅行者来也行，当作总统来也行。总而言之，都行"。① 表示中美两国总是要建交的。中美两个敌对20多年的大国改善关系的举动，牵动着世界局势，自然对一贯追随美国的日本产生极大的影响和冲击，日本20世纪50年代选择与台湾方面实现媾和，就是因为美国的压力所致。

二 名古屋世乒赛成就"乒乓外交"

在国际形势不断变化发展的情况下，佐藤内阁也不得不对中日关系改善做出表示。1971年元旦，佐藤荣作在面对记者时提出了"今年最大的政治问题是日中问题。基本上采取与以前同样的方针，但是，政府提出与中国进行大使级会谈，'讨论邦交正常化问题'这个问题时，首相回答'那是可以的'"②。舆论认为，这是佐藤首相第一次做出与中国恢复邦交问题进行直接接触的表态。

在中日两国要求恢复邦交呼声日益强烈的情况下，两国体育界发挥了重要作用，积极促进中日两国人民的了解和友谊，推动改善中美关系。体育不再是单纯的竞技游戏，还承载了超出它本身的政治使命，是特殊年代、特殊环境使然。1971年3月28日至4月7日，第31届世界乒乓球锦标赛将在日本名古屋举行。1971年1月，日本乒乓球协会会长后藤钾二、日本中国文化交流协会事务局副局长村冈久平、日本乒乓球协会常任理事森武和后藤钾二秘书小田悠佑应中国人民对外友好协会的邀请访问中国。1971年2月1日，中日双方在北京签署了会谈纪要。在这份体育交流的会谈纪要中，首先确定政治原则，指出中日乒乓球协会的友谊和交流要根据中日关系"政治三原则"，即：不执行敌视中国的政策；不参加制造"两个中国"的阴谋；不阻挠中日两国正常关系的恢复来发展中日两国乒乓球界的友好交流。中国认为，在民间交流中写进政治内容，才能达到"以民促官"的目的，日本乒乓球代表团同意中国的"政治三原则"。日本乒乓球协会邀请中国乒乓球队参加在名古屋举行的第31届世界乒乓球锦标赛，乒乓球锦标赛是一个普通的体育比赛，但是，在特殊的年代，中

---

① 《毛泽东外交文选》，第592页。
② 《朝日新闻》1971年1月1日第一版。

国是否接受邀请去资本主义国家参加比赛，是非常严重的政治问题。在周恩来的指示下，中国乒乓球协会决定接受邀请，派乒乓球队前往参加。作为具体交流，年内将在日本和中国分别举行中日乒乓球友谊赛。

就在中国乒乓球队准备工作就绪即将出发参赛之时，中国国内却出现了强烈的反对声音。中华人民共和国成立以来，一直面临着冷战的严峻形势，中国体育代表团很少去资本主义国家参加比赛，长期的意识形态的对立和隔绝，使中国人不了解资本主义国家的国情和社会状况，对其保持高度戒备和警惕。很多人担心国外敌对势力会对中国队参赛进行破坏，认为中国乒乓球队员去日本参加比赛将面临很多困难，甚至会冒生命危险。周恩来为此做了大量的耐心、细致的工作，对不同意参赛的人进行说服，并打报告给毛泽东，提出："此次出国参赛，已经成为一次严重的国际斗争，故我方拟仍前往日本参加本届比赛；我方提出'友谊第一，比赛第二'，即使输了也不要紧。"① 毛泽东批示中国队参加比赛。当时，在东西方对立的冷战形势下，毛泽东及其他中国领导人对于资本主义国家的情况也知之甚少，对于参赛的危险性、复杂性估计得十分严重。毛泽东作为最终决策者，对中国代表团赴日参赛做了最坏的打算，他在周恩来的报告上批示："照办。我队应去，并准备死几个人。不死更好。要一不怕苦，二不怕死。"② 毛泽东把乒乓球代表团参加世界乒乓球锦标赛作为政治斗争，需要运动员做好牺牲的准备。当时一场普通的体育比赛，对很多中国人来讲，不亚于一场尖锐复杂的政治斗争。

中国政府高度重视运动员赴日参加比赛，对中国乒乓球代表团参赛的目的、活动做了周密的计划。中国乒乓球队参加世界乒乓球锦标赛不仅要展现新中国运动员的风采，更重要的是为中日邦交正常化做出努力。根据周恩来的指示，中国乒乓球代表团有两个班子："一个由赵正洪负责，专心从事比赛；一个由廖承志的得力助手王晓云负责，做日本各界朋友的工作。"③

1971年3月17日，以赵正洪为团长，符志行、王晓云、鲁挺为副团

---

① 《毛泽东传（1949—1976）》下，第1629页。
② 毛泽东对周恩来关于中国乒乓球代表团参加第31届世乒赛报告的批语，手稿，1971年3月15日，转引自《毛泽东传（1949—1976）》下，第1629—1630页。
③ 《廖承志与日本》，第366页。

长的中国乒乓球代表团前往日本参加比赛,这是自"文化大革命"以来,中国第一次派出代表团出国参加体育比赛。中国乒乓球代表团团长赵正洪表示:"愿意通过这次访问和比赛,为增进中日两国运动员和人民之间的友好关系以及各国人民的友谊做出贡献。"① 中国乒乓球队已经很长时间没有参加国际比赛了,中国优秀的乒乓球运动员在"文化大革命"期间,多数被下放到农村接受劳动"改造"。参加第 31 届世界乒乓球锦标赛的运动员是根据周恩来总理的指示刚刚选调上来的。尽管训练的时间短,但是运动员努力拼搏,在世界锦标赛上取得了优异成绩。比赛结束后,中国乒乓球代表团成员应邀到日本各地进行访问,与日本各界进行了广泛的接触。中国乒乓球代表团副团长王晓云及其他工作人员在日本进行的一个多月的访问中,多次会见日本政界、财界要人,日本报纸估计王晓云接触的日本人达 500 多人次,王晓云被日本媒体称为"王旋风",日本各大报刊争相在显著位置报道王晓云的活动。

毛泽东在北京关注着世界乒乓球锦标赛的"动态",更关注赛场以外的情况,对中国运动员庄则栋主动同美国乒乓球运动员科恩接触一事表示赞赏,认为这个运动员有政治头脑。② 在这届乒乓球比赛时,中国乒乓球代表团团长赵正洪邀请在名古屋的美国乒乓球运动员访问中国。这在日本乃至世界引起了轰动,日本各大报纸都在头版显要位置登出相关报道。美国总统尼克松对此事件表示"又惊又喜",立即批准美国乒乓球队接受邀请,还下令采取一系列对华友好的步骤。1971 年 4 月 10 日起,美国乒乓球队开始对中国进行访问。周恩来总理在人民大会堂会见了美国乒乓球队,他用"有朋自远方来,不亦乐乎"表示对美国客人的欢迎,认为美国乒乓球队访问中国,打开了中美两国人民友好来往的大门。同一天,美国总统尼克松宣布,终止实行了 20 年的禁止中美两国贸易的法令。美国乒乓球代表团在缓和中美关系方面,起了先导作用,这就是被国际舆论称作"小球转动大球"的"乒乓外交"。正如周恩来总理所说:"乒乓外交""打开了中美两国人民友好往来的大门"。中美交往的大门由"乒乓外交"这个偶然事件而打开,但是,这偶然的背后是中美改善关系必然发展的结果。中美友好交往的大门打开,必将对中日关系发展起到积极的

---

① 《战后中日关系文献集(1971—1995)》,第 10 页。
② 《毛泽东传(1949—1976)》下,第 1630 页。

推动作用。

三 20世纪70年代中国国际环境和地位的变化

中国社会主义建设取得的巨大成就，国际地位不断提高，国际环境大大改善。20世纪70年代，承认中华人民共和国的国家已经达到57个。毫无疑问，恢复中国在联合国的合法席位已是大势所趋，这是中日关系发展的有利因素。然而，日本的佐藤内阁无视国际形势的变化，仍然实行追随美国的外交政策，继续阻挠恢复中华人民共和国在联合国的合法席位。佐藤内阁认为：尽管意大利等国出现了新的动向，与中国建立了外交关系，但是，围绕中国的国际形势没有变化，日本对中国应采取慎重的政策。其实，日本一部分政界人士已经认识到，国际形势的变化已经证明"中国参加联合国可以认为已是时间问题"[1]。

1971年秋，在第26届联大召开之前，继前尾繁三郎之后就任宏池会会长的大平正芳在秋季的议员研修会的建议中，提出了日本应修正在联合国内反对中国的政策、促进日中关系正常化的方针。[2] 大平正芳认为："在1964年的国会会议上，我作了如下内容的讲话，即如果北京受到举世的祝福，被接纳为联合国成员国，那么日本也应该谋求与北京实现邦交正常化。在那之后，联合国对中国代表权问题一直在进行审议，但是在总体上朝着承认中国的代表权属于北京的方向急速倾斜，却是去年今秋以后的事情。此后与北京建立外交关系的国家也不断增加，而且我国的舆论也朝着这一方向作了大幅度调整。我认为政府应该对这种形势有一个正确的估价，应该认识到解决所谓中国问题的时机已经逐步成熟。为此，政府本着日中友好的精神和原则，尽快与北京开始政府间的接触，我相信这是忠于国内外舆论的应有姿态。同时，在问题最终解决之前，希望政府对于像在联合国支持被指定为逆重要事项方式那种和舆论大势背道而驰的做法，要谨慎行事。"[3] 1971年10月18日，日本促进恢复日中邦交议员联盟发表关于恢复日中邦交的议案，要求日本政府："应该认识到中华人民共和国政府是代表中国的唯一合法政府，台湾是中华人民共和国领土的一部分，

---

[1] 李德安等编译：《大平正芳的政治遗产》，中央文献出版社1995年版，第472页。
[2] 同上书，第473页。
[3] 同上书，第497页。

应废除日华条约,从速恢复日本国和中国的邦交。"①

1971年10月,联合国大会第26届会议开始进行关于恢复中华人民共和国在联合国合法权利的专题辩论。美国使出浑身解数,纠集日本等国继续阻挠中华人民共和国恢复在联合国的合法席位。10月25日,联合国大会以76票赞成、35票反对、17票弃权的表决结果通过了阿尔巴尼亚、阿尔及利亚等23个国家提出的"恢复中华人民共和国在联合国组织的合法权利"的提案。26日,联合国秘书长吴丹给中国发来电报,通知第26届联大通过恢复中华人民共和国在联合国的一切权利,并立即将蒋介石的代表从其在联合国组织及其一切机构中所非法占据的席位驱逐出去的决议。

联合国恢复中华人民共和国的合法席位,是中国独立自主的和平外交方针的胜利,表明中国将在国际舞台上发挥越来越重要的作用。在联合国的讲坛上,中华人民共和国的代表乔冠华代表中国发言,阐明中国的外交原则和基本主张,中国"一贯主张,国家不论大小,应该一律平等;和平共处五项原则应该成为国与国之间的关系准则。各国人民有权按照自己的意愿,选择本国的社会制度,有权维护本国独立、主权和领土完整,任何国家都无权对另一个国家进行侵略、颠覆、控制、干涉和欺负。我们反对大国优越于小国,小国依附于大国的帝国主义和殖民主义的理论。我们反对大国欺侮小国,强国欺侮弱国的强权政治和霸权主义。我们主张,任何一个国家的事,要由这个国家人民来管;全世界的事,要由世界各国来管;联合国的事,要由参加联合国的所有国家共同来管,不允许超级大国操纵和垄断……"中国将同一切爱好和平、主持正义的国家和人民站在一起,为维护各国的民族独立和国家主权,为维护世界和平、促进人类进步事业而共同奋斗。② 这些原则和主张赢得了国际社会的广泛赞同。

恢复中华人民共和国在联合国的合法权利在中日关系发展史上的意义和影响是巨大的。如前所述,在联合国第26届大会上,日本政府追随美国,继续阻挠恢复中华人民共和国在联合国的合法权利。佐藤政府主张,在中国代表权问题上,既承认中华人民共和国的代表权,又承认"中华民国"的"代表权",其目的是搞"两个中国"。日本政府的这一做法,

---

① 《战后中日关系文献集(1971—1995)》,第44页。
② 江山主编:《共和国档案(1949—1996)》,团结出版社1997年版,第190页。

不仅遭到了中国人民的强烈反对，也受到了日本朝野的批评。1971年10月20日，日本社会党、公明党、民社党表示，日本政府在联合国大会上的表现，与中华人民共和国重返联合国的"世界趋势背道而驰"，"辜负了国民要求恢复日中邦交的期望"。"政府应立即退出关于中国代表权问题两决议案的共同提案国，力求促进日中友好，实现恢复邦交"。① 自民党议员田川诚一表示："由于日本参加提案国，必然给予中国的邦交正常化留下了巨大障碍，使阴影笼罩了我国外交事业的前进道路。""今后我们要全力以赴，纠正政府的错误，排除由错误选择造成的障碍。"联合国大会通过恢复中华人民共和国在联合国组织中合法席位的决议后，日本促进恢复日中邦交议员联盟的全体议员发表声明说："佐藤内阁无视国际形势的发展，一味拥护国民政府（指台湾当局——作者注），敌视中华人民共和国政府，终于使日本陷入国际孤立。佐藤内阁负有不可推卸的重大责任。""我们将加强超党派联盟，在先前发表过的决议案基础上，勇往直前，争取迅速实现日中复交。"② 联合国恢复中华人民共和国的合法席位，不仅意味着美国长期以来实行的反华政策的破产，也给一贯追随美国的日本政府很大打击，更是日本反华政策的失败。中国认为，日本各个阶层的活动和主张，表明佐藤内阁的对华政策在日本失去民心，佐藤内阁的下台是不可避免的。因为佐藤内阁自上台以来，一直顽固地坚持反华政策，中国已经不对佐藤内阁抱有任何希望，期待着日本新内阁的产生，中国将与日本新政府谈判实现邦交正常化。

四 重视"越顶外交"的影响

20世纪70年代初，中国密切注视着美国新政府更迭和对华政策。尼克松当选为美国总统后，毛泽东认为不让美国人来中国是不正确的，表示"如果尼克松愿意来，我愿意和他谈。谈得成也行，谈不成也行；吵架也行，不吵架也行；当作旅行者来谈也行，当作总统来谈也行"③，中美总是要建交的。1971年2月25日，尼克松总统在美国国会发表《建构和平》的外交年度报告，表示愿意与北京对话。在这个报告中，他第一次

---

① 《战后中日关系文献集（1971—1995）》，第44页。
② 同上书，第49页。
③ 《毛泽东外交文集》第八卷，第436—437页。

使用了"中华人民共和国"的称呼。中国了解到美国对华态度的微妙变化，采取积极的回应。周恩来带口信给尼克松，邀请基辛格来中国具体安排尼克松访华，欢迎美国总统特使和美国总统本人访问中国。基辛格认为这是"二战结束以来美国总统收到的最重要的信息"。

尼克松决定派基辛格为特使先行访问北京，为他正式访华做准备。1971年7月，基辛格博士经巴基斯坦秘密来到北京。周恩来总理与基辛格进行了会谈。在会谈中，周恩来指出中美双方对国际事务有不同看法，两国社会制度不同，但是，这并不妨碍我们两个在太平洋两岸的国家寻求平等友好相处的途径；强调解放台湾是中国的内政。基辛格说明，他访问北京的任务是商讨尼克松总统访华日期及其准备工作；为尼克松访问进行预备性会谈。他表示美国承认台湾是中国领土的一部分，不支持台湾独立，但是，希望台湾问题能得到和平解决；美国将在联合国支持恢复中国合法席位，但不支持驱逐台湾代表。这次会谈确定尼克松总统来年春天访问北京。1971年7月15日下午，中美两国政府同时向外界发表基辛格访华的消息和《公告》，公告宣布："获悉尼克松总统曾表示希望访问中华人民共和国，周恩来总理代表中华人民共和国政府邀请尼克松总统于1972年5月以前的适当时间访问中国。尼克松总统愉快地接受了这一邀请。中美两国领导人的会晤，是为了谋求两国关系的正常化，并就双方关心的问题交换意见。"[①] 这一公告在世界范围内引起了震动，国际社会普遍对中美关系改善表示赞赏。而日本对此消息表示极大的震惊，在日本政坛更是引发了"地震"，形成了"尼克松冲击"。佐藤荣作是在公报发表前几分钟才得知这个消息的，就在这之前不久佐藤荣作访问美国时，还与尼克松达成对华关系问题一致的意见。而美国在改善对华关系上却越过日本，使一直以来在对华关系上与美国协调一致的日本陷入极大的被动，也使佐藤内阁失去人心，下台已是必然趋势。

1972年2月21日，尼克松总统正式访华。这是有史以来第一位在任的美国总统访问中国，也是美国总统第一次对一个还没有正式外交关系的国家进行访问。尼克松访问中国是中美两国关系史上一个的创举，标志着中美两国关系史上一个新时代的到来。中美这两个社会制度不同的大国，领导人实现了首次会晤，超越了双方在意识形态领域的分歧，中国认为：

---

① 《人民日报》1971年7月16日。

"中美两国的社会制度根本不同,在中美两国政府之间存在着巨大的分歧,但是,这种分歧不应当妨碍中美两国在互相尊重主权和领土完整、互不侵犯、互不干涉内政、平等互利和和平共处五项原则的基础上建立正常的国家关系,更不应该导致战争……我们希望,通过双方坦率地交换意见,弄清楚彼此之间的分歧,努力寻找共同点,使我们两国的关系能够有一个新的开始。"[①] 中国在改善中美关系中,再次强调坚持和平共处五项原则,不以意识形态划分敌友,愿意共同为维护世界和平做出贡献。尼克松表示中美两国存在巨大分歧,但是,我们能够搭一座桥,使我们能够进入会谈。

在中美签署的《联合公报》中,两国强调:"各国不论社会制度如何,都应该根据尊重各国主权和领土完整、不侵犯别国、不干涉别国内政、平等互利、和平共处的原则来处理国与国之间的关系。国际争端应在此基础上予以解决,而不诉诸武力和武力威胁。"[②] 指出中美两国关系走向正常化是符合所有国家的利益的。关于台湾问题,中国强调了自己的一贯立场,中华人民共和国政府是中国的唯一合法政府;台湾是中国的一个省,早已归还中国;解放台湾是中国内政,别国无权干涉;全部美国武装力量和军事设施必须从台湾撤走。美国在声明中表示:美国认识到,在台湾海峡两边的所有中国人都认为只有一个中国,台湾是中国的一部分。美国对这一立场不提出异议。双方声明,将通过不同渠道保持接触,包括不定期地派遣美国高级代表来北京,就促进两国关系正常化进行具体磋商并继续就共同关心的问题交换意见。两国同意扩大人民的联系和交流、逐步发展贸易、保持接触。尼克松这次访问中国的成果将为两国关系开辟新的前景。中美领导人都认为,两国关系正常化不仅符合中美两国人民的利益,而且将对缓和亚洲及世界紧张局势做出贡献。

中美联合公报的发表,揭开了中美关系史上的新篇章,标志着两国关系正常化过程的开始,也给一直追随美国的日本以强烈冲击,必然影响到日本政府的对华政策。当时,日本舆论认为尼克松访问中国是"划时代的事件","是美国对华政策转变的一个标志"。第二次世界大战后美国出于反共和反华的需要,对新生的中华人民共和国采取了封锁、敌视的政

---

① 《周恩来外交文选》,第493页。
② 《人民日报》1972年2月28日。

策，日本则充当了美国反共、反华的"前沿阵地"。美日之间是同盟关系，日本一直将日美关系作为最重要的双边关系，日美两国在对华关系上曾达成协调一致的谅解。日本以为"美国在对华关系方面，绝对不会干出超越日本的事情"①，但是，在改善对华关系这样极其重要的问题上，美国却把日本抛开了。日本把此事称作"越顶外交"，认为它表明"美国遏制中国政策的破产"，也使日本在亚太地区的外交基础瓦解。自民党国会议员古井喜实不无遗憾地说："北京机场首先向一位美国总统开放，而不是向日本首相开放。""日本必须尽快地同中国恢复邦交关系。"社会党、公明党等在野党则认为，中美会谈的结果"将会进一步加深日本成为亚洲孤儿的危险"。② 尼克松总统"改变世界的一周"使日本国内出现了"空前高涨起来的日中热潮"。这样一来，一贯敌视中国的佐藤政府在对华关系方面陷入极其被动的境地，佐藤荣作下台已是必然。因为佐藤荣作任首相后，一直敌视中国，倒退中日关系，中国政府决定不与佐藤谈邦交正常化的问题，而把根本改善中日关系的希望寄托在下一届日本内阁领导人身上。

中国认为，"越顶外交"不仅对佐藤本人的政治生涯产生了影响，还将对日本下届内阁产生影响。由于中美的接近，一向积极追随美国的日本，无论何人出任内阁首相，必将改变长期敌视中国的政策，中日邦交正常化的实现指日可待。尼克松访华为中日两国根本改善关系、实现邦交正常化提供了有利的国际条件。在当时的形势下，日本外交上要紧随美国，虽然美国对日本实行了"越顶外交"，但是在改变对华政策方面，日本领导人必须要得到美国的认可。1972年7月，日本田中内阁组成后，将恢复中日邦交正常化作为目标。日本方面立即向美国提出了举行日美首脑会议的要求。"大平外相一方面推进同北京的谈判，另一只眼睛却在注视着美国政府的动向。9月1日和2日，在夏威夷举行了由尼克松总统、罗杰斯国务卿和田中首相、大平外相参加的日美首脑会谈。日本方面详细介绍了关于改变对华政策的想法，美国方面似乎未必全面欢迎日本接近中国。

---

① ［日］冈田晃：《水鸟外交秘话——外交官的证言》，中央公论社1983年版，第97页。
② ［日］岛田政雄：《战后日中关系50年》，田家农译，江西教育出版社1998年版，第236—237页。

不过，日本方面对美国没有表示积极的反对态度而感到满足，决定到北京去。"① 新一届日本内阁在恢复邦交正常化问题上开始了积极行动。

为了促进中日邦交正常化早日实现，中国提出中日"复交三原则"，加强了与日本各个友好团体、各个政党的交流，发挥日本各界在恢复邦交正常化中的作用。

五 "复交三原则"的提出及意义

中国抓住国际上中日邦交正常化的有利时机，提出了推动中日关系的"复交三原则"，准备将中日之间的半官方关系发展到正式官方关系。1971年9月，日本促进恢复日中邦交议员联盟应中日友好协会的邀请来中国访问。中日友好协会负责人与日本代表团会谈中，中国提出恢复中日邦交的基本原则：中国只有一个，这就是中华人民共和国。中华人民共和国政府是代表中国人民的唯一合法政府。坚决反对"两个中国"、"一中一台"、"一个中国，两个政府"或类似的荒谬主张。台湾省是中华人民共和国领土不可分割的一部分，强烈反对"台湾归属未定"论和美日反动派策划的"台湾独立"的阴谋。台湾问题是中国的内政，不允许任何外国干涉。所谓日蒋"条约"是在中华人民共和国已经成立之后签订的，因而是非法的、无效的，应予废除。必须恢复中华人民共和国在联合国所有机构，包括安全理事会常任理事国席位在内的一切合法权利，把蒋介石集团的"代表"驱逐出联合国。② 这实际上已经具备了"复交三原则"的雏形。这些原则得到了日本促进恢复日中邦交议员联盟的赞同，日本代表团表示，"日中议联"是以恢复日中邦交为宗旨的超党派的国会议员组织。为了尽早恢复日中邦交，决心要尽一切努力使上述基本原则成为日本国会的决议，并敦促日本政府接受上述原则，在此基础上同中华人民共和国政府进行谈判，以结束日中两国的战争状态，恢复邦交，缔结和平条约。中日友协的负责人高度赞赏日中议员联盟为恢复中日友好和邦交所做的努力，希望议员联盟在推动中日邦交正常化中发挥更大的作用。

中国提出的关于恢复中日邦交正常化的基本原则是两国关系发展的政

---

① 李德安等编译：《大平正芳的政治遗产》，中央文献出版社1995年版，第479页。
② 《战后中日关系文献集（1971—1995）》，第40页。

治基础，中国各有关部门向来访的日本友好团体不断阐述这些原则的基本内涵和对促进邦交正常化的积极意义，希望他们能够通过自己的努力，让日本政府了解中国对邦交正常化的基本原则，在遵守这些原则的前提下，进行谈判实现中日的正常关系。1971年10月、11月，中日友好协会分别邀请日本日中友协代表团、日本恢复日中邦交国民会议访华代表团访问中国。周恩来总理，人大常委会副委员长、中日友好协会名誉会长郭沫若等会见了两个代表团。日本日中友协代表团、日本恢复日中邦交国民会议访华代表团都表示同意中国提出的"复交三原则"，在与中日友协分别发表的联合声明中，都强调中华人民共和国是代表中国人民的唯一合法政府，台湾省是中国领土不可分割的一部分，解放台湾是中国的内政，任何外国不得干涉，必须废除非法的日蒋"和约"，必须恢复中国在联合国所有机构的一切合法权利，坚决把蒋介石集团的"代表"从联合国驱逐出去。中日双方加强中日友好，恢复中日邦交，是中日两国人民的共同愿望。中日邦交至今尚未恢复，责任完全在日本佐藤政府方面。中日两国人民要共同努力，促使日本政府废除日蒋"条约"，结束同中国的战争状态，恢复日中邦交，缔结和平条约。

  1972年4月，周恩来总理在会见日本民社党组成的访华代表团时，将中国关于恢复邦交的原则立场归纳为"复交三原则"，即：世界上只有一个中国，即中华人民共和国。中华人民共和国政府是代表中国人民的唯一合法政府。坚决反对任何"两个中国"、"一中一台"、"一个中国，两个政府"等荒谬主张。台湾是中华人民共和国领土不可分割的一部分，并且已经归还中国。台湾问题纯属中国内政，不容外国干涉。坚决反对"台湾地位未定"论和策划"台湾独立"的阴谋。日蒋"条约"是非法的、无效的，必须废除。[1] 中国强调指出："上述各项原则，是恢复中日邦交的前提，必须坚定不移地加以贯彻。"[2] 周恩来谴责佐藤政府违背世界潮流的发展大势，违背中日两国人民的意愿，继续推行敌视中国的政策，阻挠中日邦交的恢复。

  中国提出的"复交三原则"关乎中华民族的利益，关乎中国的国家统一和领土主权，是恢复中日邦交必须遵循的原则。由于日本在中国台湾

---

[1] 《战后中日关系文献集（1971—1995）》，第81页。

[2] 同上。

曾经实施了长达50年的殖民统治，日本社会上、自民党中存在着"亲台势力"，他们否认中华人民共和国对于台湾的主权，妄图制造"两个中国"或者"一中一台"，阻挠中国的统一。因此，在中日邦交正常化形势日渐成熟的时候，中国特别强调了"复交三原则"，日本政府只有承认"复交三原则"，中国才可能与之谈判，否则中日邦交正常化将无从谈起。

六 发挥在野党"补充外交"的作用

1972年7月5日，田中角荣当选自民党新总裁，自"五五体制"以来，自民党的总裁都将成为日本下一届内阁的首相。田中角荣表示："充分理解中国方面提出的恢复日中邦交三原则，认为日中邦交正常化的时机已经成熟。"[①] 田中认为，中日关系问题对日本来说，与其说是"外交"，不如说是"内政"的重要部分，必须当机立断，与中国恢复外交关系，并提出了"决断与实行"的口号。中国对于没有台湾背景的平民首相田中角荣在邦交正常化方面迈出决定性步伐充满期待，对田中内阁的态度给予必要的回应，希望以此为契机推动中日关系取得实质性进展。

中国继续加强中日"民间外交"，特别是注重发挥日本在野党在"以民促官"中的作用。在田中角荣当选为日本首相后，中国频繁邀请在日本社会中有较大影响，与自民党关系密切的在野党领导来华访问，通过他们向田中内阁传达中国对于中日复交的基本态度和原则立场。这样，既可以通过在野党了解日本政府的态度，又可以避免过早地直接面对执政的自民党政府可能出现的困难和僵局，在野党的穿针引线可以为两国政府的正式谈判提供较大的回旋余地。这也符合田中角荣的想法：通过在野党的朋友试探中国对邦交正常化的具体态度，避免授部分自民党成员以及日本国内"亲台派"以口实。田中角荣访华前，日本各个在野党频繁访问中国，与中国领导人会面，传达自民党对于邦交正常化的意见，为田中角荣首相来中国正式谈判做准备，构成了邦交正常化前中日交往的一道亮丽风景。

1972年7月14日，田中角荣的朋友、日本社会党前委员长佐佐木更三应邀到中国访问。佐佐木更三起程前特地去拜会田中角荣，了解田中角荣对华政策的思路和底线，询问田中首相究竟打算怎样对应中国的"复交三原则"，特别是如何对待涉及邦交正常化的关键问题、废除《日台条

[①] 《朝日新闻》（东京）1972年7月7日第一版。

约》问题。田中角荣对佐佐木更三表示：接受这些原则是理所当然的。对于处理台湾问题，有绝对的把握，承认复交三原则。佐佐木更三到北京后，向周恩来转达了田中首相承认中国的"复交三原则"态度。周恩来委托佐佐木更三回国后向田中角荣转达欢迎日本首相正式访问中国的口信，并表示田中的专机可以直飞北京。周恩来赞赏社会党为中日友好做出的贡献，高度评价了日本各个在野党对推动邦交正常化的作用，他说："支持日本政府恢复日中邦交这一点，你们社会党、公明党、民社党都是表了态的，我认为你们的话是对的。"① "因为社会党没有外交权，当然我们要同有外交权的田中首相实现邦交正常化。但是，这一形势的出现，是日本人民长期努力的结果。对于日本人民创造实现邦交正常化这样的形势，表示感谢和敬意。回去后，请向日本人民转达，我周恩来感谢他们。"② 充分表达了中国对为中日关系付出努力的日本朋友的敬意，并特别强调，即使中日官方关系建立了，中日民间往来也不会停止，而是将会得到更加蓬勃的发展，中国将继续保持与日本各个在野党的友好关系。佐佐木更三回国后立即向田中首相转达了周恩来的口信，田中角荣收到口信，态度积极，做了出访中国的准备。

日本公明党成立于1964年，奉行稳健的政治路线，提倡和平主义。公明党虽然成立时间并不长，在政党林立的日本政坛上，却有相当的基础，有数量庞大的党员，在国会中拥有第二大党的地位，是日本政治的重要力量，是在野党"补充外交"的重要力量。1971年6月，中日友好协会邀请日本公明党访问中国。周恩来总理高度赞赏公明党坚持"一个中国"、反对《日台条约》、主张恢复中华人民共和国在联合国的合法席位等一系列原则立场，认为按照公明党的主张："日本和中华人民共和国的邦交就可以恢复，战争状态就可以结束，中日友好可以得到发展，中日两国就有可能在和平共处五项原则的基础上缔结和平条约，可以进一步考虑缔结互不侵犯条约。"③ 日本公明党代表团此次访华对中日邦交正常化意义重大。正如日本著名学者古川万太郎所言，中国方面和日本公明党发表

---

① 中共中央文献研究室编：《周恩来年谱（1949—1976）》下卷，中央文献出版社1997年版，第537页。

② 刘德有：《时光之旅》，商务印书馆1999年版，第434—435页。

③ 中华人民共和国外交部外交史研究室编：《周恩来外交活动大事记（1949—1975）》，世界知识出版社1993年版，第594页。

的这一"共同声明""具有划时代的意义","经过备忘录贸易公报、中国与社会党的共同声明,直到这一次中国与公明党发表共同声明,完全明确了实现日中邦交正常化的基本条件"。①

对日本在野党外交是"民间外交"的组成部分,比一般经贸、文化等方面的交流有更加重要的作用,是中日两国政府间沟通的"桥梁"和"纽带"。

1972年7月25—29日,日本公明党委员长竹入义胜应邀到中国访问,竹入作为在野党的领袖,与日本各派政治人物都有交往,在政界有较高的声誉和较大的影响,这是邦交正常化之前日本对中国的一次"摸底"访问。中国政府希望通过竹入义胜向日本政府转达中国关于邦交正常化的立场,希望田中首相早日访问中国。虽然当时学术界对竹入义胜是否为"和式基辛格",是"田中密使"还是"周恩来密使"等存在着不同看法,②但是,中国政府邀请竹入义胜访问中国的目的,是想通过他向田中内阁转达中国的立场,促使田中早下决心访问中国。竹入义胜带来的日本政府对于复交的基本观点,既不是田中口授,也非日本政府正式讨论的草案,但是,它是竹入义胜以及公明党根据日本政府关于复交资料整理而成的,应该说基本反映了日本政府的立场。而周恩来与竹入的会谈,对于田中下决心访问中国起了重要作用。

1972年7月27—29日,周恩来与竹入义胜进行了三次会谈,会谈时间共计6个多小时,周恩来向竹入义胜详细地阐述了中国政府对于复交的基本立场,并请竹入义胜将中国的立场转达给田中首相。③ 三次会谈内容涉及《日台条约》、日美关系、战争赔偿等重要问题,中日双方基本了解了对方在邦交正常化重大问题上的原则立场,周恩来坦率地表示在恢复邦交正常化问题上,中国坚持和平共处五项原则,求大同、存小异,期待中日关系迈出关键的一步。周恩来代表中国政府提出了签署《中日联合声明》的八点立场:第一,关于结束战争状态问题,周恩来提出"自联合

---

① 刘德有:《时光之旅》,商务印书馆1999年版,第431页。
② 关于各种不同的观点,可以参考黄大慧《日本对华政策与国内政治》,当代世界出版社2006年版;王泰平主编《新中国外交50年》,北京出版社1999年版;胡鸣《对中日邦交正常化中竹入义胜身份与作用的考辨》,《中共党史研究》2008年第5期;等。
③ 关于竹入义胜与周恩来的三次会谈记录,日本外务省设定为"极密"文件,2002年6月,外务省亚洲局中国课解密,笔者有三次会谈的全部复印件。

声明公布之日起，中华人民共和国与日本国之间的战争状态结束"。竹入义胜表示："这项可以写进联合声明"。第二，关于中日两国恢复邦交的表述方式，联合声明写上"日本国政府充分理解中华人民共和国政府提出的恢复中日邦交三原则，承认中华人民共和国政府是中国唯一合法政府，在此基础上，两国政府建立外交关系，互派大使"。这是邦交正常化的原则问题，周恩来关切地询问，田中首相在这个问题上是否有困难。竹入表示，这是田中首相历来的说法，应该不会有困难。第三，"双方声明，中日两国建交，既符合两国人民的长期愿望，也符合世界各国人民的利益。"第四，"双方同意以互相尊重主权和领土完整、互不侵犯、互不干涉内政、平等互利、和平共处五项原则处理中日两国之间的关系，按照和平共处五项原则、通过和平协商解决中日两国的争端，而不诉诸武力和威胁。"第五，"双方的任何一方不在亚洲太平洋地区谋求霸权，也反对任何国家或国家集团在这一地区谋求霸权。"第六，"双方同意，两国建立外交关系后，在和平共处五项原则的基础上缔结和平友好条约。"第七，"为了中日两国人民的友谊，中华人民共和国政府放弃对日本国的战争赔偿要求。"第八，"中华人民共和国和日本国政府为了进一步发展两国间的经济和文化关系、扩大人员往来，在缔结和平友好条约前，根据需要和已有的协定，分别签订通商、航海、航空、气象、邮政、渔业、科学技术等协定。"① 竹入义胜感谢周恩来的八点意见，表示回国后会尽快转达给田中首相。当时中国确定了以反对苏联霸权主义为主，对周恩来提出的第五条关于反霸的意见，竹入义胜当然理解中国的指向，他当即表示，"这一点要告知田中首相、大平外相，不知道他们是否可以接受"。竹入义胜担心联合声明关于"霸权"的表述，会引来苏联的压力。周恩来强调，如果"霸权"一词对日本来说过于敏感，可以换个说法，或者不写进联合声明，将来写进和平友好条约。

周恩来在会谈中提出三点默契："一、台湾是中华人民共和国的领土，解放台湾是中国的内政；二、联合声明发表后，日本从台湾撤走其大使馆、领事馆，并采取有效措施，使蒋介石集团的大使馆、领事馆撤出日本；三、战后日本团体和个人在台湾的投资及经营的企业，在台湾解放时

---

① 以上内容皆见于：日本外务省亚洲局中国课解密档案，1972年7月29日，竹入周恩来第三次会谈。

当予以适当照顾。"① 此三项内容不写进联合声明，希望竹入义胜转达给田中首相、大平外相。周恩来认为，中日邦交正常化是大事业，不是一个人、一个党的事，是人民的大事业。周恩来、竹入义胜会谈，基本确定了联合声明的框架。当然，一些重要和具体的问题，必须要待田中首相访华时两国政府首脑做进一步商讨。

周恩来总理特别叮嘱竹入义胜"这三次会谈内容都很重要，除田中首相、大平外相外，绝对严守秘密。我们也当然保守秘密。一切拜托竹入先生"②。竹入义胜表示请周恩来放心，自己一定不辱使命。竹入义胜回国后，将与周恩来总理三次会谈的内容做了整理，这就是著名的"竹入笔记"。

中日两国政治制度、基本国情不同，中国领导人了解日本执政党与在野党对国内政治、对外政策等方面存在着很大差异，但是，在恢复中日邦交正常化这个问题上，自民党与公明党、社会党等重要的在野党已经超越了党派的畛域，从日本国家利益和未来发展的高度来考量中日关系。周恩来之所以与竹入义胜详细讨论中国关于复交的基本立场以及联合声明的具体内容等，就是要充分了解中日两国在恢复邦交正常化方面的相同点和分歧所在，为两国政府首脑正式谈判奠定基础。周恩来希望竹入义胜能够把中国的意见原原本本地转告日本政府，促使田中早下决心，实现邦交正常化。

竹入义胜果然没有辜负中国政府的厚望，他回国后立即向田中首相和大平外相做了汇报，并把整理好的笔记交给田中首相。田中首相了解了中国对于复交的基本立场后，下决心访问中国。也就是说，田中首相正式接受了周总理发出的访华邀请。③

周恩来与竹入义胜三次会谈，对涉及邦交正常化的基本问题充分交换了意见，了解了彼此的共同点和分歧所在，为两国政府间的正式谈判奠定了基础，也为具体问题的协商提供了转圜的余地。日本自民党于9月14日正式派出第一次单独组成的访华代表团，对中国进行为期一周的访问，

---

① 以上内容皆见于：日本外务省亚洲局中国课解密档案，1972年7月29日，竹入周恩来第三次会谈。
② 日本外务省亚洲局中国课解密档案，1972年7月29日，竹入周恩来第三次会谈。
③ 李德安等编译：《大平正芳的政治遗产》，中央文献出版社1995年版，第479页。

他们带来日本政府正式讨论形成的意见,从日本政府层面为田中首相访问做好基本准备。中日恢复邦交正常化已是"水到渠成","民间外交"之花,即将结出邦交正常化的硕果。

第三节 在"求同存异"原则下恢复中日邦交

"复交三原则"是中日邦交正常化必须遵循的,得到了日本在野党、民间团体以及部分政治家的赞同,在坚持"复交三原则"的基础上,中国恢复邦交正常化的正式谈判中,本着"求同存异"的原则,妥善处理中日之间的分歧,终于达成了邦交正常化的战略目标。

一 关注日本新内阁的对华政策

中美关系解冻、美国总统尼克松访问中国,给一直追随美国实行反华政策的佐藤荣作内阁以强烈的冲击,政治上十分被动。为应付强大的舆论和政治压力,扭转不利局面,佐藤荣作不得不做出一些姿态,试图通过日本驻外使节试探中国的态度,为政府找回颜面。1971年1月22日,佐藤荣作在施政方针中表示:"准备同中华人民共和国之间进行政府间的各种接触。"[1] 这是佐藤担任日本首相以来,第一次使用"中华人民共和国"这一正式称呼,也是第一次表示与中国进行政府层面的交流。中国认为,佐藤荣作一向奉行敌视中国政策,其表态是迫不得已做出的,中国不以佐藤为恢复邦交谈判对手,采取"孤立佐藤内阁"的方式,期待与日本新一届内阁讨论中日邦交正常化问题。

1971年11月,中日友好协会邀请访问中国的东京都知事美浓部亮吉访问中国,佐藤荣作首相和福田赳夫外相默许自民党干事长保利茂策划"保利书简","保利书简"的主要内容是:日本政府承认北京是"中国的合法政府",台湾是"中国国民的领土",请美浓部亮吉将书简带给周恩来,试图采用"水鸟外交"的方式,秘密地同中国方面取得联系,探索改善日中关系的可能性。[2] 周恩来拒绝接受"保利书简",一针见血地指

---

[1] 日本内阁制度百年史编纂委员会编:《历代内阁总理大臣演说集》,大藏省印刷局1980年版,第828页。

[2] 参见[日]冈田晃《水鸟外交密话》,中央公论社1983年版。

出:"保利书简"说中华人民共和国政府是代表中国的合法政府,台湾是中国国民的领土,去掉了"唯一"两个字。明确指出:"中华人民共和国政府是代表中国人民的唯一合法政府,这个问题已经解决了,因为联合国已经通过了。日本的佐藤政府、美国政府都把调子降低了,说代表中国的是中华人民共和国政府,但还有一个台湾问题。我们说,单说台湾是中国的一个省,或者说是中国领土不可分割的一部分还不够,还要说台湾已经归还它的祖国——中华人民共和国。"① 揭露了这封信的欺骗性。周恩来特别指出中国同意邀请尼克松总统访华,但是,佐藤荣作不同,他从一开始就没有诚意,是在知道尼克松访华的消息后才表示要访问中国的,中国不能接待他。以后日本的政权,不管是谁,只要承认"复交三原则"就可以谈判。中国在复交方面的原则立场是不容改变的。

中国对佐藤内阁改善中日关系不抱有希望,期待与日本下一届政府在"复交三原则"的基础上进行谈判。1972年7月5日,田中角荣当选为自民党总裁,7月6日,日本众、参两院指名田中角荣为内阁总理大臣。中国重视田中角荣对中日关系的政策,注意到田中角荣在对中日关系发表看法时所说的:"战后四分之一世纪的日中关系,在长达2000年的历史中,不过是短暂的一瞬。为了不再发生纷争,要以认真的态度着手(日中)关系正常化的工作。以往我们单方面地给中国添了麻烦。但是,我认为关系正常化的时机已经成熟。"② 田中角荣将恢复中日邦交正常化作为日本"内政"的重要部分,提出了五个重要因素:人、自然、时间、物质以及国家和社会,把国家和社会放在了最后,这不仅是对国内提出的口号,而且向世界表示了日本与守卫国家相比,更重视人、自然等因素,以争取国际社会的信任,为发展与各国的关系而努力。田中表示要尽快实现同中华人民共和国的邦交正常化。面对激烈动荡的世界形势,我们要有力地推进和平外交。

中国了解到田中角荣竞选日本自民党总裁时,曾表示一旦当选将立即实现中日复交,并且要亲自到中国去谈判。中国积极回应田中的对华政策,发挥中日备忘录贸易办事处这个半官方机构的作用,并派出了了解日本情况的肖向前担任中日备忘录贸易办事处驻东京联络处的首席代表,实

---

① 《周恩来外交文选》,第485页。
② 刘德有:《时光之旅》,第424页。

际推进邦交正常化的进程。肖向前到达日本后积极工作,广泛接触日本各界人士,阐明中国对于恢复邦交的立场,备忘录贸易办事处工作大有成效,俨然成了"小大使馆"。中国通过各种途径向日本转传达对田中内阁的关注,希望田中内阁在恢复中日邦交正常化问题上,能够当机立断,取得成效。

1972年7月9日,周恩来在欢迎也门民主人民共和国代表团时特别提到:"田中内阁7日成立,在外交方面,声明要加紧实现中日邦交正常化,这是值得欢迎的。"①表达了中国对田中内阁在中日关系上取得突破性进展的期待,进一步向日本政府传达了中国对于邦交正常化的态度与立场。毛泽东指出:"对中日恢复邦交问题应采取积极的态度。谈得成也好,谈不成也好,总之,现在到了火候,要加紧。"②周恩来根据毛泽东的指示,为敦促田中角荣访问中国开始了具体的工作。

田中角荣在1972年7月18日,以答复在野党所提问题的形式拟定了"关于日中关系正常化的基本态度":"一、关于战前和战时一个时期内我国给中国人民造成的巨大麻烦,认为应该虔诚地进行反省;二、对于中华人民共和国提出的有关关系正常化的'复交三原则',作为基本认识,政府能够充分理解;三、打算在承认中华人民共和国为代表中国的唯一正统政府这一前提下进行政府间谈判。"③7月19日,田中在新内阁的记者招待会上指出:"中国问题是最大的外交问题。中国是日本的邻国,2000多年的悠久的交往关系。日本受到中国文化的哺养,这是一个不以人们意志为转移的事实。日中两国就是在这样一个共同的联系中生活过来的。我认为,最好是日中两国恢复正常的状态,我认为所有的日本人都是这样想的。我认为时机已经十分成熟了。所有的话,用这一句话来表达就足够了。"他还说:"台湾问题是个重要问题,这个问题,应当在解决日中邦交正常化这样一个大问题时,一并解决。"④表达了日本政府对恢复中日邦交的迫切希望和基本立场。

至此,中日两国领导人都对恢复邦交正常化表现出从未有过的积极态

---

① [日] 大平正芳回想录刊行会编:《大平正芳传》,武大伟等译,吉林人民出版社1984年版,314页。
② 《新中国外交风云》第3辑,世界知识出版社1994年版,第132页。
③ 李德安等编译:《大平正芳的政治遗产》,中央文献出版社1995年版,第478页。
④ 《战后中日关系文献集(1971—1995)》,第87页。

度，中日邦交正常化谈判指日可待。1972年7月11日，中国派出了以中日备忘录贸易办事处前任首席代表肖向前和以孙平化为团长的上海舞剧团访问日本。7月17日，中国农民代表团抵达日本。该团的副团长是外交部亚洲司日本处处长陈抗。陈抗向肖、孙二人传达了周总理的重要指示："我讲（指周总理）田中内阁要加紧实现中日邦交正常化值得欢迎，是因为毛主席对我说，应该采取积极态度。毛主席的思想和战略部署我们要紧跟。日方能来中国谈就好，谈得成也好，谈不成也好，总之现在到了火候，要抓紧。过去有过'王国权旋风'、'王晓云旋风'，这回不能再叫'旋风'了，要落地。孙平化嘛，就是要万丈高楼平地起，肖向前就是继续前进的意思，这两个人就是要把这件事落实才行。"[①] 中日备忘录贸易办事处、上海舞剧团等机构或访日代表团，遵照中央的指示，在日本积极活动，通过一切可能的渠道，向日本表示出恢复邦交的愿望，积极促成日本首相访问中国。

二 邀请田中角荣访华

经过大量的准备和积极工作，中国政府认为邀请日本首相访问中国的时机已经成熟了。1972年8月12日，中华人民共和国外交部长姬鹏飞宣布："中华人民共和国国务院总理周恩来欢迎并邀请日本首相田中角荣访问中国，谈判并解决中日邦交问题。"8月15日，田中角荣首相会见了中国上海舞剧团团长孙平化和中国中日备忘录贸易办事处驻东京联络处首席代表肖向前，对周恩来邀请他访问中国表示感谢，希望与周恩来会谈能取得丰硕成果，这就是说，田中首相正式接受了周总理发出的访华邀请。[②]

1972年9月21日，中日两国政府发布公告，宣布：日本国内阁总理大臣田中角荣愉快接受中华人民共和国国务院总理周恩来的邀请，将于1972年9月25日至30日访问中国，谈判并解决中日邦交正常化问题，以建立两国之间的睦邻友好关系。[③] 双方政府间的正式谈判即将启动。

1972年9月25日上午，日本首相田中角荣一行抵达北京。当天晚

---

① 刘德有：《时光之旅》，第446页。
② 《大平正芳的政治遗产》，第479页。
③ 《战后中日关系文献集（1971—1995）》，第102页。

上，中华人民共和国国务院总理周恩来在人民大会堂宴会厅举行宴会，欢迎日本国内阁总理田中角荣一行。周恩来总理发表了热情洋溢的祝酒词，他说："日本首相田中角荣阁下应邀来我国访问，谈判解决中日邦交正常化问题，我们感到高兴。""田中首相来我国访问，揭开了中日关系史上新的一页。在我们两国的历史上，有着2000年的友好来往和文化交流，两国人民结下了深厚友谊，值得我们珍视。但是，自从1894年以来的半个世纪中，由于日本军国主义者侵略中国，使得中国人民遭受重大灾难，日本人民也深受其害。前事不忘，后事之师，这样的经验教训，我们应该牢牢记住。中国人民遵照毛泽东主席的教导，严格区分极少数军国主义分子和广大的日本人民。因此，中华人民共和国成立以后，尽管两国战争状态没有宣告结束，中日两国人民的友好来往和贸易关系不但没有中断，而且不断发展。最近几年来，每年来中国访问的日本朋友人数超过其他国家朋友，中国同日本在平等互利基础上的贸易额也高过其他国家。这就为中日关系正常化创造了有利条件。"[①]

周恩来赞赏田中首相就任以来，毅然提出新的对华政策，声明要加紧实现同中华人民共和国的邦交正常化，表示能够充分理解中国方面提出的"复交三原则"，并且为此采取了实际步骤。实现两国邦交正常化已经有了良好的基础。促进中日友好，恢复中日邦交，是中日两国人民的共同愿望。现在是我们完成这一历史性任务的时候了。深信经过我们双方的努力，充分协商，求大同，存小异，中日邦交正常化一定能够实现。中日两国的社会制度不同，但这不应该成为我们两国平等友好相处的障碍。恢复中日邦交，在和平共处五项原则的基础上建立友好睦邻关系，将为进一步发展我们两国人民的友好往来，扩大两国经济和文化交流，开辟广阔的前景。中日友好是不排他的，它将为和缓亚洲紧张局势和维护世界和平做出贡献。

田中首相也发表了祝酒词，他表示："我能够应周恩来总理阁下的邀请，以日本国总理大臣的身份，踏上我国邻邦中国的国土，感到非常高兴。""这次访问，我是由东京直飞北京的，我再一次深深地感到日中两国是一衣带水的近邻，两国不仅在地理上如此相近，而且有着长达2000年丰富多彩的交往历史。然而，遗憾的是过去几十年之间，日中关系经历

[①] 《周恩来选集》下卷，第477—478页。

了不幸的过程。其间，我国给中国国民添了很大的麻烦，我对此再次表示深切的反省之意。第二次世界大战后，日中关系仍然处于不正常、不自然的状态，我们不得不坦率地承认这个历史事实。"①

中国邀请日本首相访问，中日两国长达20多年的民间交流终于即将上升到正式的官方关系阶段，表明中日建立正常官方关系具有深厚的基础，也表明冷战形势下，中日两国关系发展的艰难和曲折。

三 "复交"谈判中的"求同存异"

为田中首相正式访问中国，中日两国政府做了充分的先期准备工作。1972年9月9日，自民党国会议员古井喜实、田川诚一、松本俊一一行抵达中国，他们带来了日本政府《关于共同声明纲要日本基本方针要点》，是日本政府的意见。周恩来对日本政府的《关于共同声明纲要日本基本方针要点》表达了中方的意见，中国基本同意前言三点与正文八条。但是，对结束战争状态的提法、"复交三原则"的表态及如何表明断绝日台关系等，中日双方还有距离。周恩来再次阐明了中国的原则立场，表示这些问题的解决需要田中首相访问中国时，中日两国领导人会谈解决。中日邦交正常化恢复在即，周恩来引用"饮水不忘挖井人"，表示对长期致力于日中之间半官方贸易和政治疏通工作的日本朋友的感谢。1972年9月14日，自民党组成以小坂善太郎为团长的自民党访华代表团，周恩来说："日本田中内阁成立的当天，田中首相就声明，在外交方面要加紧实现同中华人民共和国的邦交正常化。此后，田中首相、大平外相又多次表示充分理解我国提出的关于恢复中日邦交正常化的三原则，并为此采取了一些积极的措施和步骤。这是值得欢迎的，中国政府已经做出了积极的反应。"② 在涉及中日邦交正常化的关键问题上，中日之间存在着不小的距离，这些问题都待与田中首相正式会谈中解决。

正如中国方面预料的那样，如何对待中日之间的分歧问题成为谈判的关键。从9月25日至28日，中日两国总理进行了四次首脑会谈，中国外交部长姬鹏飞、外交部顾问廖承志、外交部副部长韩念龙，日本外务大臣大平正芳、内阁官方长官二阶堂进、外务省亚洲局中国课课长桥本恕等参

---

① 《战后中日关系文献集（1971—1995）》，第105页。
② 同上书，第100页。

加了各次首脑会谈。① 除首脑会谈外，中日两国外长也进行了多次会谈。这些会谈分别围绕台湾与日美安全保障条约、"复交三原则"、结束战争状态、战争赔偿等问题展开。尽管田中访华前，日本政府已经通过在野党代表团访华、通过"竹入笔记"等多种渠道了解了中国对于邦交正常化的基本立场，日本对于中国阐明的"复交三原则"没有异议，但是在具体谈判中，双方的分歧依然很大，谈判过程一波三折。

中日邦交正常化谈判，首先遇到《日台和约》与日台关系问题。台湾问题是中日邦交正常化的关键问题，涉及中国的核心利益，中国在1971年提出"复交三原则"也主要是针对台湾问题的。日本政府了解与中国政府关于恢复邦交就必须断绝与台湾方面的官方联系的立场，田中首相表示，中日邦交正常化的时机成熟了，"迄今为止，与台湾的关系一直阻碍着中日邦交正常化。希望充分考虑中日邦交正常化对台湾的影响，邦交正常化首先采用中日共同声明的形式，随后再在日本国会讨论通过"②。但在如何断绝与台湾官方关系上，日本方面主要有两点担忧：要谋求中日邦交正常化，就需要自动结束日本和台湾方面的关系。但是，要避免因此在自民党和国会内引起混乱；不能因台湾地位的变动，引起东亚形势发生变化而使苏联有机可乘。田中首相在谈判中表示"非常理解中方提出的日台条约是非法的、无效的立场"，"可是，这个条约已经过日本国会的批准，假如日本完全同意中国方面的见解，那就等于日本政府在过去20多年内一直在欺骗国会和国民，日本政府一定会受到批评。所以，我们主张在实现邦交正常化时，日华条约就完成了其使命，希望中方能够理解"③，日本无法正式宣告《日台和约》无效。

周恩来总理表示：中日两国恢复邦交是双方的"大同"，也是第一位的原则。根据这条原则其他问题总是好解决的。田中首相组阁以后，多次提到要站在充分理解中国方面提出的恢复中日邦交三原则的立场上。在此基础上我们自然会照顾日本政府所面临的某些局部困难。田中首相讲得很清楚，日本国和中华人民共和国的外交关系一恢复，日蒋条约当然就自行

---

① 会谈记录日本外务省列为"无限期极密"文件，该文件于2001年6月解密。笔者有全部的记录复印件。

② 日本外务省亚洲局中国课解密档案，1972年9月25日，中日第一次首脑会谈。

③ 同上。

失效了，日台外交关系也就中断，我钦佩你们的果断。中国同意从政治上解决问题，一些历史方面的问题不要拘泥于法律条文，因此同意会谈后发表联合声明，而不采取条约形式，以后可以再缔结以和平共处五项原则为基础的和平友好条约。周恩来指出，在实现邦交正常化的基础上实现两国世世代代和平友好，恢复邦交正常化不仅符合两国人民利益，而且对缓和亚洲紧张局势、维护世界和平都有意义。所以，"本次中日首脑会谈后，发表共同声明实现邦交正常化，不以条约的形式，在邦交恢复后再缔结和平友好条约"①，双方约定在《联合声明》中不涉及《日台和约》问题，而是在《联合声明》发表后，由日本外相在记者招待会上，向各国记者说明作为中日邦交正常化的结果，《日台和约》失去了意义，这就是日本政府的意见。这样既考虑到了日本政府的困难，又坚持了"复交三原则"，灵活处理敏感问题，而不是拘泥于文字表达。

关于"台湾是中华人民共和国领土不可分割的一部分"的表述，日方代表表示中国政府统治权实际上并没有到达台湾，且日本政府已经通过《旧金山和约》放弃了对中国台湾的一切权利和权利依据，日本政府没有资格谈论它的归属问题。对于日本提出的这种直接违背"复交三原则"的观点，周恩来总理明确提出"中日邦交正常化是个政治问题，不是法律问题"②。在台湾问题上中日双方分歧严重，日本条约局局长高岛益郎措辞强硬，周恩来以讽刺的口吻说："我想高岛局长的讲话未必就表达了田中和大平两位领导人的真正意图。如果那样的话，真不知道他们是来吵架的，还是来实现正常化的。"③ 双方经过激烈的辩论，日本终于同意在《联合声明》中明确写上中国的一贯立场："日本国政府承认中华人民共和国政府是中国唯一合法政府"，"中国政府强调台湾是中国领土不可分割的一部分，日本政府表示充分理解和尊重"。实际上这就意味着宣告日本政府承认台湾不代表中国，也不存在"两个中国"，否定了"台湾归属未定"论和"一中一台"论。

中日两国之间战争结束问题也是中日双方谈判的焦点。田中访华前，日本自民党议员古井喜实、田川诚一、松本俊一访问中国时，双方对于

---

① 日本外务省亚洲局中国课解密档案，1972年9月25日，中日第一次首脑会谈。
② 同上。
③ 《大平正芳的政治遗产》，第505页。

"结束战争状态"的表述就存在着分歧,中日双方同意这个问题待田中首相访问中国时与中国领导人商谈。在谈判中,日本方面强调由于日本在1952年与台湾签订过"和约",已经宣布过"结束战争状态",中国没必要在《联合声明》中提及。中国方面明确表示,如果是这样的话,就等于认为从缔结《旧金山条约》后,中日间的战争状态已经结束。这是与事实不符的,中国不能承认日本与台湾方面签订的所谓"和约"。双方经过长时间的讨论和斟酌,同意在《联合声明》的前言中先出现"战争状态结束"的字句,即"战争状态的结束,中日邦交的正常化,两国人民这种愿望的实现,将揭开两国关系史上新的一页",然后,在声明正文中采用"不正常状态"的表述形式,即"自本声明公布之日起,中华人民共和国和日本国之间迄今为止的不正常状态宣告结束"。

关于放弃战争赔款问题,日本方面提出,蒋介石在缔结日台条约时已宣布放弃赔偿要求,赔偿问题已经解决,中国不能再有"要求权",因此,该问题无须再写入《联合声明》。周恩来总理严肃地指出,"这使我们感到惊讶和愤慨",蒋介石政权早已被中国人民所推翻,他在和日本人签订所谓"和约"时宣布不要赔偿,是慷他人之慨,"我们深知赔偿的痛苦,不想把痛苦加给日本人民","田中首相说是为了解决邦交正常化问题来访的,我们为了中日两国人民友好放弃战争赔偿"[①],中国政府与蒋介石集团放弃战争赔偿要求的前提完全不同,中国不想靠其他国家的赔偿建设自己的国家;以第一次世界大战后的德意志为例,对战败国课以巨额战争赔偿明显有害于和平;让没有战争责任的一代支付战争赔偿是不合理的。[②] 经过谈判,双方决定在《联合声明》中这样表述战争赔款问题:"中华人民共和国政府宣布:为了中日两国人民的友好,放弃对日本国的战争赔款。"田中首相感谢中国放弃赔偿要求,"深感中国超越恩仇的立场","克服一切困难,实现邦交正常化,就能够得到日本多数国民的理解和支持,有利于未来的日中关系"[③]。后来毛泽东在1973年接见外国政治家时说过,中国政府没有提出要日本赔偿,因为没法算,谁也算不清,

---

① 日本外务省亚洲局中国课解密档案,1972年9月26日,中日第二次首脑会谈。
② 蒋立峰主编:《中日关系三论》,黑龙江教育出版社1996年版,第82页。
③ 日本外务省亚洲局中国课解密档案,1972年9月26日,中日第二次首脑会谈。

也"赔不起","也只有这样,人民之间才能由敌对变成和缓"①,中国对待赔偿等战争遗留问题,是采取向前看的政策,从战略的高度看待中日关系的发展,放弃战争赔偿更多的是从政治上、从未来中日关系的发展上着眼的,在当时具有其历史必然性。

关于对日本军国主义者发动侵华战争的认识问题,田中在欢迎宴会上说:"遗憾的是过去几十年之间,日中关系经历了不幸的过程。其间,我国给中国国民添了很大的麻烦,我对此再次表示深切的反省之意。"② 田中想用这句话表示日本政府对近代侵略中国的历史的道歉,这种轻描淡写的道歉,不能令中国人满意,却给这次恢复中日邦交正常化的谈判,造成了"很大的麻烦"。周恩来总理针对田中的道歉尖锐地指出,"添麻烦"这句道歉语,在中文里是很轻的,比如,不小心把水泼到女孩子的裙子上时,才会说"给您添了麻烦"这样的话表示道歉。日本军国主义者发动的侵华战争,给中国人民带来了深重的灾难,日本人民也深受其害。用"添麻烦"的说法来表示对此事的道歉,中国人民是无法接受的。田中解释说,从日文来说:"添麻烦"是诚心诚意地表示谢罪之意,而且包含着以后不重犯,请求原谅的意思。如果这一表示从汉语上不适合,我们可以按中国的汉语习惯改。③ 双方经过协商,决定在《联合声明》中这样表述侵略战争问题:"日本方面痛感日本国过去由于战争给中国人民造成的重大损害的责任,表示深刻的反省。"

关于日本关心的中日邦交正常化会不会影响到它与第三国的关系,其实日本最担心的是影响它与美国的关系,担心中国会对日美同盟提出异议,所以提出"日中邦交正常不要损害我国与美国的关系"④。中国特别强调中日邦交正常化不涉及第三国,中日友好是不排他的。对日美安全条约问题,我们虽有意见,但可以不触及它。这是你们的事。日本对中国的理解表示感谢。

关于钓鱼岛问题。钓鱼岛群岛位于中国台湾东北 100 海里处,是台湾的附属岛屿。日本称之为"尖阁群岛"。钓鱼岛群岛包括钓鱼岛、黄尾

---

① 谢益显:《当代中国外交思想史》,河南人民出版社 1996 年版,第 291 页。
② 《战后中日关系文献集(1972—1995)》,第 105 页。
③ 吴学文等:《当代中日关系(1945—1994)》,第 190 页。
④ 日本外务省亚洲局中国课解密档案,1972 年 9 月 25 日,中日第一次首脑会谈。

屿、赤尾屿、南小岛、北小岛等五个岛屿和北大南小岛、大北小岛、岩礁濑等三个岩礁组成,其中钓鱼岛本岛最大,我国一般统称为钓鱼岛。钓鱼岛与琉球群岛虽然相距只有73海里,但中间相隔一条深达2000多米的冲绳海槽。钓鱼岛自古以来就是中国的领土,中国人最早发表该岛命名,并最早列入海防范围。1895年,日本通过不平等的《马关条约》割占中国台湾及所有附属岛屿。日本战败后将台湾归还给中国,却把钓鱼岛交给了美国,中国对此提出了严正的抗议。1971年6月17日,日美签订《归还冲绳协定》,把钓鱼岛划入"归还区域"。1971年12月30日,中国外交部发表声明,指出:"钓鱼岛等岛屿自古以来就是中国的领土","强烈反对美、日反动派拿中国领土钓鱼岛等岛屿作交易和借此挑拨中、日两国人民的友好关系"[①],指出日美把钓鱼岛等岛屿划入"归还区域",是对中国领土主权的明目张胆的侵犯,中国人民绝对不能容忍。在谈判中,中日双方都认为,当前紧迫的问题是两国邦交正常化问题,同意从大局出发,暂时搁置争议,暂时不涉及钓鱼岛问题,钓鱼岛问题以后再说[②]。这样,关于中日邦交正常化的原则问题,双方经过充分讨论、协商,达成了一致。

总之,中国在中日恢复邦交谈判中,坚持维护国家的主权,反对任何人以任何借口侵害中国的主权、破坏中国的统一;而在具体问题上,又考虑到中日两国国情不同,无论是与日本在野党党首的会谈中,还是与田中首相等日本政府官员正式谈判中,始终坚持"求大同、存小异",坚持原则性与灵活性的统一,不拘泥于一般的惯例,在关系到领土主权、国家利益、战争认识等大是大非问题上不妥协,对于一些具体问题又体谅日本政府的困难,尽可能给予照顾,实现了亚洲两个不同社会制度国家和平友好,"民间外交"之花终于结出邦交正常化之果。

毛泽东会见田中角荣首相和大平外相时,回顾了中日两国交往的历史,对他们说:"你们到北京这么一来,全世界都战战兢兢,主要是一个苏联,一个美国,这两个大国。它们不放心了,晓得你们在那里捣什么鬼啊。"[③] 毛泽东赞扬田中在实现邦交正常化上的果断,田中访问中国已经

[①] 《战后中日关系文献集(1971—1995)》,第51页。

[②] 冯昭奎等:《战后日本外交史(1945—1995)》,中国社会科学出版社1996年版,第344页。

[③] 《毛泽东文集》第8卷,第439页。

跑到美国前面了，至于解决中日复交问题的关键，毛泽东认为："可以几十年、百把年达不成协议，也可以在几天之内解决问题"[①]，"你们日本在野党不能解决问题，解决中日复交问题还是靠自民党的政府"[②]，复交问题不能靠日本在野党解决问题。毛泽东对田中角荣来中国谈判邦交正常化问题给予了高度评价。当然，毛泽东所讲的"解决复交问题还是靠自民党政府"，并不是忽视多年来日本在野党、民间友好人士为邦交正常化所做的努力，自民党领导人来中国谈判邦交正常化问题，是建立在中日两国多年"民间外交"基础上的，所谓"水到渠成"。因为自民党执掌日本政权，实现邦交正常化肯定是要自民党领袖出面的。

四　中日邦交正常化战略目标的实现

1972年9月29日上午，在人民大会堂举行《中日联合声明》的签字仪式，中华人民共和国国务院总理周恩来、外交部部长姬鹏飞和日本国内阁总理大臣田中角荣、外务大臣大平正芳，分别代表两国政府在北京签署了《中华人民共和国政府日本国政府联合声明》（以下简称《中日联合声明》）。《中日联合声明》前言明确指出："中日两国是一衣带水的邻邦，有着悠久的传统友好的历史。两国人民切望结束迄今存在于两国间的不正常状态。战争状态的结束，中日邦交正常化，两国人民这种愿望的实现，将揭开两国关系史上新的一页。"[③]《中日联合声明》正文共由九个部分组成，提出"自本声明公布之日起，中华人民共和国和日本国之间迄今为止的不正常状态宣告结束。日本国政府承认中华人民共和国政府是中国的唯一合法政府。中华人民共和国政府重申：台湾是中华人民共和国领土不可分割的一部分。日本国政府充分理解和尊重中国政府的这一立场，并坚持遵循波茨坦公告第八条的立场。中华人民共和国政府和日本国政府决定自1972年9月29日起建立外交关系。中华人民共和国政府宣布：为了中日两国人民的友好，放弃对日本国的战争赔偿要求"[④]等，重申中日两国在和平共处五项原则基础上，建立两国间持久和平友好关系，中日邦交正

[①]　《毛泽东文集》第8卷，第439页。
[②]　同上书，第440页。
[③]　《战后中日关系文献集（1971—1995）》，第110页。
[④]　同上书，第111页。

常化不是针对第三国的,两国为巩固和发展和平友好关系,同意进行以缔结和平友好条约为目的的谈判,为进一步发展两国关系,同意进行以缔结贸易、航海、航空、渔业等协定为目的的谈判。《中日联合声明》的签订,完成中日邦交正常化的法律程序。

《中日联合声明》签字后,大平外务大臣在北京举行记者招待会,大平介绍了中日两国首脑会谈的情况,相信结束中日之间的不正常状态对两国间建立和平友好关系,对缓和亚洲局势和维护世界和平将做出重要贡献,大平特别强调:"在《联合声明》中虽然没有触及,日本政府的见解是,作为日中邦交正常化的结果,《日华和平条约》已失去了存在的意义,并宣告结束。"[①] 这就意味着日本与台湾断绝了官方关系。《中日联合声明》中没有直接宣布《日台和约》失效,也没有日本与台湾断交的字眼,这是中国充分考虑到日本国内情况、自民党内亲台派势力的影响,对日本政府的处境表示理解,同意日本采用比较灵活的方式终止《日台和约》。在中日邦交正常化过程中,中日双方的灵活、务实态度,为双方处理以后中日关系中可能出现的分歧和困难留下了宝贵经验。

周恩来在出席田中角荣举行的答谢宴会时说,田中首相这次来中国访问,时间很短,但是取得了丰硕的成果。"我们双方举行了多次会谈,就实现中日邦交正常化和双方共同关心的问题,进行了认真、坦率和友好的讨论。本着互相谅解和求大同存小异的精神,我们在有关中日邦交正常化的一系列重要问题上达成了协议","战争状态的结束,中日邦交的正常化,中日两国人民这一长期愿望的实现,将打开两国关系中的新篇章,并将对和缓亚洲紧张局势和维护世界和平,做出积极的贡献"[②]。周恩来对长期以来为实现中日邦交正常化做出贡献的日本朋友表示感谢,"饮水不忘挖井人",中日两国人民永远记住为两国关系正常化付出努力的友好人士。并表示,中日邦交正常化实现后,中国将继续发展与日本友好人士、友好团体和在野党的关系,从官方与民间两国方面,推动中日关系不断向前发展。

《中日联合声明》的签订,标志着中日两国终于结束了"不正常"状态,实现了两国关系正常化,在两国两千多年的交流史上写下了新的篇章。《中日联合声明》确定的基本精神,充分体现了平等、互利、和平、

---

① 《战后中日关系文献集(1971—1995)》,第113页。
② 同上书,第108—109页。

友好的方针,反映了中日两国人民的共同愿望,并成为发展中日友好关系所必须遵守的政治原则,指导着未来两国关系的发展。

五 中日邦交正常化的意义

中日实现邦交正常化,是中日两国人民长期共同努力的结果,是"民间先行,以民促官"对日方针结出的硕果。中日邦交正常化在中日两国关系史上有着十分重大的意义。

第一,它结束了中日两国的战争状态,纠正了战后持续多年的"不正常状态",揭开了两国关系史上的新篇章。中日两国是一衣带水的邻邦,在两千多年的往来中,中日两国人民相互学习,共同促进了东亚地区的繁荣与进步,中日友好占据了两国交往的绝大部分时间。但是,由于近代以来日本军国主义不断侵略中国,给中国人民带来了深重的灾难,特别是1931—1945年长达14年之久的侵华战争,日本军国主义给中国带来了巨大的人口和财产损失,也危害了东亚及世界的和平。中日邦交正常化的实现,彻底改变了由于日本侵略造成的两国之间的敌对历史,对于在和平、友好的基础上,继续发扬中日两国人民的传统友谊,对于中日两国未来经济社会的发展具有重要意义。

第二,中日邦交正常化的实现,创造了不同社会制度国家友好合作的范例,为中国与其他国家发展友好关系提供了重要借鉴。在中日邦交正常化的酝酿与谈判过程中,中国在处理中日两国的分歧时,始终以国家的根本利益为重,在关系到领土主权、祖国统一等大是大非问题上绝不妥协,对于一些具体问题又充分照顾日本的困难,实现了亚洲两个不同社会制度国家正常关系,创造了不同社会制度国家和平友好相处的范例。

中日两国同为东亚国家,有着两千多年的交流历史,文化相互影响、融合,战后两国选择了不同的社会制度。在邦交正常化谈判中,中日两国超越了意识形态分歧,把维护地区和平与稳定、发展两国友好关系放在首位。田中角荣与周恩来会谈时强调:"日本的困难在于与中国政体不同,日本不是社会主义。因此,在日本国内有人反对邦交正常化。如果邦交正常化能够超越政体的不同,就可以避免自民党的分裂。"[①] 一部分人对中国这样一个大国有恐惧感。周恩来表示日本是经济大国,中国还比较落

[①] 日本外务省亚洲局中国课解密档案,1972年9月26日,中日第二次首脑会谈。

后,"中国人均国民收入只有 200 美元"①。中国现在只是具有潜在的力量,还没有化作现实。中国不搞革命输出,中国绝不做军事大国。中国现在的经济实力与日本有很大差距,将来力量强大了也不搞霸权主义。中国珍视中日两国人民要求和平友好的愿望,看到了中日两国在亚太地区乃至世界政治舞台中的作用,采取了原则性与灵活性相统一的方针,妥善地处理了两国之间的困难和分歧。中日邦交正常化历程表明了中国把握外交大局,沉着应对国际风云,扩展新中国外交空间的能力。中日邦交正常化谈判中,中日两国领导人本着互相谅解的精神,求大同,存小异,以大局为重,在涉及邦交正常化的重大问题上,充分理解对方的立场和困难,采取法律性与政治性结合、原则性与灵活性结合的方式,跨越了障碍,高效率地完成了邦交正常化的课题,实现了两国人民多年来为之努力的愿望。中日双方在处理分歧和困难中的务实态度、全局观念,对于克服未来两国关系的困难,坚定不移地实现了解、合作,具有借鉴意义。

第三,中日邦交正常化对于东亚的和平与稳定,对于世界的和平发展产生了积极影响。中日两国在《中日联合声明》中郑重宣布,两国任何一方都不应在亚洲和太平洋地区谋求霸权,每一方都反对任何其他国家或国家集团建立这种霸权的努力。这表明,中日两国将通过建立睦邻友好关系来为和缓亚洲的紧张局势和维护世界和平而努力。有学者认为:"中日关系正常化与睦邻友好合作关系的建立,对东西方冷战体制必然是个巨大的冲击,在冷战链条上冲开了一个大缺口。因此可以说中日复交削弱了冷战态势,至少是在亚洲缓和了国际紧张局势,在一定程度上改变了美苏争霸的格局。"② 这个评价是客观的。中日邦交正常化不是针对第三国的,但是,在客观上、在一定程度上遏制了苏联在亚洲的霸权和扩张,缓和了亚洲紧张局势。基辛格认为:"冷战时期苏联是首要安全威胁时,日本的外交政策能够认同千里以外的美国。新的世界秩序及其多重的挑战,几乎一定会迫使一个有过如此光荣过去的国家,重新检讨其依赖单一盟国的做法。日本对亚洲的均势必然更为敏感,此种感觉会超出对位于不同半球且需兼顾大西洋、太平洋、南美洲三方面的美国所作所为的感应。中国、韩国及东南亚对日本会形成对美国颇不相同的重要性,也会导致日本采取更

---

① 日本外务省亚洲局中国课解密档案,1972 年 9 月 26 日,中日第二次首脑会谈。
② 田桓主编:《战后中日关系史》,中国社会科学出版社 2002 年版,第 291 页。

自主的外交政策。"[①] 中国和日本作为亚太地区的重要国家，实现关系正常化，对于维护地区和世界的和平将起到重要作用。

第四，中日邦交正常化证明了"民间先行，以民促官"是切实可行的，为两国关系正常化打下了坚实的基础，表明中日两国间蕴藏着深厚的友好合作基础。新中国成立后面临着以美国为首的西方国家的包围，中国不仅对资本主义国家进行具体分析，而且区分资本主义国家的政府和人民。针对中日两国面临的复杂的外部形势，制定了"民间先行，以民促官"的对日方针，通过开展中日"民间外交"促使日本政府改变对华态度和政策。经过中日两国人民的共同努力，中日邦交正常化终于"水到渠成"。田中角荣访华在国会演讲中也对中日"民间外交"在推动官方关系中的作用给予了高度评价："多年来悬而未决的日中两国间的邦交实现了正常化，这就确立了睦邻友好关系的基础。日中问题之所以能得到解决，这是由于在时代的潮流中得到了国民舆论的强有力的支持的结果。"[②] 大平正芳外相也说："日中邦交正常化并不只是依靠政府的力量而实现的。在此谨向过去长期以来不惜为日中交流和邦交正常化而尽力的执政党、在野党有关人士为首的各界前辈们，致以深切的敬意和感谢。"[③] 这些无不证明了中国制定实现中日邦交正常化的战略、推动中日关系发展的一系列方针、政策的正确，"民间先行，以民促官"、"政治三原则"、"经济政治不可分原则"、"贸易三原则"、"复交三原则"等推动着中日两国关系从民间走向半官方、从半官方走向正式官方关系。中日两个社会制度不同的亚洲重要国家，在冷战的国际格局下，实现了邦交正常化，这是中国外交战略的胜利，是科学判断国际形势的结果。

毛泽东说："日本人民同中国人民是好朋友"，"中日两国有着2000年交往历史，尽管在半个世纪中经历过多次战争的灾难和祸害，但是，中日两国人民在漫长的岁月中结成了深厚的友谊。时代在发展，历史在前进。瞻望未来，我们深信中日友好有着广阔的发展前途，中日两国一定能够排除各种障碍，世世代代友好下去。我们决心同日本人民一道，为继续

[①] ［美］亨利·基辛格：《大外交》，顾淑馨译，海南出版社1998年版，第9—10页。
[②] 《战后中日关系文献集（1971—1995）》，第125页。
[③] 同上书，第126页。

发展中日友好关系而共同奋斗。"① 总之，中日共同利益大于矛盾与分歧，中日关系发展的前景是光明的。

六 推动邦交正常化后的合作与交流

按照《中日联合声明》的精神和国际法规则，中日邦交正常化后，两国开始在对方国家首都筹建大使馆，准备互派大使。1973 年 3 月 27 日，中国首任驻日大使陈楚到达东京。3 月 31 日，日本首任驻华大使小川平四郎到达北京。中日两国政府间的正式关系，就通过互设大使馆和互派大使确定下来，它标志着两国关系进入正式官方外交阶段，此后，中日两国交流有了官方和民间两个渠道，这两个渠道互相补充、互相促进，形成了中日关系上令人难忘的"蜜月时期"，而中日两国的友好团体仍然是两国人民直接交流的主要渠道。

1972 年 10 月，日本日中友好协会派出代表团访问中国。中日友协会长廖承志高度评价了中日邦交正常化、田中首相访问中国的意义，指出中日邦交正常化是中日两国人民长期共同奋斗的结果，对日中友协及日本各个友好团体、为邦交正常化做出努力的日本各在野党表示感谢。作为中日友好协会的负责人，他深感"中日关系正常化不仅为两国关系揭开了新的一页，而且也为两国民间往来的进一步发展造成了十分有利的形势。我国的对外政策始终是着眼于人民，寄希望于人民……今后，在政府来往的同时，人民间的往来也一定会更多、更广泛"②。表达了中国对为中日友好事业做出努力的日本友人的感谢，表明中日关系正常化为民间友好交流搭建了更广阔的平台，民间往来会更加广泛，中国人民永远不会忘记在艰苦条件下为中日友好做出卓有成效工作的朋友们，将继续发挥民间友好团体和友好人士在推动两国关系中的作用。

中日实现邦交正常化后，中日友好协会等民间团体的活动更加活跃和积极。1973 年 4 月，中国组成了以中日友好协会会长廖承志为团长的中日友好协会访日代表团。在日本，廖承志再次对为中日邦交正常化付出努力的日本各界人士表示感谢和敬意，认为民间交流是官方关系发展的基础，"中日两国民间多方面、多渠道的友好往来，能为政府间正常关系建

---

① 《人民日报》1972 年 9 月 30 日。
② 《战后中日关系文献集（1971—1995）》，第 124 页。

立和发展提供坚实的基础；而两国外交关系的建立和发展，又为进一步发展民间友好往来开辟更加广阔的前景"①。民间交流与官方往来相辅相成的关系更加突出。廖承志访问日本期间，日本自由民主党、社会党、公明党、民社党、第二俱乐部和无党派国会议员400多人成立了日中友好议员联盟。廖承志出席议员联盟成立大会并讲话，他称赞由自民党、民社党等党派和无党派议员组成的前"促进恢复日中邦交议员联盟"为中日友好和争取复交进行的不懈努力，在中日邦交实现正常化后，中日友好运动进入了一个新阶段，"我们中日友好协会将热烈支持你们的活动，将同你们加强合作，为开展两国政治间的交流，增进相互的了解，发展中日友好而共同努力"②。为了表示中国政府对为中日关系做出贡献的日本友人的感谢，廖承志率领中日友好协会访日团看望了为中日友好事业做出重要贡献的日本朋友和他们的家属，表明中国共产党和中国人民"饮水不忘挖井人"，牢记为两国友好做出贡献的老朋友。这次访问进一步加强了邦交正常化后两国人民之间的了解和友谊，表达了中日友好协会继续推进中日两国人民的了解和友谊，实现中日两国人民世世代代友好的愿望。

中日邦交正常化后，两国友好交流又出现了一种新形式——结成友好姊妹城市。1973年6月，中国天津市与日本兵库县神户市结为友好城市，这是中日两国间的第一对友好姊妹城市，在扩大地方政府与民众交流方面起到积极的推动作用。随后中日两国又有大批城市之间、省县之间建立友好姊妹关系。例如：上海市与日本横滨市、西安市与奈良市、上海与大阪市、西安市与京都市，等等。在中日友好城市缔结中，两国注重友好城市中共同的文化特点，发掘友好城市的典型事件，使交流更加具有针对性。两国的友好城市之间加强了政府、国民的直接交流，充分发挥了友好城市在增加两国人民了解和友谊，扩大交流与合作中的桥梁作用。这一系列友好城市建立，促进了两国地方政府间的交流，推动了地方间经济合作、文化交流。

中日实现邦交正常化，两国关系从"民间外交"阶段发展到"官民并举"阶段。根据《中日联合声明》的精神，中日之间的民间协定（议）将升格为政府间协定（议），中日两国将进行以缔结贸易、航海、航空、

---

① 《战后中日关系文献集（1971—1995）》，第134页。
② 同上书，第140页。

渔业等协定为目的的谈判。1973年5月,中国电讯总局和日本邮政省根据平等互利的原则,达成《建设中国和日本国之间海底电缆的协议》,协议共7条,根据平等互利原则,经过友好协商达成的协议规定:"在中国和日本国之间,共同建设一条具有足够电路容量的海底电缆,供中日两国间通信使用,同时,也积极为对方沟通与其他国家的通信。"① 电缆建设时间为三年,费用是中日建设单位各承担一半。《关于建设中国和日本国之间海底电缆的协议》是邦交正常化后,中日两国政府达成的第一个协议。

1974年1月3日,日本外相大平正芳访问中国,毛泽东主席、周恩来总理会见了大平外相。周恩来说:"我们高兴地看到,大平外相阁下的这次访问,对加深中日两国相互之间的理解,进一步发展两国的睦邻友好关系,做出了有益的贡献"②,对大平外相访问中国将签订中日两国政府间的贸易协定感到高兴。中日两国政府签订《中华人民共和国和日本国贸易协定》,中国外交部长姬鹏飞、日本外相大平正芳分别代表本国政府在协定上签了字。这是在已有民间贸易基础上签订的政府协定,实现了周恩来早在1960年就提出的"政府协定"的原则。双方协定:"本着在平等互利的原则基础上进一步发展两国间的贸易和加强两国间的经济关系。"③ 在有关进出口物品的一切关税、国内捐税和其他税费,以及上述各种税费的征收方法、海关规章、手续方面,相互给予最惠国待遇。为进一步发展两国间的经济贸易关系,积极促进有关产业的技术交流。中日两国政府派代表组成混合委员会,研究中日贸易协定的执行情况和有关两国间的贸易问题,在必要时向缔约双方政府提出适当建议。混合委员会每年至少开一次会,在北京和东京轮流举行。1975年4月,中日贸易混合委员会成立,18日举行了第一次联合会议。此后,中日贸易混合委员会取代备忘录贸易办事处,成为沟通两国贸易的主要渠道。中日两国贸易,经过民间、半官方阶段,终于上升到官方水准,官方关系在经济贸易发展中有着不可替代的作用。

《中日联合声明》规定中日两国要签订航空协定,日本同意作为邦交正常化的结果,日本与中国台湾之间的曾经存在过的航空业务换文已经失

---

① 《战后中日关系文献集(1971—1995)》,第141页。
② 《人民日报》1974年1月4日。
③ 《战后中日关系文献集(1971—1995)》,第149页。

效，日本政府将通过民间协议维持与中国台湾的航空关系。然而，在日本政界、民间存在着一股亲台、反华势力，他们鼓吹不能"抛弃台湾"，极力反对和阻挠日本政府与中华人民共和国政府签订政府间的航空协定。以日本"日中关系正常化协议会"为例，它是日本自民党内一个极其重要的组织，它的前身是中国问题调查会。在实现中日邦交正常化的过程中，这一组织被改组为直属自民党总裁领导的"日中邦交正常化协议会"。在这个组织中，亲台势力大约占半数。这个组织中的"亲台势力"对田中首相访华开出了一个条件："应给予照顾以继续维持同中华民国（台湾）的原有关系。"① 在中日进行航空运输协定谈判时，这股势力继续活动。他们成立了所谓的"日华关系议员恳谈会"，通过决议，鼓吹维持日台航线的现状。他们还成立了"青岚会"，顽固反对缔结中日航空协定。他们提出："反对抛弃台湾，来缔结日中航空协定。"如果答应了中国的条件，就是"丧失国家利益，对蒋介石不义"②。

在中日两国政府的共同努力下，4月20日《中日航空运输协定》签订。《中日航空运输协定》共19条，是继中日贸易协定后的两国间的又一个政府协定，该协定意味着日台之间的航空运输属于地区性的民间往来，再次申明了中日关系与日台关系的本质区别，坚持了《中日联合声明》的原则立场。《中日航空运输协定》签订的当天，日本外相大平正芳在东京举行记者招待会，阐明："日本国和中华人民共和国之间的航空运输协定是国家间的协定，日台之间的是地区性的民间航空往来。日本国政府根据日中两国政府的联合声明精神，自该声明发表之日起，就不承认台湾飞机上的旗帜标志是表示国旗，不承认'中华航空公司（台湾）'是代表国家的航空公司。"③ 中日航空运输协定签订，是中日两国政府和人民不断努力的结果，"中日航空运输协定的签订，对于那些敌视中日友好关系的反动派是一个有力的打击"④，《中日航空运输协定》签订后，缩短了中日两国之间的空间距离，节省了两国航空运输的时间成本，便利了两国政府和民间各个方面的往来与合作。再次证明了中日两国人民友好往来和

---

① 《大平正芳的政治遗产》，第482页。
② 《时光之旅》，第512、514页。
③ 《战后中日关系文献集（1971—1995）》，第160页。
④ 《人民日报》1974年5月17日。

中日两国关系的发展是人心所向、大势所趋，它必将有力地推动中日两国人民的友好往来和两国经济文化交流的发展。

1974年11月13日，《中华人民共和国和日本国海运协定》签订。协定共12条，对"航舶"做了界定，是指为商业目的从事海上旅客、货物运输的商船。缔约双方船舶是被承认具有中华人民共和国国籍或日本国国籍的船舶。协定对中日双方船舶进出对方开放港口以及自港口的权利等做了规定。该协定为一衣带水的中日两国的人员和商务往来提供了基本保障。

1975年8月15日，中日两国政府为保护和合理利用黄海、东海渔业资源，维持海上正常作业，签订了《渔业协定》。协定详细规定了协定适用海域，双方保护和合理利用渔业资源、保证航行和作业安全渔船紧急避难等，并决定设立中日渔业联合委员会保证协定的目的。

中日邦交正常化后两国政府间一系列协定的签订，履行了《中日联合声明》规定的原则和义务，在这些协定中较为妥善地处理了台湾问题等比较敏感问题，再度申明中国与日本的关系是国家间的关系，同时也注意保护台湾地区民众的基本利益，促进了中日两国关系向更深更广的领域发展。

第四节　在"反霸"旗帜下实现中日长期和平友好

中日邦交正常化的实现为中日两国和平友好关系发展提供了良好的基础。按照《中日联合声明》的精神，中日两国应该在结束"不正常状态"后，签订和平友好条约。20世纪70年代，中国进一步调整了对外战略，毛泽东提出了"三个世界"划分的理论，将反对苏联霸权主义作为最主要的战略目标之一。在《中日和平友好条约》谈判中，中国主张条约中要写进"反霸"条款。而日本慑于苏联的压力，一直在"反霸"问题上犹豫不决。中国则坚持"反霸"原则不妥协，《中日和平友好条约》谈判断断续续，最终使日本同意在《中日和平友好条约》中写进"反霸"条款。《中日和平友好条约》将中日两国友好以法律形式确立下来。从此，实现中日和平友好就成为中国对日战略的重点。中日之间的长期和平友好不仅是手段更是战略，是以维护中国的国家利益、维护地区和世界和平为前提的，是中国未来关于中日关系的基本目标。

一 "三个世界"划分理论的提出

中日实现邦交正常化是中国外交上取得的重大成果,是"文化大革命"时期中国外交工作克服"左"的错误干扰的结果。1975年1月,中国召开第四届全国人民代表大会,周恩来在所做的《政府工作报告》中,提出要在1980年以前,建成一个独立的比较完整的工业体系和国民经济体系,"在本世纪内,全面实现农业、工业、国防和科学技术的现代化,使我国国民经济走在世界的前列"[①]的目标,为此,要制订长远规划、五年计划和年度计划。中国要实现这个目标,还需要稳定、和平的国际环境。20世纪70年代,中国根据国际形势的变化,提出了"三个世界"的理论,并将反对苏联霸权主义作为战略重点,这对即将开始的《中日和平友好条约》谈判产生了很大的影响。

中美关系缓和、中日实现邦交正常化,围绕着中国的国际环境大为改善。另外,冷战下的世界依然不太平,地区与世界的和平面临着霸权主义的威胁,美苏两个超级大国到处插手、干涉别国事务,各地的局部热战不断。在美苏两个超级大国的军备竞赛中,苏联在战略核武器数量、航天技术等领域超过美国,处于攻势地位。苏联还对中国实行战略包围,在中苏、中蒙边界陈兵百万,中国面临着来自苏联的巨大压力。中国认真分析国际形势,认为苏联对中国的威胁已经超过了美国,中国应该利用美苏矛盾,争取有利于中国的国际环境。中美关系缓和后,中国希望中美联合起来反对苏联霸权主义。1973年2月17日,毛泽东会见基辛格时,提出了"一条线"的思想。一条线即纬度:日本—中国—巴基斯坦—伊朗—土耳其—欧洲—美国,联合对付苏联霸权主义。1974年1月5日,毛泽东会见日本外相大平正芳时提出了"一大片"的思想,即:"一条线"的周围国家,就是要联合从美洲、亚洲到欧洲的国家,共同反对苏联霸权主义。

1974年2月22日,毛泽东接见赞比亚总统卡翁达时,正式提出了"三个世界"划分的战略理论。他认为:"美国、苏联是第一世界。中间派,日本、欧洲、澳大利亚、加拿大是第二世界。咱们是第三世界",接着,毛泽东分析了"三个世界"的特点,"美国、苏联原子弹多,比较

[①] 《周恩来选集》下卷,第479页。

富。第二世界，欧洲、日本、澳大利亚、加拿大，原子弹没有那么多，也没有那么富，但是比第三世界要富"①。毛泽东特别提到亚洲主要国家属于第三世界，"亚洲除了日本，都是第三世界。整个非洲都是第三世界，拉丁美洲也是第三世界"②。并表示中国将坚定地站在第三世界一边。毛泽东"三个世界"划分理论，成为中国开展外交工作的指导方针。根据"三个世界"划分理论，中国突破意识形态的畛域，将霸权主义作为威胁维护世界和平的主要敌人，明确了在国际上应该联合的力量，反对的主要敌人，是"统一战线"理论在国际关系理论中的进一步运用和发展。"三个世界"划分理论，"对于团结世界人民反对霸权主义，改变世界政治力量对比，对于打破苏联霸权主义企图在国际上孤立我们的狂妄计划，改善我国的国际环境，提高我国的国际威望，起了不可估量的作用"③。

中国将第三世界视为维护世界和平的主力军，要与第三世界各国站在一起，反对霸权主义，维护世界和平。中国重视第三世界国家的力量，提出了"弱国能够打败强国，小国能够打败大国。小国人民只要敢于起来斗争，敢于拿起武器，掌握自己国家的命运，就一定能够战胜大国的侵略。这是一条历史规律"④。并希望与第三世界国家人民互相支持，互相帮助，反对任何形式的霸权主义和强权政治，强调中国永远不称霸。"三个世界"划分理论是中国对外战略思想的重要转变，在分析国际形势时，彻底抛弃按照社会制度和意识形态划分标准，根据各国的实力、奉行的对外政策来划分。1974年邓小平作为中国代表团团长，出席联合国大会时，特别向各国阐述了"三个世界"划分的战略理论，阐明了中国维护和平、反对霸权的立场。

在"三个世界"划分理论的指导下，中国非常重视第二世界各国在反对霸权主义、维护世界和平中的作用，根据民主革命时期对中国民族资产阶级政治上两面性的理论，中国认为，第二世界国家具有两面性，它们受到两个超级大国的压迫、控制，同时，它们又在很多方面不得不依赖于超级大国，第二世界是反对霸权主义可以联合的力量。中国要争取第二世

---

① 《毛泽东文集》第8卷，第441页。
② 同上书，第442页。
③ 《邓小平文选》第2卷，人民出版社1994年版，第160页。
④ 《毛泽东外交文选》，第586页。

界的国家参加到反对超级大国霸权主义的斗争中。日本是第二世界的重要国家，又是亚洲唯一的发达资本主义国家，随着其经济实力的增长，不可能再完全听命于美国，它肯定要争取外交的自主性。同时，日本又不满苏联的霸权主义，中日两国在反霸特别是反对苏联霸权主义中具有共同性，中日两国应该共同为维护亚太地区的和平稳定做出贡献。在中日签订和平友好条约的谈判中，中国强调反对霸权主义的立场，并为将"反霸"条款写进《中日和平友好条约》做出了巨大努力。

二　促成和平友好条约的举措

中日实现邦交正常化的目标后，中国把发展与日本的长期和平友好关系作为未来对日关系的基本目标，为了实现这个目标，不仅要推进中日政府、民间的交流，更要按照《中日联合声明》的精神，签订中日之间的《和平友好条约》，将两国友好关系以法律的形式确立下来，作为未来关系发展的基础。

1974年1月初，日本外相大平正芳来华访问时，中国向大平表示最好在1974年内把《中日联合声明》所规定的条约和各种业务协定都解决掉。周恩来总理说，这些业务协定和条约早日谈好，对两国都有好处，我们想在田中首相和你（大平外相）执政时解决这些问题，我们相信你们两位。后来，周恩来总理还向日方介绍了中国对条约的构成和内容的设计：我们要坚持《中日联合声明》，它是缔结的和平友好条约的政治基础，声明中的第一条到第五条是叙述历史，是已经实现了的，是肯定了的。可以在条约中不再提。剩下的是和平共处五项原则，联合国宪章中的原则、两国政府间用和平手段解决一切争端而不诉诸武力和武力威胁，再是不排他，不称霸和反对别国称霸的问题都应写入条约。再写一条经济、文化交流的条款，当然只能写得原则一些。[①]

中日邦交正常化后，中国依然重视日本在野党的"补充外交"作用，希望他们为签订中日和平友好条约做出贡献。1974年8月，竹入义胜率领的日本公明党访华团第四次来中国访问，邓小平受病重中的周恩来总理委托，接见了公明党代表团。邓小平在谈到和平友好条约时，指出："我们希望比较快地谈判。从原则上来说，我们认为可以主要体现中日两国友

---

① 张香山：《中日关系管窥与见证》，当代世界出版社1998年版，第72页。

好的愿望。当然,也不可避免要体现两国联合声明签订以后两国关系的发展和形势的新变化。有些解决不了的问题、难以解决的问题,可以搁一搁,不妨碍签订这样一个条约。具体步骤,总是要通过预备性的会议,先接触,双方的想法可以先了解,问题在谈判的过程中来解决。"① 并希望竹入义胜把这个意见转告田中角荣首相。日本一些政府成员在中日邦交正常化后,还去中国台湾参加政治活动,违背了《中日联合声明》的精神,邓小平希望日本政府主要官员不要做有损《中日联合声明》政治原则的事情。他认为中日之间的问题,焦点还在台湾问题上,"就我们来说,这个问题不只涉及日本,也涉及国际关系中一个比较重要的问题。为什么同你们的声明里强调这个问题?为什么在中美上海公报里也强调这个问题?问题就在这里"。② 明确指出中国在台湾问题上的立场是一贯的,日本少数人企图抱着台湾不放,是徒劳的。

1974年8月,邓小平在会见日本14个代表团时又提出,签署《中日和平友好条约》的步子应该再"快一些"。不必在谈定四个协定后才开始条约的谈判,可以平行作业;必须从政治角度、用长远的眼光来看中日关系。邓小平从长远的观点看待中日友好,认为加强中日两国人民的友好,是符合我们两国人民的根本利益的,它不是百年大计,而是千年大计,万年大计。有些问题可能成为尽快缔结《中日和平友好条约》的障碍,如钓鱼岛问题,可以摆一摆嘛,否则谈上十年《中日和平友好条约》也是谈不拢的;日本国内的一小撮人,他们从台湾得到好处,死抱着台湾不放,还有一些仍然抱着军国主义思想的人,是《中日和平友好条约》谈判的障碍;日本国内坚持中日友好的政治家和群众团体掀起的国民运动对《中日和平友好条约》的签订是一个推动。③ 中国将中日友好作为一项长远的战略目标,绝不仅仅是手段,更不是权宜之计。

中国通过各种渠道向日本表示尽快签订和平友好条约的愿望。1974年10月,邓小平在会见日本日中友好协会代表团和日中文化交流协会代表团时,就《中日和平友好条约》又表达了"尽早排除一切障碍,实现条约的签订;谈判在事务性协定签署后开始也可以,或与事务性协定同时

---

① 《战后中日关系文献集(1971—1995)》,第166页。
② 同上。
③ 《中日关系管窥与见证》,第73页。

并进也可以；钓鱼岛的主权问题暂时搁置起来为好"①，这是中国政府首次提出把钓鱼岛主权问题搁置起来，体现了中国在签订和平友好条约上的诚意。

为了尽早进入和平友好条约的谈判，中国外交部利用一切机会，直接与日本政府官员见面，提议尽早进行和平友好条约的谈判。1974年9月，中国外交部副部长乔冠华在参加联合国大会时与日本外相木村俊夫会面，正式向日本提出尽早缔结和平友好条约谈判。② 日本随即要求中国派人到日本商谈相关事宜。11月，中国外交部副部长韩念龙到日本访问，与日本外务大臣木村俊夫和次官东乡文彦就缔约问题进行第一次预备会谈。韩念龙代表中国政府就条约的性质、内容、把《中日联合声明》中的反霸条款写入条约等问题阐述了中方的意见。日本政府也希望早日完成《中日联合声明》规定的各项条约、协定，表示对尽快缔结条约以及条约内容不持异疑，但对反霸条款有所顾虑和保留。③

11月，日本国内发生了"洛克希德事件"，12月，田中角荣首相宣布辞职。接替田中担任首相的是三木武夫。三木武夫曾经在中日恢复邦交正常化前访问过中国，对中国态度是比较亲近、友好的，对签订中日和平友好条约的态度也比较积极。《中日和平友好条约》的谈判，进入实质性阶段。

三 在和平友好条约谈判中坚持"反霸"立场

20世纪70年代初期，中国认为世界和平的主要威胁是苏联，在中日实现邦交正常化、中美关系缓和之后，更加坚定了中国反对苏联霸权主义的决心。1973年8月，周恩来在中国共产党第十次全国代表大会的报告中说："对帝国主义可能发动的侵略战争，特别对苏修社会帝国主义对我国突然发动袭击，保持高度警惕，做好一切准备。"④ 中国在各种场合揭露苏联到处插手世界各国内部事务、支持地区霸权主义的行径。为了反对苏联在亚洲的霸权，中国在《中日和平友好条约》谈判过程中，一直强

---

① 《战后中日关系文献集（1971—1995）》，第170页。
② 《时光之旅》，第520页。
③ 《中日关系管窥与见证》，第74页。
④ 《人民日报》1973年8月29日。

调反对霸权主义的立场。

1975年1月,中国驻日本大使陈楚与日本外务次官东乡文彦举行关于《中日和平友好条约》预备会谈。双方形成两方面的共识:即将缔结的《中日和平友好条约》是保证两国将来走向友好道路的、向前看的条约;条约的内容以中日复交时的《中日联合声明》为基础。① 2月,双方交换各自的条约草案。中方提出的草案中写有《中日联合声明》中第七项的"反霸条款",而日方却对"反霸条款"提出了异议,不同意把这一条款写进和平友好条约。日方提出,"霸权"这个词对日本来说是"生疏"的,很"不习惯",因此,不能用。日本认为和平友好条约是关于中日两国关系的,不能涉及和针对第三国,如果将"反霸"写进去,就容易激怒苏联,这对日本不利。如何处理"反霸"条款成为中日谈判缔结和平友好条约的焦点。

随后,中日两国代表又连续进行了三次预备谈判,中国方面重申了自己的原则立场,坚持主张将"反霸权条款"写进和约的正文中去。日本方面则以"反霸权条款""违背和平友好的宗旨"、不能将日中和约变成对苏"防御条约"、与日本和平宪法不符为理由,反对在和约中明确写上"反霸权条款"。

1975年9月,中国外长乔冠华与日本外相宫泽喜一在纽约会谈。宫泽喜一要求乔冠华外长对日方提出的所谓"四项原则"予以答复。所谓"四项原则"是:(1)不仅要在亚洲、太平洋地区,而且要在世界各地反对霸权。(2)反对霸权不是针对某个第三国的。(3)反对霸权并不意味着日中采取联合行动。(4)不得与联合国宪章的精神发生矛盾。② 日本的目的是把反对"霸权"限定为一般的国际原则,而不特别针对苏联。乔冠华外长表示,"反霸"的含义是人所共知的,没有必要进行解释,以免使其支离破碎,失去精神实质。"反霸"应是日中双方共同观点,各作解释就不能称其为共同点了。③ 中国认为日本要对"反霸条款"做出解释,就是害怕得罪苏联。中国在当时的形势下,把反对霸权主义特别是反对苏

---

① 《时光之旅》,第523页。
② 《战后中日关系文献集(1971—1995)》,第193页。
③ 冯昭奎等:《战后日本外交史(1945—1995)》,中国社会科学出版社1996年版,第348页。

联霸权主义作为外交重点，无论如何不能在这个问题上作任何妥协。由于中日两国在"反霸条款"上始终没有取得一致，和平友好条约的谈判只得搁浅。

中国提出的"反霸"问题，一直没有得到日本的响应，主要是因为日本当时面临着来自苏联的巨大压力。时任日本首相的三木武夫奉行"等距离"外交，希望日本与中国和苏联的关系都得到发展，中日关系发展不要影响日苏关系，更不能给人以中国和日本共同反对苏联的印象，不希望因"反霸"而得罪苏联。而苏联认为中国提出的"反霸"矛头是对准苏联的，不断以各种途径和方式向日本政府施加压力。随着中国与苏联的关系日趋紧张，中国将苏联视为威胁世界和平与安全的最危险因素，在多种场合对苏联的霸权主义进行批评，"一条线"、"一大片"战略明显是针对苏联的。苏联在亚洲也想通过拉拢与威胁并行的方式，利用日本等国来挤压中国。

1975年2月，在中日两国关于签订和平友好条约预备谈判开始后不久，苏联驻日本大使特罗扬诺夫斯基便会见日本自民党副总裁椎名悦三郎，扬言对《日中和平友好条约》的谈判很担心，希望《日中和平友好条约》不要对苏联产生不良影响。2月14日，特罗扬诺夫斯基向三木武夫首相送交了勃列日涅夫的亲笔信，提出要进行日苏和平友好条约的谈判，缔结"苏日睦邻合作条约"。6月，苏联又发表政府声明说，"反霸条款"是敌视苏联的条款，"为了日苏两国的共同利益，应当对为了自己的狭隘意图而企图制造改善日苏关系障碍的第三国的任何行动给予应有的回击。苏联遵循的正是这种方针并指望自己的邻国——日本也采取同样的态度"[①]。很显然，苏联的矛头是指向中国的。1976年1月，苏联外长威胁日本，如果日本屈服于中国的压力，苏联就必须重新考虑日苏关系。与此同时，苏联启动国内的各种宣传机器，攻击"反霸条款"，苏联海军则游弋在日本海周围。苏联的这一态度一直持续到20世纪80年代。[②] 苏联是两个超级大国之一，而且其在与美国争霸中逐渐占据上风，苏联在亚太地区拥有强大的军事力量。标榜实行"等距离外交"的三木武夫内阁惧怕苏联，担心如果与中国缔结写有"反霸权条款"的和平友好条约就会

---

① 田桓主编：《战后中日关系史》，第310页。
② 林代昭：《战后中日关系史》，北京大学出版社1992年版，第231—232页。

得罪苏联，中日缔结和约问题不得不暂时被搁置。实事求是地说，当时中国的外交受"左"倾思想影响，在《中日和平友好条约》谈判中，也表现得极为僵化，反对霸权主义没有错，但是，其中明显的指向使谈判缺乏转圜的余地。曾经担任中国驻联合国大使的黄华回忆"反霸条款"问题时说："就深层次来说，在极'左'思潮泛滥，四人帮当道的年月，中国外交政策也受到很大干扰，对外交涉谈判中的某些灵活处理和策略妥协，常常被说成是卖国投降。中国在霸权条款问题上，没有灵活的余地。"[1]因此，谈判搁浅在所难免。

日本国内反华势力也极力阻挠缔结《中日和平友好条约》。这股势力以自民党内亲台派为核心，苏联在《中日和平友好条约》谈判上的立场再一次为他们提供了反华的机会。自民党亚洲研究会会长滩尾弘吉提出，"条约中写进反霸权条款与迄今政府的'日中是日中、日苏是日苏'的主张相矛盾"，"日本卷入中苏对立将导致亚洲的不稳定和紧张"。自民党内的极右势力"青岚会"则就恢复日中条约谈判问题提出了四个条件：谋求保全台湾的地位；对反霸权条款，要确立日本的立场；要确认"尖阁列岛"（即钓鱼岛）是日本的领土；要确认中苏友好同盟条约在形式上和实质上都已经消失。他们提出，如果这四个条件得不到满足，就不承认是外交谈判。日本国内的亲台派大肆鼓吹"两个中国"，鼓吹台湾当局是代表中国的正统政府，阻挠《中日和平友好条约》的签订。这样一来，本身就是自民党内的少数派的三木武夫，出于维持其政权的目的，在《中日和平友好条约》的谈判中，不敢"有所作为"，《中日和平友好条约》的谈判中断了近三年。

四 《中日和平友好条约》的签订

《中日和平友好条约》谈判因为"反霸"条款而暂时搁置，但是，中国并没有放弃将"反霸"条款写进条约的努力，而是密切关注国内外形势的变化，抓住可能促成日本政府改变态度的时机。到1978年终于出现了有利于中日缔结和平友好条约谈判的时机。1977年8月，中国共产党召开第十一次全国代表大会，大会宣告"文化大革命"已经结束，重申

---

[1] 转引自王泰平《6年"怀胎"一朝"分娩"——中日和平友好条约诞生记》，《中日关系史研究》2008年第3期，第17页。

中国共产党在新时期的根本任务是：在 20 世纪内把中国建设成为社会主义现代化强国。为了破除"左"的思想的束缚，1978 年 5 月，中国国内开展的"关于真理标准问题"的大讨论，从理论上否定了"两个凡是"的错误，为即将召开的中国共产党第十一届三中全会做了理论准备。中国将要集中精力进行社会主义现代化建设，实行对外开放，积极扩大与发达国家的经济交流与合作，借鉴和利用人类文明发展的一切有利成果，推进中国的经济建设和社会发展，这为《中日和平友好条约》的签订提供了良好条件。在日本的经济界看来，这是一个与中国"扩大经济合作"的好机会，中国这样一个大国实现对外开放政策，对以贸易立国的日本来说，是难得的扩大对华经济、技术、贸易合作的机会。日本的有识之士不断催促政府尽早与中国缔结和平友好条约。例如，日本经济团体联合会会长土光敏夫就曾向新闻界表示，日中关系应该友好地发展下去，应该尽快地缔结友好的、正常的政府间条约。联合会副会长稻山嘉宽表示经济界人士中几乎没有人反对日中和约。经济界的态度，无疑成为福田赳夫内阁做出决断的内在推动力。日本国内执政党和在野党中有远见的政治家也敦促政府早下决心，缔结和平友好条约。

　　国际形势的发展变化为缔结和平友好条约提供了客观条件。当时，苏联趁着美国搞缓和外交的机会，在世界上到处插手，推行霸权主义政策，其咄咄逼人的攻势令各国的政治家都不能安枕。在非洲，苏联介入埃塞俄比亚和索马里的领土争端，亲西方的埃塞俄比亚倒向苏联，而本来接受苏联援助的索马里废除了《索苏友好合作条约》，倒向了美国。大国的干涉使索马里陷入长期的混乱之中。苏联还向南也门渗透，扩大苏联在这里的影响，这也就威胁到了美国在中东的地位；在亚洲，苏联支持越南干涉柬埔寨的内部事务；1978 年 1 月，苏联带有核放射物质的军事卫星残片坠入加拿大境内；1978 年 4 月，苏联的战斗机射击并迫使飞越北极圈、途经苏联领空的韩国民航飞机迫降，造成包括日本人在内的严重人员伤亡。

　　中苏关系进一步恶化。苏联沿着中苏边界部署最先进的武器，1978 年 4 月苏共总书记勃列日涅夫和国防部长视察中苏边境，观看模拟中苏边境冲突的演习。同年 5 月，苏联飞机侵入黑龙江，苏联边防巡逻兵登上中国江岸，打伤中国居民。另一方面，中美关系有了实质性的进展。尼克松总统 1972 年访华时承诺如果他在大选中获胜，将在第二届总统任期内实现中美关系正常化。尼克松因"水门事件"下台后,继任者福特总统继续推进与中国的关系,并于1975年12月访问中国。1977年,卡特当选为美国总统后,采取积极的对华政策,中美建交的时机越来越成熟。中国建设社会主义现代化强国需要引进发达国家先进技术和设备,大量吸引投资,美国作为全世界最发达的国家,是中国现代化建设中特别重视的外交对象,而中国潜在的巨大市场对美国也有很强的吸引力。中美关系在1978年春天取得突破性进展,这促使美国的盟国日本在"反霸"问题上有所松动。

中国抓住有利的国际形势,积极推动中日和平友好条约的谈判工作,继续发挥日本在野党和民间团体的作用,在《中日和平友好条约》谈判和签订过程中,中日两国之间的"民间外交"再次显示了威力。

1977年1月,中日友协邀请日本公明党委员长竹入义胜访问中国。中日友协会长廖承志在与竹入义胜会谈中,了解到日本首相福田赳夫在恢复和平友好条约谈判方面的立场与三木武夫有所区别,廖承志立即向中央领导报告了日本国内的这一动向。1977年3月,日本公明党书记长矢野绚也率团访问中国。廖承志在会见矢野绚也时代表中国政府再次强调了中国对于签订《中日和平友好条约》的原则立场:中国一贯主张根据《中日联合声明》尽早缔结和平条约;两国建立与发展和平友好关系,不是针对第三国的,面对霸权主义的威胁,中日两国不谋求霸权,但应当反对任何国家或国家集团谋求霸权;中日两国反对霸权,并不意味着采取联合行动,各自奉行独立的外交政策,互不干涉内政;关于重开缔约谈判问题,中国方面没有任何障碍,希望福田首相早做决断,欢迎园田外相访华。[①]邓小平副总理在会见矢野绚也时指出,廖承志所提出的四项原则,"是向福田首相转达中国方面的真实意图",希望福田首相成为我们的朋友。邓小平表示,本来《中日和平友好条约》包括反霸条款是可以顺势解决的,很遗憾的是,三木首相执政以后没能借这个东风顺势发展下去。现在我们提出的"反霸条款"方案,差不多是照抄联合声明的反霸条文,只是原来这一条的开头的一句话是:"中日邦交正常化,不是针对第三国的",现在改为"缔约双方建立和发展中日和平友好关系,不是针对第三

---

① 宋有成、李寒梅:《战后日本外交史(1945—1994)》,世界知识出版社1995年版,第431页。

国的",下面完全是照抄原文。日本同任何国家和平友好,我们可以理解,我国也是这样。但是,如果苏联横行霸道,实行霸权,难道也能对它发展和平友好吗?如果中国在东南亚或在亚洲搞霸权,能相信人家会跟我们搞友好关系吗?我们认为,不能从《中日联合声明》的立场后退,而是应该有所前进,希望日本政府在反霸问题上早下决心。中国认为《中日和平友好条约》不能签订的原因是日本不断受到来自苏联的压力,中日两国人民对签订友好条约没有任何异议,中国愿意与日本一道为早日签订条约而努力。

中国将签订和平友好条约与长期发展中日友好合作的战略联系起来,认为中日两国间的和平友好是战略需要,而不是权宜之计,因此一再向日本政府表达中国的看法,希望日本政府早下决心,完成《中日联合声明》规定的各项任务。1978年6月5日,邓小平副总理在会见日本广播协会代表团时,再次表达了对于和平友好条约签订的态度,他说:"两国不友好的历史仅仅只有半个世纪,而且这段历史已经过去了,现在,我们都要向前看。中日两国人民休戚相关,我们两国友好合作关系的发展前景是良好的。在谈判签订《中日和平友好条约》时,中日双方都要从全球战略和政治的观点出发。"[①]中国政府领导人、相关民间团体的负责人通过日本在野党、友好团体和知名人士,一再向日本政府转达关于和平友好条约签订的原则,希望日本民间友好力量在签订友好条约时发挥作用,促使日本政府早下决心,从法律上肯定中日两国人民世世代代友好下去。经过中国各方面耐心的工作,日本政府逐渐打消了在"反霸"问题上的担忧,《中日和平友好条约》的谈判工作再度启动。

1978年7月,中断三年之久的中日和平友好条约谈判得以恢复。截止到1978年8月7日,中日之间共进行了14次事务级会谈。经过反复谈判、磋商,中日两国在缔约原则、内容、条文等一系列具体问题上基本达成一致。1978年8月8日,日本外相园田直访华,他将代表日本政府完成《中日和平友好条约》的最终签字工作。国务院副总理邓小平认为,园田直此次访问必将增进和加强中日两国人民的友谊和双方的友好合作关系。1978年8月12日,中国外交部长黄华和日本外相园田直分别代表本国政府在《中日和平友好条约》上签了字。

[①]《战后中日关系文献集(1971—1995)》,第224页。

《中日和平友好条约》谈判过程艰难而曲折，该条约的内容其实并不多，条约由前言和五条正文组成。前言指出，联合声明中的各项原则是两国间发展和平友好关系的基础，应该严格遵守。正文规定，中日双方"应在互相尊重主权和领土完整、互不侵犯、互不干涉内政、平等互利、和平共处各项原则的基础上，发展两国间持久的和平友好关系"。条约正文规定：缔约双方在和平共处五项原则基础上，发展两国间持久的和平关系，"在相互关系中，双方用和平手段解决一切争端，而不诉诸武力和武力威胁"；"双方任何一方都不应在亚洲和太平洋地区或其他任何地区谋求霸权，并反对任何其他国家或国家集团建立这种霸权的努力；双方将本着睦邻友好的精神，按照平等互利和互不干涉内政的原则，为进一步发展两国之间的经济关系和文化关系，促进两国人民的往来而努力"[①]。两国间的和平友好条约不影响缔约各方同第三国的关系。至此，《中日联合声明》规定的主要条约都已经签订。1978年8月16日，中国全国人民代表大会常务委员会通过决议，批准了这项条约，完成了中国方面的法律手续。10月16日和18日，日本众议院和参议院先后批准该条约，完成了《中日和平友好条约》在日本的全部手续。《中日和平友好条约》是发展未来中日友好合作关系的政治基础，也是两国睦邻友好关系发展的一个新起点。

此后，日本政府邀请国务院副总理邓小平访问日本，互换条约批准书。邓小平接受了邀请，这是中华人民共和国成立以来中国领导人首次对日本进行正式访问。1978年10月23日，邓小平在东京日本首相官邸出席了中日两国互换和平友好条约批准书批准仪式，《中日和平友好条约》从此正式生效。邓小平认为，中日两国有两千多年的友好交往历史，在两国友好的长河中，不幸的历史只有几十年的时间，不过是个很短的插曲。"和平友好条约的签订，不仅在事实上，而且在法律上、政治上总结了我们过去的关系，更重要的是从政治上更进一步肯定了我们两国友好关系要取得不断的发展。中日要世世代代友好下去。"[②] 表达了中国对于中日友好合作发展战略的基本看法。

邓小平在日本还就台湾问题、钓鱼岛问题等阐明了中国政府的立场。

[①] 《战后中日关系文献集（1971—1995）》，第228页。
[②] 同上书，第242页。

他说:"我们实行台湾归还祖国也要充分考虑台湾的现实。日本方式也是尊重台湾现实的一种表现","什么时间、用什么方式解决台湾问题,是中国的内政,美国无权干涉。实际上,我们承担了不使用武力的义务反而会成为和平统一台湾的障碍,使之成为不可能"①。台湾问题关系到中国的核心利益,在中日邦交正常化谈判中,中日两国就曾经对这个问题有过激烈的争论,中日邦交正常化实现后,日本国内还有少数人企图在台湾问题上制造事端,邓小平代表中国政府再次重申解决台湾问题不允许任何外来干涉,用什么方式解决台湾问题是中国的内政,中国反对美国等国家干涉台湾问题的企图。

钓鱼岛领土主权问题是中日两国之间一直存在争议的问题,在邦交正常化谈判时,中日两国认为恢复邦交正常化是第一位的,约定暂时不讨论钓鱼岛问题,因此,在《中日联合声明》中没有涉及钓鱼岛。领土主权关系到国家的根本利益,搁置起来不等于不存在分歧和争议,如何对待领土争议问题,日本各界都非常关心。邓小平说:"中日双方由于各自的环境不同,对一些问题有不同的看法是完全可以理解的。比如你们叫尖阁列岛,我们叫钓鱼岛的问题,就是有一些看法不同,可不在会谈中谈。我同园田外相讲过,我们这一代人不够聪明,找不到解决的合理的办法,我们下一代会比较聪明,大局为重。"② 表明了中国求大同,存小异的立场。邓小平在会见日本记者时,对钓鱼岛问题再次强调:"这样的问题是不是可以不涉及两国的主权争议,共同开发。共同开发无非是那个岛屿附近的海底石油之类,可以合资经营嘛,共同得利嘛。"③ 表现了中国政府在钓鱼岛问题上的原则立场,也希望钓鱼岛问题不影响两国关系的发展。钓鱼岛周围的资源,对中日两国的经济发展非常重要,在当时形势下,搁置争议共同开发是现实的、可行的。

在日本访问期间,日本裕仁天皇和良子皇后在皇宫"竹间"会见邓小平副总理和夫人卓琳,这是新中国领导人第一次与日本天皇会见。日本方面有些担心,邓小平是否会当面追究天皇在日本侵华战争中的责任,邓小平感谢日本的邀请,日本天皇说,你在百忙中不辞劳苦远道来日本,尤

---

① 《战后中日关系文献集(1971—1995)》,第243页。
② 同上书,第243页。
③ 《邓小平文选》第3卷,人民出版社1994年版,第87页。

其是日中条约签订了，还交换了批准书，我感到特别高兴。邓小平表示，中日条约可能具有超出我们想象的重要意义，"过去的事情已经过去，今后我们要以向前看的态度建立两国和平关系"。谈话中，日本天皇表示"日中两国有着悠久漫长的友好历史，虽然一时有过不幸的事情，但已经成为过去"①，现在两国之间互换了和平友好条约，这实在是件好事情。今后两国要永远友好下去。国际舆论普遍认为，日本天皇使用"不幸的事情"这一措辞，含有从天皇的战争责任这个角度，间接向中国人民表示谢罪之意。

邓小平是中华人民共和国成立后访问日本的最高国家领导人，显示出中国对未来发展中日关系的重视和期望。邓小平在日本期间广泛会见了日本各个政党、团体、工商界人士。邓小平对日本各个在野党长期以来为中日和平友好做出的努力表示钦佩，希望他们继续为中日友好做出贡献。邓小平在与日本各主要在野党领导人会见时谈起了徐福东渡日本寻找长生不老药的故事，"听说日本有长生不老药，这次访问的目的是：第一，交换批准书，对日本老朋友所做的努力表示感谢。第二，寻找长生不老药"，"也就是寻求日本丰富的经验而来"②，表示要学习日本先进的经验。邓小平出席了日本记者俱乐部举行的记者招待会，这是中华人民共和国领导人在出访时第一次同意以"西方方式"同记者见面。邓小平的机智、幽默，给日本记者留下了深刻的印象。

邓小平出席《中日和平友好条约》的换文仪式，不仅要以法律形式确定中日和平友好，还要为中日长期发展和平友好关系增添实质性的内容，作为和平友好的战略，必须要给中日两国人民带来实际的利益，友好与两国经济社会发展结合起来才能长久。中国共产党正在准备召开十一届三中全会，改革开放的蓝图已经在邓小平心中形成。中国以经济建设为中心、实行改革开放，需要吸纳人类文明的一切成果。日本作为亚洲唯一的经济发达国家，其经济技术、管理科学等方面有许多值得中国学习和借鉴的地方。由于中国人的思想受"左"的束缚太久，对国外情况知之甚少，对资本主义谈虎色变，更不敢想象要向资本主义学习。邓小平作为中国改革开放的总设计师，以非凡的胆量和气魄，利用与日本经济界人士会面的

---

① 《战后中日关系文献集（1971—1995）》，第241页。
② 同上书，第247页。

机会,表达了中国人民实现四个现代化的决心,强调中国在坚持自力更生的同时,要努力学习和借鉴包括日本在内的各国先进经验,借助于日本的科学技术、资金,加快中国的建设步伐。一个社会主义大国的领导人公开表示向资本主义学习,在世界引起轰动,有人甚至担心资本主义会在中国复辟。邓小平曾与日本松下电器公司创始者,有"经营之神"美誉的松下幸之助会谈,邀请松下幸之助到中国投资,帮助中国发展电子产品。多年封闭的中国没有人想过让外资进入中国,松下幸之助未想到邓小平会邀请"一个资本主义的企业"到社会主义的中国去投资设厂,松下幸之助为邓小平的真诚所打动。邓小平与松下幸之助的这次会谈,不仅为松下公司开拓中国事业、开辟日中经济合作新局面打开了一个突破口,而且在事实上揭开了中国对外开放的序幕。

《中日和平友好条约》是继中日邦交正常化后,两国关系中的一件大事,是迄今为止中日关系发展的政治总结,是中日关系史上的又一个里程碑,是两国睦邻友好关系到达新起点的重要标志,是中日友好的新起点。它将中日两国和平友好关系用法律的形式固定下来,为两国的友好关系奠定了牢固的基石,为两国人民友好往来和各个方面交流架起了一座金桥,表明了中日两国人民要世世代代地友好下去的决心与信心。《中日和平友好条约》的签订,对维护亚洲和太平洋地区的和平有重要意义。《中日和平友好条约》与《中日联合声明》一样,被载入了中日友好关系发展的史册,它们共同成为发展中日友好关系的政治基础,标志着中日友好关系进入新的历史阶段。邓小平参观日本大企业,商定与日本著名企业开展经济技术合作,事实上开始了中国的对外开放,也为中日和平友好合作增添了实质性内容,是中日两国间的和平友好互利合作关系长期稳定和不断发展的重要保证。

第五章

推动中日长期友好合作的新方针

中日两国实现邦交正常化和签订《中日和平友好条约》，将中日关系推进到一个崭新的阶段。中国将发展中日长期友好全面合作关系作为新的战略目标。1978年12月，中国共产党召开十一届三中全会，实现了党的工作重心转移，确立了经济社会发展新的目标。中国认为世界的主题已经由"战争与革命"转变为"和平与发展"，中国要通过与国际和平力量的合作来制止战争，反对霸权主义。20世纪80年代起，中日两国关系进入了从官方到民间、从经济到政治的全面发展阶段。当然，由于国内外形势的变化，日本确立政治大国战略目标，其国内极端民族主义情绪蔓延，中日关系也出现了新的困难和问题。中国从战略的高度看到两国关系，妥善对待这些矛盾和分歧，推动友好合作向纵深发展。

第一节 中国对日战略的调整

1978年12月，中国共产党召开十一届三中全会，党的工作重心转移到社会主义现代化建设上来。随着国内工作重心的转移，中国的对外战略也做了相应的调整。中国对世界形势做了重新分析和研究，认为在较长的时间内世界不会发生大规模的战争，世界范围内维护和平力量的增长远远大于战争力量的增长，和平与发展成为当今世界的主题。中国应该抓住良好的发展机遇，加快现代化建设，提高综合国力。只有增强中国的综合国力，才能在这个充满竞争的世界上维护国家的生存和发展，中华民族才能有尊严。中国要努力学习人类一切文明的成果，包括资本主义国家的先进科学技术，加快经济社会发展。随着对外战略的调整，对日战略也做了相应的调整，加快了与日本各个领域的友好合作，推动中日关系不断向前发展。

一　中国对外战略的调整

1978年12月，中国共产党十一届三中全会召开，党的指导思想和方针政策开始了历史性的转变。三中全会正确地分析了国际国内形势，指出：大规模的疾风暴雨式的阶级斗争已经不存在，阶级矛盾和斗争已经不是社会的主要矛盾了，果断地停止了"以阶级斗争为纲"的口号，"把全党的工作重点和全国人民的注意力转移到社会主义现代化建设上来"[①]，加快生产力的发展，是改善人民物质文化生活的需要，也是提高国家综合实力，捍卫国家主权的需要，"科学技术水平不提高，社会生产力不发达，国家的实力得不到加强，人民的物质文化生活得不到改善，那么，我们的社会主义政治制度和经济制度就不能充分巩固，我们国家的安全就没有可靠的保障"[②]。因此，对中国来说，加快发展绝不仅仅是经济问题，而是关系到国家安全、祖国统一、关系到社会主义事业兴衰的政治问题。

要实现以经济建设为中心，首先要解放思想，冲破"以阶级斗争为纲"的极"左"路线，1978年12月13日，邓小平在中央工作会议闭幕会上发表"解放思想、实事求是，团结一致向前看"的讲话，提出在现代化建设中，"我们要学会用经济方法管理经济。自己不懂就要向懂行的人学习，向外国的先进管理方法学习。不仅新引进的企业要按人家的先进方法去办，原有企业的改造也要采用先进的方法"。明确强调要学习一切人类文明的成果，加快中国社会现代化的步伐。这在当时可谓振聋发聩，"文化大革命"时期，极"左"思潮泛滥，学习国外的先进技术和管理经验，往往被扣上"崇洋媚外"、"里通外国"的帽子，邓小平全面分析国内外形势，果断提出学习外国先进经验，不能关起门来搞建设，为中国今后的社会发展指明了方向，也在国际上引起了强烈的反响。

十一届三中全会以后，中国调整了对外战略的重点，从要准备打仗到实行对外开放，把维护和平与中国现代化建设结合起来。中国对外战略的调整与党对国际形势的判断和把握是分不开的。中华人民共和国成立以来，一直执行独立自主的和平外交政策，把维护世界和平、反对战争作为总的战略目标，提出了和平共处五项原则、"三个世界"划分理

[①] 《三中全会以来重要文献选编》上，人民出版社1982年版，第4页。
[②] 《邓小平文选》第2卷，第86页。

论等一系列维护和平、促进人类进步事业的方针，中国在国际舞台上发挥着越来越重要的作用，外交取得了巨大成绩。但是，中国对国际形势的判断方面也曾有一些偏差，在"文化大革命"时期外交政策受到"左"倾思想的影响，出于对霸权主义威胁世界和平的警惕，认为战争不可避免，甚至国内为了准备打仗，实行全民皆兵，进行"三线"建设，这种脱离实际的对世界形势的估计，影响了中国国内的经济建设和社会发展。

准确判断国际形势是中国制定对外战略的基础。20世纪70年代末，美苏争夺霸权严重地威胁着世界的和平与安全，中国周边安全形势依然严峻，世界形势错综复杂。如何看待复杂多变的世界，根据形势制定中国内外政策，关系到中国国家的安全与发展。邓小平冷静观察和分析世界形势，认为世界范围内霸权主义、强权政治依然存在，霸权主义是世界和平的主要威胁。虽然战争的危险依然存在，但是世界和平力量在不断增长，且超过了战争力量的增长，战争是可以避免的。因此，中国可以争取一个相对和平的国际环境，集中力量进行国内经济建设。

在对世界形势做了深刻分析的基础上，中国认为世界的主题不是"战争与革命"，而是"和平与发展"，认为在短时间内世界不可能发生大规模的战争，中国作为发展中国家，应该抓住机遇，加快发展，提高综合国力，更好地维护国家主权和安全，提高人民生活水平。中国改变了"一条线"、"一大片"的对外战略，对外关系的重点从准备打仗转向力争国际和平、为国内经济建设顺利发展创造稳定的国际环境。为了创造良好的发展环境，中国根据自身国力与世界形势的特点，提出了在国际事务中"善于守拙"、"不当头"、"不扛旗"的策略。在维护世界和平、为共同发展做贡献的同时，更加强调要维护国家利益，国家利益是一个国家生产和发展的内在动力，邓小平认为，"考虑国与国之间的关系主要应该从国家自身的战略利益出发，着眼于自身长远的战略利益，同时也尊重对方的利益，而不去计较历史的恩怨，不去计较社会制度和意识形态的差别，并且国家不管大小强弱都相互尊重、平等相待"[①]。只有维护国家利益，才能保证国家的主权和安全，才能为维护地区和世界和平做出贡献。

---

① 《邓小平文选》第3卷，第330页。

1978年12月16日，中美发表《中华人民共和国和美利坚合众国关于建立外交关系的联合公报》，从1979年1月1日起，中美正式建立外交关系，3月1日互派大使，建立大使馆。美国承认中华人民共和国政府是中国唯一合法政府，台湾是中国领土的一部分。在此范围内，美国人民将同台湾人民保持文化、商务和其他非官方关系，美国政府断绝同台湾的"外交关系"。但是，美国一些政界人士从未放弃搞"两个中国"或"一中一台"，中美两国之间在贸易、台湾等问题上出现了不少麻烦。另一方面，苏联由于战线过长，在阿富汗陷入战争泥潭，在国际上逐渐失去了对美国的战略主动。苏联开始试图与近邻中国改善关系。1981年里根担任美国总统，他提出了对内振兴经济、对外重振国威的口号，美国增加军费开支，力图重新确立美国在世界上的军事优势，对苏联实行强硬的政策，与苏联展开了"星球大战"计划等新一轮军备竞赛，国际局势变得更加紧张。同时，美国也意识到："美国不可能在一个充满战争的世界里安享和平"①，开始注重对第三世界国家提供一般经济援助而减少军事援助，不希望再陷入像越南那样的战争。中国认为世界范围内，战争的危险依然存在，但是美苏都没有准备好打世界大战，在"核恐怖平衡"下，美苏都不会轻易动手，中国应该抓住有利的时机，加快经济社会发展，加强中国的国力。

为了给中国的经济建设提供良好的国际环境，中国继续坚持在和平共处五项原则的基础上发展对外关系，发展同所有国家的友好关系，开展全方位外交。在对外关系上改变了僵化、绝对化的政策，坚持原则性与灵活性的统一，根据国际形势的变化解决问题，制定对策。邓小平指出："现在的问题是要注意争取时间，该上的要上，大仗打不起来，不要怕，不存在什么冒险的问题。以前总是说要打仗，每年总要说一次，现在看，担心过分了，我看至少十年打不起来。"② 中国把对外经济工作提高到建设现代化的战略的高度来认识，认为"我们的社会主义现代化建设，要利用两种资源——国内资源和国外资源，要打开两个市场——国内市场和国际

---

① ［美］理查德·尼克松：《不再有越战》，王绍仁等译，世界知识出版社1999年版，第281页。
② 《邓小平文选》第3卷，人民出版社1994年版，第25页。

市场，要学会两套本领——组织国内建设的本领和发展对外经济关系的本领"①，要将自力更生与发展对外经济结合起来，积极吸引外资，引进国外先进科学技术，通过对外开放促进中国国内的建设。

中国实行积极的对外开放政策，这是中国现代化建设的需要，也符合世界发展的潮流。中国认为"现在的世界是开放的世界"，当今世界已经形成相互影响、相互渗透、相互作用、相互依存的开放体系，世界各国间的合作日益频繁。中国实行积极的对外开放方针与世界发展趋势是一致的，"任何一个国家要发展，孤立起来，闭关自守是不可能的，不加强国际交往，不引进发达国家的先进经验、先进科学技术和资金，是不可能的"②，中国要学习一切国家的先进科学技术，加快中国社会主义建设的步伐。邓小平根据近代中国的发展历程，特别是中国社会主义建设的经验教训，指出坚持对外开放的必要性和重要性，"总结历史经验，中国长期处于停滞和落后状态的一个重要原因是闭关自守。经验表明，关起门来搞建设是不能成功的，中国的发展离不开世界"③。提出中国将长期奉行对外开放政策，不断扩大与世界各国的经济、贸易、技术等方面的交流与合作。

中国的对外开放是长期的，是带有战略意义的基本国策，中国要在对外开放中学习和借鉴人类社会的一切文明成果，加快社会主义建设的步伐。1978年邓小平在全国科学大会开幕式上指出："科学技术是人类共同创造的财富。任何一个民族、一个国家，都需要学习别的民族、别的国家的长处，学习人家的先进科学技术。我们不仅因为今天科学技术落后，需要努力向外国学习，即使我们的科学技术赶上了世界先进水平，也还要学习人家的长处。"④ 只有这样，中国才能站到世界科技的前沿，不断提高综合国力，提高人民生活水平。中国的开放既对社会主义国家，也对资本主义国家，是全方位的开放。"我们是三个方面的开放，一个是对西方发达国家的开放，我们吸收外资、引进技术等等主要从那里来。一个是对苏联和东欧国家的开放，这也是一个方面。国家关系即使不能够正常化，但

---

① 《三中全会以来重要文献选编》下，第1113页。
② 《邓小平文选》第3卷，第117页。
③ 同上书，第78页。
④ 《邓小平文选》第2卷，第91页。

是可以交往，如做生意呀，搞技术合作呀，甚至于合资经营呀，技术改造呀，一百五十六个项目的技术改造，他们可以出力嘛。还有一个是对第三世界发展中国家的开放，这些国家都有自己的特点和长处，这里有很多文章可以做。"① 这表明中国实行的是全方位对外开放政策，与所有国家进行经济技术交流，尽快地发展自己。中国的对外开放政策不是权宜之计，而是国家长远的发展战略。

十一届三中全会实现了中国国家发展战略的根本转变，是中国特色社会主义事业的新起点。中国外交要为经济建设服务，为实现中国发展的战略目标营造良好的国际环境。1979年12月，邓小平在会见日本首相大平正芳时，提到了中国四个现代化目标，人均国内生产总值1000美元，达到"小康"状态。1987年4月，邓小平在会见西班牙首相时提出了"三步走"的战略。可以说，自十一届三中全会以来，中国一直在朝着既定的战略目标不懈努力，无论形势如何变化，中国将坚持独立自主的和平外交政策，尽可能地为现代化建设创造更长时间的和平环境。正如邓小平所讲："中国要实现自己的发展目标，必不可少的条件是安定的国内环境与和平的国际环境。我们不在乎别人说我们什么，真正在乎的是有一个好的环境来发展自己。"② 只有争取较长时间的国际和平环境，保持较快的增长速度，中国综合国力、人民生活水平才能不断提高，国内政治才能稳定。与中国调整对外战略相适应，对日战略也做了调整，中日关系进入一个新的发展时期。

二 坚持中日长期友好合作不动摇

在中国实行全方位对外开放中，近邻日本作为亚洲唯一发达国家，是中国对外开放的重点。新时期中国将全面友好合作作为发展中日关系的战略重点。为了实现长期友好合作的目标，中国积极推动中日两国间经济、政治、文化等各个领域的交流，使中日关系发展建立在广泛而坚实的基础之上。

中国制定对日全面友好合作的战略目标，是基于日本战后发展道路的准确判断。中国认为，尽管中日之间存在矛盾和分歧，日本国内存在保守

---

① 《邓小平文选》第3卷，第99页。
② 同上书，第360页。

政治势力和少数右翼势力，但是日本战后走上了和平发展道路，作为经济大国日本是维护地区和平的一支重要力量。日本先进的现代化科学技术和管理经验，可以为中国现代化建设提供资金、技术等方方面面的支持。日本与其他发达国家相比，与中国近在咫尺，在经贸往来中具有得天独厚的地理优势；中日两国有着两千多年的交往历史，在漫长的历史中，两国人民的友好交流占主导地位，不友好的历史是短暂的，中日两国人民在相互学习、相互交流中，结下了深厚的友谊，共同推动了东亚文化的发展和社会的进步，这是中日两国新时期开展友好合作的基础。日本战后实行了"经济立国"的"吉田路线"。20世纪60年代末，日本的国民生产总值就已经超过英、法、德，成为仅次于美国的"第二经济强国"。日本的外汇储备居世界之首，对外贸易连年顺差，经济发展速度虽然属于中速，但是由于基数大其增长速度依然十分可观。日本丰富的资金可以为中国现代化建设提供支持。日本对华投资、技术输出，还可以为日本继续发展创造更好的条件，两国经济技术合作是互利、互惠的。中日友好合作有着深厚的基础和共同的利益，是现实可行的。

由于中日经济技术等方面的交流存在着十分有利的条件，在中国实行改革开放战略方针后，日本成为第一个向中国提供政府贷款的国家。1979年12月，日本与中国政府达成了向中国提供资金支持的协定，向中国提供500亿日元的贷款，年利3%，偿还期为30年。日本政府后来在持续30年的时间里一直向中国提供贷款，对加快中国现代化建设起了积极作用。当然，日本政府贷款虽然有优惠性质，但是日本也收获了相应的利息，显然是一项双赢的协定。

中国领导人利用各种机会向来访的日本客人阐述中日长期友好合作对两国经济社会发展的意义。1985年3月，邓小平会见日本商工会议访华团，就国际形势与地区安全谈了自己的看法，认为："我们多年来一直强调战争的危险。后来我们的观点有点变化。我们感到，虽然战争的危险还存在，但是制约战争的力量有了可喜的发展。"[1] 他认为世界大战在较长的时间内不会发生，那么我们所处的时代的战略性问题就不是要准备打仗，而是和平与发展。他认为："现在世界上真正大的问题，带有全球性的战略问题，一个是和平问题，一个是经济问题或者说是发展问题。和平

---

[1] 《邓小平文选》第3卷，第105页。

是东西问题，发展是南北问题。概括起来，就是东西南北四个字。南北问题是核心问题。和平与发展是当代世界的两大问题。"① 因此，要维护世界和平，促进共同发展，特别是促进发展中国家的发展，发展是核心问题，发展不仅是经济问题，实际是个政治问题。中国作为最大的发展中国家，要在坚持独立自主和平外交政策、和平共处五项原则的基础上同所有国家发展友好合作关系，中国是维护世界和平和稳定的力量，不是破坏力量。"中国发展得越强大，世界和平越靠得住。过去，在国际上有人认为中国是'好战'的。对这个问题，不仅我，还有中国其他领导人，包括已故的毛泽东主席、周恩来总理都多次声明，中国最希望和平。"② 指出中国一贯反对霸权主义，维护世界和平的立场。"中国对外政策的目标是争取世界和平。在争取和平的前提下，一心一意搞现代化建设，发展自己的国家，建设具有中国特色的社会主义。"③ 认为发展问题是中国的问题，更是世界性问题，中国为了发展要争取和平环境，中国人民是热爱和平的，希望在发展道路上与日本有更多的合作。

中国认为日本虽然与美国长期保持同盟关系，但是一直以来在对华政策上有别于美国，日本在对外关系上不完全以意识形态为前提，这是中日合作的有利条件。随着中国对外开放战略的实施，日本更加重视中国快速发展对日本经济社会发展的作用，20世纪80年代中期任日本首相的中曾根康弘就表示"发展中日两国良好、稳定的关系是日本外交的重要支柱"④，充分表明日本政府承认中国在国际事务中的重要作用，日本越来越重视中国的作用，为发展中日业已存在的友好关系，提供了良好的条件。20世纪80年代中期，中国共产党的总书记首次访问日本，为中日两国超越意识形态的分歧，发展长期友好合作关系打下了坚实的基础。

三　对外开放战略下推动中日交流与合作

十一届三中全会以后，中国提出了对外开放的战略方针，中日关系也在对外开放的方针指导下不断发展，中国积极推动中日政府、民间各个领

---

① 《邓小平文选》第3卷，第105页。
② 同上书，第104页。
③ 同上书，第241页。
④ 《人民日报》1982年12月2日。

域的友好合作。1979年2月7日，邓小平副总理访问美国回国途经日本，在与日本首相大平正芳进行会谈时，邓小平强调了中日发展和平友好关系的战略意义。他认为，中日两国应该在《中日和平友好条约》的基础上，加强沟通，增加信任。他说："去年10月，我对贵国进行了正式友好访问，度过了难忘的一个星期。我们共同完成了一件具有历史意义的重要任务——互换了中日和平友好条约的批准书，庄严宣告了这一条约的生效"，"通过会谈进一步加深了我们的相互理解和信赖关系。我深信，中日两国领导人经常交换意见，是十分有益的。中日两国关系的基础是牢固的。两国的友好合作关系，一定会在中日和平友好条约的基础上，得到重大发展。"① 中国对在《中日和平友好条约》基础上发展两国关系充满期望和信心，为了加快两国关系的发展，中国提出了中日两国领导人经常交流、就共同关心的国际和两国关系问题交换意见的建议。

从1979年2月到3月，中日两国达成了一系列政府间合作项目，包括中日两国政府间的铁道技术合作项目、中日海底电缆修理后的有关问题、中日关于延长两国长期贸易协议和扩大贸易金额问题等，这些政府间的协定不仅使中日两国各个领域的交流更加充分、稳定，而且为友好合作增添了实质性的内容。在发展友好合作关系过程中，中国重视中日两国人民传统友谊在当今的作用和意义，在发扬中日友好传统的基础上，续写友谊新篇章。1979年4月，中国中央电视台和日本广播协会签订了关于联合摄制电视节目《丝绸之路》的协定书，要继承中日两国人民友好交往的传统，增进两国人民的互相了解和深厚友谊。

中日实现邦交正常化以后，中国全国人大与日本议会之间的往来更加密切，开启了中国全国人大与日本议会高层的互访，增进了两国政界对彼此国情、发展道路的了解。1979年4月，中国全国人大副委员长邓颖超率领代表团访问日本。这是中国全国人大访问日本的最高领导。邓颖超在日本访问时指出，中日两国人民在长期友好交往中结下了深厚的友谊，特别提到《中日和平友好条约》的缔结，"不仅为巩固和发展我们两国的友好合作关系奠定了坚实的基础，使两国关系变得更加紧密了，而且正对维护亚洲和太平洋地区的和平与安全产生积极的影响"②。认为在新的形势

---

① 《战后中日关系文献集（1971—1995）》，第252页。

② 同上。

下,中日两国在政治、经济、科技、文化等各个领域的关系在新的基础上又有了发展。各种友好交往成倍增加,高度评价了和平友好条约对中日关系向前发展的重要作用。台湾问题是中国内政,是中国核心利益所在。由于历史原因,日本一直关心新中国对台湾问题的看法,邓颖超再次阐述了中国的立场,"解决台湾回归祖国实现国家的统一的方式,那完全是中国的内政。就我们的愿望来说,我们完全希望通过和平方式解决这个问题。这对国家对民族都有利。但是,这不能由我们单方面决定。因此,我们不能只讲和平方式,把自己的手脚束缚起来。那样做,只能使和平解决更为困难"①。邓颖超认为《中日和平友好条约》签订后,中日两国间在政治、经济、科技、文化等各个领域的关系在新的基础上又有了发展,相信中日两国在求同存异的基础上,中日关系会有新的发展。

无论是"民间先行,以民促官"的"民间外交"阶段,还是邦交正常化后的官方、民间共同推进中日关系阶段,中国一贯重视中日两国人民的直接交流,重视两国人民的心灵交流。早在中日邦交正常化实现后的1973年8月,周恩来会见日本参议院议长河野谦三时就提出为加强两国人民的了解与往来,要搞一个中日互派游览船的协议。这个"友好之船"的设想,终于在20世纪70年代末实现了。1979年5月,中国派出以全国人民代表大会常务委员会副委员长、中日友好协会会长廖承志率领的"中日友好之船"访日代表团,代表团由600人组成,成员来自中国各行各业,这是新中国成立以来派出的第一个大型民间代表团。"友好之船"用一个月的时间,乘坐1.4万吨游轮绕日本列岛一周,代表团的足迹遍及日本33个都、道、府、县,174个市区,参观了日本工农业、商业、渔业、交通运输、文化教育、医疗卫生、科学技术、服务行业等1201个项目,与日本各界人士进行了广泛接触,所到之处无不受到热烈欢迎。代表团通过这次访问加深了对日本的理解,特别是加深了对中日友好工作重要意义的认识,看到了日本人民对于发展中日友好的强烈愿望,坚定了从事中日友好事业的信心。廖承志在记者招待会上谈了加强中日友好合作对中国现代化建设的意义,认为:"日本发展迅速,已拥有世界上先进的工业、农业生产水平及科学技术,在建设国家方面积累的丰富经验等,这些对我们都有很好的参考价值。我们希望中日两国进行广泛的友好交流,加

---

① 《战后中日关系文献集(1971—1995)》,第256页。

强友好合作,在中国从事社会主义现代化建设方面,不断得到友好邻国日本之协助。"① 表明了中国希望学习日本现代化建设的经验和技术,加强两国人员往来的愿望。中日友好之船访问日本达到了"乘船绕一周,中日友好连千秋"② 的目的。

中国实现对外开放的战略后,日本经济界人士对与中国开展经济贸易非常感兴趣,但是,他们又对中国的国情和改革开放政策不太了解,担心中国对外开放政策有变,对中日合资抱有疑虑。中国不断阐述中国实现对外开放是战略方针,是长期的,是不会改变的。利用一切机会,向日本各界介绍中国对外开放的政策,促使日本经济界、贸易界人士早下决心实行与中国的经济合作。

1979年9月3日,中国国务院副总理谷牧访问日本。日本各界特别是工商界人士欢迎中国的改革开放,又对中国政策存在疑虑,对是否到中国投资举棋不定。谷牧副总理就日本朋友关心的中国现代化建设资金、中国的政局等问题做了回答。他强调中国会长期坚持改革开放政策,欢迎日本企业到中国投资,参与中国现代化建设。谷牧副总理说:"有些朋友担心中国的政局是否能长期稳定,怕再出现'强烈的政治意识时代',把现代化冲掉。我们认为,这种可能性已不存在。广大人民反对动荡,要求安定,一心一意把经济搞上去。"谷牧还强调了中日两国从各个方面加强和发展友好关系的重大意义,他认为:"有了一个经济发达、技术先进的日本,再加上一个逐步强大起来的现代化的中国,并且同亚洲、太平洋地区其他友好国家亲密合作,整个东方局势的稳定就有保证,这个力量,对于世界局势的稳定,绝不是无足轻重的。"③ 日本朋友对中国在深圳、珠海设立经济特区非常感兴趣,谷牧副总理指出中国政府在特区将采取比内陆地区较为开放一些的办法,欢迎包括日本企业家在内的各国朋友到特区开办企业。

在回答中日的钓鱼岛领土纠纷问题时,谷牧副总理再次强调了中国的一贯立场,钓鱼岛从来就是中国的领土,但是考虑到联合开发石油,主权问题可以暂时挂起来,让我们的后代去解决,首先开发这一地区石油资

---

① 《战后中日关系文献集(1971—1995)》,第260页。
② 《廖承志与日本》,第466页。
③ 《战后中日关系文献集(1971—1995)》,第271页。

源，这对中日双方有利。谷牧副总理访日期间，宣传了中国改革开放政策，一定程度上打消了日本经济界的疑虑，为加强两国间的经济合作提供了条件。

1978年邓小平作为国务院副总理访问日本时，就参观了松下电器公司，希望日本在电气技术方面给中国帮助。1979年6月，84岁高龄的松下幸之助受中日友好协会会长廖承志的邀请来中国访问。邓小平两次会见了松下幸之助，同松下幸之助进行了深入的交谈。松下幸之助就中国的改革开放、经济建设和企业管理问题以及如何同外国进行技术合作和合资经营等问题，提出了坦率的建议。邓小平感谢松下幸之助真诚友好的态度，并请松下幸之助帮助中国改造电子工业。松下幸之助提出了一个由日本电子工业界联合起来帮助中国发展电子工业的宏大计划。最终在20世纪80年代后期同北京市有关单位合作成立了北京松下彩色显像管有限公司，双方投资规模达到248亿日元，是当时最大的中日合资企业。松下电器成为中日合作的样板，表明中日长期友好合作是"双赢"的战略。

当然，日本经济界、企业界对中国实行对外开放的担忧，不可能一下子就解除。20世纪80年代的日本正处于经济高速发展时期，日本企业资金、技术力量雄厚，在希望来中国投资的发达国家的企业家中日本最多。尽管中日邦交正常化已经实现多年，中日政府间经济技术合作也日益增多，但日本企业家仍然对中国的对外开放政策缺乏必要的了解，对中国是否长期坚持这一政策存有疑虑，对投资中国仍心存芥蒂，这很不利于中日友好合作的深入发展。1980年4月，中国国务院副总理余秋里利用访问日本的机会，就中国对中外合营企业政策问题阐明了中国的政策，指出中国政府保障合营企业的权利，在中外合资企业的"政策是明确的，同外国资本合营企业，我们一定信守合同"①，保证外国资本的合法利益，阐明中国对外开放绝不是权宜之计，鼓励日本企业家到中国投资，中国会从法律上保障日本企业的合法权利。这对于打消日本企业家的顾虑产生了一定的作用。

1979年，日本在中国创建了第一家合资企业，20世纪80年代，日本有一些企业开始对华投资，但是，到中国来投资的多为中小企业，投资规模比较小，多数在100万—200万美元之间，说明日本对华投资是比较慎

---

① 《战后中日关系文献集（1971—1995）》，第297页。

重的。20世纪80年代,中国通过各种途径让日本民众特别是企业界了解中国对外开放的战略,表达希望与日本经济界、企业界合作的愿望,为今后中日两国经济、技术的大规模合作创造了条件。20世纪90年代以后,日本在华投资额大量增加,日本的大公司纷纷来中国建厂,投资也逐渐从劳动密集型向资本密集型发展。

四 促进中日互利共赢关系的新发展

随着中国对外开放的不断扩大,日本企业界、经济界与中国合作、合资的增加,中日两国间的交往增添了新的内容,两国已经超越了就友好谈友好的阶段,而是将友好与中日经济社会的发展联系在一起,与维护中日两国人民的利益联系在一起,更加强调友好合作与双方国家发展的紧密关系,力争形成"互利"、"共赢"的局面,使友好合作的基础更加牢固。1979年12月5—9日,日本首相大平正芳应邀访问中国。中日两国领导人认为两国和平友好关系自邦交正常化以来,得到了顺利的发展,和平友好条约的签订符合中日两国人民的共同利益,有助于亚洲及世界的和平与稳定,两国将根据《中日联合声明》和《中日和平友好条约》的原则,扎实推进两国关系长久和平友好。为了加深两国人民间的相互了解和相互信赖,今后将促进两国各种级别的交流。12月7日,中日双方发表了联合公报,表明了中日两国要在维护亚太地区稳定,发展友好合作关系方面不断做出努力和贡献。

中国领导人向大平首相表达了为促进经济建设,希望加强同日本开展经济合作的愿望。日本政府对中国的要求给予了积极的回应,同意向中国要求的现代化建设中优先考虑的六大项目提供资金支持,日本政府1979年度即向中国提供了不超过500亿日元的贷款,年利3%,偿还期为30年。1980年度及其以后年度有关这些项目的合作问题,两国政府每年将举行一次事务当局级别会议。邓小平认为这次日本政府贷款,是中日政府间合作的良好开端。大平首相访问期间,中日两国签订了文化交流协定,推进包括接受留学生在内的文化方面的合作和技术合作,1979年度日本为20名中国留学生提供奖学金。日本还计划用10亿日元资金,对中国的日语教师进行培训。中日两国希望双方不仅在20世纪80年代,还要面向21世纪,在一切方面发展两国间良好而稳定的关系,并进一步寻求深度和广度。这次访问中,中日两国决定加强政府间对话,除两国外长随时协商外，还要在每年举行一次两国外交事务当局高级官员的定期协商，以不断及时解决两国间的各种重要问题，中日两国政府领导人也要加强交流。

中国国务院副总理邓小平希望大平首相一行访问中国，不仅能够发展中日两国友好合作关系，而且能够对国际形势的发展产生重大的积极影响，希望大平首相访华的成果至少要管上80年。邓小平还向日本客人介绍了中国实行四个现代化的战略和基本内涵，特别强调中国的四个现代化，"是中国式的四个现代化。我们的四个现代化的概念，不是像你们那样的现代化概念，而是'小康之家'。到本世纪末，中国的四个现代化即使达到了某种目标，我们的国民生产总值人均水平也还是很低的。要达到第三世界中比较富裕一点的国家的水平，比如国民生产总值人均1000美元，也还得付出很大的努力"。[①] 中国在实现四个现代化发展战略中，需要扩大对外开放，邓小平希望中日合作更多一些。

从1980年4月起，日本对中国产品提供"特惠关税"，日本积极与中国合作，在北京建设一所现代化医院。12月6日，中日两国签订了关于在渤海南部及西部海域合作进行石油和天然气勘探开发的协议书。

1980年5月27日，中国国务院总理华国锋应邀访问日本，这是中国总理第一次访问日本，也是对大平正芳首相访华的回访。华国锋向日本介绍了中国社会主义现代化建设的方针和进展，表示为了促进中国经济建设，中国希望在自力更生的基础上，根据平等互利、互通有无的原则，加强同日本和其他国家的经济合作。中日两国尽管体制不同，但是应该通过进一步增进交流，不断加深相互理解和相互信赖，发展和加深两国间的持久的、不可动摇的和平友好合作关系。为了扩大两国的交流和合作，为了以中日之间的双边问题为中心广泛地进行协商，中日两国领导人决定：今后根据需要在两国的首都轮流举行中国国务院成员和日本国内阁成员级会议。

华国锋总理访问日本期间，中日两国签署《中华人民共和国和日本国政府科学技术合作协定》。根据协定，两国政府将在平等互利原则的基础上，发展和促进两国政府间科学技术领域的合作。规定了中日科技合作的形式包括：派遣和接受科学家和技术人员，举办两国科学家和技术人员参加的讨论会、研究会，进行共同研究，交换有关科学技术情报以及两国

---

① 《人民日报》1979年12月7日。

政府同意的其他合作形式。两国领导人同意为缔结候鸟保护条约尽早谈判。

此后,中日两国政府领导人每年开始互访,以加强政府层面的联系和沟通,保证长期友好合作关系继续发展。1981年10月,日本首相福田赳夫到中国访问,1982年5月,中国总理访问日本。中日两国领导人再次强调两国虽然社会制度不同,但是发展经济合作关系有着许多有利条件,这就是天时、地利、人和。中国为了发展两国经贸合作,提出了关于发展中日经济关系的三原则,即:和平友好、平等互利、长期稳定。这三项原则其实已经超出了一般经济合作关系,而是包含着政治因素。只有在政治互信的基础上,经济关系才能不断发展。

中日两国间政府协定的签订,两国政府领导人的定期互访,对于巩固中日两国和平友好关系,加深合作,扩大不同层次的人员交流起到了积极作用,也巩固了《中日联合声明》、《中日和平友好条约》的成果。

随着中日两国人员往来和交流的增多,两国需要建立新的领事机构,为两国经济、贸易、技术等方面的合作交流提供便利。1980年2月,中国政府在日本札幌、日本政府在中国广州分别设立总领事馆。这就更加便利了两国地方政府、人民之间的往来。

中日经贸交流一直在两国友好合作中占有重要地位。1979年3月,中日签订关于延长两国长期贸易协议和扩大贸易金额问题的会谈纪要,同意将1978年2月签订的中日长期贸易协议有效期延长至1980年,将有效期内各自出口总金额又扩大到1倍至2倍等。

中日两国人民在2000年的友好交往历史中结下了深厚的友谊,在相互交往中形成的友好佳话至今仍然在两国人民中间传诵。中国注重挖掘友好交流的典型事件,发扬传统友谊,继续开创中日关系的未来。1980年4月,鉴真和尚像回中国巡展。鉴真是唐朝著名高僧、扬州大明寺住持。为弘扬佛法,先后六次东渡日本,前五次都因遭遇台风、海啸、海盗等原因而失败。在第五次东渡时,鉴真和尚患疾病而双目失明,但是,他依然不改初衷,以"为是法事也,何惜身命"的献身精神,前后用了11年时间,终于在第六次成功登陆日本。鉴真和尚将中国的文化典籍、医学著作、雕塑、绘画及建筑技术、佛教经典等带到日本,对日本社会的整体进步和发展做出了贡献。鉴真和尚是中日友好的使者,受到日本人的尊重。在鉴真和尚像回国巡展之际,邓小平、廖承志分别撰文,赞扬鉴真和尚不畏艰险，在沟通和传播中国文化方面的贡献，邓小平指出："在中日人民友好往来和文化交流的历史长河中，鉴真是一位做出了重大贡献，值得永远纪念的人物。现在，在日本政府支持下，日本文化界和佛教界人士，把国宝鉴真像郑重地送来中国供故乡人民瞻仰。这是一件具有深远意义的盛事。它必将鼓舞人们发扬鉴真及其日本弟子荣睿、普照的献身精神，为中日两国人民世代友好事业做出不懈努力。"① 廖承志表示："我不懂佛学，我是唯物论者和无神论者。但是鉴真和尚这样一往无前，不惧险阻的精神，是非常值得我们佩服的。但愿我们中日两国人民从事于友好事业的人，都能学习鉴真和尚，不为私利，不为一时之需，而是把两国人民和民族的友好，千秋万代地延续下去，为亚洲和平大厦添上几片琉璃宝瓦。"② 鉴真大师塑像回国巡展，"不仅仅是佛教史上的一件大事，也是中日文化交流和两国人民友谊发展史上的一件有重大意义的盛举"③，中国人民真心希望中日两国人民以鉴真和尚为榜样，像鉴真和尚那样全心全意完成自己的使命，增进两国人民的了解和友谊，把中日友好事业传下去。

中日两国城市之间或者省、县之间以地域为单位的友好交流和合作有了进一步发展。1979 年，中日两国建立了 13 对友好姊妹城市，1982 年中日邦交正常化 10 周年时，中日友好城市或友好省、县发展到 46 对。中日两国人员互访迅速增加，中国访问日本人员由 1972 年的 500 多人次，增加到 1.9 万人次，10 年间增长了 30 倍。日本访华人员由 1972 年的 8300 多人次，猛增到 13.8 万人次，增长了 15 倍。中日贸易额由 1972 年的 10 多亿美元，增长到 104 亿美元。④ 这一时期是两国友好合作的"蜜月时期"，充分说明中日两国合作交流具有深厚的基础和广阔的前景。

1982 年是中日实现邦交正常化 10 周年。中国在人民大会堂举行了隆重的纪念活动，首都各界人士和日本朋友 1000 多人出席在人民大会堂举行的招待会，长期致力于日中友好事业的日本团体——日中友好协会、日中文化交流协会、日本国际贸易促进会、日中友好议员联盟、日中经济协会等组成代表团，专程赶来参加招待会。中国对外友协会长王炳南、中日

---

① 《战后中日关系文献集（1971—1995）》，第 306 页。
② 同上书，第 307 页。
③ 《人民日报》1980 年 5 月 4 日。
④ 《当代中日关系》，第 233 页。

友协副会长夏衍同日本代表团团长井上靖、代表团顾问、85岁高龄的冈崎嘉平太以及长期为日中友好活动的栗原俊夫、荻原定司、片冈清一、井上泉、小平四郎等在招待会上亲切见面。中日两国朋友在一起回顾了中日交流的曲折历程，表示要珍惜来之不易的大好局面，警惕和反对妄想把中日友好历史车轮倒转的任何企图。

中日邦交正常化10周年成为中日友好合作关系发展的新契机，日本首相铃木善幸访问了中国，邦交正常化以来，中日两国友好合作关系的发展超过了以往任何时期。双方贸易总额在1981年达到100亿美元。"历史经验证明，中日两大民族'合则两利，离则两伤'。这就是说，中日两国只有友好合作，才能有利于世界和平，造福于后代子孙。在滚滚向前的中日友好合作的洪流中，人们注意到，也存在着某些阻碍中日关系巩固和发展的因素。避免重走历史老路，警惕少数人妄图复活军国主义的倾向，是中日两国人民的共同愿望。中日友好合作关系这棵大树，仍然需要中日两国政府和人民精心地加以爱护和培育，才能茁壮地生长。"① 中国通过一系列纪念、交流活动，扩大中日各界的交往，在坚持中日友好共同政治原则的基础上，推进中日两国各个领域交流与合作的发展。

第二节　建立中日友好合作新机制

中日邦交正常化实现后，特别是中国实行对外开放的战略方针后，中日间的交流合作不断向纵深发展，形成了两国历史上令人怀念的"蜜月时期"。20世纪80年代，中国共产党总书记首次出访资本主义国家日本，提出了新时期发展中日关系的四原则，中日两国分别成立了友好21世纪委员会，形成了发展中日世世代代友好的新机制。

一　中国共产党总书记首次访问日本

中日邦交正常化以后，中国不仅推进中日两国政府间、民间的交流与合作，而且中国共产党最高领导人还亲自出访日本，用实际行动表明作为中国社会主义现代化事业的领导核心，对中日友好合作关系的重视，也使中日关系发展到了新阶段。1983年11月23日至30日，中国共产党中央

---

① 《人民日报》1982年9月30日。

委员会总书记胡耀邦应邀访问日本,这是中国共产党的最高领导人第一次访问资本主义国家,也是日本政府第一次邀请中国共产党的总书记访问日本。胡耀邦访问日本的目的是巩固已经建立并发展起来的中日友好关系,巩固中日关系发展的成果,扩大两国的互利合作,并着眼于未来两国关系的发展,把友好关系传给下一代。胡耀邦表示他访问日本要办三件事:"第一,要同日本朝野人士就双方共同感兴趣的问题交换意见;第二,要参观日本现代化的工业、科学、技术的新成就,也可以说,要向日本先进的科学、技术和经营管理经验学习;第三,还要转达中国人民对日本人民的友好情谊。"[①] 胡耀邦将中日两国关系概括为最主要的八个字:和平友好,平等互利。

胡耀邦总书记向日本各界介绍了中国政治、经济、社会发展等方面的情况,胡耀邦指出,中日复交11年来中日两国关系一年胜似一年,他对两国关系的飞速发展表示满意,并对未来中日关系提出了两点建议:要不断增强相互信任;要不断扩大经济合作。胡耀邦强调了中国的对外关系是在坚持和平共处五项原则的基础上,谋求同世界各国发展友好关系,维护世界和平。中国的基本国策就是:"一心一意干四化,建设两个文明。说得详细一点,就是举国一致,长时期地致力于工业、农业、国防和科学技术的现代化建设,致力于社会主义的物质文明和精神文明的建设,以谋求国家的繁荣昌盛和人民的富裕幸福。为此目的,在对外关系上,就要在和平共处五项原则的基础上,谋求同世界各国发展友好关系,维护世界和平。"[②] 日本是中国的近邻,中国理所当然地更愿意与日本长期友好相处。对于日本各界普遍关心的中国对外开放政策,胡耀邦强调:"中国实行对外开放政策,是经过郑重和审慎考虑的重大决策和战略方针,是长期不变的。如果一定要说它还会变化,那就只能是:越变越成熟,越变越完善,越变越有利于互惠互利地开展多种形式的对外经济合作,而绝不是相反。"[③] 阐明对外开放战略是审慎国际形势和国内发展需要而提出的,是长期的战略,不是权宜之计,希望日本企业家多与中国合作。

胡耀邦访问日本期间,中日两国政府一致同意把中日关系三原则扩大

---

① 《战后中日关系文献集(1971—1995)》,第434页。
② 同上书,第442页。
③ 同上书,第444页。

为四原则，即：和平友好、平等互利、相互信赖、长期稳定。"相互信赖"在发展中日关系中具有特别重要的地位。中日两国虽然实现了邦交正常化，也签订了和平友好条约，但是两国间的相互信赖还远远不够，只有相互信赖，才能建立长期稳定的合作体制，才能从全局和长远的观点对待中日关系。中国愿意在四原则的基础上开创中日友好的新世纪。为培养中日友好的后备力量，中日领导人同意成立"中日友好21世纪委员会"。胡耀邦建议"中日友好21世纪委员会"应包括老、中、青的代表。双方同意今后通过外交途径就建立"中日友好21世纪委员会"的具体事宜进行协商。

胡耀邦作为中国共产党的总书记，深知青年代表着未来和希望，重视与日本青年的交流，重视培养中日友好的新生力量。他在东京各界青年的集会上发表演说，明确表示与日本各界青年的代表人物见面，是他主动建议的。希望中日两国青年为实现世世代代友好的目标而努力，一代接一代，一代好一代，才能世世代代地友好下去。为了加强两国青年的相互了解，发展两国青年之间的友谊。胡耀邦作为中国共产党的最高领导人，代表中国共产党和中国政府热诚邀请3000名日本青年在来年秋天访问中国，增加日本青年对当今中国的了解，增进中日两国年轻一代之间的友谊。

为了"转达中国人民对日本人民的友好情谊"，把新时期中日之间的民间交流推向更高的水平，胡耀邦总书记从北到南，访问了日本从北海道到长崎的六个城市，与日本政界、工商界、传媒界、华侨华人代表进行了会谈，介绍中国的改革开放政策，增进了日本各界对中国内外政策方针的理解。中共中央总书记首次访问日本，不仅达到巩固业已存在友好关系的目的，更为长期发展中日两国睦邻友好关系打下了坚实的基础，表达了中国共产党和中国人民愿意与日本实现世世代代友好的愿望，这不仅对20世纪80年代中日友好关系的发展具有重要意义，而且为中日友好事业健康地迈进21世纪奠定了基础。

二 倡导建立友好21世纪委员会致力世代友好

胡耀邦1983年访问日本时，中日两国领导人做出要把中日关系发展放到更长远的地位考量的决定，这是具有远见卓识的。1984年3月，邓小平会见日本首相中曾根康弘时强调了希望中日两国关系长期友好发展下去的愿望，他说："第一步放到二十一世纪，还要发展到二十二世纪、二十三世纪,要永远友好下去。这件事超过了我们之间一切问题的重要性。"① 把世世代代的友好作为中国对日关系的长期发展目标,这表明中国绝不是为了友好而友好,而是看到了中日之间存在的广泛的共同利益,看到了在和平与发展主题下,中日关系在世界和平与稳定中的作用,把中日友好关系作为对日战略的基本内容。为此,中国支持和促进建立中日友好合作的新机构,鼓励有助于两国人民交流、有助于发展两国人民友谊的各项活动。

1984年9月10—12日,"中日友好21世纪委员会"首次会议在日本举行。中方首席委员王兆国在会上作的基调报告中说,面向21世纪,探索中日关系的未来,对于我们两个国家和民族来说,是一项具有十分重要现实意义的课题。实现中日21世纪更加友好的主要标志是:"一、在政治上,中日两国应成为不同社会制度国家长期和平共处的典范。二、在经济上,中日两国应成为平等互利、共同繁荣的伙伴。三、在文化科技交往上,中日两国应成为相互学习、共同前进的朋友。四、在国际事务中,中日两国应成为反对战争,维护和平,促进人类进步发展的积极力量。"② 报告全面阐述了中国对于发展面向未来中日关系的主张,认为中日两国作为亚洲重要国家,在和平与发展问题上,负有义不容辞的国际责任。中国不仅将中日友好合作作为中日两国之间的事情,而且着眼于中日两国共同为推进人类和平与发展做贡献,充分肯定日本在当今国际社会中的积极作用。当然,中日两国要完成这样伟大的历史使命,必须有远大的目光,相互信赖,脚踏实地地做好每一步工作,中国对未来中日关系的发展充满信心。

此后,"中日友好21世纪委员会"每年举行一次定期会议,遵照"和平友好、平等互利、相互信赖、长期稳定"的四项原则,从政治、经济、文化科技等角度,研究中日友好关系长期稳定发展的途径,向两国政府献计献策。中日双方委员会各由10名委员组成,日常工作机构分别设在中国外交部亚洲司和日本外务省亚洲局,该机构的活动得到了两国政府的支持。

应中共中央总书记胡耀邦的邀请,1984年9月24日起,参加中日青

---

① 《邓小平文选》第3卷,第53页。
② 《战后中日关系文献集(1971—1995)》,第513—514页。

年友好联欢的 3000 名日本青年陆续来到中国,他们参加了中华人民共和国 35 周年国庆,在中国逗留的 15 天中,还与上海、杭州、南京、北京、西安、武汉等城市的中国青年进行联欢活动,游览中国名胜,访问中国家庭。这个在中日友好交流史上空前的盛会,增进了中日两国青年之间的了解和友谊,为 21 世纪的中日友好打下了坚实的基础。正如胡耀邦在欢迎日本青年友好联欢大会上的讲话所指出的:"你们是跨世纪的人物。如果我们两国青年一代决心把两国的友好关系继承和发展下去,并且教育你们已经生育和迟早要生育的子女也照这样做,那么,我们就有把握地说:21 世纪必定是中日两国更加友好的世纪。"[①] 日本青年这次访问中国不仅是以胡耀邦个人的名义,而且代表中国共产党和中国政府发出的邀请,足见中国对培养面向 21 世纪中日友好力量的重视。后来参加这次联合活动的日本青年果然不负期望,成为推动中日友好的骨干。2007 年,中日邦交正常化 35 周年之际,已经 90 高龄的日本前首相中曾根康弘,率领当年参加中日青年联合的部分成员重访中国,走访当年的朋友,共话友谊,续写友好交流的新篇章。1986 年 11 月 8 日,日本出资援建的中日青年交流中心举行奠基典礼,中日交流中心将为两国青少年交流搭建一个新的平台,进一步促进两国青少年的交流与了解。

中国重视中日两国之间不同层次的交流,为促进各个领域的交流与合作做出了不懈的努力。继 1979 年 12 月,大平正芳首相访问中国与中国签订中日两国政府促进文化交流的协定、中日两国关于在渤海南部及西部海域合作进行石油和天然气勘探开发的协议书后,两国政府在 20 世纪 80 年代初签订了一系列文化、科技交流协定,发展两国在各个领域的合作关系,推进两国关系不断深入。1980 年 6 月,中国社会科学院与日本学术振兴会签订了学术交流备忘录,旨在加强两国人文社会科学领域的人员交流。8 月 22 日中国船舶检验局与日本海事协会签订了关于船舶技术检验合作的协议,1981 年 3 月中国政府与日本政府签订,保护候鸟及其栖息环境协定,等等,这一系列协定的签订,便利了中日两国科技、文化界的交流与合作。

中日两国科技界人士自 20 世纪 80 年代初,不断组建共同合作研究机构,开展共同研究和技术合作,召开学术研讨会和技术交流会,仅 1981

---

① 《战后中日关系文献集(1971—1995)》,第 520 页。

年，中国派往日本的科技考察团、组就达到 250 个，1100 人次，[①] 日本每年向中国派出大量科技官员和学者。1979 年起中日两国正式互派留学生，中国不少大学、研究机构与日本的大学、研究院建立了合作培养人才的协议，到 1984 年底，中国有 60 多所高校与日本的 50 家大学建立了校际交流关系。中日两国的作家、音乐家、美术家也不断进行相互交流和访问，体育界、教育界、宗教界人士不断组织团体相互访问，这一系列从政府到民间的合作与交流，进一步加强了两国人民的了解和友谊，在实际合作中把两国关系引向深入。

中日经济贸易合作是两国合作的主要内容，中国实行对外开放战略后，中日贸易迅速发展，贸易额由 1978 年的 50 亿美元扩大到 1988 年的近 200 亿美元。由于中国通过多种渠道向日本经济界、企业界介绍中国对外开放的战略方针，阐明对外开放的战略目标，逐步打消了日本经济界人士对于投资中国的顾虑。20 世纪 80 年代中日两国经济金融、企业的合作快速发展，中日资金合作除日本政府长期向中国提供日元贷款外，日本民间银行也与中国开展了合作。日本多家民间银行与中国签订了贷款或者融资协定，日本政府和民间的贷款、融资，为中国经济建设提供了急需的资金，而日本企业界到中国投资设厂，加快了中国企业的技术进步，对中国经济社会发展起了重要的作用。

为了促进中日民间交流的发展，中国政府积极支持两国民间团体、人士的定期交流，为这些民间层次的合作与交流创造条件。1982 年 10 月，中日民间人士第一次会议在东京召开，1984 年 6 月，在北京举行第二次会议。1986 年 4 月、1988 年 4 月，分别在东京和北京举行第三次、第四次中日民间人士会议。中日民间会议旨在讨论共同关心的问题，两国国民通过定期交流，加深相互了解，这是中日民间交往的好形式。有利于中日两国年轻一代友好关系的培养，也是对两国政府民间交流的促进，反映了中国脚踏实地地推进长期友好合作战略的发展，为 21 世纪中日关系的发展打下了良好的基础。

三 克服影响中日关系的消极因素

中国发展中日长期友好合作的战略决策，符合中日两国人民的利益，

[①] 参见田桓主编《战后中日关系史（1971—1995）》，第 382 页。

使中日关系在 20 世纪 80 年代迈出了新步伐。但是，中日关系发展过程中，也始终存在着困难和障碍，特别是日本 20 世纪 80 年代成为举世瞩目的经济大国后，日本人彻底走出了战败的阴影，其民族自信心空前提高，日本不愿意做"经济巨人，政治侏儒"，日本政府提出了做政治大国的战略目标，希望在国际舞台上更多地发出声音，表达意见，在国际事务中特别是在亚太地区发挥更大作用的愿望越来越强烈。1982 年 11 月，新当选的日本首相中曾根康弘明确提出日本要做"政治大国"的目标，要在国际政治中争取日本的发言权。中曾根康弘提出了"战后总决算"的口号，日本要摆脱战争的阴影，以普通国家的身份参与国际事务。这表明日本的外交已经从对美的"追随外交"逐渐向"自主外交"转变。

1983 年 1 月 24 日，中曾根在国会发表施政演说时，表示他"尤其重视与日本邻近的亚洲和太平洋地区的外交"，"对于重要的邻邦中国，将在现有的良好而稳定的基础上，努力争取进一步发展友好合作关系"[①]。"迄今为止，我们一直在为追赶坡上的一朵云（指欧美发达国家）而努力，而现在这朵云已经消失，我们需要创造更新的一朵云。"[②] 充分展示了日本的政治抱负。日本多次提出"亚太时代正在到来"，提出环太平洋经济合作的设想，制定了日本的长远发展战略。

随着政治大国战略的提出，日本政府通过各种途径来振奋日本人的民族精神，增强其国家意识，无形中助长了日本极端民族主义情绪，出现了一股否定侵略战争性质的思潮，严重干扰了中日关系的正常发展。中国密切关注日本国内极端民族主义思潮的兴起和影响，一直坚持克服不利因素，继续推动中日关系向前发展。

在近代日本侵略中国问题上，中国的一贯原则是：尊重历史、吸取历史教训，维护和平。中国希望中日两国的友好关系建立在正确总结历史经验的基础上，面向 21 世纪更加健康、顺利地发展下去。中国一贯主张把发动侵略战争的少数日本军国主义分子和广大日本人民严格区分开来，认为日本人民也是战争的受害者，中国人民愿意与日本人民一道，为制止战争悲剧重演、发展中日友好做出努力。中国对战争问题的态度是明确的，要尊重历史，绝不容许模糊战争的性质和责任，这样才能以史为鉴，不再

---

① 《战后中日关系文献集（1971—1995）》，第 407 页。
② 刘迎春：《中曾根政权与日本的转折》，《日本问题资料》1987 年 10 月。

重蹈覆辙。而部分日本人认为日本要做政治大国，就要改变"谢罪"外交形象，将否认侵略战争性质作为做政治大国的突破口。20世纪80年代中期以后，日本不断有人挑战中日关系的政治基础，导致中日关系出现新困难。

1989年索尼公司董事长与日本右翼政治家石原慎太郎合写的《日本人可以说"不"》，认为日本人可以对美国人说"不"，要争雄世界。这正好迎合了成为经济大国后日本人"示强"的民族情绪，该书一经出版，即受到日本读者的追捧，此书多次重印，发行量达数百万册。

由于日本国内极端民族主义泛滥，有人以加强国家意识、振奋民族精神为由，对曾经犯有侵略罪行的战犯顶礼膜拜，进而企图否定历史，历史认识中问题成为发展中日关系的障碍。日本某些领导人参拜靖国神社成为影响中日关系发展的大问题。靖国神社位于日本东京都市中心千代田区九段，始建于明治二年（1869年），原名"东京招魂社"，是为祭祀在明治维新以来的历次战争中的战死者而建的。明治十二年（1879年）改称靖国神社。靖国神社供奉着自明治维新至第二次世界大战结束246万多日本历次国内战争和对外侵略战争中死去的官兵。第二次世界大战前靖国神社由日本陆、海军省直接管辖，是宣传日本国家神道和军国主义思想的地方。第二次世界大战后为了防止日本军国主义东山再起，盟军总司令部下令取消日本国家神道，靖国神社由国家掌管改为民间经营，但是，靖国神社不断得到日本大财团的捐助，从未出现过财政困难。根据战后日本宪法规定的政教分离原则，日本公职人员不能以公职身份参拜靖国神社。1978年《中日和平友好条约》签订之际，日本右翼分子将东条英机等14名甲级战犯的亡灵以"昭和殉难者"的名义，移放到靖国神社供奉。东条英机、山本五十六等用过的物品也被放进神社的游就馆，供民众参观，这些破坏和平、违反人道的战犯俨然成了日本的民族英雄。

20世纪80年代，日本政府成员中有人公然以公职身份去参拜供奉甲级战犯的靖国神社，为战争罪犯招魂，严重地伤害了中国人民的感情，使中日关系的发展蒙上了阴影。1985年8月15日，在日本战败投降40周年之际，日本首相中曾根康弘带领18名阁僚以公职身份集体正式参拜了靖国神社，开了现任内阁首相以公职身份参拜靖国神社的先例。对于战争问题，在《中日联合声明》、《中日和平友好条约》中都有明确的阐述，认识战争性质是发展中日关系的共同政治基础，而日本政府一方面表示要

"深刻认识过去曾给以亚洲国家为中心的人们带来重大的痛苦和损害",另一方面却表示参拜的"目的在于追悼为保卫祖国和同胞献出宝贵生命的阵亡者",这种有意模糊日本军国主义发动侵略战争的性质的做法,严重伤害了中国人民的感情,破坏了中日关系的正常发展。中国认为:"日本政府成员正式参拜靖国神社,迎合和助长了日本国内妄图否定侵略战争性质,为日本军国主义翻案的一股思潮,不能不引起亚洲各国人民的警惕和关注。"① 希望中日两国关系在正确总结历史经验的基础上,健康、顺利地发展下去。1985年9月3日,中国全国人民代表大会常务委员会委员长彭真在北京各界人民纪念抗日战争和世界反法西斯战争胜利40周年大会上发表讲话,指出:"中日两国已经建立了睦邻友好的关系,这是两国政府、两国人民和许多有识之士共同努力的结果,是两国关系历史经验教训的结晶。由日本军国主义侵略造成的两国敌对的历史已经结束。这种历史决不许重演。日本少数人还在进行妄图复活军国主义的活动,这是违背中日两国人民意愿的,是不利于中日友好和世界和平的。"② 表示中国人民希望与广大日本人民一道在吸取历史经验的基础上,维护世界和平,防止新的战争。

20世纪80年代中期以后,日本少数政治家为迎合国内极端民族主义势力,经常发表否定侵略历史的发言,日本政治家中的"失言"者激增。中曾根康弘内阁的文部大臣藤尾正行、竹下登内阁的国土厅长官奥野诚亮等人都因发表美化侵略战争的言论而被迫辞职。这表明日本国内否定侵略战争的已经不是一两个人,而是形成了一股思潮,这些日本政府成员的言行不只涉及其个人的"历史观",而是已经严重影响了中日关系的发展。中国希望日本政府对此充分重视,采取切实的措施,防止中日关系倒退。

随着日本国内极端民族主义思潮泛滥,日本右翼势力活动也更加频繁,日本右翼学者、保守势力不仅自己屡次否定侵略战争,还企图将错误的历史观传给下一代,从根本上动摇中日关系发展的政治基础,由此引发了20世纪80年代的"教科书事件"。第二次世界大战前日本中小学教科书由政府制定,日本教育教学中,以宣传天皇制意识形态为核心,修身、国语、历史等教科书中,充斥着宣传军国主义思想的内容,毒害了日本年

---

① 《战后中日关系文献集(1971—1995)》,第550页。
② 同上书,第556页。

轻一代。第二次世界大战结束后，美国对日本进行了民主改革，教育改革是其中最主要的内容之一。第二次世界大战后日本中小学教科书由国家编写改为教科书"审定"制度。即由各家出版社根据文部省出台的《教学指导要纲》组织由10—20人组成的编写班子，编写中小学、初中、高中教科书。编写者一般为各学科的专家、大学教授和富有教学经验的中小学老师。各家出版社将编好的书稿递交文部省审定，文部省全权审定教科书是否合格，不合格的书将禁止出版发行。经文部省审定合格的教科书，在各府县教育委员会举行的新书展览会上展出，供有关学校选择。文部省根据各地区及学校选定的教科书的数量通知各出版社。同意发行的教科书，委托供应单位提供给各个学校，最终发放到学生手中。这个过程周期一般为四年。日本国内的右翼势力一直抱着错误历史观不放，从20世纪50年代起，就企图修改中小学教科书，向学生灌输错误的历史观。日本政府中也一直有人企图修改历史教科书，1955年民主党中的部分右翼人士就发表了《可忧虑的教科书》一文，主张把日本中小学教科书中的日本"战败日"改为"休战日"。1958年文部省在审定教科书时，把侵略中国改为"进入中国大陆"。1969年文部省在审定教科书时，删去了所有关于反省战争责任的内容。

　　如果说日本在历史教科书问题上，20世纪五六十年代还只是小打小闹，那么随着日本成为经济大国，国内极端民族主义思潮的增长，编写歪曲历史的教科书则成为一股思潮，一种直接的行动。1982年6月，日本文部省审定多处篡改史实的高二、高三年级的历史教科书合格。该教科书将日本侵略亚洲邻国全部改为"进入"，并对南京大屠杀等历史事实进行了淡化和删减，把日本制造的人类历史上骇人听闻的大屠杀说成是："占领南京时，由于中国军队的激烈抵抗，日军蒙受很大损失，激愤而起的日军杀害了许多中国军民，受到了国际的谴责。"不仅说南京大屠杀是由于中国军队的抵抗造成的，只字不提日军杀害中国军民的数量，也没有指出日军的屠杀是在占领南京城后发生的。教科书对日本侵略朝鲜和东南亚各国的历史也进行了篡改，这种行为激起了中国和亚洲其他国家人民的强烈不满，中国外交部通过日本驻华使馆向日本政府提出强烈抗议，要求日本政府对此切实负起责任，修改教科书中的错误，不要用错误的历史观教育下一代，避免再次发生类似的事件。

　　日本出现歪曲历史的教科书后，中国更加强调历史问题在未来中日关系中的作用，中国也更加重视对本国青少年的历史教育。邓小平指出：

"最近日本修改教科书篡改历史,给我们提供了一个重温历史、教育人民的机会。这件事不仅教育了中国人民,也教育了日本人民,其实这是一件很好的事情。更重要的是我们的那些娃娃,那些年轻人需要这一课。他们不大懂历史,有些历史已被忘记了。特别是现在我们实行对外开放政策,鼓励外国投资,讲友好,就容易忽视这一面。"①特别强调在讲友好的同时,要重视历史教育,目的是促进中日关系健康发展。

日本右翼势力修改教科书与国内大环境有密切的关系,而日本少数学者以"学术研究"为名,为否认侵略战争寻找学理依据。1984年日本拓植大学教授田中正明发表《南京大屠杀之虚构——关于松井大将日记》一书,田中正明曾任松井石根的秘书,他声称南京大屠杀是中国人"虚构出来"的"无稽之谈",指挥南京大屠杀的日本华中派遣军司令松井石根被判处死刑是"冤枉"的。1987年田中正明又发表《南京事件的总结——否定屠杀的十五个论据》,全面否定南京大屠杀。中国方面则坚持反对以任何名义歪曲历史、破坏中日关系的行为的立场。

20世纪80年代,钓鱼岛领土问题成为又一个影响中日关系向前发展的问题。由于中日双方在钓鱼岛等岛屿的领土归属上存在争议,中日邦交正常化和缔结和平友好条约时,双方从中日友好的大局出发,同意将此问题留待以后解决。对钓鱼岛周围资源,中国提出两国可以搁置争议,共同开发。这是处理钓鱼岛最为可行、实际的方式。日本却不断违背两国曾在钓鱼岛问题上达成的谅解,1979年日本政府派巡视船载运人员和器材登上钓鱼岛修建临时飞机场。日方的行动显然违背了中日邦交正常化和缔结和平友好条约时双方达成的谅解,中国不能不对日方的行为表示遗憾,并声明不承认这一行为具有任何法律价值。中国表示:"希望日本政府从大局出发,遵守两国领导人关于钓鱼岛问题所达成的谅解,并采取措施制止这种有损于两国友好和睦邻合作关系的一切行为。"②

由于钓鱼岛影响邦交正常化后中日关系的发展,1979年5月31日,邓小平副总理会见日本自民党众议员铃木善幸,指出:"现在,我们两国不宜在这个问题上纠缠不休。我在东京时就说过,这牵涉到两国的领土主

---

① 冷溶、汪作玲主编:《邓小平年谱(1975—1997)》(下册),中央文献出版社2004年版,第851—852页。

② 《战后中日关系文献集(1971—1995)》,第267页。

权问题，先搁一下。我们还是应该把这个问题搁起来，也可以考虑共同开发这个地区的资源，这个问题是不是可以考虑？""是不是双方都不宣传，先由双方商量，搞共同开发，不涉及领土主权问题，至于技术嘛，当然是日本出，我们双方要在渤海湾联合开发，可以组织联合公司嘛。"① 中国不想因为钓鱼岛问题影响来之不易的中日关系，邓小平提出的搁置争议，共同开发是当时处理钓鱼岛的领土争端比较灵活的方式，也是切实可行的办法。

中国关于中日两国共同开发钓鱼岛资源的主张虽然得到日本政府的认同，但是日本国内一直有人企图在钓鱼岛采取单方面的行动，破坏两国达成的默契。1981年7月11日—19日，日本冲绳县派人派船到我国的钓鱼岛及其附近海域进行渔场资源调查活动。中国对日本单方面在钓鱼岛问题上违背中日达成的谅解所采取的行动表示抗议，认为日本政府在钓鱼岛问题上，不守承诺，有损于中日两国的友好关系，对日本有关当局的这一行为表示遗憾，要求今后不再发生类似的情况。在钓鱼岛问题上，日本经常有人制造事端，至今钓鱼岛仍然是影响中日关系发展的重要问题。中国一贯主张，对于中日之间的领土争端，通过协商的办法、本着互谅互让的精神，谈判解决，反对把钓鱼岛问题扩大化，不希望因为钓鱼岛问题而影响两国关系的大局。这是一种和平的方法，有利于地区稳定和发展的方法，符合和平与发展的主题。在钓鱼岛问题上，中国一直坚持上述原则立场。

台湾问题是中国的内政，是关系到中国主权和利益的大问题，中国在台湾问题上的立场一直以来都是明确的，反对任何外来势力以任何借口干涉中国的内政。中日邦交恢复后，日本与中国台湾的外交关系就自然中断了。然而，在日本国内尤其是自民党中，存在着相当一部分亲台势力，长期以来一直有人鼓吹"不能抛弃台湾"，制造"两个中国"、"一中一台"的谬论，破坏中日关系。20世纪80年代又酿成了制造"两个中国"的"光华寮事件"。

光华寮位于日本京都，是京都大学为中国学生租用的一座五层楼学生宿舍。第二次世界大战后，前中国政府驻日代表团用变卖侵华日军在中国大陆掠夺的财产取得的公款购置的，当时用来作中国留学生宿舍，1961年，台湾当局"驻日本大使馆"以所谓"中华民国"的名义在日本登记

---

① 《战后中日关系文献集（1971—1995）》，第267页。

的国家财产。

1967年8月,台湾当局以"驻日大使"陈之迈的名义,向京都地方法院提出诉讼,要求居住在光华寮的留日学生于炳寰等8人退出该寮。在诉讼期间,中日两国实现了邦交正常化。1977年9月,京都地方法院裁决,光华寮属于中国财产。因日本国承认中华人民共和国政府为中国唯一合法政府,前中国政府对中国国家财产的所有权和支配权转移到中华人民共和国政府,因此,京都地方法院驳回原诉。原告不服,1977年上诉大阪高等法院。大阪高等法院接受了台湾当局以"中华民国"名义对中国国家财产提出的上诉,并杜撰了一系列"论据"为原告进行辩解,1982年4月14日,大阪高等法院撤销原判,将该案发回京都地方法院重审。1986年2月,京都地方法院改变原判,将光华寮改判台湾当局所有。1987年2月,大阪高等法院维持原判。

中国政府认为日本高等法院的判决,是在制造"两个中国",破坏了中日关系发展的共同政治基础,损害了中国人民的利益,是对中国主权的侵犯。中国外交部向日本驻华大使递交照会。照会指出:大阪高等法院就光华寮问题做出的判决,在政治上是错误的,在法理上也是站不住脚的。这一判决完全肯定了以往判决中公然制造"两个中国"的论点,这是日本有关当局再次违反《中日联合声明》和《中日和平友好条约》、无视国际法准则的非法行为,中国政府对此深表遗憾。照会指出:"光华寮问题绝不是一般的民事诉讼,而是涉及日本政府是否真正遵守《中日联合声明》、《中日和平友好条约》和两国政府关于日台关系协议的重大原则问题。日本政府对光华寮问题发展至今引起的严重政治后果负有不可推卸的责任。中国政府从维护中日友好大局出发,郑重提请日本政府认真严肃对待这一问题,尽快采取有效措施,加以妥善处理,不要因此影响两国友好关系。"[①]

中日两国恢复了邦交,日本承认中华人民共和国是中国唯一的合法政府,台湾归属中国,日本已经负有不承认被中国人民推翻了的旧政权的法律义务,而日本法院受理所谓"中华民国"的起诉和上诉,是对《中日联合声明》和《中日和平友好条约》的违反,也是对日本宪法的违背,日本在光华寮问题的处理上,实际是在制造"两个中国"、"一中一台",这不仅损害了中华人民共和国的合法权益,而且不利于中日友好关系的发

---

① 《战后中日关系文献集(1971—1995)》,第613页。

展。中国政府与日本政府多次会谈，力图早日解决光华寮问题，但是日本政府一直以"三权分立，政府不能干涉司法"为由，推卸责任，默认司法当局制造"两个中国"的活动。

中国高度重视历史问题、钓鱼岛领土主权问题、台湾问题对中日关系发展的影响，特别是钓鱼岛领土主权问题、台湾问题，关系到中国的核心利益。中国批判日本少数人利用中日之间存在的问题蓄意破坏中日关系的行为。但中国一直从战略和未来发展的角度思考中日关系，认为尽管20世纪80年代中日关系出现了困难和问题，可是中日两国人民都希望发展中日友好、希望和平、反对战争，只要中日两国能遵照"和平友好、平等互利、互相信赖、长期稳定"四原则，睦邻友好关系就一定能够不断巩固和发展。因此，中国对影响中日关系发展问题做了妥善的处置，保证了中日关系继续向前发展。

四 加强两国高层互访与磋商

中国从未来和战略的高度看待中日关系，克服了中日关系中的困难，继续健全两国政府、民间友好往来的机制，推动中日关系不断向前发展。1988年是《中日和平友好条约》签订10周年。8月，日本首相竹下登应邀访问了中国。竹下登是在和平友好条约签订后中日关系发展取得重要进展，又面临新的困难和问题的情况下访华的。面临中日关系发展的新形势、新问题，中国依然认为中日关系发展的主流是好的，坚持继续友好合作的对日基本方针。中国国务院总理李鹏在会见竹下登时指出："同日本发展长期稳定的睦邻友好关系是中国独立自主、和平友好外交政策的重要组成部分"，"希望在老一辈政治家建立起来的友好关系的基础上，开创出新局面"[①]。李鹏总理强调，光华寮问题涉及中日关系的基本原则，希望日本按照《中日联合声明》、《中日和平友好条约》以及国际法准则解决这一问题。竹下登表示日本继续重视和发展中日关系的政策不变，将继续对中国的现代化建设给予力所能及的合作，他宣布，日本政府将从1990年起的六年间，向中国提供约8100亿日元的政府贷款。李鹏总理感谢日本对中国的资金合作，认为日本的做法对中国有好处，从长远看对日本也有好处，欢迎日本企业家来中国投资，中国将进一步改善投资环境。

---

① 《人民日报》1988年8月26日。

中共中央军委主席邓小平会见竹下登首相时表示,自己是一个热衷于中日友好的人,"希望我们之间能以首相的来访为起点,建立起一个不亚于田中、大平时代的关系。我讲田中、大平时代两国的关系较好,是因为两国相互信任,要进一步发展两国关系,也必须建立在相互信任的基础上"。①邓小平向竹下登介绍了中国发展步骤,坚持改革、发展、与国际合作,对日本对中国提供的经济合作表示感谢,欢迎日本来中国投资、合资、独资,特别欢迎日本中小企业来中国,希望日本对华提供更多的技术转让。邓小平感谢日本在技术合作和投资方面给予中国的支持。这种真诚的感谢,不仅使日本各界深受感动,而且再度表明中国共产党的对外开放、对日友好合作是长期的战略方针,中国实现20世纪末的发展目标,对日本的经济发展也是有利的。中日经济技术合作实现了"双赢"。

为了推进中日两国长期和平友好合作关系的新发展,在《中日和平友好条约》缔结生效十周年之际,中国国务院总理李鹏和日本首相竹下登互致贺电。李鹏总理指出,十年前缔结的《中日和平友好条约》确认双方严格遵守《中日联合声明》中宣布的各项原则,规定发展两国间持久的和平友好关系,具有重要意义。十年来的实践证明:"条约的缔结符合两国人民的愿望和根本利益,不仅推动了中日友好的发展,也为维护亚洲太平洋地区的和平与稳定做出了贡献。"②希望两国继续恪守条约的原则和精神,希望中日友好关系朝着长期稳定的方向发展下去。

《中日和平友好条约》签订以来,中日两国政府间一直保持密切的交往,两国领导人互访已形成机制。1989年4月,中国国务院总理李鹏访问了日本。李鹏总理代表中国政府对中日关系的发展趋势做了分析,认为中日关系总的来说是好的,这是两国政治家和两国人民长期努力的结果。中日两国是近邻,两国的友好关系对亚太地区的稳定和发展很有好处。强调同日本发展长期稳定的睦邻友好关系,是中国和平独立外交政策的重要组成部分。当前,两国关系中还存在着一些需要注意的问题,"这些问题主要集中在两个方面,一是如何正确对待历史,二是日台关系。我们希望,不要让这些问题影响业已存在的中日两国友好关系"③。李鹏希望日

---

① 《战后中日关系文献集(1971—1995)》,第699页。
② 《人民日报》1988年10月23日。
③ 《战后中日关系文献集(1971—1995)》,第720页。

本按照《中日联合声明》的原则解决光华寮问题，恪守"一个中国"的承诺，不要破坏中日关系向前发展。李鹏强调，中日睦邻友好发展到现在，是两国先辈们努力的结果，应该倍加珍惜，发展长期稳定的中日睦邻友好、互利合作是中国的一贯方针。

中国通过加强与日本政府间的往来和交流，努力克服中日关系中出现的困难和问题，不断巩固中日友好合作的原则基础，特别是对影响中日关系发展的历史认识问题、台湾问题、钓鱼岛领土主权等问题，加强与日本政府的沟通，克服困难，加深了相互理解，使中日关系不断走向成熟。

第三节　在复杂多变的形势下发展中日关系

1989年春夏之交，北京发生了政治风波后，西方国家打着保护"人权"的旗号对中国实行经济制裁，企图借以干涉中国内政，把自己的价值观强加给中国政府和中国人民。中国面对强大的外部压力，坚持走中国特色的社会主义道路，继续坚持改革开放的政策，加快发展自己。日本参加了西方集团对华经济制裁，导致中日关系出现新的困难。但是，中国冷静地对待西方国家的制裁，注意到日本在中国问题上与其他国家的不同之处，率先从对日关系上打破西方制裁，在冷战结束、苏东剧变的新的历史条件下，中日关系迅速得到全面恢复和发展。

一　国际风云变幻中的对日新策略

20世纪80年代末90年代初，国际风云多变，旧的国际格局被打破，新的格局正在酝酿，世界正朝着多极化方向发展。和平问题没有解决，发展问题更加严重。世界处于重新分化组合之中。1990年1月，全欧洲安全保障协作会议（CSCE）在巴黎召开，21日通过了《巴黎宪章》。除阿尔巴尼亚以外的欧洲国家以及美国、加拿大等34个国家参加了这次会议，《巴黎宪章》的公布，标志着北大西洋公约组织与华沙条约组织的对立结束，世界告别冷战时代。1990年3月，立陶宛最早宣布独立，苏联其他共和国继而效仿，纷纷宣布独立。1991年12月，苏联最终解体。世界第一个社会主义国家在延续69年的历程后消失。国际格局的剧烈演变，深刻地影响着各个国家的内外政策以及相互之间的关系，也制约着中日两国的关系。

中国共产党十一届三中全会后，对外交方针和政策做了一些调整，进一步清除"左"的思想在外交领域的影响。中国继续在世界范围内反对霸权主义、强权政治，主张国家不分大小、强弱一律平等。同时也改变了在国际上集中反苏的策略，强调"反对霸权主义，维护世界和平，不管这种霸权主义来自何方"[1]，"反对霸权主义、强权政治，维护世界和平；建立国际政治新秩序和经济新秩序"[2]。邓小平在谈到中苏论战、中国共产党反对"老子党"的斗争时指出，中国共产党反对"老子党"反对得对，但是，"我们自己也犯了点指手划脚的错误"[3]，对于中国共产党与各国共产党之间的争论和相互指责，邓小平主张"过去的问题一风吹，一切向前看"[4]，中国共产党谋求与各国共产党改善党际关系。在国家关系上，中国主张全方位外交，不同任何国家结盟，与所有国家进行往来。中国认为国际上虽然新的矛盾不断出现，但是和平与发展的总趋势没有改变，要抓住机遇发展自己，继续实行对外开放的政策，封闭自己就会制约经济社会的发展。邓小平对对外开放的意义做了深刻的剖析："拿中国来说，五十年代在技术方面与日本差距也不是那么大。但是我们封闭了二十年，没有把国际市场竞争摆在议事日程上，而日本却在这个期间变成了经济大国。"[5] 中国要发展就必须实行对外开放，不仅与国际交往，更重要的是吸收国外的先进经验，把有利于中国发展的经验吸收过来，为建设有中国特色的社会主义服务。

1989年5月，苏联最高苏维埃主席团主席、苏共中央总书记戈尔巴乔夫正式访问中国，破裂了20多年的中苏关系走向正常，两国要"结束过去，开辟未来"。1991年12月苏联解体，中国坚持不干涉别国内政，尊重各国人民的选择，同独联体各国建立了外交关系。东欧剧变后，中国采取了"冷静观察"、"沉着应付"、"韬光养晦"、"有所作为"的务实对外策略，从容应对国际形势的急剧变化。在对外关系上抛弃了冷战思维，在中苏关系正常化的同时，20世纪90年代初中国与周边国家的关系明显改善，为国内经济建设提供了良好的环境。

---

[1] 《人民日报》1982年8月21日。
[2] 《邓小平文选》第3卷，第353页。
[3] 同上书，第237页。
[4] 同上书，第256页。
[5] 同上书，第274页。

在国际风云变幻的年代，中国社会主义也经受了严峻的考验。1989年6月，"政治风波"平息后，中国共产党召开十三届四中全会，会议强调继续执行党的十一届三中全会以来的路线、方针、政策，坚持"一个中心，两个基本点"，坚持独立自主的外交政策，继续扩大对外开放。而以美国为首的西方国家对中国内政横加指责。在西方七国首脑会议上，西方国家不顾国际关系的准则，干涉中国内政，发表宣言"制裁"中国。他们对中国采取不进行高级官员往来；限制经济贸易交流，不给贷款；禁止军事合作等制裁措施。中国坚持把国家主权、国家安全放在第一位，顶住了压力，打破了西方的制裁。正如邓小平所说：西方国家"没有资格制裁中国；实践证明中国有抵抗制裁的能力"[1]，中国不允许别人干涉内政，中国要"稳住阵脚"、"沉着应付"，要冷静观察国际形势的变化，对于西方国家的制裁要稳住自己，采取应对措施。

日本政府与西方国家一道对中国采取制裁措施，冻结了第三次对华政府贷款，并对中国发生"政治风波"表示"忧虑"和"遗憾"。日本外务省于1989年6月4日和7日先后两次向各大旅行社、航空公司、在外企业等发出了出国履行自律劝告，希望他们极力回避或者延期前往北京。中日关系出现曲折和倒退。但是，日本政府表明了北京的事件"基本是中国的内政"的态度。在西方七国首脑会议上，日本提出避免孤立中国的主张，首先解除了对华制裁，恢复了对华贷款，启动了对华高技术出口。1989年8月19日，日本外务省解除了除北京之外的所有中国各地的旅行自律劝告。9月25日，日本外务省宣布解除对北京市的旅行限制。日本的举动，不仅有利于改善中日关系，而且也牵制了美国的制裁政策，对中国改善与其他西方国家的关系产生了积极的影响。

中国认为，日本政府与西方国家对待中国政治风波的态度不同，力主首先从日本打开与发达国家交往的大门，打破封锁制裁。1989年9月，日本日中议员联盟会长伊东正义率领日中友好议员联盟访问中国，这是中国发生政治风波后，发达国家向中国派出的第一个代表团，在世界上引起了强烈的反响。邓小平会见伊东正义时说，不论发生什么情况，"中日友好不能变，也不会变"[2]，他告诉日本客人，中国方面注意到了日本在不

---

[1] 《邓小平文选》第3卷，第359页。
[2] 《战后中日关系文献集（1971—1995）》，第733页。

久前西方七国会议上同其他国家的态度"有所不同"。中国不怕什么制裁。制裁到头来也会使制裁者本身受到损失。邓小平强调:"中日友好十分重要,对中国十分重要,对日本也十分重要。友好对两国人民有利,也对世界和平与发展有利。不管国际上有什么变化,也不管日本和中国国内有什么变化,中日友好不能变,也不会变。中日两国世世代代友好,是大家的愿望。"① 表明中国坚持与日本和平友好的方针是长远的,具有战略意义的,不会因为暂时的困难而动摇中日和平友好合作的决心。中国坚持中日友好关系,并将其作为中国独立自主外交政策的重要组成部分。中国与发达国家双边关系中,中日关系首先得到改善。

在西方制裁中国的困难形势下,中国坚信西方国家的制裁不能威胁到中国,和平发展是主流,西方国家最终会改善与中国的关系的。1989年底,美国前总统尼克松访问中国,邓小平在会见尼克松时强调"六四事件"是"中国的内政",希望美国在改善中美关系上采取主动,"哪怕拖一百年,中国人也不会乞求取消制裁"②。中国对美国制裁采取了一系列应对措施,诸如:取消向美国派遣留学生计划等。1989年12月10日,邓小平在会见美国总统特使时指出:"中美两国之间尽管有些纠葛,有这样那样的问题和分歧,但归根到底中美关系是要好起来才行。"③ 他认为中美关系的改善要双方努力,不要拖太久,拖久了对双方都不利。

日本与美国保持同盟关系,但是在对华关系上与美国存在区别,日本从自身利益考虑,认为经济上制裁中国会影响到日本自身的发展,对日本是不利的。1990年7月,日本在西方七国首脑会议上,正式向西方各国表明解除对华制裁的意向。日本还派代表到中国,就恢复第三次日元借款进行会谈。11月,日本内阁会议正式决定第三次日元借款解冻,中日两国举行第三次日元贷款1990年度第一批贷款协议换文仪式,日本在发达国家中首先解除了对中国的经济制裁。中日关系走出低谷,开始向全面恢复阶段迈进。日本解除对华制裁,在西方国家中起了率先垂范作用,为了自身的利益,西方各国随之解除对华经济制裁,中国与西方国家关系逐步走向正常。

---

① 《战后中日关系文献集(1971—1995)》,第734页。
② 《邓小平文选》第3卷,第331—332页。
③ 同上书,第350页。

中日官方关系遭遇困难时，中国政府积极促进两国的民间交流，以民间友好团体、友好人士打开两国关系的僵局。1989年8月，日本日中友好协会理事长清水正夫率领代表团访问中国，日中友好协会会长宇都宫德马来华接受了北京大学名誉法学博士称号。1990年9月，中日民间人士第五次会议在东京召开。日本经济协会、日本国际贸易促进协会、日本社会党等民间团体或在野党都在1989年末到1990年初组成访华代表团，表明了中日民间蕴涵着要求中日两国长期友好的深厚基础，促使日本政府顺应民意，早日结束对华制裁，使中日关系走上正轨。

二 推动中日关系的全面恢复与发展

在国与国的交往中，领导人相互访问是国家关系发展的重要内容。"六四政治风波"后，西方国家对中国实行制裁，中断了与中国领导人的互访。中国为打破封锁，一方面加强与发展中国家的往来，另一方面，对西方国家的情况进行具体分析，认为日本可能在西方国家中首先恢复与中国的高层互访，中国为此做了积极的努力。由于日本参与了西方国家制裁中国，按照中日两国领导人定期会晤的机制，日本现任首相来中国访问有困难，中国积极发挥日本各阶层友好人士的作用，尤其发挥日本前任政治家的作用，邀请前任政府首脑访问中国，促进两国现任领导人的正式互访。

1990年9月，日本前首相竹下登访问中国。中共中央总书记江泽民向竹下登介绍了中国重视与一衣带水的近邻日本发展友好交往的方针，指出两国关系应该不断向前发展。他希望中日两国关系不仅能恢复到"六四政治风波"前的水平，而且能有更大的发展。对于日本客人关心的"六四政治风波"后中国是否还会坚持对外开放政策，中国强调实现改革开放政策以来，社会面貌发生了巨大变化，中国今后还将继续沿着改革开放的道路走下去，而且对外开放将不断扩大，中国希望与日本继续发展各个领域的交流合作，并希望日本政府积极促进中日合作交流的发展。

为恢复受政治风波影响的中日关系，中国政府还向日本现任内阁官员发出了访华邀请。1991年1月，日本内阁大藏大臣桥本龙太郎应邀访问中国，这是自"六四政治风波"以来日本第一位正式访问中国的内阁成员。李鹏总理向桥本龙太郎介绍了中国的经济形势，说桥本是1991年他所会见的第一位重要外宾，相信桥本此次访问标志着中日两国的正常交往有了进一步的恢复。中国政府一贯主张长期稳定地发展中日友好合作关系的方针，在复杂的国际形势下，中日两国有必要加强这种关系，希望中日继续进行经济合作，希望中日两国在恢复第三批日元对华贷款的基础上，进一步探讨在能源开发方面的合作。1991年3月，中国经贸部邀请日本通产大臣访问中国。中国与日本的经贸合作恢复正常，并将获得更大的发展。

中共中央总书记江泽民于1991年3月29日在接受日本《中日新闻》记者采访时指出，中日关系"不论是在官方还是民间，都有很大发展"[1]，阐述了对于中日关系发展的基本立场，并在中日关系已经基本恢复的基础上，希望中日关系进一步发展，江泽民总书记表示欢迎日本天皇来中国访问。

在日本前任领导人、日本政府现任大臣先后来中国访问，中日关系基本修复的基础上，中国积极促成日本政府最高领导人来中国访问，实现中日关系的全面修复。1991年8月，日本首相海部俊树访问中国，这是1989年6月以来，第一个访问中国的西方国家领导人，也标志着中日关系"六四风波"后得到全面恢复。李鹏总理指出："1989年之后，两国关系一度出现了一些曲折，但我们高兴地看到，两国关系已经恢复正常。"[2]"中国重视中日关系，并很高兴地迎接明年中日邦交正常化20周年的到来。我们两国都要重视在青年一代中进行中日友好的传统教育，使他们了解，中日关系发展到今天这样的局面来之不易，以使中日两国友好的接力棒一代一代地传下去。"[3] 中国政府对中日关系的高度重视与积极行动，得到日本领导人的回应，海部认为，中日两国领导人的互访非常重要，在明年中日邦交正常化20周年时，两国将举行一系列活动，日本打算今后5年内邀请1000名中国青年访问日本。

江泽民总书记会见海部俊树首相时，强调中日两国是一衣带水的邻邦，两国之间有着2000多年交往的历史，特别是两国的文化交流源远流长。江泽民强调了中国政府对于中日历史和未来的态度，他说："中日关系中曾经有过一段不幸的岁月。但是，我们要教育中国青年采取向前看的

---

[1] 《战后中日关系文献集（1971—1995）》，第776页。
[2] 同上书，第790页。
[3] 同上书，第791页。

态度。"① 中国将继续坚持中日友好合作的方针。海部首相的这次访问，是继1988年日本首相竹下登访问中国后的又一位日本首相访问中国，表明1989年下半年后中日两国一度停滞的关系得到了恢复。

冷战结束后，苏联威胁已经消失，日本重新审视日美安保条约的作用。既肯定该条约在确保日本的国土安全方面的作用，也指出该条约的不对称性。② 在国际格局发生深刻变化的时代，日本希望更多地参与国际事务，发挥在国际舞台上的作用。日本除继续与美国保持同盟关系外，也与世界大国之间保持沟通与合作，这自然有利于中日关系的推进与发展。

20世纪90年代初是国际风云变幻的新时代，为中日关系发展创造了新契机。中日两国经济、政治、文化等领域合作继续走向深入。1993年起，日本成为中国最大的贸易伙伴，中国也成为日本的第二大贸易伙伴。邓小平南方讲话发表后，中国加快了改革开放和经济建设的步伐，中日经济技术合作也进入了崭新的时期。日本对华投资数量大增，对华投资区域从沿海向内地转移，日本大企业打消了顾虑，纷纷开始有组织地向中国投资。中日经济技术合作的发展，为中国的经济建设提供了大量的资金支持，也带动了日本经济的发展，实现了中日的"双赢"。

三 中共中央总书记再度访日

中国从战略的高度发展中日关系，在比较短的时间内消除了"六四政治风波"对中日两国关系的负面影响后，又在稳定两国关系的基础上推动其向更高层次发展，致力于构筑面向21世纪的中日关系。1992年4月6日至10日，中共中央总书记江泽民作为中国共产党的最高领导人访问日本，这是自1983年胡耀邦总书记访问日本后，中国共产党总书记第二次访问日本，中日关系站在了新的历史起点上。江泽民把此次访问的目的归纳为三个方面：一是纪念中日邦交正常化20周年；二是进一步推动中日睦邻友好关系的发展；三是加深两国人民之间的传统友谊。江泽民总书记指出，20年前，中日两国的老一辈政治家，以其远见卓识做出了重大政治决断，实现了邦交正常化，揭开了中日关系的新篇章。中日邦交正常化20年来，在两国政府和人民的共同努力下，中日关系的发展总的来

---

① 《战后中日关系文献集（1971—1995）》，第794页。
② 参见板元一哉《日美同盟の绊——安保条约と相互性の摸索》，有斐阁2001年版。

说是顺利的，在许多领域的合作都取得了显著成果。中日两国都是在国际事务中有影响力的国家，中国愿意同日本保持磋商，继续进行合作，共同为世界的和平与发展而努力。"中日两国一衣带水，文化传统接近，经济技术互补，共同利益广泛。只要共同努力，合作前景十分广阔"，中国"将集中力量发展经济，将积极吸收和借鉴包括日本在内的世界各国的成功经验。中国坚持改革开放，加快经济发展，将会有力地推动两国技术合作与交流，使中日友好关系在更高层次上向纵深发展"[①]。表示中国愿意发展同日本的长期稳定的睦邻友好合作关系，希望两国关系在《中日联合声明》和《中日和平友好条约》的基础上进一步巩固和发展。中国认为，日本第二次世界大战后的发展道路表明，日本是维护亚洲和世界和平的重要力量，维护和发展中日关系，有利于中日两国，有利于地区与世界的和平稳定，今后两国睦邻友好关系只能加强，不能削弱。

无论是在中日邦交正常化前，还是邦交正常化实现以后，中国一贯重视中日两国人民之间的友谊和交流，认为中日两国蕴藏着友好合作的深厚基础，中国方面对为中日关系发展做出贡献的日本各个政党、有识之士表示敬意和感谢。为了发展与日本政府、民间的友好交往，江泽民总书记在日本期间特地会见了各主要政党负责人，六位日本前首相，众、参两院议长以及各界朋友，向他们介绍了中国改革开放的路线不动摇，希望中日合作不断扩大，中日两国能够为世界和平做出新的更大贡献。江泽民总书记的访日，表明了中国将发展中日长期友好合作作为基本的对日战略方针。对于中日存在的分歧，中国主张应该本着相互尊重、平等协商、求同存异的精神加以解决。这个阶段，中国更加理性地对待中日两国关系发展中的分歧和困难，对不同层面的问题采取不同方式解决，以维护大局克服困难，表明中日关系正在走向成熟，中日关系将以邦交正常化 20 周年为契机，获得更加深入的发展。

四 邀请日本天皇访华深化两国交流

在中日邦交正常化 20 周年之际，为了推动中日友好合作关系的发展，中国政府做出了邀请日本天皇访华的决定。第二次世界大战后日本公布了和平宪法，天皇是"日本国的象征，日本国民统合的象征"，天皇没有了

[①] 《战后中日关系文献集（1971—1995）》，第 813 页。

战前的统治实权，但是由于日本的文化传统，天皇在一般国民心中仍然有相当高的地位，很多日本人把天皇作为寄托感情和理想的对象。日本天皇每次出访，都引起了日本国民的普遍关注。1975年9月，日本裕仁天皇接受美国《时代周刊》记者采访时表示，如缔结《日中和平友好条约》后，我有机会访问中国，将感到很高兴，但此事应由日本政府考虑决定。1978年，邓小平访问日本时，曾经向裕仁天皇发出过访华邀请。因各种原因日本天皇访华未能成行。1989年1月，日本裕仁天皇去世，明仁天皇即位，为日本天皇访华提供了新契机。

1989年李鹏总理访问日本，明仁天皇会见了李鹏。李鹏总理表示，欢迎天皇在方便的时候，到中国来看看。明仁天皇表示愿意去看一看，"但是此事还要与日本政府商量"①。中国邀请天皇访华是为了进一步加强中日经济合作，注重中日之间文化、历史的特殊关系，把中日关系推向更高的层次，发挥亚洲两个大国在国际关系中的作用。江泽民总书记在会见日本记者时指出，邀请天皇访华，是符合两国人民世世代代友好关系的愿望的，相信日本天皇访华一定会促进中日友好。

中国政府邀请天皇访华，在日本国内反响非常强烈。作为第二次世界大战后长期执政的自民党政府，积极促成天皇访华，宫泽喜一首相认为，在日中邦交正常化20周年之际，日本天皇访问中国，符合友好亲善的目的，"日中两国虽然是具有悠久交流史的极为亲密的邻国，但两陛下的访华却是日中关系史上的第一次。这一历史性访问对中国人民来说，将有机会亲眼目睹新宪法下我国皇室成员的形象，这将更加加深两国国民间心灵的交流。我衷心期望此次访华将成为加强和发展迄今培植起来的两国国民间友好关系的契机"②。然而，日本自民党中也有很多人担心中国会借天皇访华的机会，要求天皇谢罪。他们害怕天皇谈及战争责任，导致日本进行战争赔偿，使天皇"卷入政治问题"，要求政府"慎重行事"。日本在野党对天皇访华众说纷纭，有的以"时机尚不成熟"为由，反对天皇访华。日本共产党则公开表示反对天皇访华，他们认为天皇无政治权利，讨论具有政治意义的天皇出访没有任何意义。公明党则害怕天皇访问中国会谈到战争责任等问题，不赞成天皇访华。日本右翼势力认为天皇访问

---

① 《战后中日关系文献集（1971—1995）》，第726页。
② 《当代中日关系（1945—1994）》，第252页。

中国是去"朝拜、谢罪",有损日本的民族尊严和国家形象,坚决反对天皇访华。右翼势力为了阻止天皇访华,故意制造事端,一名右翼分子甚至向皇宫投掷烟幕弹,高呼"天皇不要去中国,天皇,回家去"。在天皇访华遇到严重国内阻力的情况下,宫泽喜一首相发挥日本政界要人的作用,他邀请前首相中曾根康弘、福田赳夫等一起来做自民党内反对派的工作,化解矛盾。日本政府成立了"天皇访华准备委员会",宫泽内阁顶住了各方面的压力,决定中日邦交正常化20周年时,实现天皇访华。

1992年10月23日至28日,日本天皇和皇后应中国国家主席杨尚昆的邀请,对中国进行为期六天的正式访问,这是日本天皇有史以来第一次访问中国。国家主席杨尚昆说:"中日两国是一衣带水的邻邦,两国人民有2000多年友好交往的历史。在长期的友好交往中,相互学习,相互帮助,结下了深厚的友谊,为人类的东方文明做出了可贵的贡献。令人遗憾的是,在近代历史上,中日关系有过一段不幸时期,使中国人民蒙受了巨大的灾难。前事不忘,后事之师,牢记历史教训,符合两国人民的根本利益。"[1] 他希望中日两国进一步增进相互了解和传统友谊,推动两国的友好合作关系向着新的深度和广度迈进。在当前国际形势下,一个奉行独立自主和平外交政策的中国和一个继续走和平发展道路的日本保持长期稳定的睦邻合作关系,有利于中日两国人民,也有利于亚太地区和世界的和平、稳定与发展。中国政府再次肯定了日本战后走和平发展道路,肯定了日本战后在维护世界和平中的作用。明仁天皇在欢迎宴会的答谢词中说,"中日两国的交流从古代开始,得到了长期和平的持续。但是,在两国关系悠久的历史上,曾经有过一段我国给中国国民带来深重苦难的不幸时期,我对此深感痛心。战争结束后,我国国民基于不再重演这种战争的深刻反省,下定决心,一定要走和平国家的道路,并开始了国家的复兴。从此,我国专心致力于建立与世界各国之间的新的友好关系。"[2] 表达了日本天皇对战争的基本态度,以及日本走和平发展道路的决心。

江泽民总书记在会见日本明仁天皇和皇后时,回顾了20年来中日关系在各个领域的发展,他说:"20年来的实践证明,中日友好符合两国人

---

[1]《战后中日关系文献集(1971—1995)》,第848页。
[2] 同上书,第850页。

民的根本利益,也有利于亚太地区乃至世界的和平、稳定与发展。两陛下的这次访问将会推动两国睦邻友好合作关系,使它向着新的深度和广度发展。"① 天皇和皇后还到西安、上海等地参观,了解古都风貌和中国改革开放后城市的发展。日本天皇虽然没有实际权力,但是中国政府邀请天皇访问中国,可以增进中日两国人民的感情。中国政府这次邀请日本天皇访华收到了深化交流、增进了解的作用,也产生了比较好的国际影响。国际舆论普遍认为,中国政府以"向前看"的态度对待中日两国的历史,表明了中国坚持和平外交政策,维护和平的决心。这对于促进中日关系的进一步发展起了积极作用。

五 谋求建立后冷战时代的新型中日关系

20世纪90年代日本"泡沫经济"的破灭,经济持续不景气,开始了"失去的十年",国内进入了政治调整期。1993年日本第二次世界大战后单独执政长达38年之久的自民党在选举中遭受重创,"五五体制"宣告结束,代之而起的是由几个党派组成的联合执政内阁。此后,日本各个政党轮流执掌政权,内阁频繁更换,自民党再难以独当政局。有人说这是日本近代以来的第三次大变革。中国冷静观察日本政坛、日本政府对华政策的变化,分析日本政治变革对中日关系的影响。中国认为尽管日本政坛变化,但是日本和平发展的政治方向不会改变,由于中日两国在经济、政治、地区安全等方面存在着广泛的共同利益,无论日本政坛如何转换,中日关系向前发展的总趋势是不可改变的。当然,日本不同政党的外交政策也是有所区别的,不同政党、不同政治家在对外政策和对华政策方面也必然发生一些变化,这些变化和差异会对中日关系造成一些影响,要充分调动两国关系中的一切积极因素,坚持推动中日友好合作关系的发展,建立面向21世纪的新型中日关系。

日本国内政治进入调整期后,谋求政治大国的目标并没有改变。日本在谋求政治大国进程中,了解了作为安理会常任理事国的中国的作用,表示要重视中日关系,建立"世界中的中日关系",把日中关系与日美关系同等看待。日本各届首相对中日关系都表现出极大的关注。1993年8月,细川护熙出任日本首相后,对日本吸取历史经验教训,坚持走和平道路做

---

① 《战后中日关系文献集(1971—1995)》,第851页。

了明确的表态，表示日本将永远放弃战争。他重视对华关系，表示："对我国来说，日中关系是与日美关系同等重要的双边关系。维持和发展良好而稳定的日中关系，不仅对日中两国，而且对亚太地区以及世界的和平与稳定都是非常重要的因素。我国将继续重视日中关系。这一基本方针没有变化。"[①] 细川将日中关系与日美关系置于同等重要的地位，表明这届内阁对中日关系的基本看法，中国认为这是发展中日关系的良好条件。

第二次世界大战后日美关系一直是日本外交的基轴，日本的历届政府都强调日美关系是日本第一位的外交关系，细川护熙将中日关系与中美关系置于同样的地位，是对中日关系的新认识，表明日本对中日关系的重视程度。中国更加强调要以史为鉴，发展面向未来的友好关系。在中日两国的共同努力下，两国的政治、经济、文化等领域的合作不断加强，20世纪90年代日本成为中国最大的贸易伙伴和技术贸易伙伴。1993年中日双边贸易额达到390亿美元，比1992年增长54%，中国成为日本第二大贸易伙伴；在外商投资企业中，日商对中国投资的资金到位率名列榜首；日本对中国技术出口贸易占中国技术进口的28%，居第一位，[②] 两国的平等互利合作取得了新进展。

中国认为中日关系已经进入全面发展的新时期，期待两国在互利合作，维护世界和平方面做出新的贡献。中共中央总书记江泽民指出："冷战虽已结束，但天下并不太平。亚洲地区经济快速发展，局势相当稳定，出现了历史上难得的发展机遇。中国首先要把自己的事情办好，并愿与日本加强协调与合作，为保持亚洲的长治久安，建立一个大国和小国、穷国和富国都能和平相处、平等相待的国际新秩序而共同努力。"[③] 江泽民认为，中日两国优势互补，各有所长，只要两国领导人对此有明确的认识，两国一定能够长期稳定地发展全面的互利合作关系。中日两国友好相处，代代相传，是历史发展的必然趋势。

1994年6月29日，日本政权再度更替，社会党委员长村山富市在日本众议院进行的首相选举中，以261票当选为日本第91任、第52位首相，这是自1947年片山哲内阁以来，时隔47年日本社会党再次入主日本

---

① 《战后中日关系文献集（1971—1995）》，第864页。
② 同上书，第879页。
③ 《人民日报》1994年3月21日。

内阁。社会党第二次世界大战后一直主张日本应该反省战争罪行,坚持"一个中国"的立场,对推进中日邦交正常化做出过积极贡献。中国共产党与日本社会党一直保持着良好的党际交流关系,中国对村山富市任日本首相后中日关系的发展充满期待。

村山富市在对待历史问题上态度坚决,这有助于克服20世纪80年代中期以来因历史认识问题对中日关系造成的不利影响,在坚持中日关系政治基础上进一步发展两国关系。1994年8月15日,在日本战败纪念日举行的"全国阵亡者追悼会"上,村山富市说:"那场战争给以亚洲为首的世界众多的人们带来了难以用笔墨和语言所能充分表达的悲惨牺牲。在进行深刻反省的同时谨表哀悼之意。同时,我们还必须以谦虚的态度,为与有关国家建立更加信赖的关系和处理战后各种问题而努力","我们必须反省自己的历史,把战争的惨状和为此而付出的牺牲告诉年轻的一代。为使战争惨祸不再重演,我们必须确定不再战的决心,并把实现永久和平作为历史赋予每个国民的重大责任"。① 村山内阁认识战争责任、正视历史方面比日本历届内阁的态度都积极,中国认为这对以史为鉴,发展面向未来的中日关系将起到积极作用。

中国赞赏村山富市任日本首相后多次表示重视中日关系,希望日本社会党执政时期,中日关系能够取得更大的发展。江泽民总书记在会见村山富市时说:"亚太地区政治相对稳定,经济持续发展。中日两国作为本地区重要国家,在和平与发展方面肩负重大责任,双方应当高瞻远瞩,站在地区和全球的高度,面向21世纪,推动两国在广泛领域的合作取得扎扎实实的进展,为人类的进步与繁荣做出应有的贡献。"② 村山富市表示尽管日本政局波动,但各届政府对华政策没有变化,将继续支持中国的改革开放,致力于发展两国的友好关系和互利合作。对于日本近代侵略历史问题,日本社会党一直有着明确的态度,村山任首相后,表示日本一定要正确对待那一段历史,教育青年人不要重犯过去的错误,继续坚持和平发展的方向。

中国认为,冷战已经结束,中日两国分属于不同阵营的时代过去了。尽管世界形势和日本政治处于不断变动之中,但是中日发展的大趋势是不

---

① 《人民日报》1994年8月16日。
② 《战后中日关系文献集(1971—1995)》,第905页。

可改变的,要根据国内外形势的变化,构筑后冷战时代的中日关系发展,在机制上推进中日关系的发展,发挥中日两国在维护亚太地区和世界和平中的作用。

第四节　以史为鉴发展中日友好合作伙伴关系

20世纪90年代日本在继续追求"政治大国"的目标,日本有人认为要做"政治大国"就必须摆脱"战败国"史观,重新认识近代历史,振奋民族精神。20世纪90年代,历史认识问题再度干扰中日关系的正常发展。中国认为,中日友好合作关系是来之不易的,为了促进两国关系的进一步发展,两国必须恪守《中日联合声明》和《和平友好条约》确定的政治原则,对待历史问题的态度是:以史为鉴,发展面向未来的中日关系,提出了改善中日关系的五项基本原则,并首次将两国关系用"伙伴"来表达,要推动中日关系发展到新水平、新高度。

一　以史为鉴,发展面向未来的中日关系

在中日关系的发展上,中国主张要正确对待中日两国的历史,正视历史的目的是为了开辟未来,使中日关系建立在稳固的基础之上。20世纪90年代以来,由于日本经济持续低迷,其国内有人主张要振奋民族精神,消除"战败国"史观、马克思主义史观在历史教育中的影响,为日本走向政治大国道路创造条件。日本自民党成立了以甲级战犯板垣征四郎之次子板垣正为事务局长的"历史研究委员会",该研究会每月组织一场专门报告会,请持错误史观的历史学者、媒体工作者、政治家做20场报告,否定远东军事法庭对日本战犯的判决,认为这是"战胜国对战败国的不公正的审判",是违反"国际法"的,鼓吹20世纪30年代日本发动的侵略战争是从西方殖民者手中把亚洲各国解放出来的战争,研究会将报告整理成《大东亚战争的总结》一书,全面为侵略战争翻案。日本右翼学者著书立说,要彻底改变"战败国史观",出版《教科书没有教过的历史》一书,反对将日本侵略历史写进中小学教科书,认为日本人不应该说自己的坏话,全面篡改历史。

历史问题在中日双边关系的发展中占有重要地位,中国一贯主张要正视历史、尊重历史,吸取历史教训,发展面向未来的中日关系。在日本出

现严重篡改历史事件后,希望日本政府能认真吸取军国主义发动侵略战争给中国人民带来的深重灾难,防止历史悲剧重演,巩固中日友好合作的政治基础。1995年是中国人民抗日战争胜利50周年纪念,为了表明"以史为鉴,面向未来"的决心,中国"举行一系列纪念活动,表达中国人民热爱祖国、反对战争、维护和平的良好愿望",也希望"日本方面能够利用这个难得的机会,认真回顾和总结过去那段历史,从中汲取有益的教训,并以正确的历史观教育后代、引导舆论"[①]。1995年5月2—6日,日本首相村山富市应邀访问中国。日本社会党一直对侵略战争历史有比较正确的认识,主张日本要反省战争,村山富市在北京访问期间向中国人民英雄纪念碑献了花圈,参观了卢沟桥中国人民抗日战争纪念馆,这是日本首相第一次参观抗日战争纪念馆。这时,日本国内否定侵略战争性质的势力有所抬头,村山参观抗日战争纪念馆受到世界舆论关注。村山首相参观后,在纪念馆的留言簿上写下了:"正视历史,祈日中友好、永久和平。"他说:"在战后50周年之际,我来到了曾经给中国人民造成重大损失的战争的象征地之一——卢沟桥,使我又想起了过去,更加坚定了和平的决心。"[②] 中国国家主席江泽民赞赏村山首相对待历史问题的态度,认为过去日本军国主义发动的那场侵华战争曾给中国人民带来深重的灾难,也使日本人民深受其害。我们应该永远记取这段惨痛的历史,共同努力,防止历史悲剧重演。村山表示高度重视中日关系,选择在战后50周年的历史时刻访问中国,旨在确立下个世纪的日中友好关系。日本愿意深刻反省过去曾给中国人民造成重大灾难的那段历史,在此基础上推动中日友好,为维护亚太和平做出努力。

当然,日本政界对侵略战争的认识存在分歧,自民党中的相当一部分官僚否定近代战争的侵略性质,认为东京审判是胜者对败者的惩罚,是违法的,必须尽早从这种状态中摆脱出来。日本社会党执掌政权后,虽然一再表示该党对战争的认识没有变。但是,由于共同执政的自民党新党魁与社会党在战争问题上的认识分歧很大,社会党为稳定政权,在历史问题上,不得不向联合执政的其他政党做出让步和妥协。社会党未执掌政权前,一直主张由国会通过一项关于战争的决议,表明日本政府正确认识战

---

① 《战后中日关系文献集(1971—1995)》,第921页。

② 同上书,第920页。

争性质,走和平发展道路的决心。社会党上台后,由于共同执政的自民党对"不战决议"持反对态度,1995年6月9日,日本国会众议院在自民党议员未参加的情况下,通过了"国会关于战后50年的决议"。该决议名为"关于以历史为教训重下决心走向和平的决议",总共不到200字,虽然指出:"本院在对世界近代史上许许多多殖民统治和侵略性行为进行回顾时,认识到我国过去进行过的这种行为及给予他国人民特别是亚洲各国人民带来的痛苦,对之表示深刻的反省。我们必须超越关于过去战争的不同历史观,谦虚地吸取历史教训,并建立和平的国际社会。本院在此表明:决心在日本国宪法所揭示的持久和平的理念下,与世界各国携手开创人类共生的未来。"[①] 决议中虽然有"反省"的字样,但是对侵略历史的叙述轻描淡写,也没有"道歉、悔过"的字样。说明日本社会党成为执政党后,要考虑共同执政的其他政党对历史问题的立场,对侵略战争的态度出现了倒退。这个决议没有起到真正认识历史、充分说明日本政府对战争态度的目的,与社会党在野时的主张相去甚远,表明作为日本政府要正确认识历史、坚持发展中日关系的共同的政治基础是何等困难。

这个决议在表述日本侵略战争责任时,使用了"世界上许许多多殖民统治和侵略性行为"的字样,来有意减轻日本的战争罪责。中国对日本政府这种态度"暧昧"的决议进行了批评,认为对战争的"鸵鸟"态度,不可能达到吸取历史教训的目的。中国认为"前事不忘,后事之师",只有正确地反省历史,才是一个民族走向自新的明智选择。希望日本政府切实负起责任,正确认识历史,使中日关系建立在巩固的政治基础之上。中国愿意与日本致力于中日友好的人士一道,为实现中日两国人民的持久友好而努力。

二 重视历史问题对两国关系的消极影响

中国对待历史问题的态度是以史为鉴、面向未来,不让战争悲剧重演。在对待日本战争罪行与审判问题上,第二次世界大战后由于国际形势突变,美国改变对日占领政策,大力扶植日本以其作为远东防止共产主义扩散的"防波堤",造成日本军国主义罪行、日本错误史观没有得到彻底清算,日本国内一直存在着歪曲历史、否定侵略战争性质的暗流。随着日

[①] 《战后中日关系文献集(1971—1995)》,第924页。

本成为经济大国,向"政治大国"目标迈进,日本国内否定侵略战争、歪曲历史形成一股社会思潮。20 世纪 90 年代,日本经济持续"不景气",有人认为要发展经济就要重振民族精神,改变日本形象,为此他们不惜歪曲、篡改历史。历史问题再度影响了中日关系的发展。1995 年 8 月 15 日,村山富市作为日本首相,发表了"内阁总理大臣谈话",表示"由于我国过去一个时期的殖民地统治和侵略,对许多国家特别是对中国等亚洲各国的人民造成了巨大的损害和痛苦。日本要谦虚地正视历史事实,并从中汲取教训,不再重犯过去的错误,这是发展日中两国关系的基础"。①要在这个基础上,通过中日两国各个层面的交流,加深相互间的信赖与合作,这是日本政府成员对战争问题认识达到的最高点,多任日本首相、外相等内阁成员在战争问题上都表示要遵守"村山谈话"精神,在正确认识历史的基础上,与中国发展友好关系。"村山谈话"得到了中国的高度肯定。虽然"村山谈话"对历史问题的认识是明确的,但是日本国内一些保守政治家却一再发表错误的言论,鼓吹"战争有理"、"侵略有功"、"反省有害",迎合极端民族主义势力。1995 年 8 月 15 日,在中国人民抗日战争胜利 50 周年之际,村山内阁有 8 名自民党高官参拜了靖国神社。中国认为历史不能忘却,更不容篡改,对日本内阁成员向法西斯分子顶礼膜拜表示了极大的愤慨,希望日本政府认真总结历史教训,不要再做伤害中国人民感情、有损于中日关系的事情。

中国认为,虽然 20 世纪 90 年代以来日本政权更迭频繁,但是由于中日两国的共同利益大于分歧,无论政权如何易手,中日关系向前发展的大趋势不可改变。当然,日本不同政党、不同政治家执掌日本政权,其对华政策是有一些变化的,这些变化对中日关系会造成或积极或消极的影响,中国应该采取适当对策,最大限度地降低不利影响。1996 年 1 月,自民党总裁桥本龙太郎出任日本首相。桥本龙太郎在出任日本首相前就曾为发展中日关系做出过积极贡献。1991 年 1 月,桥本龙太郎作为日本大藏大臣访问中国,他是 1989 年中国发生"六四政治风波"之后西方政治家来华访问的首位部长级官员,对改善中日关系、对促使西方国家解除对华制裁,无疑具有重要意义。然而,桥本龙太郎对历史问题的认识存在着严重错误,是著名的"鹰派"政治家,他曾经担任"日本战争遗属会会长"。

---

① 《战后中日关系文献集(1971—1995)》,第 932 页。

日本遗属会成立于1947年，成立目的就是为了遗属的互助，属于财团法人，自成立就受到日本政府的支持。该会以各种形式否认日本的战争罪行，表彰英灵事业，促使政府官员参拜靖国神社。1997年4月日本自民党部分议员组织成立了"大家都来参拜靖国神社国会议员之会"，桥本龙太郎担任会长。在历史问题上，桥本虽然承认近代日本对中国实行过殖民统治，但是不承认侵略，拒绝反省战争。

　　1996年7月29日，桥本以现任内阁总理大臣身份参拜了东京靖国神社。这是自1985年中曾根康弘以内阁总理大臣身份参拜靖国神社以来，日本首相再次以公职身份参拜供奉甲级战犯的靖国神社。桥本的行动鼓励了日本国内的右翼势力，他们对桥本的行为大加赞赏。1996年8月13日，日本政治评论家细川隆一郎在《世界日报》上发表文章，主张把日本战败纪念日改为"卧薪尝胆"纪念日，称赞桥本参拜靖国神社是"高尚"的行动。① 8月15日，日本内阁6名阁僚和80多名国会议员参拜靖国神社。如此多的政府成员参拜供奉着甲级战犯的靖国神社，在日本第二次世界大战后的历史上是没有的，引起了中国的警惕。这虽然反映了日本政府整体的战争认识和政治走向，桥本龙太郎本人参拜靖国神社时，有意避开了8月15日这个敏感的日子，还在15日举行的"全国战殁者追悼会"上说："当年的那场战争给许多国家，特别是亚洲各国人民带来了许多痛苦和悲伤。我虚心接受这一事实，并在深刻反省的同时，谨表哀悼之意。"② 但是，桥本的行动是模糊战争性质，导致日本政府、特别是自民党国会议员否定侵略战争性质的言论频繁出现。1996年11月28日，自民党外交调查会和外交部会举行联席会议，有自民党成员在会上大放厥词，竟要求外国国家元首和政界要人访问日本时，参拜靖国神社。他们认为，日本天皇和首相访问外国时为阵亡者献花圈，指责外国国宾访问日本时不参拜靖国神社，声称"应当尽早实现外国首脑参拜靖国神社"③。自民党作为执政党不仅没有反省对待侵略战争的错误认识，反而要求外国元首和政界要人参拜靖国神社，简直荒谬到了极点。

　　中国政府强烈抗议桥本龙太郎及日本内阁成员参拜靖国神社的行动，

---

① 《人民日报》1996年8月22日。
② 《人民日报》1996年8月16日。
③ 《人民日报》1996年11月30日。

认为日本内阁成员参拜供奉甲级战犯的靖国神社，伤害中国人民感情，希望日本政府成员正确认识历史，牢记历史的教训，恪守发展中日关系的政治基础，这样才能赢得中国人民的谅解和信任，实现中日之间的"相互信赖"，推动中日两国长期睦邻友好关系的发展。

日本政府成员的行动鼓励了日本的右翼学者、右翼政治家为侵略战争翻案的行动，日本的历史认识问题频繁干扰中日关系的正常发展。随着一部分政府成员参拜靖国神社等模糊战争性质活动的增加，日本国内又出现了企图用错误历史观教育下一代的苗头。1996年7月16日，自民党总务会讨论教科书问题时，一些国会议员主张把日本侵略罪行从教科书中抹掉，声称南京大屠杀是"虚构"的。9月3日，日本右翼团体昭和史研究所10人，会见日本新进党干事长西冈武夫，要求中学历史教科书中，删除"慰安妇"、"南京大屠杀"、"三光政策"、"卢沟桥事变"等11个历史事实。该研究所认为："历史教科书中的自虐色彩越来越浓，教科书的检查、认定问题已是政治问题。"[①] 日本保守政治家、右翼势力相互呼应，在历史教科书上大做文章，企图用错误的历史观教育下一代，实际是在挑战中日关系的政治基础。中国一直重视对青少年的近现代历史教育，认为中日两国要实现世世代代友好下去的愿望，就必须用正确的历史观教育青少年，这样才能认真吸取历史教训，走和平发展的道路。教科书问题绝不是单纯的教学问题，而是关系到中日友好的未来。中国希望日本政府在历史教育中切实负起责任，用实际行动发展中日友好。

1997年9月4日，日本首相桥本龙太郎开始对中国进行访问。由于日本个别政府成员在历史问题上的错误言论已经严重地干扰了中日关系的正常发展，中国国家主席江泽民会见桥本龙太郎时，再次强调了中国政府对于历史问题与中日关系发展的看法：以史为鉴，可以知兴替；以铜为鉴，可以正衣冠。中日两国应严格遵循《中日联合声明》和《中日和平友好条约》的原则，面向21世纪发展世代友好的中日关系。当时，日本因为与美国修改防卫合作指针，将中国台湾作为日美两国共同防卫的范围，严重地干涉了中国主权，因此，江泽民在会见桥本龙太郎时强调了中国对于台湾问题的立场：台湾是中国领土不可分割的一部分，台湾问题是中国的内政，希望日本尊重中方在台湾问题上的立场，信守承诺，慎重行

---

① 《人民日报》1996年9月5日。

事。桥本表示高度重视江泽民对历史的见解，日本政府不支持"两个中国"，也不支持台湾独立。

为了表达日本政府对历史问题的重视，桥本龙太郎特地赴沈阳访问，参观了沈阳"九一八"事变博物馆，这是战后日本首相第一次访问中国东北地区，并参观"九一八"事变的发生地。桥本在参观后说："我们无论怎样健忘，也不能忘记历史。我们可以学习历史，但不能改变历史。我们必须承受起历史的重负。本人就是怀着正视历史的愿望来到这里的。我们应该在这个基础上，加强日中关系，并面向未来。"[①] 参观后桥本写下了"以和为贵"四个字，并签上了自己的名字。中国政府对桥本龙太郎不忘历史，并到沈阳"九一八"事变博物馆参观给予高度评价，认为桥本的东北之行表达了日本政府对历史问题的反省，对于增加中日两国间的互信，改善中日关系起到了积极作用。

三 反对日美借防卫合作指针干涉中国内政

中日关系的发展受到诸多国际因素的影响，其中美国因素的影响最为巨大。第二次世界大战后日本一直与美国保持着同盟关系，中日邦交正常化时，中国表示中日关系不涉及日美关系，中日关系不会影响日本与第三国的关系。在台湾问题上，中国一贯主张这是中国的内政，台湾问题关系到中国的核心利益，不容任何外来势力插手台湾。由于日本在台湾实行过50年的殖民统治，日本一部分人一直对台湾有割舍不掉的情结，美国为了在远东的战略利益，也一直企图干涉中国内政。中国政府考虑到日美两国对台湾问题的客观影响，在与日本、美国建立外交关系时，都将台湾问题作为一项重要政治原则写进文件，没有丝毫含糊。

日本与中国台湾虽然在1972年结束"外交"关系，但是中日邦交正常化后，日本与台湾在非官方的外壳下仍不断发展"实质性"关系。在日本政界、舆论界和思想文化界，存在着一股不小的亲台势力，他们企图恢复与台湾"外交"。1972年12月1日和2日，日本和中国台湾分别在东京和台北设立"财团法人交流协会"与"亚东关系协会"。12月26日，两协会在台北签订《关于财团法人交流协会和亚东关系协会相互设置在外事务所的决定》。"交流协会"在台北、高雄设事务所；"亚东关系

---

① 《人民日报》1997年9月7日。

协会"在东京、大阪、福冈和横滨设办事处。两协会的主要工作人员都是现任或离任的外交官。两个机构承担着过去由外交使团完成的大部分事务。它们虽为民间机构，但活动经费与人员却是由政府安排的，有深厚的"官方"背景。20世纪90年代，台湾当局推行"务实外交"，努力与西方大国发展"实质关系"。1992年台湾把驻日机构"亚东关系协会"改为"台北驻日经济文化代办处"，实际是在提升日台关系。20世纪70年代以后，日本国会右翼议员和右翼团体纷纷来到台北，为国民党政权鼓噪撑腰，其中包括"大日本皇城会"、"日本青年社"、"青年思想研究社"等。

1973年3月14日，由日本自民党国会议员发起成立的亲台团体——"日华关系议员恳谈会"成立，其负责人与台湾政界保持密切联系。1997年，"恳谈会"实现了跨党派亲台议员的大联合，囊括了日本国会参、众两院国会议员300余人，占国会议员的40%。

1975年4月，蒋介石病逝时，日本方面组成三个庞大的代表团赴台北吊唁，代表团中有前任首相岸信介、佐藤荣作、前任众议院议长石井光次郎，还有数十位前任内阁大臣及现任国会议员与财经、文化、新闻各界的头面人物；在东京，有日本政要及各界名流与民众20000余人参加了蒋介石的追悼会，表达对蒋介石的"无限的哀思"。

日本是"台独"势力的大本营，早在1945年战败后，日本军方就曾经策划过"台湾独立"运动，妄图将台湾永远从中国领土分割出去。1949年，廖文毅将"台湾再解放联盟"从香港搬到日本，在日本政要的支持下进行"台独"活动。1950年，廖文毅在日本成立"台湾民主独立党"，打着反蒋、反共、亲日的旗号，公开在日本进行分裂活动。20世纪80年代以来，日本国内右翼势力频繁活动，右翼势力支持"台独"在日本的活动，"台独"势力更是有恃无恐，"台独"的刊物在日本大量发行。2000年，陈水扁当选台湾"总统"，他利用执政地位，鼓吹"一边一国"，实行"法理台独"、"文化台独"，加紧与日本的联系。在陈水扁执政时期，台湾与日本政界、学界人员往来大量增加，日台关系升温。2002年和2004年，日本两次为李登辉签发赴日通行证，破坏中日关系的顺利发展。

中日邦交正常化后，日本与中国台湾的经济联系有增无减。1972年日台贸易额为14亿美元，到1979年达到52亿美元，7年间猛增近4倍。20世纪70年代日本是台湾仅次于美国的重要贸易伙伴，1972年，台湾对日本的贸易出口总额占台湾出口总额的12%，日本对台湾的出口额占台湾进口总额的42%。日本与台湾"断交"后，大平正芳外相曾对自民党内的同僚这样说过："存在于日本和台湾间的关系是根深蒂固的，因此，即使外交关系结束，双方间的行政上的联系仍应得到尊重和珍视。只要不影响到日本与中国之间的根本关系，我们仍愿意尽最大的努力，以保持日本与台湾之间业已存在的行政联系。"① 日台之间的人员往来相当活跃，访问台湾的日本人1972年有27万人，到1976年以后连续超过50万人。

日本国内亲台势力一直企图抬高台湾的国际地位，进行制造"两个中国"的活动。中日建交后的第二天，也就是1972年9月30日，日本外相大平正芳回到日本就说："有关台湾的问题，中共方面主张台湾是中华人民共和国不可分割领土的一部分。对于此一主张，日本方面表示理解与尊重，并'未采取承认的立场'……日方表明两国对于此一立场将永无法一致。"10月6日，大平外相在谈到日本放弃台湾归属时又说，这是"日方死也不会承认的"立场，② 甚至还说与中国共产党建立新的关系同过去毫无区别，只不过是把外交关系转移到北京而已。参加1972年中日邦交正常化谈判的外务省条约局局长高岛益郎说，日本并不承认《日中联合声明》中所记载的中共对台湾的主权。尽管中日邦交正常化后，日本与台湾断绝了官方外交关系，但是，日本发展与台湾官方关系的活动一刻也没有停止。日本政府中"亲台派"至今在国内仍然有较大的市场和影响力，这些势力和活动影响着日本的政治走向和中日关系的健康发展。

中日邦交正常化以来，尤其是20世纪90年代以后，日本不断暗中提升与台湾的关系。1992年日本同意台湾驻日机构"亚东关系协会"更名为"台北驻日经济文化代办处"，日台关系提升到"准官方关系"。1993年，日本允许台湾的所谓"外交部长"钱复访问日本，是日台断交后，台湾"外交部长"首次访问日本，并为钱复在日本的政治活动大开绿灯。1994年日本允许台湾"行政院副院长"徐立德访问日本，以参加亚运会的名义在日本进行政治活动。日本的高官也不断受邀访问台湾，1995年6月，日本政府派外务省高官作为全权大使赴台访问，开启了

---

① 《朝日新闻》1972年10月1日。
② 林金茎：《台北·东京·北京》，台北黎明文化事业股份有限公司1996年版，第34—35页。

中日邦交正常化以来的最高级别外交官访问台湾的先例。日本媒体也不断鼓吹日台关系的重要性，认为台湾对日本的防卫意义重大，不断提升日台关系。

1996年3月，中国人民解放军在台湾海峡进行军事演习后，日本立即对属于中国主权范围内的军事演习表示"遗憾"和"关注"，日本在防卫白皮书中提出"有必要注视中国的动向"，认为中国可能会发展为军事大国，"威胁"东亚的安全。1996年4月，日本与美国发表了《日美安全保障联合宣言》，其中称在"台湾有事"时如果美军从日本出动，日本则同意自行予以批准，并给予后方支援，公然干涉中国的台湾问题。《日美安全保障联合宣言》把日美军事合作范围由过去的美国"保卫日本"扩大到整个亚太地区，把日本自卫队的作用由专守防卫变成与美国"共同或分别做出努力"来"稳定"亚太地区的"安全形势"。1997年8月17日，日本内阁官房长官尾山静六说："日美两国的防卫合作范围理所当然包括台湾海峡。"① 日本要将中国的台湾海峡划为其防卫范围，显然是对中国主权的严重干涉，是一直以来日本"台湾情结"的表现。

台湾问题一直是影响中日关系发展的重要因素，由于日本一部分人特别是自民党中存在着"台湾帮"。中国多次向日本强调中国关于台湾问题的立场，不希望因台湾问题而影响中日关系的健康发展。对于《日美安全保障联合宣言》公然干涉中国内政的做法，中国要求日本政府严格履行《中日联合声明》和《中日和平友好条约》中在台湾问题上做的承诺，言行一致，不要做干涉中国内政、损害中日关系的事情。

对于中国提出的批评，日本有人企图用和稀泥的办法蒙混过关。自民党政调会长山崎拓说，在修改日美防卫合作指针时日本所说的"周边"地区"并不是地理概念"，在是否包括台湾问题上，应该采取"暧昧"的态度。日本政府决定，不在法律上为认定周边事态的标准下定义，由安全保障会议对发生的周边事态做出最后的决定。其实，日本是想利用一切办法应付舆论，在台湾问题上干涉中国内政。

1997年9月23日，日美两国宣布批准《日美新防卫合作指针》。指针的目的是要构筑对付武装攻击日本及其周边事态的更加有效和更加可信

---

① 《人民日报》1997年8月20日。

赖的日美合作的牢固基础，新防卫指针周边事态的概念不是指地理上的概念，而是着眼于事态性质的概念。日美两国政府必须尽最大努力（包括外交上的努力在内），防止周边事态的发生。指针规定对为实现日美安全保障条约的目的而进行活动的美军，日本要进行后方地区支援。新防卫合作指针，在战略上将中国作为防范对象，成为可能阻碍中国统一大业的潜在威胁，客观上起到了助长台独势力的气焰。中国共产党和中国政府对于《日美新防卫指针》公然干涉中国内政，破坏中国统一的举动进行了批判，要求日本对"周边事态"范围做出明确的解释，坚决反对日本干涉中国内政。

1998年日美制定《共同开发研制战区导弹防御系统协议》，日本国会通过了《日美新防卫合作指针》相关的三个法案，即：《周边事态法》、《自卫队法修正案》和《日美物质劳务相互提供协定修正案》，加强了日美同盟，其中很多内容是针对中国的，给中日关系的发展带来了不利影响。中国密切注意日本军事同盟新体制的变化，对于日本政府暗自提升日台关系、干涉中国内政的做法提出抗议，并希望日本政府恪守《中日联合声明》和《中日和平友好条约》的原则精神，珍惜来之不易的中日关系，不要使中日关系出现倒退。

四 关于发展中日关系的五项基本原则

中国始终认为，当今世界上任何国家的发展都与国际环境密切相连，中日关系的发展不仅关系到中日两国间的长期和平友好，也关系到地区和世界和平；同样，中日关系的发展不仅决定于两国的政治形势、对外政策，也受到国际形势的影响并影响着地区和国际形势的发展。冷战结束后，在世界多极化、经济全球化不断发展的新形势下，1997年中日两国迎来了邦交正常化25周年。1997年11月1日，中国国务院总理李鹏应邀访问了日本。李鹏强调中日关系的发展应遵循《中日联合声明》和《中日和平友好条约》的原则，以此为基础解决出现的分歧，避免两国关系的大局受到干扰和影响。由于亚洲金融危机爆发后，影响了亚洲各国的经济发展，中日两国在共同应对危机、发展合作方面有许多问题需要探讨。李鹏代表中国政府在日本提出了指导中日关系的五项基本原则，即：相互尊重，互不干涉内政；求同存异，妥善处理分歧；加强对话，增进相互了解；互利互惠，发展经济合作；面向未来，实现世代友好。① 这五项原则体现了中国希望加强中日合作，希望中日两国关系沿着健康轨道发展下去的愿望。这五项原则强调了发展两国的政治基础、经济上的互利互惠，也强调了要彼此尊重、妥善处理分歧，特别是要注重培养中日友好的下一代，建立面向21世纪、面向未来的中日关系，是从未来、从战略高度发展中日关系的具体体现。

中国提出的发展中日关系的五项原则，继承了中日邦交正常化以来两国重要政治文件的精神，又考虑到现实中日关系的状况和问题，对两国关系的发展有着现实的指导意义。这五项原则得到了日本政府的赞同。由于中国的努力，中日两国在推动相互关系发展方面取得了五项主要成果：确认了要努力构筑面向21世纪的睦邻友好合作关系，实现世代友好的目标；两国领导人之间经常保持往来、接触和对话，有利于增进相互了解，加强信任；签订了新的中日渔业协定；在中国加入世界贸易组织双边谈判问题上，中日双方继货物贸易领域达成一致后，又在服务贸易领域取得重大进展，并同意努力争取尽早全面达成双边协议；就"面向21世纪中日环保合作"达成重要协议。

由于中日两国存在着广泛的共同利益，两国在经济、政治、文化交流等各个领域的合作取得了巨大的进展。以经济贸易为例，两国的贸易额"从1972年只有11亿美元发展到1996年突破600亿美元大关，从1994年起，日本跃居中国的第一大贸易伙伴，中国则成为日本第二大贸易国"②。中国实行改革开放的政策以来，积极吸引、利用外资，促进中国的经济发展。在日本对华的直接投资方面，1996年日本的实际利用额居世界第一位。日本自1979年以来，向中国提供政府开发低息贷款。中国利用这些贷款发展医药、教育，从事道路建设、环境保护，收到了良好的经济效益和社会效益。贸易和直接投资给中日双方都带来了巨大的利益，实现了互利互惠，这是进一步发展中日合作的基础。在政治方面两国领导人定期互访，彼此交流对于国际形势和双边关系发展的意见，共同为维护地区稳定而努力。民间交流和文化交流等更是呈现出蓬勃发展的态势，中日友好合作呈现出全面上升的态势。

---

① 《人民日报》1997年11月13日。
② 《人民日报》1997年9月5日。

五　建立面向 21 世纪中日关系的战略策略

20 世纪 90 年代以来，中日关系尽管出现了不和谐因素，但是两国关系还是向前发展的，中国致力于建设面向 21 世纪的中日关系，努力将两国的和平友好合作关系发展到新阶段。为了构建面向 21 世纪的中日关系，1998 年 11 月 25 日，江泽民以中国国家主席的身份应邀访问日本，这是中国国家元首首次对日本进行国事访问。江泽民说："六年前，我是作为中国共产党总书记对贵国进行友好访问的。今年是中日和平友好条约缔结 20 周年，我作为中国国家主席首次访问贵国。我愿意同贵国朝野各界在总结过去的基础上，共同探讨和构筑面向 21 世纪的中日友好合作关系框架。"①

20 世纪 90 年代在日本追求政治大国目标中，国内极端民族主义情绪泛滥，历史问题对中日关系的影响凸显，这引起了中国的警惕。江泽民主席在日本特别强调了历史问题和台湾问题在构筑 21 世纪中日关系中的影响。江泽民指出："历史问题和台湾问题实际上伴随了本世纪中日关系的整个历史过程，不能回避，也无法回避。21 世纪即将来临，我们都希望构筑面向新世纪的友好关系，不愿看到历史问题和台湾问题始终干扰两国关系发展。我们谈这两个问题，并不是要再去算历史旧账，而是希望通过认真回顾和总结历史，从中汲取有益的教训，以使我们能够正确对待和妥善处理这两个问题，更好地开辟两国关系的未来。"②再次阐明了中国对于历史和台湾问题的立场。中方认为，在历史问题上采取向前看的态度，前提必须是正视和承认历史，这也是《中日联合声明》和《中日和平友好条约》之所以签订的重要的政治基础之一。由于当时日本国内否定侵略战争的言行已经严重地干扰了中日关系的发展，江泽民直接批评了日本在历史问题上一系列的错误做法，认为它伤害了中国人民的感情，干扰了中日关系的正常发展。他希望日本能像德国那样彻底清算军国主义的罪行，赢得周边国家和国际社会的信任。这是中国国家领导人首次在历史问题上直截了当地批评日本歪曲历史的行为，表明了中国政府对中日关系发展政治基础的重视，希望中日两国关系建立在稳固坚实的基础之上。

---

① 《人民日报》1998 年 11 月 27 日。
② 《江泽民文选》第 2 卷，人民出版社 2006 年版，第 241 页。

台湾问题关系到国家主权，更关系到中国的现实和根本利益，在原则问题上，中国的态度是明确的。日本政府虽然在《中日联合声明》中对于台湾问题有过明确的表态，但是自民党中的"台湾帮"一直鼓吹不能放弃台湾。20世纪90年代日本国内亲台势力活动频繁，严重影响了中日两国关系的发展，中国不能对此听之任之。江泽民指出日本有人总想突破现有日台关系框架，在日美防卫合作指针问题上，有人重提作为冷战产物的"远东条款"，试图将中国台湾列入日美安全合作范围等行径，他强调："台湾问题事关中国的领土主权和统一大业，牵动十二亿中国人民的感情。我们希望日方切实尊重中国政府关于台湾问题的立场，恪守在《中日联合声明》中就台湾问题作出的郑重承诺，妥善处理好台湾问题。"[①] 江泽民重申了中国对发展中日关系的原则立场，表达了中国政府对于历史、现实和未来发展的态度，希望中日关系沿着健康的轨道发展下去。

江泽民主席在早稻田大学发表了题为《以史为鉴　开创未来》的重要演讲。他阐述了在总结历史经验教训基础上，面向21世纪发展两国长远友好的重要意义。强调只有以史为鉴，才能正确地走向未来。中日两国人民只有和睦相处，互相尊重，珍惜和维护来之不易的传统友好关系，防止历史悲剧重演，两国才能永远做好邻居，两国人民才能世世代代友好下去。中国重视历史的目的，是为了面向未来，把中日关系推向更高的层次。江泽民访日期间，对于日本国内歪曲历史的行为、自民党中亲台势力的活动提出了严厉的批评，但是，中国政府认为中日两国的共同利益是主要的，两国关系存在着继续提高的现实可能性。中日两国领导人同意将中日关系在和平友好的基础上发展到"伙伴"意义上，两国领导人签署了《关于致力于和平与发展的友好合作伙伴关系的联合宣言》，宣言认为："中日两国作为亚洲和世界有影响的国家，在维护和平，促进发展方面负有重要责任。双方将在国际政治、经济及全球性问题等领域加强协调与合作，为世界和平与发展及人类的进步事业作出积极贡献。"双方确认"中日关系对两国均为最重要的双边关系之一，并深刻认识到两国在和平与发展方面的作用与责任，宣布面向21世纪，建立致力于和平与发展的友好合作伙伴关系"[②]。宣言确认"正视过去以及正确认识历史，是发展中日

---

① 《江泽民文选》第2卷，第246页。
② 《人民日报》1998年11月27日。

关系的重要基础",两国要发展各个领域各国曾经的交流与合作,建立两国领导人定期互访机制,原则上隔年互访,在多边场合频繁举行会晤。加强政府、议会、政党间的交流和战略对话机制,就双边关系和各自内外政策及国际形势加强沟通,努力提高政策透明度。"两国领导人每年交替互访;在北京和东京建立中日政府间热线电话;加强两国各个层次和级别特别是肩负两国发展重任的青少年之间的交流。"联合宣言将中日关系提高到友好合作伙伴关系的高度,期待两国政府、两国人民的广泛参与和不懈努力。

《中日联合宣言》是继《中日联合声明》和《中日和平友好条约》之后,中日间签订的第三个重要文件,就中日两国面向21世纪的基本发展框架达成共识,就构筑"致力于和平与发展的友好合作伙伴关系"取得一致意见,在中日关系的历史上,两国关系第一次用"伙伴"二字来表达,是中日关系发展到新阶段的重要成果,标志着中日关系进入了一个新的发展阶段,为21世纪的友好互利合作打下了良好的基础。

第六章

推动建立中日战略互惠关系

21世纪世界形势正在向多极化发展,世界多数国家为建立新的国际政治经济新秩序而不断努力。美国凭借着强大的国力,企图将自己的价值观推广到全世界,建立美国主导下的单极世界。冷战结束后局部热战不断,国际形势错综复杂。中国冷静观察世界形势的变化,认为和平与发展仍然是当今世界的主题,在对外关系上要继续高举和平、合作、发展的旗帜,开展全方位外交,维护世界和平,促进共同发展。随着改革开放30多年来,中国综合国力的提高,中国的国际地位空前提升,中国要做负责任的大国,对人类和平、发展事业做出更大的贡献。在对日关系上,中国认为中日之间存在着广泛的共同利益,应理性对待中日之间的分歧,克服不利因素,促进中日关系的继续发展,为亚洲和世界的和平与发展做出更大的贡献,确立了建设中日战略互惠关系新的对日发展目标。

第一节 21世纪中国的对外政策与对日政策

世纪之交国际形势发生了深刻的变化,世界在向多极化方向发展。在建立新的国际政治经济新秩序过程中,各国都提出了自己的政治诉求。中国共产党召开的十六届全国代表大会,制定了中国21世纪的发展战略,其中与"周边国家"关系成为中国的对外战略重点之一。日本开始走出"失去的十年",逐渐恢复经济"景气",参与国际事务的愿望越来越强烈。如何准确地判断国际形势,在多变的世界中制定有利于中日两国关系发展的对日战略和政策,是21世纪中国开展对外关系的重要方面,关系到两国的利益与地区和平。

一 中国对21世纪国际形势的判断

历史进入21世纪,国际形势仍然处在剧烈变化和动荡之中。冷战结束、两极格局解体，世界正在向新格局过渡，建立公正、合理的世界政治经济新秩序是各国人民的愿望，和平与发展的大趋势没有改变。"世界正处在大变革时期，基本特征有两个，一个是世界多极化，一个是经济全球化。这两个趋势的发展都是漫长曲折的进程，中间也可能有反复，但这个大方向是不可逆转的。"① 在这种大趋势下，世界各种力量的实力对比很不平衡，美国成为唯一超级大国，所谓"一超多强"，美国凭借其强大的实力，推行"单边主义"，企图构筑单极世界，由它一家来主宰国际事务，将美国的价值观推广到全世界。联合国这个当代最大和最重要的主权国家所组成的政府之间的国际组织面临新的考验。当然，美国在重要问题上绕过联合国，并不是说联合国已经失去了作用，联合国仍然在目前国际政治舞台上具有不可替代的地位。中国主张要维护联合国宪章的宗旨和原则，继续发挥联合国及其安理会在处理国际事务、维护世界和平方面的积极作用，确保全体会员国平等参与国际事务的权利。

欧盟、日本、俄罗斯、中国等几大力量也相对突出，大国关系进入调整时期。"大国领导人频繁互访，首脑会晤形成机制。大国之间建立了各种内涵不同的战略关系、伙伴关系，出现了既相互合作又相互竞争、既相互倚重又相互制约、既有协调又有摩擦的新局面。"② 中国作为社会主义国家，作为联合国安理会五个常任理事国中唯一的发展中国家，在推进世界政治经济新秩序方面有着独特的作用。中国坚持"维护世界和平，是促进共同发展的必要前提；促进共同发展，又是维护世界和平的重要保证"③，一贯主张国家不分大小、强弱、贫富，都是国际社会的一员，都有参与和处理国际事务的权利。各国主权范围内的事情只能由本国政府和人民去管，世界上的事情只能由各国政府和人民共同商量来办。应该在和平共处原则下发展国与国之间的关系。在经济全球化趋势不断发展的形势下，世界是丰富多彩的，文明是多样的，这是人类文明进步的动力。中国主张维护世界的多样性，提倡不同文明、不同社会制度、不同发展道路的国家彼此尊重，长期共存，在竞争比较中取长补短，在求同存异中共同发展。中国愿意在世界多极化进程中发挥应有的作用。

---

① 《江泽民文选》第 3 卷，第 519 页。
② 《江泽民文选》第 2 卷，第 196 页。
③ 《江泽民文选》第 3 卷，第 108 页。

2001年美国发生"9·11"事件后,"恐怖主义"成为世界各国关注的重点,恐怖主义在世界各地活动,不仅美国、英国,而且俄罗斯、欧盟都关注恐怖主义对国家安全的威胁,人们把恐怖主义视为和平与安全的主要威胁,各国都出台了打击恐怖主义的对策。当然,由于历史文化传统不同,社会制度不同,各国对恐怖主义的理解有很大差异。中国对恐怖主义打击的重点是国际恐怖主义和极端宗教势力对国家安全、主权的威胁,为此,中国加入了国际安全领域大国合作。中国在反对恐怖主义时,强调:"打击恐怖主义要遵守联合国宪章的宗旨和原则及公认的国际法准则,充分发挥联合国和安理会的作用,一切行动应该有利于维护地区及世界和平的长远利益。不能将恐怖主义与特定的民族或宗教混为一谈。不能对打击恐怖主义采取双重标准。不能借反恐怖主义推行影响世界和地区稳定与发展的其他政治意图。"① 警惕强国借"反恐"干涉中国的国家主权和安全。

为了使现代化建设有安全稳定的周边环境,中国更加关注周边的安全形势,努力与周边国家建立友好合作关系,提出了"与邻为善、与邻为伴"的周边外交政策,通过睦邻、安邻、富邻,实现与周边国家的友好合作。21世纪中国与一些周边国家包括日本建立了各种不同类型的"伙伴关系",周边形势不断好转,为中国继续以经济建设为中心,实行对外开放提供了良好的环境。但是,中国也看到周边环境中的不稳定不确定因素,这些因素可能影响到中国的国家安全与稳定。中国关注朝鲜半岛形势的发展,在影响朝鲜半岛稳定的朝核等问题上,主张以谈判、平等协商的方式解决朝鲜核问题,积极促成朝核问题六方会谈。虽然2009年5月朝鲜进行地下核试验,退出六方会谈。但中国希望朝鲜重新回到六方谈判桌上,实现朝鲜半岛无核化,保证东北亚局势的安定。中国与印度等邻国还有边界问题没有解决,与东南亚一些国家还存在着领土纠纷。中日两国之间在领土问题上存在着争端,而历史认识、台湾问题等影响着中日关系的顺利发展。中国在领土争议问题上,坚持搁置争议,共同开发,在历史认识、台湾问题上敦促日本政府恪守中日关系发展的三个重要文件精神,坚持"以争取合作为主。在历史问题和台湾问题上,要坚持原则。要加强两国经贸合作和文化交流,鼓励日本在东亚经济合作中发挥积极作用。要

---

① 《江泽民文选》第3卷,第475页。

多做日本年轻一代政治家的工作，培养中日友好力量"①，立足于发展面向未来的中日关系。

面对新的国际形势，中国从历史的高度思考未来世界应该是一个什么样的世界，应该为实现这样一个世界做出什么样的贡献。面对纷繁复杂的国际形势，中国认为和平与发展是世界的主题。在可以预见的将来，世界大战打不起来，争取较长时期的国际和平环境是可能的，未来一二十年是中国发展的重要战略机遇期，中国将继续坚持以经济建设为中心，坚持改革开放不动摇，集中精力进行现代化建设。在对外关系上坚持和平共处、睦邻友好政策，维护世界和平与促进共同发展，为中国社会主义现代化建设营造良好的周边环境和国际环境。中国根据自己的国情和目前国际力量的对比，在对外关系上继续坚持冷静观察、沉着应付、绝不当头、有所作为的战略方针，坚持韬光养晦、收敛锋芒、保存自己、徐图发展。努力处理好与世界各大国的关系，推进多极化趋势的发展，处理好与周边国家的关系，加强与发展中国家的合作，积极参与多边外交活动，维护世界和平，推动建立公正合理的国际政治经济新秩序。

2001年12月11日，中国成为世界贸易组织第143个成员，加入世贸组织对中国来说，不仅是一个重大的经济问题，也是一个重大的政治问题，标志着中国的对外开放进入了新阶段。当然，加入世贸组织，对中国来说，机遇与挑战并存，中国要抓住机遇，运用有利的一面，克服不利因素，规避风险，提高国际竞争力。中国在对外开放方面，要更好地"引进来"、"走出去"。通过不断对外交流，增强综合国力，提高抵御风险的能力，为世界的和平与发展做出更大的贡献。

中共中央总书记、国家主席江泽民在千年之交发表新年贺词中，提出中国希望"未来的世界，各个国家和各个民族能够始终和睦相处、友好合作、共同发展，能够建立起公正合理的国际政治经济新秩序，能够实现持久和平和普遍繁荣，各国人民都能够按照自己的意愿创造并享受美好的生活。世界正在走向多极化，这是历史发展的必然趋势"。② 中国愿意与世界各国人民一道为推动多极化、创造世界美好的未来而奋斗。2000年9月6日，江泽民主席在联合国千年首脑会议上发表讲话，再次重申了中国

---

① 《江泽民文选》第3卷，第354页。
② 《江泽民文选》第2卷，第495页。

的对外政策:"始终不渝地奉行独立自主的和平外交政策,坚持在和平共处五项原则的基础上同世界各国建立和发展友好合作关系。中国作为联合国安理会常任理事国,一贯恪守联合国宪章的宗旨和原则,支持联合国在维护世界和平与国际安全以及解决各种全球性问题中发挥不可替代的重要作用。中国将一如既往地履行自己的义务和职责。"[①]表明了中国作为安理会常任理事国是一个负责任的大国,愿意为世界的和平与发展做出自己的贡献。中国将继续以经济建设为核心,坚持改革开放的方针,在和平、合作、互利、共赢的旗帜下,发展对外关系,为世界的和平与发展做出应有的贡献。

总之,21世纪中国对外政策的宗旨是:"维护世界和平,促进共同发展。坚持奉行独立自主的和平外交政策,在和平共处五项原则的基础上同世界上一切国家友好交往、平等相待、互利合作,推动人类进步事业不断前进。中国将在独立自主、完全平等、互相尊重、互不干涉内部事务原则的基础上,同世界各国政党、政治组织广泛交往,加强合作,促进人民之间的友谊和国家关系的发展。"[②]

二 21世纪中国的对日方针与政策

21世纪,中国继续推行和平友好合作的对日方针,在和平共处五项原则的基础上,继续扩大与日本在各个领域的合作,把友好合作伙伴关系再推进一步。中国的对日方针是在准确判断国际形势、日本政治走向、中国全面建设小康社会战略任务基础上制定的,有现实的依据。

中国判断冷战结束后国际形势的变化,认为国际局势总体上是趋于缓和的,尽管在21世纪,人类会遇到难以预料的挑战和考验,但是持久和平和、共同繁荣的前景是光明的,"追求和平与发展是世界各国人民的共同愿望,也是我们这个时代的主题"[③],中国在新世纪面临着三大任务:"继续推进现代化建设,完成祖国统一,维护世界和平与促进共同发展"[④],在三大历史任务中,现代化建设是核心,中国要抓住难得的发展

---

① 《江泽民文选》第3卷,第112页。
② 同上书,第297—298页。
③ 同上书,第107页。
④ 同上书,第123页。

机遇,不断提高综合国力、提高人民生活水平,提高抵御各种风险的能力,才能完成祖国统一大业,履行维护世界和平和促进共同发展的国际责任,提高在国际事务中的作用。

根据改革开放以来的历史经验,中国认为,无论发生什么事情,国际的也好,国内的也好,只要不发生大规模的外敌入侵,都要始终抓住经济建设这个中心不放。中国要继续高举和平发展的旗帜,抓住良好的发展机遇,全面建设小康社会,增强综合国力。为了实现这个目标,中国继续坚持对外开放,"加强与世界各国的经济、科技、文化的交流和合作,吸收和借鉴一切先进的东西。封闭就要落后,落后就要挨打。能否不断了解世界,能否不断学习世界上一切先进的东西,能否不断跟上世界发展的潮流,是关系一个国家、一个民族兴衰成败的大问题"[1]。日本是中国的重要邻国,又是邻国中唯一的发达国家,在中国吸收和借鉴先进科学技术等方面具有重要的地位。在中国共产党的领导下,中国将继续实行对外开放的战略,推行全方位外交,对日关系是中国重要的对外关系。

21世纪中国继续坚持睦邻友好的对外政策,应该说睦邻友好政策是中国独立自主和平外交政策的重要组成部分。中国周边国家众多,是世界上邻国数量最多的国家,除接壤的邻国外,还有不接壤的邻国,这些国家的人口,超过世界人口的1/3。中国在现代化建设中,必须重视周边安全,需要良好的周边环境。中国坚持与邻为善、与邻为伴,把同周边国家的交流和合作推向新水平。日本作为中国的近邻,在中国周边外交中占有重要地位,是中国实行"引进来"、"走出去"的重要对象国。中国提出继续把中日友好合作伙伴关系推进一步,也是对日本政治走向客观分析的结果。中国认为,日本第二次世界大战后已经走上了和平发展道路,日本政治体制是民主的,虽然日本国内存在着否定侵略战争、为战争翻案的逆流,但是日本国家发展的大方向是和平的。中国与日本在维护地区和世界和平中有许多可以合作的地方。中日之间也存在着矛盾和分歧,两国应该在互谅互让、公平合理、友好协商的原则上,解决领土争端等历史遗留问题。对于一时谈不拢的,可以暂时放一放,不要影响国家关系正常发展的大局。在钓鱼岛、东海等问题上,中国继续坚持"搁置争议,共同开发",维护国家主权和地区安全。

---

[1] 《江泽民文选》第3卷,第127页。

2001年中国加入世界贸易组织后,中日经贸关系与世界范围内的经济关系紧密联系起来,为中日经贸关系的发展提供了新的条件。中日多层次、多水平的经贸合作,为两国关系的进一步发展奠定了坚实的基础。

针对21世纪日本领导人一再参拜靖国神社,中日关系遭遇"冰冻"的严重困难局面,中国仍然坚信中日关系向前发展的大趋势是不可改变的。为了促进中日关系的发展,中国一方面反对日本政府领导人否定侵略历史的做法,采取措施加以应对,对一再伤害中国人民感情、破坏两国友好伙伴关系发展的日本首相小泉纯一郎采取"晾晒"的措施;另一方面,发挥中日两国交流的各个渠道的作用,尤其是民间的渠道,实行以经济促政治、以民间促官方、官民并举等策略,积极发挥中国人大、政协、友好团体与日本相关部门的交流,通过经济、贸易、文化等方面的交流,增加两国人民的了解和友谊,防止中日关系继续下滑。2002年,中国和日本分别举行"日本文化年"和"中国文化年"活动,中国希望通过这些活动,进一步增进中日两国人民特别是年轻一代的相互理解与友好感情,使中日友好世代相传。中国的这一系列对日政策和策略,起到了增进了解,加强友谊的作用,也为未来中日关系的发展打下了基础。2006年小泉下台后,中日关系明显改善,挡在两国关系中间的"坚冰"破除,并逐渐将两国友好伙伴关系发展成为战略互惠关系。

三 全面推动中日关系的发展

21世纪中日两国关系虽然由于日本政府首脑连续参拜靖国神社而出现严重困难,但是中国以大局为重,在困难形势下,提出发展中日关系的新策略,中日两国进入全面合作阶段,合作的领域和深度超过了历史上的任何时期。

中国政府积极推动中日政府间的经济合作。自1979年日本政府第一批贷款算起,日本政府实现对中国政府开发援助项目的总额超过3万亿日元,日本不仅是中国最大的贸易伙伴国,也是中国最大的经济援助国。当然,日本也从对中国的经济援助中获得了巨大的利益,这是一个"双赢"的合作。21世纪以来,日本对华经济援助的重心正在从沿海地区转向内陆地区,援助运作也越来越成熟。中日两国的合作不仅促进了经济发展和社会进步,也使两国人民世代友好的愿望更加深入人心。

中国是日本最大的进口来源地,也是日本仅次于美国的重要外需市场。中日两国央行于2002年签订了总额30亿美元的"货币互换协定",强调对等的原则。中日经济的相互作用增强,日本在华投资对增加中国国内就业人数有重要作用,同时,中日贸易的增长,也会带动日本经济的发展。尤其中国经过改革开放30年的快速发展,中国国力逐步增强,中国对日投资也在增加,成为推动日本经济复苏的一支不可忽视的力量。

2000年10月26日,中国国务院发出《关于实施西部大开发若干政策措施的通知》,这是为了搞好"两个大局",加快中国中西部发展速度,是实现社会主义现代化建设三步走战略的重要举措。中国西部开发要运用好两个市场、两种资源,扎实推进,希望发达国家对中国西部大开发给予资金、技术等方面的支持和帮助,期待日本政府、企业在西部大开发中发挥作用。日本各界尤其是经济界对中国西部大开发抱有浓厚的兴趣,他们希望通过参与中国的西部开发,解决日本对华直接投资严重萎缩、中日贸易陷于低迷与不稳定状态,认为伴随中国西部大开发战略的逐步推开,将为中日经济关系走出困境提供重要契机。伴随着中国一系列优惠政策的出台,将为日本扩大对中国西部地区的直接投资产生更大的吸引力,而西部开发本身也会为日本对华直接投资提供更多的可选择领域和部门,如基础设施建设、资源开发加工、生态环境保护等。

2001年9月14日,国家主席江泽民在会见日本经济界组成的考察中国西部大开发的成员时指出,西部大开发是中国政府面向21世纪的重大战略决策,有利于中国的长远发展。中国的西部大开发也将为中日经贸合作开辟更广阔的前景。中国会推出一系列优惠政策,将为日本扩大对中国西部地区的直接投资产生更大的吸引力,而西部开发本身也会为日本对华直接投资提供更多的可选择领域和部门,如基础设施、资源开发加工、生态环境保护等。日本国际贸易促进会决定把促进对中国西部的开发和投资作为新一年对华经贸活动的重点。

随着世界多极化、经济全球化趋势的发展,中国重视日本在推动多极化中的作用,认为日本是对中国国家安全与发展影响最大的邻国,中日关系的发展已经超越双边关系的范畴,对亚太地区和全世界的和平、稳定有重要作用。中日两国有广泛的共同利益,在地区安全问题上,希望东北亚局势稳定、朝鲜半岛无核化。中日两国共同促成了朝核问题六方会谈,并参加了自2003年8月起的六方会谈的所有谈判,希望六方会谈对东北亚局势的稳定发挥作用。自1997年东盟与中日韩领导人会议(10+3)以来，中日两国在东亚地区的合作不断加深。两国领导人每年都参加10+3会议，就地区经济合作进行磋商。

中国肯定第二次世界大战后日本走上的是和平道路，同时对日本"政治大国"目标表示高度关注，希望日本吸取历史教训，为地区乃至世界和平做出贡献。2001年4月26日，小泉纯一郎当选为日本首相，小泉在施政演说中表示："为了在和平环境下取得繁荣，贯彻国际协调的方针很重要，不能让日本孤立于国际社会和与其他国家交战之类的事情再次发生。以日美同盟关系为基础，维持和发展同中国、韩国和俄罗斯等近邻国家的友好关系是重要的。同中国的关系是日本'最重要的双边关系'。日本期待着中国在国际社会中进一步发挥建设性作用，日本将继续加强同中国的合作关系。"[①] 中国期待21世纪中日关系能有新的气象。但是，由于小泉屡次参拜靖国神社，中日关系出现严重困难，两国领导人每年交替互访被迫中断。尽管如此，中国政府还是采取措施推动两国政治、安全领域的合作。

在政府关系遭遇困难的情况下，民间交流非常活跃。中国有关机构与日本资深外交官和著名学者每年都定期举行讨论会，讨论中日关系和台湾问题。2003年10月31日，由国务院台湾事务办公室组成的学者访日团，与日本新闻界及在日华文媒体就台湾问题与中日关系进行研讨。台湾问题曾经是中日关系中的禁区，现在则有了民间的第二渠道进行讨论。中日外交官进行定期磋商，努力寻求和扩大双方在21世纪的合作。

2004年1月12日，国家主席胡锦涛会见日本前首相中曾根康弘时强调："在新的时代，中日两国领导人要从维护两国人民的根本利益，促进地区和世界和平的高度出发，推动两国关系不断向前发展。在涉及中日关系政治基础的历史问题上，要坚持以史为鉴、面向未来。凡有利于两国人民友好的事，就多做；凡不利于两国人民友好的事，就坚决不做。"[②] 中日两国通过10+3、上海合作组织等机构，加强在地区安全等问题上的沟通与合作。

中国希望中日进一步加强人员往来，构筑面向未来的日中睦邻友好关系。2002年是中日恢复邦交正常化30周年，中日友好协会和中国人民对

---

① 《人民日报》2001年5月8日。

② 《人民日报》2004年1月15日。

外友好协会在人民大会堂举办庆祝中日邦交正常化 30 周年大型招待会，国家副主席胡锦涛在会见应邀出席招待会的日本前首相桥本龙太郎、村山富市、前副首相后藤正晴以及日中友好七团体的负责人时，希望中日两国政治家和各界人士，珍惜来之不易的中日友好成果，遵循《中日联合声明》、《中日和平友好条约》和《中日联合宣言》的原则精神，以纪念中日邦交正常化 30 周年为契机，进一步增进互信，加强交流，深化合作，尤其要着力培养中日友好事业的接班人，始终不渝地推动中日睦邻友好合作关系健康稳定地向前发展，为实现中日世代友好的崇高目标不懈努力。

总之，在中日关系出现邦交正常化以来从未有过的"冰冻"时期，中国坚持原则，批评日本政府错误行为，努力克服两国关系发展中的困难和障碍。中国以发展的眼光看待中日关系，认为中日和平友好、互利合作的大趋势是不可改变的，通过各种渠道阻止中日关系下滑，为"破冰"做准备。

四 关于中日关系的五点主张

中国认为，中日两国之间存在着广泛的共同利益，积极推动中日友好合作伙伴关系的发展。在 21 世纪初，由于日本领导人坚持错误历史观，并屡次挑战中日关系发展的共同政治基础，导致中日关系出现了邦交正常化以来最为严重的困难局面。2001 年 4 月，自民党总裁小泉纯一郎担任内阁总理后，一再表示中日关系是日本"最重要的双边关系之一"，认为中国的快速发展对日本来说是机遇而不是挑战，日本政府将坚持《日中联合声明》、《日中和平友好条约》和《日中联合宣言》的原则立场来发展中日关系。然而，小泉纯一郎却在行动上屡次违背上述三个文件的精神，其言行不一给中日关系带来了极大的消极影响。在对待日本近代侵略历史问题上，小泉虽然承认日本在第二次世界大战中有侵略行为，但是他认为参拜靖国神社是个人感情问题，无须他国干涉。他在竞选日本自民党总裁时公开表示，作为个人对那次战争中的日本战殁者表示衷心的敬意和哀悼，为此他将参拜靖国神社。小泉当选为日本首相后，果然"履行承诺"，六次去参拜靖国神社。这种公然伤害中国人民感情、违背中日关系发展政治基础的做法，遭到了中国人民的强烈反对，也给中日关系带来了严重后果。

由于小泉在任期间屡次参拜靖国神社，中日关系出现了严重倒退。其间，在 2001 年 4 月第一次参拜靖国神社后，小泉曾于 2001 年 10 月 8 日，到位于北京郊外的卢沟桥中国人民抗日战争纪念馆参观,向中国人民抗日战争纪念馆前"血肉长城"的巨幅雕塑前鞠躬、献花圈,并默哀。发表现场谈话:"我对因那场侵略战争而牺牲的中国人民表示衷心的道歉和哀悼"[①],表示日本将正视和反省过去的历史,再不发动战争,并基于历史教训走和平发展道路,坚持与国际社会的协调与合作。中国政府对小泉正视历史的态度表示欢迎,希望小泉政府言必信行必果,以中日两国关系发展的大局为重,以实际行动推动中日关系向前发展。然而,小泉纯一郎本人并没有放弃错误的历史观,中日关系出现了倒退。

鉴于小泉政府一再破坏中日关系发展的政治基础,中国强调以史为鉴,呼吁日本政府切实履行承诺,使中日关系重新回到健康发展的轨道上来。2005年4月23日晚,中国国家主席胡锦涛在印度尼西亚雅加达参加亚非峰会时会见了日本首相小泉纯一郎。胡锦涛代表中国政府提出了解决中日关系困难局面的五点主张:"第一,要严格遵守《中日联合声明》、《中日和平友好条约》和《中日联合宣言》三个政治文件,以实际行动致力于发展面向21世纪的中日友好合作关系。第二,要切实坚持以史为鉴、面向未来。日本军国主义发动的侵略战争给中国人民带来了深重灾难,也使日本人民深受其害。正确认识和对待历史,就是要把对那场侵略战争表示的反省落实到行动上,绝不再做伤害中国和亚洲有关国家人民感情的事。希望日方能以严肃慎重的态度处理好历史问题。第三,要正确处理好台湾问题。台湾问题是中国的核心利益,涉及13亿中国人民的民族感情。日本政府多次表示坚持一个中国政策,不支持'台独'。希望日方以实际行动体现上述承诺。第四,要坚持通过对话,平等协商,妥善处理中日之间的分歧,积极探讨解决分歧的办法,避免中日友好大局受到新的干扰和冲击。第五,要进一步加强双方在广泛领域的交流和合作,进一步加强民间友好往来,以增进相互了解,扩大共同利益,使中日关系健康稳定地向前发展。"[②]

胡锦涛代表中国政府提出的五点主张,既坚持了中日友好的政治基础,又强调以史为鉴,重视中国的核心利益,希望中日两国以平等协商的态度解决分歧,使中日关系真正走上健康发展的轨道。小泉纯一郎表示,

---

① 《人民日报》2001年10月9日。

② 《人民日报》2005年5月24日。

日方愿根据胡锦涛主席提出的五点主张的精神，积极推进日中友好合作关系。在历史问题、台湾问题上，日本政府将遵循日中三个政治文件确定的原则，这一立场没有任何变化。然而，小泉虽然表面上说遵循中日关系三个政治文件的精神，行动上却是另外一套，他担任首相期间六次参拜靖国神社，导致中日关系严重倒退，不仅造成中日两国首脑连续五年没有实现互访，而且造成2005年10月以后，中日两国首脑在第三国会见也被迫停止，中日关系出现了邦交正常化以来从未有过的政治"冰冻期"。

中国政府对于小泉纯一郎一而再、再而三地破坏中日关系的行径采取了坚决的应对措施，不再对小泉抱有任何希望，对其采取"晾晒"和孤立的态度，停止与其对话。同时，中国积极推进与自民党高层和在野党的工作，促进两国民众的直接交流与了解，着眼于"后小泉时代"。尽管中日关系遭遇"严冬"，但是中国依然坚信中日两国友好是大势所趋，具有战略意义，特别希望今后两国在涉及国家核心利益问题上实现沟通。

五　敦促日方以实际行动改善两国关系

小泉纯一郎作为日本首相屡次参拜靖国神社，并把参拜说成是日本的文化，认为中国反对其参拜是不尊重日本的文化，干涉日本的内政，这就鼓励了日本国内的右翼势力。日本右翼政治家、右翼学者不断发表否定战争言论，还企图用错误的历史观影响、教育下一代。日本右翼学者以反对"自虐"史观、"东京审判"史观为由成立了"新历史教科书编纂委员会"，这个委员会汇集了日本右翼历史学者、教育学者。2000年9月，"新历史教科书编纂委员会"编写了一部否认日本侵略历史，淡化甚至美化日本军国主义罪行的《新历史教科书》，由日本扶桑出版社出版，2001年3月，文部科学省审定该教科书合格，酿成了又一起"教科书事件"。

中国认为教科书事件的出现不是孤立的、偶然的，是日本国内狭隘民族主义思潮发展的必然结果，是日本右翼势力挑战中日关系政治基础的新表现。青少年是中日关系发展的未来，如果用错误的历史观教育年轻一代，必将给中日关系造成恶劣后果。中国政府要求日本严格遵循《中日联合声明》、《中日和平友好条约》和《中日联合宣言》的原则，切实履行在历史问题上所作的郑重承诺，阻止宣扬"皇国史观"，否定和美化侵略历史的教科书通过并在实际教学中使用，以免损坏中日关系。日本政府应该负起责任，以实际行动纠正教科书中歪曲史实、美化侵略的错误，消除已经造成的恶劣影响。

　　教科书事件是20世纪80年代两次教科书事件后日本在历史问题上出现的又一起严重政治事件，表明日本国内存在着企图篡改历史、用错误史观教育青少年一代的右翼势力。教科书事件不仅是中学教育问题，而且关系到中日关系的未来。日本文部科学省仍然通过了这部教科书，并准备在2002年4月新学期开始由中学选取、采用。扶桑社出版的《新历史教科书》也受到了日本国内进步人士的批判和反对。日本正义人士成立了"21世纪儿童教育与教科书全国网络委员会"，呼吁中学不要使用扶桑社的历史教科书。日本国内的正义学者也联名呼吁学校不要使用这部教科书。由于日本国内正义力量的努力，扶桑社的《新历史教科书》的使用率只有0.039%，再次表明了要求正视历史、反对战争的和平力量在日本国内是占主流的。

　　2005年4月，日本文部科学省再次通过了右翼学者编纂、严重歪曲历史的《新历史教科书》。虽然这版教科书在日本中学的使用率仍然很低，只有1.04%。但是，已经有公立学校选择使用，这不能不引起人们的警惕。21世纪的教科书事件是第二次世界大战后的第三次教科书事件，是日本国内政治保守化、狭隘民族主义泛滥的反映，中国对于教科书事件的关注、中国学者对《新历史教科书》的批判，绝对不是小题大做，是坚持发展中日关系原则的大是大非问题，教育是影响一代人成长的大问题。

　　在发展与日本关系中，中国一直强调对台湾问题的立场，日本政府也一再表示要坚持"一个中国"的立场，不与台湾发展官方关系。但是，在2001年和2004年，日本政府违背《中日联合声明》、《中日和平友好条约》和《中日联合宣言》三个文件的精神，允许李登辉分别以"治病"和观光之名到日本活动。日本政府对于中国的抗议和反对，却说李登辉已经不再担任"总统"，是以普通旅行者的身份进入日本的，希望中国不要介意。李登辉是"两国论"的炮制者，不是简单的"一介平民"，其分裂中国的活动，受到海峡两岸中国人的反对。日本政府允许李登辉访问，实际背弃了自己做出的承诺，损害了中日关系的政治基础，中国政府抗议日本违背中日两国在台湾问题上达成的共识，破坏中日关系的做法，希望日本政府采取措施，切实改善中日关系。

　　钓鱼岛领土问题，中日之间一直存在着争议，无论是在邦交正常化时期、还是在签订《中日和平友好条约》时，中国主张以中日两国友好关系的大局为重，将钓鱼岛争议暂时搁置起来，对钓鱼岛海域的资源，两国可以共同开发利用。"搁置争议，共同开发"得到了日本政府的赞同。但是，日本一直有人在钓鱼岛问题上制造事端。2002年底，日本政府以每年2200万日元的租金向一日本"岛民"租借钓鱼岛，声称是为了加强管理。中国政府申明钓鱼岛及其附属岛屿自古以来就是中国的固有领土，日方对这些岛屿采取的任何单方面行动都是无效的。2004年4月3日，温家宝总理会见日本外相川口顺子时，再次重申中国政府对钓鱼岛及其附属岛屿的主权立场，表示，中日关系这些年的发展来之不易，要倍加珍惜。只要双方从两国大局出发，妥善解决目前存在的问题，中日关系就一定能克服困难向前发展。

世纪之交，中日关系出现严重困难，这主要是因为日本政府屡次挑战中日关系发展的共同政治基础造成的，中国希望日本政府切实履行承诺，不要再做有损于中日两国人民的利益、有损于中日关系向前发展的事情。同时，中国冷静地分析了邦交正常化以来，中日两国关系发展的历程，认为中日之间的共同利益越来越多，在经济、地区安全、环境保护、节能等方面有许多新的合作领域，中日关系发展中的困难是暂时的，两国关系一定会向更高层次发展。

第二节 关于建设中日互惠关系的战略

在21世纪中日关系遭遇了前所未有困难的形势下，中国仍然客观、理性、全面地看待中日关系的发展趋势，从国际形势与中日两国的利益考察相互关系，认为中日关系可能发展到更高的层次，两国的友好伙伴关系可以发展到战略互惠阶段。

一 全面建设中日战略互惠关系的依据

21世纪由于日本领导人连续参拜靖国神社，中日关系遭遇了自邦交正常化以来从未有过的"冰冻"期，中国国内一些人对发展中日友好合作伙伴关系产生疑虑，有人因为不满意日本文部科学省审定严重歪曲历史的教科书、日本申请加入联合国安理会常任理事国、在东海与中国发生领土争端等，进行抗议日本游行，表达中国人对日本一意孤行的不满。在抗议活动中，有人呼吁"抵制日货"，也发生了个别极端的言行。中国一方面对日本政府挑战中日关系共同政治基础的行为提出批评；另一方面，积极引导国内舆论，肯定广大人民群众的爱国之情，号召国内民众珍惜来之不易的中日关系，号召大家要理性表达自己的爱国感情，遵守国家的法律、法规，维护安定团结的局面，相信党和政府会妥善处理中日之间的问题。

中国分析了中日邦交正常化以来两国关系的发展，认为中日两国的共同利益大于分歧，要抓住中日关系发展的本质，努力把友好合作伙伴关系发展到战略互惠关系的新高度。中国提出建设中日战略互惠关系是客观分析中日关系和国际形势发展的结果，有着现实的客观依据。首先，中国要继续推进睦邻友好政策，维护地区安全与稳定，推进世界和平与发展的崇高事业，日本是中国实行睦邻政策的重要国家，两国在维护地区稳定方面有共同的利益。睦邻友好政策、积极推进同邻国的关系，争取良好的周边环境，是中国独立自主的和平外交政策的重要体现。中国提出"继续加强睦邻友好，坚持与邻为伴、与邻为善，加强区域合作，把同周边国家的交流和合作推向新水平"①。在当今这个世界中每个国家都有自己的周边邻国，每个国家都不能选择周边邻国，也无权干涉周边邻国采取什么样的社会制度、经济制度等内政。而周边国家的态度、社会发展状况会对本国安全和利益产生影响。在当今这个充满竞争和风险的世界上，一个国家要维护民族独立和尊严，必须提高综合国力，加快发展。中国要与邻国处理好关系，中日两国实行不同的社会制度，实践证明，中日两个不同社会制度的国家可以和平友好相处，中日实现邦交正常化在全世界范围内树立了不同社会制度国家和平友好的典范，中日邦交正常化以来，两国的友好合作为今后提升两国关系打下了坚实的基础。

其次，日本已经走上了和平发展道路，是维护地区和世界和平的重要力量，中日两国在维护地区稳定方面有着共同或者类似的看法，是建立战略互惠关系的基础。战后日本实行了民主改革，颁布了《和平宪法》，走上了和平发展道路，是维护地区和世界和平的重要力量。在当前复杂多变的世界局势中，中日两国都希望东北亚地区能够长期和平、稳定，关注朝鲜半岛形势的发展，期待为维持朝鲜半岛的稳定做出努力。目前，朝鲜问题存在着许多变数，不确定因素很多，两国只有加强合作、交流，才能在

---

① 《江泽民文选》第3卷，第567页。

促进朝鲜半岛无核化、促进东北亚局势稳定上发挥更大的作用。

再次，在未来两国关系中，对方国家的发展对本国具有重要意义。中日两国都是东北亚、太平洋地区的重要国家，互以对方为最重要的邻国。日本在未来中国经济建设中具有重要作用。在国与国的经济交往与合作中，中日两国有着得天独厚的地理优势，有着很强的"互补性"。国家安全不仅涉及领土安全，还包括金融安全、贸易安全、能源安全、基因安全、生态环境安全等，中日两国在更广泛意义上的国家安全方面，具有广阔的合作前景。目前，中日两国同为世界能源消费大国，日本是资源匮乏的国家，在多年的经济发展中，日本在节能、环保、可再生能源开放等领域的技术，居于世界先进水平，可为中国建立资源节约型、环境友好型社会，提供大量的技术支持，促进中国的可持续发展。中国改革开放后，经济持续高速发展，中日两国经济总量接近，中国广阔的市场为日本经济复苏和发展提供了重要的机会。

另外，中日两国友好交往的历史、相近的文化传统和价值观都是其他国家不可比拟的。中日两国积累了丰富的交流经验，有着广泛的共同利益，两国关系上升到战略高度，不仅可以为两国的发展，而且可以为世界和平做出更大的贡献。

二　推进中日战略互惠关系的基本方针

为了促进中日关系向更高层次发展，2006年3月，温家宝总理在中日政治关系尚处于"冰冻"时期就代表中国政府对发展中日关系提出了三点意见："第一，继续进行政府之间的战略对话，以消除影响中日关系的障碍。第二，加强民间交往，增进相互了解和信任。第三，稳定和发展两国的经贸关系，扩大互利双赢的合作。"[①] 在中日两国高层往来已经中断数年的情况下，中国提出两国政府要进行战略对话，可见，中国把中日关系放在战略的高度来考虑，期待与日本新的领导人就建立中日战略互惠关系进行对话，确立战略互惠关系的内涵，共同推动中日关系发展。

在中国共产党第十七次全国代表大会上，中国再次强调中国始终不渝走和平发展道路、始终不渝奉行互利共赢的开放战略、坚持在和平共处五项原则的基础上同所有国家发展友好合作。提出："我们将继续贯彻与邻

---

① 《人民日报》2006年3月15日。

为善、与邻为伴的周边外交方针，加强同周边国家的睦邻友好和务实合作，积极开展区域合作，共同营造和平稳定、平等互信、合作共赢的地区环境。"① 在中国的周边国家中，日本既是发达国家，又是中国一衣带水的邻邦，是中国周边外交的重要国家。中国认为中日关系的发展，对于两国、亚太地区乃至世界的发展都具有重要意义。中日关系尽管经历了五年的"冰冻"期，但是中国始终坚信中日的共同利益是主要的，中日关系一定会得到改善和发展。

2006年9月，安倍晋三当选为日本新一届首相。安倍晋三将他出任首相后的第一个访问国家定为中国，表明日本对打破中日关系政治坚冰的迫切期望。10月8日，安倍晋三访问中国。中日两国领导人会谈中，同意"努力构筑基于共同战略利益的互惠关系"，中国承认日本战后走的是和平发展道路，日本表示中国不是威胁。双方从战略的高度来考量未来的两国关系，并客观地评价了对方国家发展对地区和世界和平的意义。中日两国领导人决定启动中日共同历史研究项目，旨在了解彼此在历史问题上的立场，推动两国友好关系的发展。经过三年的共同研究，双方历史学家已经撰写完成共同研究报告，并以中日文发表。这项研究将为中日加强彼此了解、正视历史提供有力的学术依据。

中国国家主席胡锦涛会见安倍晋三时指出："进入新世纪，就在中日关系向新的深度和广度迈进的时候，由于日本个别领导人坚持参拜供奉有二战甲级战犯的靖国神社，使中日关系面临困难局面，这是我们不愿看到的。安倍先生就任首相后，中日双方就克服影响两国关系的政治障碍和促进两国友好合作关系的健康发展达成一致，为中日关系的改善和发展创造了条件。"② 胡锦涛提出了健康发展中日关系的四点主张：增加政治互信，深化互利合作，扩大人员交往，加强在地区和国际事务中的沟通与协调，共同构筑全方位、宽领域、多层次的中日友好和互利合作的新格局。胡锦涛强调，中国坚定不移地走和平发展道路，坚持"与邻为善、与邻为伴"的周边外交方针，愿同世界各国友好相处、互利合作、共同发展。中方希望并欢迎日本继续走作为和平国家的道路，在地区和国际事务中发挥建设性作用。

---

① 《人民日报》2007年10月16日。
② 《人民日报》2006年10月9日。

中国认为，政治互信是中日关系发展的关键问题，21世纪由于日本领导人一再对甲级战犯顶礼膜拜，导致中日之间互信度下降，只有通过交流沟通增加互信，才能搞好互利合作，中日关系才能建立在坚实的基础之上。胡锦涛提出的发展中日关系的四点主张既是解决当前中日关系困难之道，也对建立长期稳定的两国友好合作关系、建立中日战略互惠关系有指导意义。

中国媒体称安倍晋三的中国之行为"破冰之旅"。这表明中日关系已经度过了邦交恢复以来最困难、最寒冷的时期，正在迎接春天的到来，中日关系的"政冷经热"局面将得到改善，有利于两国利益。中国希望巩固安倍晋三"破冰之旅"的成果，不断加强沟通，推进战略互惠关系的发展。

2007年4月11日起，中国国务院总理温家宝应邀访问日本。温家宝称这次访问是"融冰之旅"。中日就构筑"基于共同战略利益的互惠关系"达成共识，明确了中日战略互惠关系的内涵，详细说明了构筑战略互惠关系开展具体合作事项。温家宝提出把中日关系推向新的历史阶段的五原则，即：增加互信，履行承诺；顾全大局，求同存异；平等互利，共同发展；着眼未来，加强交流；密切磋商，应对挑战。同一天，中日经济高层对话机制启动会议在日本东京举行，温家宝指出加强中日经济合作是构筑中日战略互惠关系的重要组成部分，双方将利用对话机制交流两国经济发展战略和宏观经济政策，协调跨部门经济合作，加强在重大地区及国际经济问题上的政策沟通。中日经济高层对话机制启动标志着中日经济合作进入更高阶段。2007年是中日文化体育交流年，中日两国领导人出席在东京举行的中日文化体育交流年中方开幕式，两国领导人都表示，希望人文交流成为增进双方人民理解、友谊的纽带，促进两国关系的改善和发展。

鉴于日本某些领导人对历史问题上，错误言行影响了中日关系，温家宝在日本多次强调："中国政府和人民历来坚持向前看，一贯主张以史为鉴、面向未来。强调以史为鉴，不是要延续仇恨，而是为了更好地开辟未来。我们衷心希望，日方以实际行动体现有关表态和承诺。"[1] 中日关系能否最终走上健康发展的轨道，关键要看双方能否增进政治互信，从战略

---

[1]《人民日报》2007年4月15日。

的高度和长远的角度把握两国关系的发展方向。访问中,中日两国领导人就中日之间的矛盾和问题交换了意见,温家宝总理和安倍首相同意加快东海问题谈判进程,争取早日找到双方都能接受的解决方案,使东海成为"和平、友好、合作之海"。横亘在两国之间的"冰"随着温家宝总理的访问逐步融化,但之后,双方仍需要拿出真诚,付出更大的努力,去排解影响两国关系的暗流。

随着中日之间的"政治坚冰"被打破并且"融化",两国领导人互访机制恢复正常。2007年12月27—30日,日本新当选的首相福田康夫到中国访问,与安倍晋三"旋风式"的访问不同,福田康夫在中国逗留四天,计划访问北京、天津、山东等地。访问北京、天津象征着政治、经贸之旅,访问山东则更多地意味着文化之旅。中国给予其隆重热烈的接待。国家主席胡锦涛接见来访的日本首相福田康夫时再次表示:"中方愿与日方一道,以两国高层互访和纪念《中日和平友好条约》缔结30周年为契机,遵循中日间三个政治文件确定的原则,本着'以史为鉴,面向未来'的精神,抓住机遇,多做实事,进一步加强对话与磋商,增进理解和互信,妥善处理两国间重大的敏感问题;进一步推进两国全方位、宽领域、多层次的交流与合作,拓展双方的共同利益;进一步扩大民间交往,特别是青少年的交流,加深两国人民的友好感情,努力构筑和发展中日战略互惠关系,共同开创中日睦邻友好与互利合作的新局面。"[1] 再次表示了中国愿意与日本在增进互信的基础上,加强各方面的对话与协商,为构筑战略互惠关系而努力的决心。

在中日两国领导人的会谈中,温家宝建议:"双方要保持领导人互访和在多边场合会晤的良好势头,就中日关系和共同关心的问题及时进行高层协调与沟通,增进政治互信;利用中日经济高层对话等相关机制,大力开展能源、环保、金融、高新技术、信息通信和知识产权保护等重点领域合作,不断提升两国经贸合作的质量和效益;共同纪念《中日和平友好条约》缔结30周年,扩大人文交流,办好'中日青少年友好交流年',增进两国人民友好感情;加强防务交流和政治安全对话,适时实现日本防卫大臣及海上自卫队舰艇访华计划;妥善慎重处理好历史和台湾问题,维

---

[1]《人民日报》2007年12月29日。

护两国关系政治基础。"① 福田表示,日本在台湾问题上,坚持在《日中联合声明》中的立场,不搞"两个中国"或"一中一台",不支持"台独",不支持台湾"加入"联合国,不支持"入联公投"。日方主张认真反省那段令人痛苦的历史,日本坚持走和平发展道路,希望建立面向未来的日中关系。中日两国领导人出席中日友好团体早餐会时,温家宝强调:"中日友好有三个重要基础,第一,要恪守中日三个政治文件的精神,以史为鉴,面向未来;第二,中日友好的基础在民心,两国人民要相互尊重、相互理解、平等相待;第三,中日友好的未来在青少年。如果说经贸合作象征着中日关系的今天,那么青少年的交流和人民的友谊则是两国关系的未来,双方应进一步扩大青少年往来。"② 福田康夫的中国之行被誉为"迎春之旅",意味着中日关系度过了艰苦的严寒冬季,迎来了又一个春天。

2008年5月6—10日,中国国家主席胡锦涛应邀到日本访问,这是中国国家元首时隔十年之后再度访日,也是新中国成立以来,中国国家元首第二次访日,也是中国共产党十七大后胡锦涛的首次出访。胡锦涛此次出访只有日本一个国家,而且历时五天,这在近年来中国高层外访的历史上,堪称罕见,充分显示了中方对发展中日关系的高度重视。胡锦涛主席这次访问日本的目的是:增进互信,加强友谊,深化合作,规划未来,全面推进中日战略互惠关系。

胡锦涛与日本首相福田康夫举行会谈,胡锦涛指出:"中国和日本一衣带水、毗邻而居。两国人民有着长达2000多年友好交往的历史,两国之间也有过一段不幸的历史。历史经验告诉我们,中日两国必须走和平、友好、合作之路,这是符合两国和两国人民根本利益的唯一正确选择。中日和平共处、世代友好、互利合作、共同发展,对亚洲和世界的和平、稳定、繁荣也至关重要。"③ 随着亚洲和国际形势的变化,随着中日两国关系不断发展,中日两国的共同利益在不断拓展,肩负的共同责任也在不断加大。中日关系正站在新的历史起点上,面临着进一步发展的新机遇。胡锦涛希望中日两国抓住难得的历史机遇,共同努力,将中日关系推进到更

---

① 《人民日报》2007年12月29日。
② 《人民日报》2007年12月30日。
③ 《人民日报》2008年5月8日。

高阶段。为此，胡锦涛建议：巩固中日关系的政治基础，加强战略互信，深化互利合作，增进两国人民感情，建立健全各领域合作机制，扩大在国际和地区事务中的合作。为扩大两国交流合作，胡锦涛提出中日两国要保持高层往来，双方建立领导人定期互访机制，同时继续在国际多边场合保持会晤；促进经贸、科技合作；推动环保合作；扩大人文交流；加强防务交流。这些建议得到了日方的积极响应。

胡锦涛主席与日本首相福田康夫签署了《中日关于全面推进战略互惠关系的联合声明》，双方决心全面推进中日战略互惠关系，实现中日两国和平共处、世代友好、互利合作、共同发展的崇高目标。战略互惠是中日关系发展的最高阶段，内涵丰富，应该包括中日两国：相互支持和平发展，增进政治互信；深化互利合作，实现共同发展；加强防务对话与交流，共同致力于维护地区稳定；加强人文交流，增进两国人民相互理解和友好感情；加强协同与合作，共同应对地区及全球性课题。因此，中日两国在地区安全、能源合作、环境保护、创造节约型社会、援助发展中国家等方面具有广泛的合作空间。

胡锦涛的日本之行，传达了中国政府和人民从战略高度发展中日关系的愿望，这次访问日本被称为"暖春之旅"，标志着中日关系在21世纪发展到崭新的阶段。中日两国首脑交流机制化，以后每年两国首脑都要互访。这表明阻碍中日两国发展的"坚冰"已经被打破，正在化作友好互利合作的滚滚春水。

中国认为中日战略互惠关系是两国友好合作关系发展的结果，是两国政治家和人民共同努力的结晶。由于战略互惠关系有着深厚的基础，符合两国人民的利益，今后无论日本政局如何变化，领导人更换多么频繁，都不可能倒退两国间的战略互惠关系。2009年，胡锦涛主席在会见日本首相鸠山由纪夫时，又提出了关于今后发展中日关系的五点意见：加强高层交往，增进政治互信。两国领导人可以继续保持接触，为两国关系发展不断注入政治动力；加强经贸合作，强化利益纽带。中日都是世界主要经济体，互为最重要的经贸伙伴，加强经贸合作有利于两国尽早克服国际金融危机冲击，推动各自和世界经济复苏。加强亚洲事务合作，推动国际事务协调。中日作为本地区重要国家，应该共同致力于推动朝鲜半岛无核化，维护东北亚和平稳定。胡锦涛的五点意见，使中日战略互惠关系内容更加充实，在应对国际金融危机等国际性问题上，中日合作更加密切，两国的共同利益更加发展。

三　加强民间往来夯实战略互惠关系的基础

中日两国人民是全面建设战略互惠关系的依靠力量，两国人民间的了解、友谊是两国关系向前发展的源泉，国与国的关系说到底就是人与人之间的关系，战略互惠需要人来实现。要实现中日两国世世代代友好下去的愿望，就要注重培植友好的新生力量。中国对于中日关系未来发展的见解，得到了日本政府的赞同。为此，21世纪以来，中日两国采取了一系列措施，加强两国人民特别是青少年的直接交流。2002年在中日邦交正常化30周年之际，两国分别开展了"中国年"、"日本年"活动，并组织政府和民间的一系列交流。"中国年"、"日本年"的活动，促进了两国各个层次的了解与合作，推动了中日关系更大的发展。在中日关系还处于"冰冻"时期，两国民间友好团体和人士依然举行了一系列的交流活动。

为了加强中日青少年的交流，中日两国决定从2008年起，连续四年，每年实现4000名青少年互访。中日双方签订"中日青少年友好交流年"活动的备忘录。2008年5月，胡锦涛访问日本时，表示希望两国青少年相互学习，加强交流，增进了解，为中日世代友好做出贡献。胡锦涛指出，青少年象征着青春和活力，代表着希望和未来。中日世代友好归根到底要靠两国人民友好，两国人民世代友好归根到底要从两国青少年做起。他衷心希望，两国青少年能紧紧携起手来，相互学习，相互借鉴，相互交流，相互信任，自觉肩负起传承中日友好的崇高使命。大家共同努力，让中日友好的种子广泛撒播，让中日友好的旗帜代代相传。

为了推动中日两国民间的直接交流，中日两国将2007年定为"中日文化体育交流年"，2008年为"中日青少年友好交流年"，进一步扩大中日两国人民的交流，沟通中日两国人民的心灵、中日友好的青年一代，发展两国人民之间的友谊。

中国从战略高度把握中日关系，重视民间的"心与心"的交流，只有相互了解，才能相互理解，相互合作，推进战略互惠关系深入发展，否则一切就无从谈起。中日两国关系的发展证明，中日两国的民间交流有着深厚的基础，有着与他国关系中无可比拟的优势，民间交流不仅在推动邦交正常化方面发挥了巨大作用，今后也将是推动两国关系发展的重要动力，将与官方关系相互促进、共同发展。21世纪，在中日关系"冰冻"

时期，两国民间往来继续发展，有效地推动了政府关系的改善，形成了新时期的"以民促官"。中日"冰冻"期结束后，中国又采取积极措施，推动民间交流的发展，2007年以后，中日民间交流呈现出新的局面。中日两国民间交流呈现出多层次、多渠道、全方位发展的态势，表明了中日两国间蕴藏的深厚的友好基础。现在中日两国友好城市300多对，处于国别结好数量之首，友好城市在促进中日两国政府、民间交流方面发挥着重要作用。中国还发挥民间友好人士的作用，中国领导人访问日本时，都会抽出时间看望为中日友好做出巨大贡献的日本友人或者他们的家属，表达对他们为中日和平友好努力的感谢，希望两国的年轻一代继承老一辈的传统，实现中日两国人民世世代代友好下去的愿望。

中国重视与日本执政党、在野党的交流。中国共产党与日本各主要政党之间建立了友好党际关系，两国政党领导人经常互访，交流对于国内外形势与共同关心问题的看法，推动着政府合作的发展。中国全国人大、全国政协与日本国会之间建立了友好交流关系。中日两国友好团体、中日友好21世纪委员会等团体也在发挥着积极作用。

"中日友好的源泉在民间"，中日民间的交流是推进中日战略互惠关系发展的基础，加强中日两国人民特别是青少年的了解和友谊，对于继承中日友好的传统，夯实两国关系的基础，实现世世代代友好，具有重要意义。

第三节　中国的对日战略与未来中日关系展望

中国的对日战略和政策是总体对外战略的重要组成部分，中日已经确立了建立战略互惠关系的目标，中日关系必将沿着这个目标不断向前发展，无论国际形势如何变化，日本内阁如何更替，中日关系继续友好发展的大趋势是不可逆转的。为了促进中日战略互惠关系不断深入发展，中日两国应该加强磋商与合作，两国政府应理性处理分歧和矛盾，正确引导舆论，促进两国人民的交流和理解，使中日战略互惠关系建立在稳固的基础之上。

一　在全面战略互惠的框架下发展中日关系

中国21世纪对日战略目标，是根据国内发展的总目标、总任务，判断国际形势的发展、中日两国人民的利益和要求来制定的。党的十六大确立在中国实现现代化建设"三步走"战略的第一步、第二步目标的基础上,要全面建设小康社会,"国内生产总值到 2020 年力争比 2000 年翻两番,综合国力和国际竞争力明显增强。基本实现工业化,建成完善的社会主义市场经济体制和更具活力、更加开放的经济体系"①,为了实现全面建设小康社会的目标,中国将继续坚持以经济建设为中心,不断解放和发展社会生产力,继续推动经济结构的战略性调整。为此,中国将继续坚持对外开放,充分利用国际国内两个市场,优化资源配置,拓宽发展空间,以开放促改革、促发展。中国将进一步吸引外商直接投资,提高利用外资的质量和水平,使"引进来"和"走出去"相结合,利用两个市场方面,日本在中国对外开放战略中占有重要地位。

中国制订了未来发展中长期目标,继续对外开放政策的一个重要背景,就是基于对国际形势总体的判断。中国认为,尽管世界形势很不平静,地区矛盾冲突不断,但是和平与发展仍是当今世界的主题。维护和平,促进发展,是各国人民的共同愿望,是不可阻挡的历史潮流。新的世界大战在可能预见的时期内打不起来。争取较长时期的和平国际环境和良好周边环境是可以实现的。中国要继续实行对外开放政策,"中国要发展、要进步、要富强,就必须对外开放,加强与世界各国的经济、科技、文化的交流与合作,吸收和借鉴一切先进的东西。封闭就要落后,落后就要挨打。能否不断了解世界,能否不断学习世界上一切先进的东西,能否不断跟上世界发展的潮流,是关系一个国家、一个民族兴衰成败的大问题"②。中国要继续抓住有利的国际形势,提高科技水平,增强经济实力,提高综合国力。

"中国外交政策的宗旨,是维护世界和平,促进共同发展。"③ 中国为了推动世界的和平与发展,重视发展与世界主要大国之间的关系,在与发达国家发展国家关系上,中国不计较社会制度和意识形态的差别,在和平共处五项原则的基础上,扩大共同利益的会合点,妥善解决分歧。中国继续加强睦邻友好,坚持与邻为善、与邻为伴,把同周边国家的交流与合作

---

① 《十六大以来重要文献选编》上,中央文献出版社 2004 年版,第 15 页。
② 《江泽民文选》第 3 卷,第 127 页。
③ 《十六大以来重要文献选编》上,第 36 页。

推向新水平。日本既是发达国家，又是中国的近邻，发展与日本的友好交流与合作是中国外交的重点，也是构建中日战略互惠关系的基础。

随着中国经济的不断发展，2010年中国国内生产总值超过日本，居世界第二位，成为经济总量的大国。但是，中国是个人口大国，人均国内生产总值在世界上还是比较低的，在人均国内生产总值上与日本还有很大差距。中国要继续发展需要日本的资金和技术，希望日本企业家投资中国的农业、制造业和高新技术产业，特别是日本在环境保护、资源节约方面的技术，为中国的可持续发展提供技术和资金的支持。中国自实行西部大开发战略后，积极采取多种形式鼓励和引导境外资金参与基础设施建设，积极利用国外贷款和外国政府赠款等，日本作为发达国家，在西部开发中可以发挥更大的作用。

2008年5月，《中日关于全面推进战略互惠关系的联合声明》中，中日两国确立了全面推进中日战略互惠关系，实现中日两国和平共处、世代友好、互利合作、共同发展的崇高目标。为了推进战略互惠目标，中日两国领导人表示要不断增进政治互信，深化互利合作，共同致力于维护地区稳定等措施，而加强人文交流，增进两国人民相互理解和友好感情是战略互惠关系的重要内容，中国共产党一贯重视开展民间交流对发展两国关系的作用，"广泛开展民间外交，扩大对外文化交流，增进人民之间的友谊，推动国际关系的发展"[①]是中国对外政策的重要内容，中日两国民间交流无论是在中日邦交正常化过程中，还是在构建中日战略互惠关系的过程中，都将起到重要作用。

中国将中日关系推进到战略互惠的高度，是中日关系长期发展的结果，今后无论日本政坛如何变化，内阁如何更替，中日两国关系发展的大趋势是不可逆转的。2010年6月，新当选的日本首相菅直人就表示日美关系是日本外交的基轴，日本要与美国保持信任关系，同时，他也认为日美关系同日中关系同等重要。这也证明了中国对日战略是在总结中日邦交正常化以来两国友好合作关系的发展经验、客观分析中日关系的作用而提出的，是符合中日关系大趋势的。可以预见，中日关系在战略互惠的目标下将会有更大的发展。

[①] 《十六大以来重要文献选编》上，第37页。

二 客观评价中日关系发展中的有利与不利因素

中国始终从战略和长远的角度看待中日关系，认为中日之间存在着广泛的共同利益，无论是从维护地区和平稳定，还是共同应对国际金融危机、气候变化、环境及能源等全球性挑战等问题，中日之间有广泛的合作空间，存在着扩大合作的潜力。冲突与合作是国际关系理论研究的中心问题，国家间的关系无论以何种形式表现出来，都包含着冲突与合作两个方面，冲突中有合作的因素，合作中也有冲突的成分。对中日关系，需要判断冲突与合作哪个方面占主导地位，或者说是主要的，认为中日之间相互依存、相互合作是主要的。这是因为——

从地缘政治角度讲，中日两国是一衣带水的邻邦，同为东北亚、太平洋地区的重要国家，互以对方为最重要的邻国。创造和平、稳定的国际环境符合两国人民的共同利益。中日是东亚的重要国家，只有中日两国坚持睦邻友好、共同为推进地区合作、缓和"热点"冲突作贡献，本地区才能保持长期和平稳定。中国现在正处于改革发展的重要战略机遇期，要在改革开放和现代化建设积累起来的物质基础上，实现全面建设小康社会的目标，需要一个稳定的国内环境和国际环境。为此，中国提出与邻为善，与邻为伴，力图构筑"友好、合作、互利、共赢"的中日关系。

中日两国在地区安全上有比较好的合作基础。中日两国都主张维护东亚的稳定，实行朝鲜半岛无核化。两国都为朝鲜半岛局势稳定、东北亚地区的和平发挥了作用。特别是第二次朝核危机出现后，中国为避免朝核危机演化为新的军事冲突，积极进行外交斡旋，促成了2003年8月后的六方会谈。中日两国代表在七轮关于朝核问题六方会谈中，积极建言献策，期待通过谈判解决朝鲜问题。虽然在如何解决朝核危机问题上，日本与中国有一定的分歧，但是，双方致力于朝鲜半岛稳定、半岛无核化的基本立场是一致的。中国、日本作为东亚地区的重要国家，两国都重视与东南亚、南亚国家的关系，加强与东盟各国的合作。中日两国在与东盟合作过程中也加强了彼此的对话与沟通，两国是10+3机制的参与者，中日两国在东亚区域合作、东亚和平稳定方面具有不可替代的作用。

随着中日两国全面建设战略互惠关系的发展，两国各个领域的战略合作加深，军事领域的交流合作也不断增加。2007年11月28日至12月1日，中国海军导弹驱逐舰"深圳"号应日本海上自卫队邀请访问日本。

这是中国海军舰艇历史上首次访问日本,这次访问对增进中日两国防务领域的交流和互信,推动两国战略互惠关系向前发展,为维护亚太地区及世界和平稳定、促进共同发展具有重要意义。这次访问也开启了中日防务交流的新篇章,为中日军舰互访拉开了帷幕,不仅加强了中国海军与日本海上自卫队的交流,而且也促进了中日民间的理解,对于化解中日两国之间的疑虑,增进互信起了积极的推动作用。

2008年6月24—28日,日本海上自卫队驱逐舰"涟"号访问中国,访问期间,举行了日本防卫省和自卫队向四川地震灾区提供救援物资交接仪式;中国海军官兵与"涟"号驱逐舰官兵互相参观对方舰艇,开展专业交流和文体活动;日方舰艇向湛江市民开放。中日军舰互访是两国军事安全关系走向健康发展的重要标志,有助于推进中日两国防务部门间的交流,增进双方安全互信,促进中日战略互惠关系全面发展。

在经济方面,中日两国的"互补性"很强,日本经济是贸易主导型,海外市场对日本经济发展意义重大。日本曾经连续11年是中国最大的贸易伙伴。双边贸易额连年增长,从1972年的10亿美元,发展到2007年的2360亿美元。2008年,从美国开始的金融危机席卷全球后,中日两国的金融、经济都受到一定影响。如何克服危机,早日渡过难关,是中日两国领导人关心的问题。中国领导人多次表明中国作为负责任的大国,要与国际社会合作,为应对危机做出贡献。同时,中国表示为化解危机,首先要做好自己的事情,积极扩大内需、保稳定、保增长,促发展,维护好中国经济稳定、社会发展,也要对世界应对危机做出应有的贡献。经过不断努力,中日经贸关系有了长足发展,2011年中日双边贸易额达到3449亿美元,创历史新高。

中日两国表示要加强共同应对危机方面的合作,在开拓国内市场的同时,要取消贸易、投资壁垒,加强两国在环境、节能等方面的合作。1979年以来日本对中国开发援助项目总额已经超过3万亿日元,日本是中国经济建设的最大援助国。中国对日本在中国现代化建设的资金、技术等方面的支援,给予了高度评价。中国是日本最大的贸易伙伴和直接投资国,中日两国应争取双赢,在更高的层次和更广阔的范围内推进双边经贸合作。虽然中国经过30多年的改革开放,经济建设取得了伟大成就,对日经济的依存度在下降,但是日本对华投资仍然是中国经济增长的重要因素。中日贸易的增长,也是日本经济复苏和发展的重要原因。中日两国一衣带水，在经济贸易交流上，有欧美国家不可比拟的优势。

随着冷战的结束，非传统安全因素对国家发展的影响越来越大，能源安全、环境安全、生态安全等引起世界各国的重视。中日两国同为世界能源消费大国，在能源环境领域拥有很多共同的利益和合作优势。日本作为资源匮乏的经济大国，多年来在节能、环保方面积累了相当的经验，其污水处理、可再生能源等领域的管理和技术均居世界先进水平。中国提出要建立资源节约型、环境友好型社会，实现经济可持续发展。日本在节能、环保等方面的经验、技术，可为中国提供良好的借鉴。据有关部门预测，今后在实施节能减排过程中，中国将大量采购相关技术和设备，仅建筑节能一项就有2000多亿美元的投资潜力。"十一五"期间的环保投资需要1.4万亿元人民币。节能环保是中国"十一五"期间的重要经济主体，同时也将带来巨大商机和丰厚回报。中国节能环保市场蕴藏着巨大潜力，两国在节能环保方面的合作大有可为。2007年12月，福田康夫首相访问中国时与中国领导人会谈的一个重要议题就是环境问题。福田康夫提出设立"日中环境基金"的构想，作为2008年日本对华日元贷款项目结束后的新的开发援助项目。在环境方面，中日两国合作前景可观。

在文化方面，中日两国有着相同或者相似的文化传统，这是两国关系发展中的宝贵财富。哈佛大学教授约瑟夫·奈提出"软实力"概念，文化是"软实力"的重要内容，是一个国家综合国力的重要组成部分。中日两国应该重视文化交流在发挥传统友谊、培植友好下一代中的作用，通过民间交流和文化交往，实现世世代代友好下去的愿望。中日两国友好归根结底是两国人民的友好，21世纪以来，中日两国政府采取了推动两国人民直接交流的一系列措施，如："文化体育交流年"、"青少年友好交流年"等，这些活动对于加强两国人民的了解，特别是青少年的了解和友谊起了积极作用。中日合作的前景是广阔的，中日友好合作、推进战略互惠的关系是不可逆转的。

三 发挥传统友谊在全面战略互惠关系中的作用

中日两国人民的传统友谊是未来中日关系发展中的有利因素，在未来建设战略互惠关系中，传统友谊是中日两国人民的共同宝贵财富，中国主张两国要挖掘两千多年交流史中的典型事件，发扬友好传统，续写友好新篇章，使中日关系更加巩固和发展。众所周知，中日两国有着悠久的文化、经济、政治交往历史，中国最早记载日本的书籍是战国时代的《山海经·海内北经》。东汉时期，日本开始向中国派遣使者，两国开始了正式官方往来。隋、唐时期，日本开始向中国有计划地大量派遣"遣唐使"、"学问僧"和"留学生"，大量的日本人长期留在长安，有的甚至在中国娶妻生子、入朝做官，遣唐使在中日两国的交流中，占有重要地位。据统计，日本自630—890年间，共任命遣唐使19次，有13次成行并到达长安。646年，日本实行"大化改新"，学习隋唐的"均田制"，将中央贵族、地方贵族占有的部民和土地收归国有，成为"公地公民"。在此基础上，实行"班田收授法"和租庸调制，促进了日本社会生产力的发展。中国鉴真大和尚东渡日本，留下了中日交流史上的佳话。日本人阿倍仲麻吕在唐朝担任官职，与中国诗人李白、王维、储光羲等结下了深厚的友谊。王维的《送秘书晁监还日本国》表现了诗人与晁衡的深厚感情，而李白的《哭晁衡》，将晁衡比作明月，是对晁衡相当高的评价。

　　日本是善于吸收外来文化的民族，古代日本大量学习中国的思想文化、科学技术，推动日本列岛的经济社会发展。在两千多年的历史中，中日两国人民交流呈现出立体的、多元的、全方位的场景，促进了东北亚地区的发展。

　　近代中国则通过日本学习西方的民主思想、科学技术。1896年起开始向日本派遣官费留学生，自费留学生日益增多。康有为、梁启超、孙中山、李大钊、周恩来、鲁迅等都曾到日本学习或者从事革命活动。孙中山的革命活动得到了许多日本友人的支持，有日本志士参加同盟会，参与孙中山领导的推翻清王朝的武装起义，为中国实现民主共和贡献出了宝贵的生命。近代中国人最早多是通过阅读日文书籍来了解和学习西方文化的，而日本人近代创造的众多汉字词汇，不仅对中国人了解西方先进科学文化、思想有重要作用，而且至今仍然为中国人广泛使用。

　　20世纪30年代，日本军国主义发动全面侵华战争，给中国人民带来了巨大的灾难，也使日本人民深受其害。即使在侵略战争期间，中日两国人民的友谊也没有被割断。中国人曾冒着生命危险，保护日本遗孤。1972年，中日邦交正常化后，一些日本孤儿找到了自己的亲人，回到日本。聂荣臻元帅在炮火下救出日本小姑娘美穗子姐妹，更是被传为佳话。这些日本遗孤曾多次来中国访问，感谢中国养父母的恩情，他们是从事中日友好的重要力量。在中国的抗日军队中也活跃着不少日本人的身影，他们参加八路军、新四军、国民党军部队,向不明真相的日本士兵喊话,揭露日本侵略罪行,希望日本士兵早日觉醒。新中国建立后,一些日本友人选择留在中国,他们在医疗、教育、经济等战线,继续为新中国的建设贡献着力量。

中日两国人民在长期交流中结下的友谊,是两国人民的共同宝贵财富。在推进中日战略互惠关系中,我们应继承和发扬两国的传统友谊,加强两国人民的直接交流,增进了解和友谊。正如 2009 年 11 月,温家宝总理接见由 45 名日本遗华孤儿组成的"日本遗孤感谢中国人民养育之恩访华团"时指出的:"中日两国是一衣带水的邻邦,两国人民的友好交往可以追溯到两千多年前。日本军国主义发动的侵华战争,使中国人民遭受了巨大灾难,也给日本人民带来了苦痛。这场侵略战争的责任应该由极少数日本军国主义分子承担,日本人民也是受害者。战后,饱受战争创伤的中国人民不仅没有把仇恨转向日本人民,反而以博大的胸怀,克服重重困难,收留并养育了 2800 多名被遗弃在中国的日本孩子","许多遗孤回到日本后对中国养父母的恩情铭记在心,并积极投身中日友好事业。去年汶川地震发生后,日本遗孤在自身生活并不富裕的情况下,积极伸出援助之手,为灾区捐建了一所'日中友好希望小学',为中日友好增加了新的内涵"[①]。推进中日战略互惠关系的发展,增强两国的互信是关键。为增强互信,应开展从政府到民间各个领域的交流,在交流中相互了解、建立友谊、确立互信。

第二次世界大战已经过去几十年,对日本近代历史有比较清楚认识的老一代政治家已经逐渐淡出权力中心,年轻一代政治家普遍对历史的认识模糊,没有了老一代那样对中国的"负罪感",对中国的态度比较强硬,这显然不利于中日两国关系的发展。因此,中国重视加强中日两国年轻政治家间的对话与交流,创造中日年轻政治家直接交流的机会,增加彼此了解。

随着互联网的普及,在互联网上中日两国民众都有非理性、情绪性干扰中日关系发展的言论,两国政府都应负起责任,正确引导民众,要求媒体全面、客观地报道对方国家社会发展、国民精神、文化传统的状况,不要有意无意地煽动民族情绪。中日邦交正常化以来的历史告诉我们,中日

---

① 《人民日报》2009 年 11 月 12 日。

两国和则两利、斗则俱损。中日友好符合两国人民的根本利益，有利于亚太地区的和平与稳定，有利于建设和谐、和平、互利、共赢的世界。中国共产党在新世纪关于周边外交的方针，对于中日关系的顺利发展、发扬传统友谊、续写中日友好的新篇章具有重要的指导意义。

四 重视核心利益，妥善处理分歧

中国经过改革开放30年的发展，综合国力和人民生活水平有了大幅度提高，国内生产总值已经从世界第十位跃居世界第二位，经济总量超过日本，人均国民收入从190美元上升到2000美元，从低收入国家跃升为中等偏下国家行列，中国的持续高速发展被世人称为"中国模式"。中日两国经济总量已经从改革开放之初的1∶10到超过日本，使中日关系出现了微妙的变化。曾被日本视为"穷国"的中国正在成为其"竞争对手"，中国经济对日依存度不断降低。中国的迅速发展为日本经济复兴提供了良好的机遇，当然，也使一些人感到了前所未有的压力。近年来，日本一直有人鼓吹"中国威胁论"。有日本政客指责中国军费不透明，中国实行扩军，威胁了周边国家的安全。甚至有人认为中国迅速发展对日本经济造成了威胁，当年对中国的经济援助是日本的巨大损失，加强了对中国的戒备。中国也有人对于日本追求"普通国家"的目标心存疑虑，认为日本争取做政治大国的终极目标是要做军事大国，担心日本重新走上军国主义道路，威胁地区和平与安全。中日两国对对方国家发展道路、政治走向的猜测、怀疑，反映了两国之间的战略互信还远远不够，而由于历史和现实等复杂的原因，中日之间要建立这种互信是长期的、艰巨的任务。

中日之间在很多问题上存在着分歧，这些问题有关系到中日政治基础的，有关系到国家利益和现实利益的，也有彼此因为沟通不够产生误解造成的。历史认识问题、台湾问题、钓鱼岛主权问题、东海海洋权益争端等问题是影响中日关系向前发展的最重要因素。而历史认识问题、台湾问题涉及中日关系的政治基础。虽然《中日联合声明》、《中日和平友好条约》和《中日联合宣言》三个政治文件已经对历史问题、台湾问题有明确的阐述。一直以来，中国恪守三个政治文件规定的共同政治基础，而挑衅总是来自日本，这不能不使人对日本的政治信誉产生怀疑。日本国内一直有人美化军国主义战争，违背日本政府在历史问题、台湾问题上做的承诺，伤害中国人民的感情，破坏中日关系向前发展。21世纪之初，日本首相小泉纯一郎不顾中日之间早已达成的政治共识，一再参拜供奉有甲级战犯的靖国神社，导致中日关系出现了邦交正常化以来前所未有的"冰冻"时期，两国关系严重下滑。对于历史问题、台湾问题等涉及中日关系政治基础的问题，中国一贯主张应该坚持原则，本着"前事不忘，后事之师"的态度，以严肃审慎的态度处理好这些问题。正如胡锦涛总书记指出的："我们强调牢记历史并不是要延续仇恨，而是要以史为鉴、面向未来。只有不忘过去、记取教训，才能避免历史悲剧重演。"① 日本不应在历史问题上与中国采取对立的立场。2006 年 9 月以来，日本从安倍晋三、福田康夫、麻生太郎再到民主党的鸠山由纪夫、菅直人、野田佳彦，都表示在历史问题上坚持"村山谈话"精神，对日本过去的殖民统治和侵略表示道歉，对于坚持发展中日关系的共同政治基础，推进战略互惠关系是有积极意义的。

在世界政治大国中，中国是唯一没有实现领土统一的国家，台湾问题在中国实现民族复兴、国家富强目标中的地位不言而喻，它关系到中国的核心利益，又关系到中日之间的核心利益。中日邦交正常化以来，日本政治集团中的"台湾帮"一直鼓吹不能抛弃台湾，企图搞"两个中国"或"一中一台"，日本将台海地区纳入"周边事态"，干涉中国内政，严重地损害了中日关系的发展。20 世纪 90 年代中期以来，日本政府不断策划"两国论"的制造者李登辉访问日本，2001 年 4 月，李登辉终于达到了访日的目的。中国对日本政府破坏中日关系的行为提出强烈抗议，并通告延期李鹏委员长预定的 2001 年 5 月下旬访问日本。这是自中日邦交正常化以来，中国首次因为两国关系恶化而推迟领导人出访。与此同时，中国停止副部长以上官员的访日活动，中日关系面临着新的考验。21 世纪，日本支持台独分子分裂中国的活动也愈加猖狂，日本漫画家小林善纪出版了否定侵略战争的《战争论》和歪曲台湾历史的《台湾论》，李登辉对小林善纪大加吹捧，并引荐给陈水扁。日本一些政界要员也加紧与台湾方面的勾结，对中日关系造成了不利的影响。

中日东海争端日益突出。1992 年 2 月 25 日，中国全国人民代表大会通过了《中华人民共和国领海及毗连区法》，规定：中华人民共和国的陆地领土包括中华人民共和国大陆及沿海岛屿、台湾及其包括钓鱼岛以及其

---

① 《人民日报》2005 年 9 月 4 日。

他一切属于中华人民共和国的岛屿，将钓鱼岛及其附属岛屿主权纳入法律条文。1998年6月26日，中国全国人民代表大会通过《中华人民共和国专属经济区和大陆架法》，明确规定中华人民共和国专属经济区为领海宽度的基线量起延至200海里。中国认为，东海大陆架无论从地形、地貌、地质上都是与中国内地有着连续性的，是中国内地在水下的自然延伸。由于中日两国在钓鱼岛主权、东海划分等问题上的争端，中国坚持在邦交正常化和《中日和平友好条约》签订时的立场，"搁置主权争议，共同开发资源"，通过和平协商的方式解决争端。中国坚持本着公平互谅原则，通过谈判协商解决这个问题，"使东海成为和平、合作、友好之海"。

中日之间的分歧和矛盾不是一下子就可以消失或者解决的，中日两国由于近代经历了不幸的历史，第二次世界大战后日本一直对历史问题采取模糊、暧昧的态度，两国国民之间缺乏直接沟通和必要的了解，造成中日关系存在"脆弱"的一面。由于缺乏互信就使中日关系中出现的小问题酿成大问题，一般问题上升为政治问题。今后要通过各个层次的交流与对话，增进互信。2008年5月，胡锦涛主席访问日本时，再次肯定了日本战后一直走和平发展道路，日本人民与中国人民一样是热爱和平、反对战争的。这有助于中日两国相互打消对对方国家发展方向的疑虑。

中日两国要实现世代友好，必须遵循两国在《中日联合声明》、《中日和平友好条约》和《中日联合宣言》中确定的基本原则，坚持和平发展、互利合作的大方向，增加两国人民的直接交流，增进相互了解，培养中日友好的后备力量。中日政治家应该具有战略眼光，理性对待中日之间的分歧，正确引导舆论和民众。中日两国政府和人民之间只有切实建立起相互信赖的关系，才能推动中日战略互惠关系的发展，共同为东亚的和谐、和平、稳定做出应有的贡献。

结　语

中国在社会主义现代化建设中必须制定符合实际的发展战略，包括对内战略和对外战略。在国际关系中，国家关系占主导地位，维护国家主权是中国制定对外战略的基点。

中日关系是中国最重要的对外关系之一，也是最具复杂性、敏感性的双边关系。中国的对日战略是总体对外战略的重要组成部分，从中华人民共和国成立到现在，中国对日战略和方针政策，具有几个明显的特点。

首先，中国充分尊重日本国民对发展道路、社会制度的选择，不以自己的意志强加于人，致力于在平等互利的基础上，与日本建立正常的国家关系。在恢复中日邦交正常化的过程中，中国政府充分理解和照顾日本国情和困难，支持两国人民的交流和理解，通过与日本民间团体、友好人士、在野党的交往，促使日本政府改变敌视中国政策，实现邦交正常化。新中国成立后，中国一直把维护世界和平、反对战争作为对外战略的立足点和根本目标。毛泽东提出的"联合一切爱好和平自由的国家、民族和人民，争取世界的持久和平"，也包括日本这样的资本主义国家。第二次世界大战后由于美国实行对日占领，并极力将日本作为在远东防止共产主义扩散的"防波堤"，日本在外交上比其他西方国家更依赖美国。为了实现中日邦交正常化、实现中日两国的长期和平友好、维护亚太地区乃至世界和平的对日战略目标，中国客观分析日本军国主义发动侵略战争给中日两国人民带来的灾难，认为日本人民也是战争的受害者，日本人民希望中日两国能够实现和平友好，实现中日关系正常化不仅是中国政府和人民的愿望，也符合广大日本人民的利益。早在20世纪50年代，毛泽东就对来访的日本朋友指出，要"向前看"、"你们已经赔过不是了。不能天天赔不是，是不是？"① 这绝不是一句客气话，而是反映了中国领导人高瞻远瞩地对待中日关系的胸怀和气魄。

为了实现邦交正常化的目标，中国特别注意发挥日本国民的作用，首先开展中日两国间的"人民外交"即"民间外交"，加强两国人民的友好往来和相互了解，使日本民众影响日本政府的对华态度，促进中日邦交正常化的实现。在中日正式建立官方关系前，中日两国民间形成了多层次、多领域、全方位的交流局面，特别是中国共产党与日本各个在野党本着"独立自主、完全平等、互相尊重、互不干涉内部事务"的原则发展党际关系，充分发挥日本在野党"辅助外交"功能，为中日邦交正常化奠定了良好的基础。中日邦交正常化实现后，中日两国的民间与官方两个交流渠道相互促进、相互影响，形成多层次、全方位的友好交流。两国政府之间、中国共产党与日本各个政党之间、两国民间团体、文化、体育、经济、教育界等都建立了良好的合作关系，造就了至今还令人怀念的"蜜月时期"。中日两国"民间外交"在两国关系建立和发展中的作用，是其他任何国家都无法比拟的。中日实现邦交正常化以后，中国仍然重视民间交流在发展友好合作关系中的作用，特别是在中日官方关系出现困难时，加强与日本政党、议会、友好团体的交流，形成了 21 世纪的"以民促官"。中日两国全面建设战略互惠关系中，"民间外交"仍然具有其独特的优势，通过文化体育交流年、青少年交流年等多种民间文化交流活动，加深两国人民的了解和友谊，推动全面战略互惠关系的发展。

其次，制定具体的方针、政策，有重点、分阶段地逐步推进对日战略目标的实现。如前所述，在独立自主原则下，中国制定了对日关系发展战略：实现邦交正常化、发展中日两国互利友好、为亚洲和太平洋地区的稳定、为世界和平做出贡献。在这个战略指导下，在不同时期战略重点进行适当调整，并通过具体方针、政策来实现战略重点。从中华人民共和国成立到 20 世纪 70 年代初，中国对日战略的重点是实现邦交正常化，鉴于当时的国内外形势，中国制定了"民间先行，以民促官"的对日方针，首先开展"民间外交"增加中日两国人民的了解，渐次推进到建立官方关系。在"民间外交"阶段，中国又提出了"官民并举"、"政治三原则"、"贸易三原则"、"政经不可分原则"、"民间协议，官方挂钩"等一系列

---

① 《毛泽东外交文选》，第 226 页。

具体措施，中日关系终于发展到官方水准。中日邦交实现正常化以后，中国将全面友好合作、维护亚太地区稳定作为对日战略的重点，通过建立高层互访机制、成立中日友好21世纪委员会、制定一系列政府间合作协定等方式，推进全面友好合作关系的举措，将友好合作关系发展成为友好合作伙伴关系。21世纪，全面建设战略互惠关系成为对日战略的重点，并通过签署政府文件、两国领导人定期互访、双方在对方国家举办"国家年"等活动来巩固战略互惠的基础。这种有步骤、分阶段实施对日战略的策略是成功的，为今后两国关系继续深入发展积累了经验。

中国具体的对日方针、政策在邦交正常化之前，主要通过中联部、全国人大、全国政协、人民团体等相关部门来实行。外交部是实行对日政策的主要部门，同时，中国共产党与日本各个在野党之间的党际交流、全国人大、全国政协与日本国会之间的交流、中日友好协会与日中友好协会的相互交流，以及各类民间团体的交流也非常活跃，推进着中日全面建设战略互惠关系的发展。

再次，中国客观评价日本战后发展道路，重视日本在维护地区和世界和平中的作用，是制定对日战略的前提。20世纪五六十年代，由于战争结束不久，加之国际形势复杂多变，中国政府和人民对日本军国主义复活保持着高度的警惕，特别是当时日本政府紧随美国，在台湾问题、联合国恢复中华人民共和国合法权益问题上制造麻烦或者障碍，中国自然将其与复活军国主义联系起来。但是，即使在对日本军国主义复活保持最高度警惕的时代，中国仍然认为，日本人民是爱好和平的，希望他们的国家走上独立、民主、中立的道路。中国政府肯定日本战后走的是和平发展道路，成为维护亚太地区和平的重要力量。

为了中国周边环境安全，为了中国的经济建设和发展，中国主张与不同社会制度的日本和平共处。1954年，周恩来总理接见日本客人时指出："和平共处，就是平等互利，互通有无，'共存共荣'。"[①] 这也是中国制定实现邦交正常化战略的原因。尽管日本国内存在少数为军国主义翻案的势力，但是日本战后发展道路是和平、民主的，日本人民不允许军国主义和法西斯主义复活，多数日本政府成员对侵略战争有比较明确的认识。因此，中国既对日本少数为侵略战争翻案的行为保持高度警惕，又肯定日本

---

① 《周恩来外交文选》，第90页。

战后的和平道路，要继续加强与日本的睦邻友好合作政策。邓小平指出："日本人民不希望有战争，欧洲人民也不希望有战争。第三世界，包括中国，希望自己发展起来，而战争对他们毫无好处。"① 日本是维护世界和平的重要力量，中日关系的主流是好的。江泽民提出："中日两国领导人在处理双方关系时应当高瞻远瞩，从地区和全局的高度把握好两国关系发展的大方向，为人类的进步和繁荣作出应有的贡献。"② 21世纪，中国提出了建设"和谐世界"的目标，也充分肯定了日本战后一直走和平发展道路，日本人民与中国人民一样是热爱和平、反对战争的。这对于全面建设中日战略互惠关系是有指导意义的。

最后，中国对日友好合作战略与两国的"互利"、"互惠"有机结合起来，与彼此尊重结合起来，保证了友好合作关系的持续性、稳定性和长期性。国家利益是国际关系发展中的重要因素，国家利益是指国家在复杂的国际关系中维护本国和本民族免受外来侵害的基本原则，是制定对外战略的重要依据乃至决定性因素。中国在制定对日战略时，首先维护中国的国家主权和根本利益，在关系到中国核心利益问题上，一贯坚持根本原则立场。同时，也照顾日本的国家利益和实际困难，在中日邦交正常化谈判中，中国采取了"求大同，存小异"的原则，对一些分歧采取暂时搁置的办法，以两国关系发展的大局为重。

中国既维护自己的国家利益，也尊重对方的主权、尊重对方国家的社会制度、发展道路，不对日本的社会制度和发展模式指手画脚。中日邦交正常化前，周恩来与日本公明党委员长竹入义胜的会谈中，就表明了中国不搞革命输出，不主张现在日本实行社会主义③的一贯立场，打消了日本政府的疑虑。相互尊重、相互信任是发展中日关系的基础。

关于彼此尊重、彼此沟通，早在新中国刚刚成立时，周恩来就在外交部成立大会上指出："国与国之间在政治上不能没有差别，在民族、宗教、语言、风俗习惯上是有所不同的。"④ 应该通过接触，彼此沟通不断改善关系。"世界各种文明和社会制度应该而且可以长期共存，在竞争比

---

① 《邓小平文选》第3卷，第105页。
② 《人民日报》1995年10月24日。
③ 详见日本外务省解密档案。
④ 《战后中日关系文献集（1945—1970）》，第69页。

较中取长补短，在求同存异中共同发展。"① 毛泽东早就指出，中国对外合作要本着互利、平等的原则，"我们在合作方面得到一条经验：无论是人与人之间、政党与政党之间、国与国之间的合作，都必须是互利的，而不能使任何一方受到损害。如果任何一方受到损害，合作就不能维持下去"。②

中日要长期合作、全面建设战略互惠关系，两国的合作就必须是互利、互惠的，这才能够得到本国人民的支持，友好的基础才能牢固。在实行对外开放政策后，中国更加重视发展中日两国互利合作对促进中日两国国家利益和两国人民共同利益中的积极作用，邓小平指出："欧美国家和日本是发达国家，继续发展下去，面临的问题是什么呢？你们的资本要找出路，贸易要找出路，市场要找出路，不解决这个问题，你们的发展总是要受到限制的。"③

中国改革开放30多年来，经济迅速发展，综合国力和人民生活水平大幅度提高，中国的成功经验被称为"北京共识"、"中国模式"。在中国的经济发展中，日本的经济、技术支援起了积极作用，当然，经济技术合作不是单向的。日本对中国的投资也给其自身带来了巨大的经济利益，1979年起的日本政府对华贷款，在中国交通、能源、医疗、环境等建设方面发挥了重要作用，而中国投资环境的不断改善，使日本在华投资企业获得了丰厚的回报，对于日本经济复苏起了重要作用，所以说，中日双方的经济合作是互惠、互利的。2010年，中国国内生产总值超过日本居世界第二位。中国经济迅速发展为日本海外投资和建设提供了更多的机会和条件，中国企业实行"走出去"战略，日本是中国企业进军海外的重要市场。当然，中国经济总量超过日本，并不意味着中国已经进入发达国家的行列，中国的人均国内生产总值、环境建设、高新技术产业等方面与日本相比还有很大差距，中国在建设资源节约型、环境友好型社会中，需要学习日本的经验和技术。中日关系早已超越了就友好谈友好的层面，而进入实质性、深层次的发展阶段，中日邦交正常化实现以后，中国将全面友好合作、维护亚太地区稳定作为对日战略的重点，通过建立高层互访机

---

① 《江泽民文选》第3卷，第524页。
② 《毛泽东外交文选》，第167页。
③ 《邓小平文选》第3卷，第105—106页。

制、成立中日友好 21 世纪委员会、制定一系列政府间合作协定等方式，推进全面友好合作关系的举措，将友好合作关系发展成为友好合作伙伴关系。全面建设战略互惠关系成为对日战略新的重点，是中日两国需共同努力来实现的目标。中日两国已经通过签署政府文件、两国领导人定期互访、双方在对方国家举办"国家年"等活动来巩固战略互惠的基础。

总之，中国的对日战略是客观分析国内外形势、根据中国社会发展的总体战略目标而制定的，中国的对日战略具有前瞻性、科学性和现实性。在全面建设中日战略互惠关系过程中，应该冷静地分析形势，充分认识迄今为止困扰中日关系发展的问题之所在，同时也要看到，随着两国关系的深入发展，新的分歧、矛盾不可避免。这需要中日两国都要以长远的、发展的眼光来看待未来关系，认识中日双边关系的特点，以维护两国利益和地区和平稳定为出发点，克服不利因素，积极应对已经出现和可能出现的困难，推进战略互惠关系不断向前发展。

主要参考文献

中文部分

一 文献类

《建国以来毛泽东文稿》第1—13册，中央文献出版社1987年版。
《毛泽东选集》第1—4卷，人民出版社1991年版。
《毛泽东文集》第1—8卷，人民出版社1999年版。
《毛泽东外交文选》，中央文献出版社、世界知识出版社1994年版。
《毛泽东年谱（1893—1949）》下卷，人民出版社1994年版。
《周恩来年谱（1949—1976）》上卷，人民出版社1989年版。
《周恩来外交文选》，中央文献出版社1990年版。
《邓小平文选》第1—3卷，人民出版社1993年版。
《邓小平年谱（1975—1997）》，中央文献出版社2004年版。
《江泽民文选》第1—3卷，人民出版社2006年版。
《三中全会以来重要文献选编》上、下，人民出版社1982年版。
《十六大以来重要文献选编》上、下，中央文献出版社2004年版。
陶文钊主编：《美国对华政策文件集》第1—2卷，世界知识出版社2003年版。
田桓主编：《战后中日关系文献集（1945—1970）》，中国社会科学出版社1996年版。
田桓主编：《战后中日关系文献集（1971—1995）》，中国社会科学出版社1997年版。
《国际条约集（1945—1947）》，世界知识出版社1961年版。
中国社会科学院近代史研究所译：《顾维钧回忆录》，中华书局1989年版。

江山主编:《共和国档案（1949—1996）》,团结出版社1997年版。

宋恩繁、黎家松主编:《中华人民共和国外交大事记》第1—4卷,世界知识出版社1997年版。

《中华人民共和国宪法》,法制出版社2004年版。

二 著作类

钮先钟:《国家战略论丛》,台北幼狮文化事业公司1984年版。

孙平化:《中日友好随想录》,世界知识出版社1986年版。

裴坚章主编:《研究周恩来——外交思想与实践》,世界知识出版社1989年版。

许介麟:《谁最了解日本》,文史出版社1989年版。

薄一波:《若干重大决策与事件的回顾》上卷,中央党校出版社1991年版。

林代昭:《战后中日关系史》,北京大学出版社1992年版。

中华人民共和国外交史研究室编:《毛泽东外交思想研究》,世界知识出版社1994年版。

吴学文、林连德、徐之先:《当代中日关系（1945—1994）》,时事出版社1995年版。

刘江永主编:《跨世纪的日本——政治、经济、外交新趋势》,时事出版社1995年版。

李德安等编译:《大平正芳的政治遗产》,中央文献出版社1995年版。

宋成有、李寒梅:《战后日本外交史（1945—1994）》,世界知识出版社1995年版。

冯昭奎等:《战后日本外交（1945—1995）》,中国社会科学出版社1996年版。

林金茎:《台北·东京·北京》,台湾黎明文化事业股份有限公司1996年版。

谢益显:《当代中国外交思想史》,河南大学出版社1996年版。

李恩民:《中日民间经济外交（1945—1972）》,人民出版社1997年版。

张香山:《中日关系管窥与见证》,当代世界出版社1998年版。

陈景彦：《二战期间在日中国劳工问题研究》，吉林人民出版社1999年版。

步平、王希亮：《良知与冥顽——战后五十年日本人的战争观》，黑龙江人民出版社1999年版。

刘德有：《时光之旅》，商务印书馆1999年版。

罗平汉：《中国对日政策与中日邦交正常化：1949—1972年中国对日政策研究》，时事出版社2000年版。

徐思伟：《吉田茂外交思想研究》，世界知识出版社2001年版。

高增杰主编：《日本的社会思潮与国民情绪》，北京大学出版社2001年版。

倪世雄等：《当代西方国际关系理论》，复旦大学出版社2001年版。

徐之先主编：《中日关系三十年》，时事出版社2002年版。

张海鹏、步平主编：《日本教科书问题评析》，社会科学文献出版社2002年版。

田桓主编：《战后中日关系史（1945—1995）》，中国社会科学出版社2002年版。

金应忠、倪世雄：《国际关系理论比较研究》，中国社会科学出版社2003年版。

逄先知、金冲及主编：《毛泽东传（1949—1976）》上、下，中央文献出版社2003年版。

陶文钊：《中美关系史》上、中、下卷，上海人民出版社2004年版。

陈奉林：《战后日台关系史（1945—1972）》，香港社会科学出版有限公司2004年版。

刘天纯等：《日本对华政策与中日关系》，人民出版社2004年版。

牛大勇、沈志华主编：《冷战与中国的周边关系》，世界知识出版社2004年版。

王希亮：《战后日本政界战争观研究》，社会科学文献出版社2005版。

杨奎松主编：《冷战时期的中国对外关系》，北京大学出版社2006年版。

吴学文、王俊彦：《廖承志与日本》，中共党史出版社2007年版。

邱震海：《中日需要"亚洲大智慧"》，同济大学出版社2007年版。

李慎明：《中国的和平发展与国际战略》，中国社会科学出版社2007年版。

王柯编：《东亚共同体与共同文化认知——中日韩三国学者对话》，人民出版社2007年版。

林振江：《首脑外交——以中日关系为研究视角》，新华出版社2008年版。

高兰：《冷战后日本对华外交的思想与实践》，新华出版社2009年版。

唐晋主编：《大国策》，人民日报出版社2009年版。

宋志勇、田庆立：《日本近现代对华关系史》，世界知识出版社2010年。

三　译著

[日]吉田茂：《十年回忆》，王维平译，世界知识出版社1964年版。

[美]亨利·基辛格：《白宫岁月：基辛格回忆录》第1—4册，陈瑶华等译，世界知识出版社1980年版。

[日]大平正芳回想录刊行会编：《大平正芳传》，武大伟等译，吉林人民出版社1984年版。

[英]小泉八云：《日本与日本人》，胡山源译，海南出版社1994年版。

[美]鲁思·本尼迪克特：《菊与刀》，吕万和等译，商务印书馆1996年版。

[日]升味准之辅：《日本政治史》第1—4册，董果良、郭洪茂译，商务印书馆1997年版。

[美]亨利·基辛格：《大外交》，顾淑馨译，海南出版社1998年版。

[日]岛田政雄：《战后日中关系50年》，田家农译，江西教育出版社1998年版。

[美]理查德·尼克松：《不再有越战》，王绍仁、吴明、王为译，世界知识出版社1999年版。

[日]伊原泽周：《从"笔误外交"到"以史为鉴"——中日近代关系史探研》，中华书局2003年版。

[美]亨利·基辛格：《基辛格越战回忆录》，慕羽译，海南出版社

2009年版。

［日］吉田茂：《激荡的百年史》，孔凡、张文译，世界知识出版社1980年版。

猪木正道著：《吉田茂的执政生涯》，江培柱、郑国仕译，中国对外翻译出版公司1986年版。

四　报刊类

《人民日报》
《求是》
《近代史研究》
《日本学刊》

日文部分

一　文献类

吉田茂：《十年回忆》第1—4卷，东京新潮社1958年版。
日本外务省亚洲课2001年解密档案。
东乡茂德：《东乡茂德外交手记》，原书房1967年版。
日本内阁制度百年史编纂委员会编：《历代内阁总理大臣演说集》，大藏省印刷局1980年版。
《战后日本防卫问题资料集》第1—3卷，日本三一书房1991年版。
霞山会编：《日中关系基本资料》，霞山会出版社1998年版。

二　著作类

增田四郎等编著：《讲座　日本の将来——新历史像》，潮出版社1969年版。
鹿岛守之助：《日本外交史3》，鹿岛研究所出版会1970年版。
田川诚一：《日中交涉秘录》，每日新闻社1973年版。
信夫清三郎：《战后日本政治史1》，劲草书房1974年版。
信夫清三郎：《日本外交史》，每日新闻社1974年版。
古川万太郎：《日中战后关系史》，原书房1981年版。
冈田晃：《水鸟外交密话——外交官的证言》，中央公论社1983

年版。

原荣吉：《日本の战后外交史潮》，庆应通信株式会社 1984 年版。

池井优：《日本外交史概说》，庆应通信株式会社 1984 年版。

细谷千博：《通往旧金山媾和之路》，中央公论社 1984 年版。

渡边昭夫编：《战后日本の对外政策》，有斐阁 1985 年版。

梅津和郎等编：《现代日本の国际关系》，晃洋书房 1987 年版。

千田恒：《佐藤内阁回忆》，中央公论社 1987 年版。

NHK 取材班：《周恩来の决断》，NHK 出版 1993 年版。

喜多元子译：《嫌われる日本人》，日本放送出版协会 1994 年版。

佐藤诚三郎等编：《歧路に立つ国联と日本外交》，三田出版会 1995 年版。

加藤佑三：《近代日本と东アジア》，筑摩书房 1995 年版。

坂口明：《国联——その原点上现实》，新日本出版社 1995 年版。

刘杰、三谷博、杨大庆主编：《国境を越える历史认识》，东京大学出版会 2006 年版。

李彩华、铃木正：《アジアと日本》，农文协 2007 年版。

三 报刊

《朝日新闻》

《每日新闻》

《读卖新闻》

《产经新闻》

《アジア研究》

《世界》

《近邻》

后　记

　　本书为国家社科基金项目结项成果，匿名评审专家对本研究给予了充分的肯定和评价，认为本项研究"根据中国政治体制的特色，从政党的角度对中日关系进行深入探讨，是一种重要的创新性研究视角和方法"。中日关系是最具敏感性、特殊性的一对双边关系。中日两国关系发展中，既有一衣带水、交往历史悠久的有利一面，也存在历史问题、钓鱼岛问题、台湾问题等不利因素，造成两国关系的脆弱和不稳定。如今，中日邦交正常化已经走过了不惑之年，两国关系早已超过就友好谈友好的"蜜月时代"。随着两国关系的加深、国际形势的变幻，以及各自利益诉求的不同，相互间矛盾、摩擦已不可避免，这需要两国从战略高度认识彼此关系，确立有利于本国发展和东北亚安全稳定的对外政策。从中国对外战略与政策的角度研究中日关系的发展，是一个新的视点，期待学术界能从历史经验的角度为当今中日关系提供一些借鉴和启示。当然，在这项研究中遇到了许多困难和挑战。首先是档案资料的欠缺。中国外交部档案解密到"文化大革命"前，日本外务省档案有30年的保密期限，难以看到20世纪80年代以后的档案资料，只能借助相关人士的回忆录、文集等进行研究，以求最大限度地接近历史真相。再者，由于这段历史距现在比较近，缺乏历史的沉淀，常有"只缘身在此山中"的困惑。以上诸多原因使笔者对自己的研究心存惶恐，甚至在结项后一直没有公开出版的打算。感谢中国社会科学出版社李炳青女士，在她的一再鼓励和督促下，才鼓起勇气将此书示人。这里，特别感谢匿名评审专家给予的鼓励和肯定。如果本书的出版能够对全面理解中国对外战略和政策，客观、理性看待中日关系有所裨益，本人将深感荣幸。

作　者

2013年3月